A.A.ドゥルーズ
L.J.キャリィ
C.E.シェイファー [編]

安東末廣 [監訳]

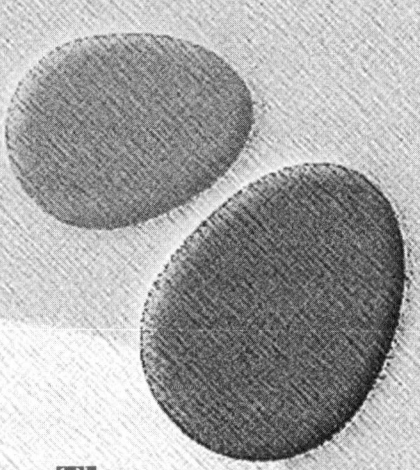

School-Based Play Therapy
学校ベースのプレイセラピー

現代を生きる子どもの理解と支援

北大路書房

SCHOOL-BASED PLAY THERAPY by Charles E. Schaefer,
Athena A. Drewes, Lois J. Carey
All Rights Reserved. Authorized translation from the English language
edition published by John Wiley & Sons,Inc
Copyright ©2001 by John Wiley & Sons, Inc. All rights reserved.
This translation published by arrangement with John Wiley & Sons
International Rights, Inc. through The English Agency (Japan) Ltd.

訳者まえがき

　本書は，現在アメリカの学校でスクールカウンセラーとして積極的に実践を行なっている研究者の取り組みを紹介したものです。編者のアテナA.ドゥルーズ氏は，大学での研究はもちろん，さまざまな学校状況で精力的に実践をされ，米国プレイセラピー連盟の副会長の要職にあります。ロイスJ.キャリィ氏は，サンドプレイの権威者で，実践活動はもちろん後進の指導もされています。チャールズE.シェイファー氏は，プレイセラピーに関してはきわめて著名な方で，『Short-Term Playtherapy for Children』(2000) などの著書で，わが国にも知られています。

　日本では，約10年前にスクールカウンセラーが誕生し，学校でおもにいじめ・不登校の支援に携わり，その活動の実績が認められつつある状況です。しかし，今後は，カウンセラーに対する要求水準もいっそう高くなりますので，これまで以上に力量をつけ，学校との緊密な連携をはかりながら，期待に応えられる成果を上げていく時期に入っています。

　現在，スクールカウンセラーが学校や保護者から期待されていることを2点ほどあげてみます。1つ目は，虐待，災害や被害によるトラウマなどの危機にある子どもたちの支援，LD，ADHD，高機能自閉症などの軽度発達障害の子どもたちの教育や支援などです。そして2つ目は，児童生徒の人格形成に必要な心の教育についての理論や技法の提供と連携した実践です。これらの要請に応えるためには，スクールカウンセラーは専門性を高め，自分のカウンセリングの理論や技法についていっそうの研鑽に努める必要があります。

　学校臨床心理学の歴史は，アメリカ，ヨーロッパに遅れてはいますが，私たちが新しいものを探し，身につけていくには，これらの国々における活動の実態や方法論を学び取り入れることは，実りの多い作業だといえます。本書では，学校ベースのプレイセラピーが具体的に紹介されていますが，プレイセラピーの理論は，精神分析的プレイセラピーから，子ども中心プレイセラピー，認知行動プレイセラピーにいたるまで幅広くしかも多様で，私たちがこれまでもっていたプレイセラピーの概念ではとらえきれないことがわかります。

　日本は欧米型の成熟した社会であり，子どもたちの置かれている現状はアメリカの子どもたちのそれとあまり変わらないと考えられます。したがって，本書で取り上げ

られている子どもたちの危機は，日本でも早急な対応が望まれているものばかりで，スクールカウンセラーにとっては，別の国の話として見過ごせない内容であると思います。以上から，本書は以下のような点で示唆を与えることができるのではないかと，密かに期待しています。

第1に，アメリカの学校で行なわれているプレイセラピーの理論や実践が多岐にわたって紹介されています。日本では，プレイセラピーが学校の中で行なわれることはありませんでした。日本のスクールカウンセリングが，新しい展開をするためには，学校で行なわれるプレイセラピーは不可欠だといえます。第2に，プレイセラピーのアセスメントが重視されています。これまでなされてきたプレイセラピーやカウンセリングは，アセスメントがしっかりしているとは言いがたいものでしたが，学校で実施するためには学校職員の理解が不可欠で，プレイ診断，アセスメントなどの考え方と方法論が参考になります。第3に，学校での個人プレイセラピーのバリエーションが紹介されています。子ども中心プレイセラピー，時間制限サンドプレイ，セラプレイ，認知行動プレイセラピー，アドラー派プレイセラピーなどが示されています。

第4点は，学校でのグループプレイセラピーが紹介されています。アルコール中毒や親との死別で悲嘆にくれている子どもたちへの集団プレイセラピー，怒りマネジメントの必要な子どもたちのプレイセラピー，ADHD児の認知行動プレイセラピーなどがあります。軽度発達障害の子どもの教育に悩む教育現場にも即使用可能な内容です。今回の私たちの翻訳の強い動機にもなり，実際に学校教師の大学院生が使って有効性を示し，わが国でも利用価値の高いものと言えます。

第5は，日本の学校ではほとんど見られない，さまざまな予防プログラムが紹介されています。学校ベースの予防プログラム，学校ベースのメンタルヘルスプロジェクト，トラウマをもつ子どものプレイセラピー，リスクをもつ子どもへの早期介入プログラムなど革新的なアプローチが紹介されています。近年，わが国の学校でも緊急な対応が求められていますが，先駆的な研究が紹介されていて魅力的な部分だと思います。

翻訳は，別に示すように3名の方にもお願いし，訳した原稿は全体的な視点から安東が調整しましたので，内容的にわかりにくい点については，すべて監訳者の責任ですし，忌憚のないご指摘をお願いいたします。

最後に，本書の出版にご理解とご支援をいただいた北大路書房営業部の西村泰一氏，編集担当の原田康信氏に心より感謝申し上げます。

 2004年7月

監訳者　安東末廣

原編者まえがき

　プレイセラピーがすばらしい方法として認められているので，多くのスクールカウンセラー，心理学者，教師，それにソーシャルワーカーが，自分たちの学校に組み入れることのできるテクニックにしようと研究してきている。近年，彼らは，非常に価値のある仕事を達成しようと創造的にアプローチを行なっていて，プレイセラピーのカンファレンスにも最新の情報を求めてきわめて意欲的に参加している。編者は，本書において，彼らのニーズを満たす手助けに貢献している。著者を選ぶ際，彼らが学校状況で積極的に仕事をしていること，彼らがプレイセラピーを使いすばらしい仕事をしていることを基準とした。

　本書では，いろいろな著者や実践家が，プレイの材料を使うのに最も適した年齢のプレスクールから小学校年齢までの子どもたちを対象に，さまざまなテクニックを使っている。著者は，プレスクールや公立学校，私立学校，入院型の学校で，自分が受けもつ年齢集団で広範な経験を積んでいる。第1部から3部の各章では，プレイ，サンドプレイ，美術的な実習などを使っている子ども中心プレイセラピー，セラプレイ，それにアセスメントテクニックについて述べられている。第4部の各章では，危機介入を必要としている子どもたち，アルコール中毒家庭の子どもたち，近親者を亡くした子どもたち，怒りマネジメントを必要とする子どもたち，それにADHDの子どもたちのような，特別な子ども達についての仕事に焦点が当てられている。すべての章が，学校やクラスの状況に適用可能である。アプローチが実施される方法についての提案が，明確に述べられている。いくつかの章で，いっしょに携わる他のスタッフと学校職員が，プレイセラピーを妥当な環境として受け入れるための問題や困難点のいくつかが議論されている。すべての著者は，このような環境を生み出すために調整することにつとめている。

アテナ A. ドゥルーズ
ロイス J. キャリィ
チャールズ E. シェイファー

訳者まえがき
原編者まえがき

第Ⅰ部　学校ベースのプレイによるアセスメント　1
第1章　小学校と中学校でのプレイセラピーによるアセスメント　2
　　　形式的なアセスメント　3
　　　継続するアセスメント　11
　　　要約　15
第2章　プレスクールでのサンドプレイとアセスメントテクニック　16
　　　非言語テスト　18
　　　サンドプレイセラピー　20
　　　要約　36

第Ⅱ部　学校でのプレイセラピーの実践　39
第3章　学校でのプレイセラピーの可能性と挑戦　40
　　　情緒的，学業的な発達に及ぼす影響　41
　　　学校でのプレイセラピーの合理性　45
　　　学校でプレイセラピーやそのテクニックを使うことの利便性　48
　　　学校でプレイセラピーやテクニックを使っての挑戦　51
　　　要約　58
第4章　プレイの対象物とプレイの空間　59
　　　論理的根拠　59
　　　特別な考察　66
　　　プレイの空間　73
　　　要約　77
第5章　特別な教育を行なうプレスクールでのプレイセラピー　78
　　　照会の過程　78
　　　プレイルーム　79
　　　子ども，家族，それにチームに対するプレイセラピストの取り組み　79
　　　プレスクールでのプレイセラピーへの取り組み　86
　　　特別な問題　92
　　　要約：チームプレイヤーとしてのプレイセラピスト　94

第Ⅲ部　個人プレイセラピーによるアプローチ　97
第6章　リスクをもつ小学生の子ども中心プレイセラピー　98
　　　照会者　99
　　　いろいろな介入方法　103
　　　要約　114
第7章　時間制限のある学校ベースのプログラムでのサンドプレイセラピー　115
　　　サンドプレイセラピーへの導入　116
　　　サンドプレイセラピーの歴史の要約　116
　　　サンドトレイセラピーのセッション　117
　　　複数の子どもでトレイを使うこと　125

　　　　　要約　126

第8章　入院型治療センターでのプレイセラピー　128
　　　　　入院型治療に照会された子どもたちのプロフィール　128
　　　　　この臨床的な症状にプレイセラピーをすることの価値　129
　　　　　入院型治療センターにおけるプレイセラピーの適用症状　130
　　　　　入院型治療センターでのプレイセラピーの治療計画　133
　　　　　転移と逆転移　136
　　　　　入院型治療におけるプレイセラピーの重大な問題　138
　　　　　入院型治療でのプレイセラピーのテクニック　140
　　　　　要約　147

第9章　教室でのセラプレイ®　148
　　　　　「セラプレイ」の理論的根拠　149
　　　　　プレイセッション　151
　　　　　特別な考察　157
　　　　　要約　158

第Ⅳ部　グループプレイセラピーと特別な子どもたち　161

第10章　学校での活動グループによる危機介入　162
　　　　　危機介入の文献レビュー　164
　　　　　グループダイナミックス　167
　　　　　リーダーの役割　169
　　　　　グループ活動の開始　170
　　　　　活動を使った例　171
　　　　　要約と推薦　177

第11章　アルコール中毒の子ども（COAs）へのプレイセラピー　179
　　　　　COAsに対するプレイの重要さ　180
　　　　　プレイセラピー：それはどのように手助けできるか　185
　　　　　プレイセラピーの方法　187
　　　　　要約のコメント　196

第12章　プレイを通して悲しみを語らせる方法：学校における死別プログラム　198
　　　　　グループの哲学　199
　　　　　グループ編成：どのように始めるか　201
　　　　　スクリーニング　202
　　　　　必要事項　203
　　　　　知っていなければならないこと　204
　　　　　乗り越えるための困難　205
　　　　　グループ内容　205
　　　　　信頼関係と安心感　210
　　　　　抵抗　213
　　　　　グループ内のコントロールを維持すること　213
　　　　　強い感情表現　214
　　　　　教室にもどること　215
　　　　　親と学校スタッフ間のコミュニケーション　215
　　　　　その他学校で実践できること　217
　　　　　まとめと結論　217

第13章　怒りマネジメントのためのプレイセラピー　219
　　　　　学校のカウンセリングへの紹介　221

学校でのカウンセリング　222
　　　学校でのグループカウンセリング　226
　　　要約　234

第14章　注意欠陥多動性障害（ADHD）児のグループトレーニングプログラム　235
　　　ADHD児と学校ベースの社会的介入　235
　　　ADHD児と発達的に適切なゲーム　238
　　　ADHD児訓練のグループカリキュラム　242
　　　結果の評価　248
　　　要約　250

第V部　さまざまな問題と新しい試み　251

第15章　早期メンタルヘルスプロジェクト：学校ベースの早期防止プログラム　252
　　　プログラムの基本的構成要素　254
　　　学校ベースのPMHPチーム　259
　　　技術的な支援とトレーニング　267
　　　まとめ　268

第16章　トラウマをもつ子どもたちの発達段階を考慮したプレイとプレイセラピー　269
　　　Piagetのプレイの段階　271
　　　プレイのスタイルの違い　277
　　　トラウマをもった子どもに対する特別な配慮　278
　　　性的行動　281
　　　まとめ　283

第17章　統合的プレイセラピー　284
　　　子ども中心理論　285
　　　アドラー理論　289
　　　認知行動プレイセラピー　292
　　　子どもとのかかわり方に関する統合的アプローチ　294
　　　要約と結論　297

第18章　小学校のグループサンドプレイ　298
　　　学校でのグループサンドプレイの合理性　299
　　　学校でのグループサンドプレイの組織化　303
　　　グループ活動の管理　306
　　　結果の評価計画　313
　　　グループ経験のための空間の保持：学校のメンタルヘルスワーカーの挑戦　315

第19章　学校でのプレイセラピーの新しい試み　319
　　　小学校のカウンセリングプログラムへのプレイセラピーの統合　326
　　　要約と推薦　333

第20章　行動的にリスクのある子どもたちへの早期介入　335
　　　学校ベースの早期介入に関する研究の概観　336
　　　プレイやプレイセラピーの力とプレイをベースとした介入　338
　　　成功するためのプレイと言葉（PALS）モデルの概観　339
　　　PALSの構成要因と実施　342
　　　PALSの5年間のケーススタディ　347
　　　要約　352

引用文献　355／索引　383

学校ベースのプレイによる アセスメント

★第Ⅰ部★

第1章

小学校と中学校での
　　プレイセラピーによるアセスメント

Mary May Schmidt

　学校ベースのアセスメント（評価）には，明確な目的による時間制限のあるものと継続して行なうものがあり，教育場面では避けて通れない特質となっている。アセスメントは，子どもがカリキュラムにそって勉強しているときに，毎日教室で行なわれている。教師は，レディネススキルや学業スキルの獲得を測定するために，ラブリックス（Rubrics）のような多次元のカリキュラムを使って成長をモニターする。期待される比率で学習がなされていないとき，教師スタッフのチームはしばしば子どもについての研究チームを組織し，個別化された療育モデルについての示唆を与え，構想をまとめるためのミーティングをもつ。時には，学習について教室や家族の中で妨害が発生し，対象児の社会的，情緒的，行動的問題へと関連してくる。プレイセラピーのさまざまな手段は，まさに社会的，情緒的適応の手段であるばかりでなく，より有益な情報をもたらすこともできる。プレイによるアセスメントの原理と技法は，小学校の教室や運動場で特定の子どもを観察するのに幅広く適用され，発達的にも適切なものである。子どもについての研究チームは，プレイによるアセスメントを使用して，機能的な行動アセスメント，行動介入プラン，学校介入プラン（新しくは学業介入サービスとよぶ）などの発展や，特別な教育についての委員会（Committee on Special Education；CSE）の個別教育プランの発展などに見られるように，治療教育やより公式的なプランのプロセスに対し望ましい内容を開発している。

　この章では，学校ベースのアセスメントの最も包括的なものとされている，CSEのためのプレイによるアセスメント過程について取りあげる。その後で，継続するアセスメントのいくつかの問題点を扱う。

★ 評価 ★

　CSEによる評価は，多くの側面をもっている。たとえば，能力の測度，達成の測度，子どもの学業について経過の概略，子どもの健康と身体的な発達に関する情報，両親の社会的経歴についてのインタビュー，照会されている疑問と関連する他の評価またはテスト中の観察や教室での観察による評価，それに子どもの社会的情緒的機能のアセスメント，などがある。プレイは，CSE評価の2領域，つまり，教室での観察と社会的，情緒的アセスメントの点で，情報の根本的な資源として使用できる。プレイはまた，発達的観点から子どもが本来の能力をどう使うかについての洞察を与えてくれる。

　チームアプローチは，プレイの評価者（これはスクールカウンセラーまたは学校心理士であろう）の観点からは重要である。なぜなら，プレイの評価者は関連しているスタッフや両親からフィードバックを受けたり，彼らに推薦したり，これらの大人に共同治療者の役割を与えることができるからである。結果的に，これらの大人は支援されているように感じ，何か新しいことを喜んでしようとする。たとえば，単純なシステムレベルの介入は，"多量の水をテストしている"子どもの行動を再概念化することであろう。その行動は，教育者や親の権威への挑戦としての行動というより，対象関係の観点から変わらないものを見つけだす手段として実際に機能しているのだろう。そのような再概念化は，子どもの行動を，子どもの感じているニーズに対立するものへ挑戦したりそれとのつながりを断つ試みとしてよりも，依存できるものとつながるための試みとして見る。

形式的なアセスメント

　公立学校は，すべての子どもに自由で適切な教育を用意する義務を負っている。両親と教師は子どもの強さや弱さに対応して着実にコミュニケーションをとっているので，アセスメントの問題が起きたときまったく驚かないだろう。時々，特に社会的，情緒的アセスメントについて抵抗があり，両親に養育の不安を覚えさせることがある。そのとき，アセスメントは起こっている問題や顕著な問題，計画または方法，それに測定の基準などについて，明確にしながら可能な限り包括的に行なう必要がある。形式的なアセスメントは，時間が制限された課題であることを暗示している。プレイセラピーそれ自身は，セラピーが継続している中ではプロセスを志向するものであり，アセスメントにもなっている。これらのことは，発達的な観点からは適切であ

るに違いない。

★ 自然な状況下でのプレイの形式的，非形式的観察 ★

　時々，私はなんの特別な目的ももたないでプレイを観察するために，教室に入ったり運動場へ出たりする。これにより，ふつうの子どもとリスクをもつ子どもの区別をする私のスキルがリフレッシュし，教室という場面の中で私は子どもたちにとって親しみがあり近づきやすい人になる。学年の後半になって，私はその教室で1人の子どもをターゲットにする必要が出てくるだろう。それは，私はすべての子どもに典型的なパターンの範囲内で行動してほしいし，その部屋で知らない大人にパーティのマナーを用いてほしくないからである。

　私は自然な状況下（教室と運動場）でプレイの観察を組み合わせて使うように心がけている。すなわち，形式的なスケジュール，非形式的で多様な観察者のタイプ，それに非形式的で単一の観察者のタイプ，などである。形式的な観察で，私は『プレイ診断とアセスメント』（Schaefer et al., 1991）と題したプレイ診断に関する徹底した編集書を時々参照する。親が自分の子どもが社会的情緒的ニーズをもつことを否定するとき，研究をベースとし客観性をもつ，形式的なスケジュールが使われる。

　また，高度に説得力があるのは，相対的に長期間にわたって行動を記録してきている多様な観察者を使うことである。多様な観察者とは教室の教師，療育の教師，スピーチセラピスト，それに何人かの他の専門のスタッフなど子どもと作業をしている人たちである。単一の観察者のみを使用するには限界があり，なぜならそれは"生活の細切れ"になる傾向があり，観察されるべき行動の全体像を反映しないからである。

　自然な状況下におけるプレイの観察では，子どもが環境や環境内のものと，他の子ども（同年齢，年下または年上の子ども；同性または異性）と，それに環境内の大人とどのように交互作用をするかを見ようとする。広範にわたる留意すべき疑問点は，以下のものである。つまり，プレイはどのように激しいのか，繰り返される衝動はあるのか，プレイは1つのテーマに焦点を当てているかあるいはランダムか元気がないか，どの程度の自信と支配感が示されているか，子どもは試験的で観察的であるか，子どもは承認，賛同，または許容のためにだれか特別な人とのアイコンタクトを探しているのか，どんな感情がプレイを支配しているのか，プレイはどのように相互作用しているか，などである。

★ 発達的要因 ★

　特にアセスメントの目的で子どもを観察するとき，発達的な見通しは無視できな

い。観察により，発達の5領域についてコメントできなければならない。それは，認知，言語，セルフコントロールまたは自己調整，対人関係，それに自己概念と情緒である。

認知スキル

　年齢が低い学校段階の子ども（4～6歳で，幼稚園生と1年生）は，思考と行動とを区別する認知的能力が低い。何度も思考することは記憶や意志をつくりだすだろうが，それが子どもを混乱させ，恐怖に陥れさえすると見ることは間違いである。子どもは，問題を複雑にするために自分の反応を表現したり，調節したりはできない。また子どもは，個人的なニーズ（社会的，情緒的，そして身体的なもの）は，その子どもが現在属している家庭のニーズまたはプレイのグループのニーズとは別であるということも区別できない。たとえば，子どもは他者が入ったゲームを発展させるが，部分的にルールを説明するだけであることに，観察者は注目するだろう。ゲームが進むにつれて，別の子どもが何か"間違い"を犯し，厳しく批判される。ゲームを考えだした子どもは，思考と言語的な説明とを区別しない。つまり，子どもは，他の子どもは自分が考えたように考え，自分が理解したように理解する，と仮定するのである。その結果生じた混乱と怒りがゲームを終わらせ，それ以後の他の子どもとの遊びの可能性または意欲に対して否定的な影響を与える。これらの幼少の子どもたちは，単純にそして具体的に思考する。彼らにはゲーム全体を計画する能力は期待されないが，それを始める能力は期待される。おもちゃの分類も大きさ，色，またはタイプのような単一な基準でコントロールされるだろう。同様に，直線的な考え方，階層的な考え方，それに原因と結果なども，単純で具体的であろう。

　年長の子ども（7～10歳，2年生～5年生）はプレイでより複雑な図式を示し，彼らのゲームはある程度同意された終わり方に基づき計画されるだろう。はじめにたてたゲームプランがうまくいかないとき，彼らは考え方に多面的な基準を用いるだろうし，意識的にゲーム全体の構成を変えるだろう。

言語スキル

　4～6歳，または7～10歳の子どもの言語スキルは，彼らの認知発達と密接に結びついている。幼児は具体的な語彙と単純な文章構造を使い，たとえば韻が合う言葉（rhyming words）とリズムのあるパターンのような音読のレディネスとしての言語スキルに魅せられている。言語がプレイのニーズに合うほどまで十分には発達していないとき，ポインティングと触って数えることで彼らのプレイの意図を膨らますこと

ができる。'キャンディランド（Candyland）'は小さな子どもに人気のあるゲームである。子どもたちがその認知的，言語的な要求をマスターできるからである。年長の子どもは，言語の使用により柔軟になることができる。彼らは多面的な意味をもつ概念を理解でき，言語学上のいくつかの道具（推理，皮肉，それに比喩的な言語）を使うことができ，言語をより流動的に統合できる。彼らは，ジャンプロープ，石蹴り遊び，または'私はお母さん？'などの排除的競争ゲームをしている間，多くの子どもたちが韻が合う言葉や歌を繰り返し言いながら身体リズムのような多くのさまざまなプレイのレベルを統合するだろう。プレイの観察者は，観察される子どもの言語内容や構造などに注意すべきである。つまり，このプレイのグループで言語が他の子どもと同じであるか異なっているか。または彼らの伝えてうまくやっていく能力は等しいが，年齢や性別は同じでない場合に，これらの子どもたちはお互いに引きつけ合うかどうか。仮に，近くに他のプレイのグループがあれば，観察されたグループの子どもは第2のグループの子どもと同じなのか，または異なっているかどうか，など。

　時々，子どもの言語は年齢や知られている認知能力についての期待以上のものがあるように思われる。そのような子どもは大人のふつうの言い方を機械的に真似しているだけかもしれない。また，進んだ言語スキルをもっているように思われても，現実的には仮面で覆われた弱いスキルをもっているだけであったりする。観察者は内容の量よりも質について聞き取らなければならない。何人かのスピーチと言語のセラピストは，この現象を"カクテルになったくちゃくちゃおしゃべり（cocktail chatter）"とよんでいる。

セルフコントロール

　アセスメントプロセスで観察されるもう1つの領域は，セルフコントロールを実践する能力である。年齢の低い子どもにとってのセルフコントロールは，大人を喜ばせる行動を発見することと，これらの行動を遂行することである。笑うことと良いマナーを使用することは，大人に適切と受け取られ，セルフコントロールへの期待に合う行動を強化する。現在幼稚園に入っている子どもで，プレスクールの経験がない子どもや怒りやすい気質の子どもは，セルフコントロールができていない。年長の子どもに見られる内面化されたセルフコントロールには，連続的に接近するための忍耐，その子自身や他者との間での失敗に耐える能力，自己を分離して観察する能力などが必要である。これらの複雑なスキルは，生活の長い期間を通じて年長の子どもが発達させる学習スキルであるが，まれにしかマスターされないものである。子どもは，教室での日課，教師の介入，共有したり順番を守ることが要求される環境下での体験，な

どの環境の構造によって，これらのスキルを獲得することを求められる。観察者は子どもが社会的問題解決スキルを証明する方法を探す。つまり，子どもは，共有し，順番を守り，互いが平等になるように（win-win situation）話し合い，個人的な目標をたて，そしていじめられるとき主張するようにふるまうか。子どもは注意深く言葉を選ぶか。子どもは侵入的で，自己中心的で癇癪を起こしやすいか。子どもは自己を調節する自分の能力を恐れ，不安定になるだろうか。もしそうであれば，子どもはいじめっ子になるか，孤立者に後退するだろう。このどちらの役割でも，子どもは発見されにくいだろう。その結果として子どもはセルフコントロールを発達させることにならない。

人間関係

　セルフコントロールの問題と関連するものは，人間関係の問題である。小学校と中学校の子どもは両方とも，同性の子どもに引かれる傾向がある。同性の子どもは鏡であり，自己概念を測定する竿でもある。子どもは友情を形成し，好きか嫌いかの実験を行なう。彼らのパーソナリティは，ユーモアとより広い興味で広がる。年少の子どもは数人の友達を，好きな人と嫌いな人とに識別するかと思えば，すべての生あるものに寛大な愛をもつ。年長の子どもは，最も良い友達への忠誠を明確にし，共通の興味の友達を選別し始める。いくつかの友情は，リトルリーグやカブスカウトのような活動と結びつくだろう。観察者は少なくとも子どものもつ重要な人間関係を明確にする必要がある。人間関係には2通りあり，等しく礼儀正しい関係なのか，またはその関係で子どもたちの1人によって感じられるより大きな要求や依存があるのか。もしそうであれば，ターゲット児の役割は何か。ターゲット児は他の人間関係で，1つのパターンを繰り返していないか。その子どもが異性や，他の年齢集団，または他の自分に合う人，などの子どもとの人間関係に引き寄せられているとすればその原因は何だろうか。もしこれらの違いが他の人間関係を締めだすなら，観察者はそのつながりについての仮説をたてる必要がある。おそらく，子どもは同じような認知や言語の能力，同じような自己調節の能力，または同じような自己概念のレベルの子どもに引きつけられる。異性の友達にませた魅力を示すことは，友情の埋め合わせをしようとするもので，家族の機能を反映している。

　CSE評価の社会的経歴のインタビュー段階で，両親は家族内と地域での子どもの社会的な機能についての情報を用意できる。仮に子どもの社会的機能が3つの基本的な環境，つまり家庭，学校，または地域のうちの1つまたはそれ以上で悪くされるなら，インタビューで可能性のあるきっかけや，両親がうまくいくものとして確認した

介入が明確にされる。

自己概念と情動

　最後に，観察者は自己概念の問題と情動の問題について考慮しなければならない。幼児と年長の子どもの自己概念と情動的な発達は，セルフコントロールと自己調整と密接に結びついている。年少の子どもは，外的に課されたコントロールにいっそう依存しているが，年長の子どもは，これらのコントロールと自身の試みとを内面化することを学習している。子どもが強くて驚かされる衝動をコントロールできたときには，その子はセルフエスティームを獲得する。健康な自己概念をもつ子どもは，危険を冒し，積極的に始め，よく考えた意見をもち，他の仲間と楽しみ，代わりの観点をもち，自分自身で笑い，尊敬されることを期待し，ネガティブな情動を表現するのに適切な方法を使うことなどができる。そのような子どもは，幸せな人として自分を調整した状態を明確にできる。観察されている子どもはこれらの特質をもつだろうか。

　自然な状況下での観察は，幼児と年長の子どもの上記の5つの領域すべてにおいてなされるべきである。各々の領域はお互いに機能的に相互作用があり，そして，教室か運動場かのどちらかの自然な状況はすばやく変化するので，評価のための観察を複雑にしている。また，観察中の時間の長さが異なるので，観察される時間帯の中で活動者の位置が異なることも起こり，これらの領域の機能的な相互作用に影響を与える一方で，観察全体を豊富にするといえる。

★　記録の使用　★

　自然な状況から生じる観察のもう1つの資源は，訓練の記録である。訓練の記録は，行動が否定的なものであることを前もって示唆している。ほとんどの子どもたちは，彼らが訓練の記録をもっているという期待からひどく離れた行動はしない。しかし，そのような記録が存在するとき，情報を集める多面的な観察方法の一部として訓練のレポートを入れることは適切である。これらの記録の分析は，以下の疑問に対する答えの量を定め，適切な答えを用意することが期待されている。つまり，どんな行動であるか。きっかけは何か。きっかけはその日の時間，または構造や大人のスーパービジョンなどの程度に関連するか否か。行動は最近のもので時間が限られているか，または行動は周期的であるか，または長期にわたっているか否か。行動が子どもにとって役に立っているのはどんな機能であるか，などである。これらの記録の恩典は，それらが多面的な観察者の範囲を広げていることである。訓練の記録に重荷を負

わせている問題もまた存在する。記録の客観性の程度が不明確であることである。つまり、スタッフメンバーまたはバスの運転手が内面化した行動（行動のプロセス）を達成するため、子ども中心の方法で教えることよりもむしろ行動的な適合性（行動の産出）を期待するとき、しばしば記録はその瞬間の興奮で書かれる。他方、訓練の記録は長期的な範囲で行なうことと可能な介入の糸口を見つけることの手助けとなる。

★ プレイルームでのプレイの形式的，非形式的な観察 ★

　プレイルームでのプレイの観察は、教室や運動場よりもよりコントロールされやすい。これらのセッションは、全体のグループとは対照的に個人的なものであり、指示的（形式的）なプレイと非指示的（非形式的）なプレイとを結びつけている。プレイルームで、自然な状況でなされたのと同じ発達的な考察が加えられる。プレイが非指示的であるとき、セラピストは子どものニーズを表わすのに発達的に適切な材料に、子どもが引力に引かれるように近づくと信じてよい。プレイが指示的であるとき、プレイセラピストは発達的に適切な材料を選ばなければならず、また材料それ自身がたぶんゲームのような構造をもっている。

　ここで、指示的プレイと非指示的プレイを両方使うかどうかの選択があり、また出発点としてどちらを選ぶかは、子どもについてあなたがすでに知っていること、または仮定していることにかかっている。一般的に、私はまず最初にプレイルームで物を探すことを子どもに許す。そこには、ゲーム、おもちゃ、美術の材料、それに多くのミニチュアとサンドトレイなどがある。

　何人かの子どもは、自分自身のプレイを始めることができる。他の子どもたちは試したり、いくつかの方向を探す。プレイセラピストをプレイに加わるように誘う子どももいれば、そうしない子どももいる。プレイが非指示的でセラピストが子どもから誘われないとき、セラピストはすみやかにどんな仮説に到達するかを特別に注意していなければならない。子どもとセラピストの人間関係はまさに始まっているが、信頼関係は確立されていない。時間をかけた多面的観察は、正確なアセスメントの可能性を高めるが、最初のプレイは用心深く表面的で、セラピストと状況をテストしているのであろう。1つの非指示的プレイの観察に基づいていかなる仮説を描くかは、あまりに多くのことを混同していて危険である。しかし、CSEの評価では時間は重要な要因で、CSEプロセスには時間の制限が確立されている。そのため、それを非指示的アプローチに使うことは不可能だろう。時間の制約を十分念頭に入れても、より深刻なニーズをもつ子どもは、プレイルームで非指示的な材料、特にサンドトレイの中で引き出されたニーズを直接言語化するのを喜ばないかまたはできないというのが私

の経験である。

　子どもたちにはサンドプレイについて，詳しく紹介する必要はない。彼らはサンドプレイが親しみやすいので，自然にそれに没頭する。この方法は，描くことに指示を必要とする投影的描画技法と少なくとも同じくらい豊富に内面についての手がかりを与えている（同じ子どもが，仮に家，木，人を描くように指示されたら，いくぶん構えてしまうだろう）。

　私は最近，4年という長期にわたる離婚の争いのため，怒りっぽい両親と生活をしていた6歳の女児にサンドトレイの技法を使った。彼女のニーズと彼女の不信感の両方ともに非常に大きかった。サンドトレイでの彼女の最初の試みは，動物たちを単純に1つの線に並べることで，それらは飼いならされしかも野蛮で，すべてがトレイの背面から彼女のほうを向いていた。動物はタイプごとに完全に分けられるのではないが，そうしようとする彼女の努力は明確であった。整列させてはみたが，彼女は少し気に入らないので，それらをすべてすくいあげ，共通の墓にそれらを埋め，手で払いのけ，踏みつけた。その後のサンドトレイではまた，原則を統合することの全般的な欠如と最終的な共通の墓などに関して，埋めることと埋めないこととが出現した。彼女が信頼感をもってくるにつれ，フラストレーションや嫌気などを示す態度を表わし，最終的には彼女の混乱や不信感を言語化した。この期間，私の彼女に対する誠実さをテストするために，彼女は私に，どんな動物が埋められているか，またはその場所について言い当てるゲームをするように私に頼んだ。彼女はいつも，自分から進んで私のオフィスにいる時間をコントロールし，私はそのコントロールを許した。

　アセスメントにおける指示的なプレイには，従うルールのあるゲームを使うことやゲームのような属性のある投影的なものを使うことなどがよくある。'4つをつなぐ (Connect Four)' のようなポピュラーな非治療的なゲームは，相互作用をコントロールするゲームを実践し，計画し，参加し，経験から学び，フラストレーションを操作し，社会的な不安を解決する子どもの能力を評価するのに有用である。私は時々'4つをつなぐ'を数回してからテストセッションを終了する。子どもは良い努力をしたことが報われたと感じ，私は子どもがどのようにして発達図式を横断して自分の能力を適用するかを見ることができる。

　プレイは，特に表現の乏しさ対表現の豊富さ，テーマや発達的に適切な課題などを見るのに，形式的な社会的，情緒的アセスメントの手段として非常にぴったりと当てはまる。'物語カードゲーム (Story Telling Card Game)' は，Richard Gardner (1988) が発展させたゲームであるが，子どものTATと同じものである。ゲームとしての特質は3つあり，空間に着地し3つのリストの中から1枚の状況カードを選ぶこ

とを子どもに要求するスピナー（spinner），物語のために選ばれる人数を示すサイコロ，失ったり積み上げられたりするチップ，などがある。

　数年前，私はある8歳男児をたいへんよく知っていると思っていたが，よく私を驚かすので，彼を評価するのにこのゲームを使った。CSE評価が行なわれるときまで，この子はクラスのあらゆる子どもを疎外し，自分が興味をもっている多くのことについて話す際にプレッシャーを感じ，衝動的に行動し，しばしば怒りっぽくなっていた。しかし，時々大人と満足のいく会話をし，大人からの注意を求めているのは明らかであった。自己概念スケールでは，リスクをもつことや自分自身について意味のある知覚などが見られなかった。能力とアチーブメントテストは平均以上であることが示されたが，形式的なテストでは私が観察しようとしていた創造性を引き出すことはできていなかった。私たちは'物語カードゲーム'を数回行ない，彼はステージを描いた状況カードを選択した。彼はサイコロの高い数字を出したが，ゲームですべての人を使うチャンスについて取り決めをした。彼はステージに子どもたち全員をあげ，大人を全員聴衆にした。彼は，「これは有名なフォード劇場での国家的で地理学的な特別なパフォーマンスです」と言った。それから，彼は歌や踊りのナンバーを自発的に創造し，演じきった。彼はすべての発達的問題を高いレベルに統合したのみでなく，子どもたちに注意を払うことに失敗する大人の危険性を遠回しに表現したのだ。そして最後に「リンカーン大統領はフォード劇場で撃たれた」と言った。

　ほとんどの部分で，プレイセラピーによる観察は，CSEのための全体的な評価の一部として使われている，形式的な投影的手段や自己概念評定尺度に非常にぴったりと適合している。上の例では，プレイはこのような子どものニーズの核心をとらえるのに，これらの道具より優れている。

継続するアセスメント

　約8年前，私はグループ内の子どもたちがその学年で与えられた時間に処理していたテーマを追跡する手助けとして，望ましい行動（構成項目）のチェックリスト（図1－1参照）を発展させた。チェックリストは認知的，行動的，情緒的な構成項目にわたっている。私は，その構成項目が各セッションに組み入れられるようにチェックした。たとえば，私たちは社会的問題の解決に焦点を当てているか否か。さらに誰がそのトピックを起こし，どんなコメントが誰によってなされるか，に注目する。チェックリストは私の注目を肉付けするのを助け，子どもによって自発的に発生したトピックについてよりも，グループ内のダイナミックスと個人的な発達によりいっそう焦

点を当てることを可能にした。その年度の終わりに，各子どもは空白のチェックリストを与えられ，その年度にカウンセリングで目標としたことを思いだし，各トピックや行動をチェックするように求められる。彼らがもしカウンセリング以外でその行動を実践することを試みるとき，再び各項目をチェックすることが求められる。ある年，非常によく取り組んだ少年はリストを概観し，「Schmidt さん（筆者），アルコールと薬物中毒についての項目が何もありません。僕たちはそのことについてたくさん話をしましょう」と言った。そのときから，その少年に少し信頼感をもち，彼からの示唆はチェックリストに反映するようにした。

そして私は，3年連続でこのチェックリストから得られた生徒のデータを収集した。発達的な問題にもがき苦しんでいる子どもたちに与えられる事後テストのみのデザインはやや問題があるが，パーセンタイルで計られたすべての構成項目が，ベースラインの年やそれ以前の年と比べると2ないし3年一貫して成長していることに注目することは重要である。言い換えれば，子どもたちは，チェックリストの認知的，行動的，情緒的項目で測定された自分自身の自己概念について，グループにいるときと，グループの外でこれらの項目を広範囲に適用しようと努力するとき，非常によく気づいたことを報告した。もしプログラムの成功が子どもの観点から測られたものであれば，この技法は私にいくつかの大切な洞察を与えている。

★ 個人的または集団的治療を決定する基準 ★

形式的なアセスメントが終了し目標が明確になれば，治療がどのように示されるだろうか。ほとんどの子どもたちは，グループ状況で最も役に立つ社会的，情緒的なニーズをもっている。グループは，家族や社会的関係の小宇宙として機能している。グループの凝集性が増加するにつれ，子どもはそのとき問題が発生している状況や新しい状況にも，新しく身につけた社会的スキルで安全に実験をすることができる。

グループは，小学校年齢の子どもにおいては，同年齢と同性の他者との友人関係を発達させる必要があるという私の哲学にそって組織されている。年齢と性は，自己概念にとって重要な側面である。さらに，子どもの考えでは，孤独，悲しみ，混乱，それに好みなどについて，ほとんどの問題が同じものと"感じられる"。つまり，感情的な観点からは，共感性は自己と他者の理解という意味合いとして学習され，実践され，評価される。グループのメンバーのかかえる多くの異なったカウンセリングの目標は，そのような相互の理解をとおして達成される。グループで作業をするうえでむずかしい面は，子どもたちが相互に交わり，彼らの人間関係や信念を変化させるスピードである。それぞれの子どもにとって，またグループのそれぞれのペアにとって，

第1章　小学校と中学校でのプレイセラピーによるアセスメント

あなたに当てはまるすべてをチェックしなさい。
次に、あなたがグループ外で試みたスキルに2番目のチェックをしなさい。

今年、私は以下のことについて学んだ。
　□□ストレスをコントロールすること
　□□順序を守ること
　□□私を助けてくれる人を探すこと
　□□謝ること
　□□自分の言葉と行動に責任をもつこと
　□□最も可能な選択をすること
　□□正しいことをして友達を助けること
　□□聞くこと
　□□問題を見て解決する1つ以上の方法を発見すること
　□□私の両親の問題に関知しないこと
　□□協同すること
　□□諦めないこと
　□□悲しい友達になぐさめのことを言うこと
　□□誠実であること
　□□何か新しいことを試みること
　□□良いスポーツマンシップを発揮すること
　□□ドラッグとアルコールの教育

今年、私は次のようなことを感じている。
　□いっそう信頼する
　□自分自身についてより良い
　□孤独感が少ない
　□グループメンバーから尊敬されている
　□いじめで傷つくことがより少ない
　□より辛抱強くなった
　□力量がついた
　□恐れなくなった
　□嫌いな人に対してより忍耐強くなった

異なった考えと感情をもつ人の名前は、＿＿＿＿＿＿です。
私のグループは、私にとって（あまりに大きい、あまりに小さい、ちょうどよい）。

図1-1　カウンセリングの生徒評価

多次元の発達モデルが追求される必要がある。そういった面で，チェックリストはより有効な追求を手助けしているといえる。

　たとえば，幼稚園の男児のグループで，私は社会的な問題解決スキルを強調するゲームを使った。私は問題が解決するごとにプレーヤーにチップを1つ与えた。そのプレーヤーが自分のレパートリーを使い尽したとき，私は他のプレーヤーに，まだ与えられていない提案をする機会を与え，他のプレーヤーもまたそれによりチップを稼ぐことができる。ある特別なグループは，1人は注意欠陥多動性障害（Attention-Deficit／Hyperactivity Disorder；ADHD）の少年で少なくとも平均的能力と多くの社会経済的な有利さがあり，もう1人は発達的に遅れた少年で，さらにもう1人はおそらく平均的な能力をもつ怒りっぽい少年で構成された。怒りっぽい少年は，単純で受動的な解決を生みだすことができた。つまり，「大人に話しなさい」という言い方である。ADHDの少年も，社会的な問題に対して単純な解決のみを生みだすことができた。発達の遅れた少年は，彼が自分から始められる解決を生みだしながら優れた仕事をした。この例は，すべての発達的要因に敏感である必要性を示している。それは，発達のすべての側面がその子どもの中で必ずしも平均的に発達する必要がないからである。このケースで，各少年は他者のそれぞれの状態での変化に気づくようになった。等しくしようとする効果も生じ，このグループの後のセッションで，同志愛が高まり，フラストレーションへの耐性が高まっていた。

　個人的なカウンセリングが適切なとき，確立したグループと交わる準備を子どもにさせることや，あるいはグループの範囲を超えたニーズをもつ子どもをサポートすることが前兆となるだろう。種々のトラウマをもつ子どもは，グループカウンセリングと併用するか，単独のサービスとして個人カウンセリングを必要とするだろう。子どもはいつも表現の方法を選択し，指示的なプレイや非指示的なプレイなどがあり，話し合うことを必要としたり無言でよいこともある。

★　修正的な情緒的経験　★

　修正的な情緒的経験とは，絡み合っているものをほぐし，自己概念を形成するための作業を経験することである。これらの経験はただちに子どもに理解され，子どもは喜びで紅潮する。子どもの経験はすぐに生かされるので，その子が気づいたことは過剰に分析される必要はなく，本人が注目されていること（共有している笑顔）に気づくだけでよい。学年をとおして，その子どもの経験は，繰り返しや段階的な成長を必要としている。

　モラルの発達は，情緒的発達，それに情緒的コンピテンスに依存しているが，子ど

もの世界観をゆがめる侵入的かつトラウマ的な出来事，ないしは繰り返される出来事のために遅延させられている。子どもの安全の感覚とアタッチメントが妨害されるなら，自己を信頼する子どもの能力は影響を受け，そして他者を信頼するその子の能力，社会的人間関係を発達させる能力などが影響を受ける。さらに ADHD のような医学的な問題は，子どもがコミュニケーションの言語的・非言語的手がかりに調子を合わせきれないため，情緒的な発達に影響するようになる。子どもの教育プログラムのいかなる他の側面以上に，プレイセラピーはこの発達的ニーズに特に敏感にならなければならない。情緒的な発達のアセスメントとプログラミングは，モラルの発達の基礎となっている。

要 約

　プレイは，アセスメントのための発達理論や洞察のための投影的仮説と緊密に結びつき，子どもの特異性に適用されている。そして，プレイは時間制限のアセスメントや，個人やグループの継続するまたはプロセスを重視するアセスメントにたいへん効果的な方法であり，学校状況に非常に自然な形で合っているといえる。プロセスで生じる修正的な情緒的経験は，子どもがお互いの違いを受け入れ耐えることを学習すること，彼ら自身の経験の普遍性を認識すること，友情を発展させ，ストレスを調整し，生活の準備をすることの手助けとなる。これらの経験が希望通りに導かれると，笑い声が生まれてくる。

第2章

プレスクールでのサンドプレイと
アセスメントテクニック

Alison Van Dyk and Donald Wiedis

　情緒的な問題は人生の早期より始まり，プレスクールの子ども（3～5歳）の学習や学校への適応に重大な影響を及ぼす。その問題が治療されないままだと，学校で子どもが達成することによる恩恵や学校生活の楽しさなどが少なくなる可能性がある。子どもはそれぞれ生まれながらの才能をもっているが，情緒的な問題が治療されないと，子どもの可能性はリスクを負うことになる。

　文献によれば，子どもたちの情緒的な問題はうまく治療できることや，それによって子どもの学習の能力を改善することが，長年にわたり証明されている。そして，子どもたちが治療を受けるのが早いほど，彼らの可能性はより速やかに学習の課題に反映されることになる。ほとんどの子どものセラピーは，クリニックでなされている。また，より最近では，セラピーは学校でもできることが証明されてきている。学校では，情緒的な問題を扱うのにより包括的で，広い範囲のアプローチを活用するために，教師や事務関係者，両親，それにセラピストなどが参加できることが有利な条件となっている。しかし，プレスクールの年齢の子どもたちの治療は治療的な介入にとって特別な挑戦となる。なぜなら，この年齢の子どもたちは言葉で自分自身を表現する能力をもたないので，彼らの適応を妨げている問題の本質を学習するには，たいへん特殊な技法を使うことが必要となるからである。3，4歳児はおそらく，"私は望まれていない"とか"私は悪いと思う"というような自分の問題に気づいていない。また，この時期の子どもは助けを求めることができない。幼児は，消滅することや放棄されることのような恐怖を認知的に登録することを妨げる，基本的な生存本能を生得的にもっている。代わりに，子どもはこれらの恐怖を内臓で感じ，夜尿や腹痛など

の行動で身体的に表現する。3，4歳児のコミュニケーションにおいて，手段の困難を私たちはどのように理解できるだろうか。

サンドプレイはこの年齢の子どもたちにとって特別に意義深いといえる。プレイは，子どもの自然な媒介物である。幼い子どもたちはさまざまなスキルを形成する目的でプレイを行なう。プレイをとおして，子どもは支配力を実践し，感情を表現し，物事を行なう新しい方法を学習する。つまり，彼らは自分のもつさまざまな恐怖や切望することの解決を探し，新しい役割や安全か安全でないかの方法を試すのに劇とおもちゃを使う。さらに，子どもの心理プロセスの内容を理解するために心理テストが使われる。学校で彼らの心理的な困難に打ち勝つのを援助するために，情緒的な問題を診断し治療的アプローチを使う。このことによって，私たちはその後の情緒的問題が再発しないことを期待している。この章では，サウスブロンクス（South Bronx）における教区のプレスクールプログラムにおいて，子どもの学業的，社会的適応を妨害している情緒的な問題を改善することに成功を収めているアセスメントと治療的アプローチについて述べる。

この学校の人口は，ヒスパニック（ラテンアメリカ系）85％，アフリカ系アメリカ人18％，その他2％である。学年の範囲は，幼稚園前学年（prekindergarten）から第8学年（8－4制）まである。過去10年間で，プレスクールプログラムはサンドプレイセラピーを取り入れているのが特徴で，毎年20～25名の生徒の情緒的ニーズに対応してきた。この方法はプレスクールの主流であり，治療的な保育学校（幼稚園よりさらに低年齢の5歳以下の幼児に対する教育施設）でなされているのではない。プレスクールの教師は，IQ，発達レベル，それに情緒的な困難さが正常範囲の生徒を選択する。このようにして，より深刻な問題をもつ生徒は他の学校の特別なプログラムに紹介される。

このモデルでは，プレイセラピストは教室での子どもたちの観察をしながら，彼らを熟知するのに2週間を費やす。このように，セラピストは学校で最初の日から子どもたちとともにいて，クラスに適応するのを助け，親からの分離の問題をもつ子どもといっしょにいたりする。彼女は個々の子どもたちを扱う方法に関して教師の支援をし，その上両親にアドバイスをする。両親は子どもについての調査票に記入し，セラピストはこの内容について両親と話し合い，最初の1週間子どもとともにいる。このようにして，セラピストは子どもの発達史，家族背景，それに子どもが家庭でもっている諸問題などについてよく知ることができる。

教師とセラピストは，学校生活に適応するためにほかに援助を必要としている子どもを探すために，自分たちの観察を比較するための会合をもつ。

彼らは，親からの分離，他児とのプレイ，それに大人とのかかわりや大人を信用することなどに，ふつう以上の困難をもつ子どもたちを評価する。子どもは失敗することなくふつうのフラストレーションを扱えるか。子どもはサークルの時間や自然なプレイ活動に参加するのを恐れるか。そして，子どもにうつ，目的のなさ，集中力のなさ，過剰に泣くことなどが見られるか。

教師とセラピストは，ふつうでない環境，たとえば離婚，死，病気，親の病状，アルコール，ドラッグ，または投獄などが，正常で健康な発達を妨害していないかを決定するために，各子どもの発達史を話し合う。何人かの子どもたちは，これらの出来事に影響を受けていないが，中には深くトラウマを受けている子どももいる。セラピーは情緒的なダメージを修正するために用意され，セラピーは子どもが学習を成功させることを妨害しない。

非言語テスト

これらの問題をより良く調べ理解するために，私たちは子どもの内的世界の正確な様子，強さと弱さ，それに遅滞しているか抑制された情緒的な成長，妨害された学習などの問題領域を正確に理解するために，役に立つ非言語テストの組み合わせを開発している。子どもをテストしたあと，必要ならセラピーを行なうことについて，両親や保護者は同意する。学校の方針は，プレスクールの子どもの情緒的なニーズに合わせること，子どもの発達段階の早期に学習の成功と教室への適応を育てること，問題を克服するのを援助すること，などである。

最初のアセスメントの手段は，レヴィ・ウィーディス動物描画物語テスト（Levy-Wiedis Animal Drawing Story test; LADS, Hammer, 1980）で，慣れた状況から連れだされる際の子どものストレスを減少するために教室で子どもに与えられる。セラピストは子どもに動物を，好きなどんな動物でもよいから描くようにと求める。セラピストはそれから動物について34の一連の質問をする。質問は子どもの自己概念についての情報を得るために選ばれている（たとえば，トラ，子羊，ブタなどで，それぞれが異なった言外の意味をもつ）。これらの回答と絵は各子どもの家族の人間関係の知覚についての情報を，セラピストにもたらす（子どもは好かれているか，そうでないかを感じているか）。つまり，その情報は，恐れと心配，それに強く望んでいること，隠された望みや希望，コンピテンス（子どもの自慢は何か？ 子どもは何ができるか？ など），クラスで達成する能力，共感し，競争する能力，好奇心，子どもは怒りをどう取り扱うか，安全の程度や不安レベル，自信，罪の程度，自罰，うつ，自我

の強度，気分の揺れと心配事，などである。

　第2の手段は，ローウェンフェルトモザイクテスト（Lowenfeld Mosaic Test；LMT, Lowenfeld, 1954）で，456のプラスチックのタイルが入った箱と，子どもが絵を描く紙が入った浅いトレイが用意される。

　教示は，5つの形と6つの色をそれぞれ子どもに示すようになっている。導入の部分として，セラピストは子どもに形の数学的な関係と構成できるより大きな形（大きな四角形，大きな三角形など）へ自然に進めていくことを伝える。子どもは時間を計られ，終わったときにセラピストに告げるように求められる。それから，セラピストは子どもに絵についての物語を話すように求める。このテストから，新しい課題に対する子どもの反応についての情報（達成する能力や不安定さ，発達レベル，遂行におけるプライドの程度，怒り，うつ，自我の強度のレベル，それに協同する能力など）が得られる。また，LMTによってセラピストは，子どもの空間的数学的概念スキルの基準や，2次元の表現能力，小さな協調運動，それに言語スキルレベルや非言語スキルレベルなどがわかる。

　第3の手段は，ローウェンフェルトカレイドブロックテスト（Lowenfeld Kaleidoblock Test；LKT, Lowenfeld, 1976）である。これは，45分のセッションでLMTと同時に与えられる。このテストは，26個のブロックのセットからなり，紙の上に何かを構成するように求められる。子どもは時間を計られ，教示でブロックの数学的な関係が示される。得られる情報は，慣れた対象物で課題を完成する能力（プライド対自己懐疑を評価する能力，3次元の表現能力，発達レベル，小さな運動協応，概念能力と言語能力など）である。

　あとの2つのテストは，子どもがセラピストとの良い関係を形成する機会として，学校が始まってから3週間後に与えられる。このことはテストを受ける肯定的な経験をつくりだし，望ましくない気持ちの散乱を最小限にする。

　最初の3つのテストに加えて，標準化されたテストで知られるバークスの行動評定尺度（Burks' Behavior Rating Scale；Burks, 1977）が使われる。このテストは，教師が105の質問に答えることによって子どもを評定することで，セラピストに教室での行動を客観的に評定する機会を与える。セラピストはテスト結果を処理し，それらを解釈する。このテストは，問題の相対的な厳しさ対新しいことに対する子どもの反応を判断する手助けとなる。他の3つのテストから得られた非言語材料を組み合わせることで，この情報は教師とセラピストが問題の領域について合意し，各子どもの個別化されたプログラムを計画するためのガイドラインとなる。両親はこれらのプランをつくる会合に参加し，クラスでの示唆が家庭でも実行される。子どものメンタルへ

ルスの変化を測定するために，これらのテストの4つすべてが，その年度の終わりに再び実施される。また，教師は，改訂文字盤テスト（Dial-R Test；Mardell-Czuanowski & Goldberg, 1980）をその年度の始めと終わりに実施する。このテストは算数や読みについてのレディネススキルを測定し，その年の終わりに子どもの学業的な能力と習得度を評価するために使われる。

サンドプレイセラピー

　子どもがセラピーに選ばれれば，週に45分のセッションが行なわれる。子どもはプレイルームに連れてこられ，おもちゃのカテゴリーを示され材料を紹介される。それらは，動く自転車，家，普通の人たち，空想的なコミック本のキャラクター，家庭的な動物と野生的な動物，兵士，カウボーイとインディアンなどである。子どもは砂箱におもちゃを置き，物語を話すようにうながされる。子どもは個人的な意味をもったテーマで遊び始める。彼らは自分自身や生活の中の他者を表現するために，あるキャラクターを選ぶ。セラピストは子どものプレイのテーマを記録し，子どもの最も深い部分の恐れや欲求を理解するために，あとでそれらを分析する。子どもは早期の自分の記憶を思いだし経験をたどることで，自分の心配事を解放し，学習に役立つエネルギーを生みだすことができる。セラピストは子どものプレイのプロセスを目の当たりにすることと，子どもに対し反射的に言語化することで，自己の新しい感覚を探すことについて子どもを勇気づけることができる。サンドプレイをとおして，この自己発見の経験は自分の強さで自分自身を見て，そして物事を行なう新しい方法を演じきるための鏡を子どもに用意し，学習の障害物に打ち勝つ手助けをする。そうすることによって，子どもたちは新しい考えや感情と衝動に慣れること，新しいパターンの人間関係とその結果を見ること，そしてユニークな自分自身の新しい役割を経験することなどの新しい解決法を探すことができる。

　Heinz Kohut は自己心理学のパイオニアの1人であるが，児童期の健康について，子どもの"さまざまな自己"をサポートし発達の健康的な段階を経験させる親の養育方法の結果と定義している。たとえば，"健康的なナルチシズムの正常な発達は……内的なまとまりと生命力の感情に反映するだろう。才能を利用し，セルフエスティームのような目標に確実に到達する能力は，失望に直面したときに信頼性があり，永続性があり，プライドが拡大することや成功の快感をもたらす"（Mitchell & Black, 1995, p.159）。健康のモデルがこの展望から見られ，子どもが早い発達段階で混乱をもつと診断されたとき，学習への深刻な影響がより明白になる。この早期の発見と情

緒的な問題を治療教育することが，このプログラムの臨床的な部分の目標である。心理学的問題や正常な発達の妨害を決定するために，専門的な訓練と実践において非言語材料をどのように使うかを学習する必要がある。

　セラピストの役割は，3，4歳の生徒に共感性と情緒的なサポートを用意することである。自己心理学の理論では，これは誇りであり勇気づけてくれる両親の"鏡"または反射として知られている（Mitchell & Black, 1995, p.159）。子どもたちはまた，"子どもが見上げ，落ち着き，絶対確実，全能などのイメージとして没入できる力強い他者を巻き込む"ことを必要としている。セラピストはサンドプレイを媒介として，子どもの考えを受け入れ理解することによって，このことを可能にしている。Kohutは，子どもは，肯定的で励みになる権威ある人物で，理想化され尊敬されているような親または他者を必要としている，と述べている。セラピストと教師は，もし親の養育が子どもにとって十分でないなら，その役割を満たすことができる。このプログラムは親の養育スキルを改善することで子どものダメージをいかに治すかについて，このプログラムは親が学習するのを手助けしている。セラピーは，子どもを再養育するために実施される。就学前の子どものサンドプレイとアセスメント手段を例示するために，ケーススタディを見てみよう。

Jamie のケース

　表面的には，Jamieは入学後数か月後たっても母親を帰らせることのできない困った子どもに見えた。彼には1歳半の弟がいて，家族は父親の家族の家屋にある自分たちのアパートに住んでいる。父親はポルトガル人で，母親はアフリカ系アメリカ人である。Jamieはプレスクールに入ったとき，3歳9か月であった。プレスクールでより長い時間Jamieを離すようにという決定が母親になされたとき，彼は少なくとも2時間取り乱してむせび泣き，サポートを求めて絶望的な様子で教師に身をすり寄せた。Jamieの分離不安は極限に達していた。

　母親はすぐさま私に会わせるように求め，父親と重大な夫婦の問題をもっていると説明した。彼女はうつ状態，結婚それにJamieの養育に関する失敗感について，自分の心を開いた。彼女は彼の依存性，恐怖心，それに引っ込み思案の行動を心配していて，彼女の息子にセラピーが必要だと確定されたことを聞き，たいへん安心した。彼女に対する私の感想は，良い教育を受けた女性で，今は結婚や財産などの問題でくじけている，というものであった。彼女と夫は両方とも，マンハッタンの広告会社で働いていた。彼女は仕事を手放し，子どもの世話をするために家庭にいたが，彼女の夫は遅く帰宅し，週末でさえ子どもの生活とは無関係であった。彼に薬物常用の問題があることを彼女は認めていて，彼は妻や子どもによそよそしく，親として疎遠であると受け止めていた。彼女はまた，自身の性的虐待の経歴のため，良い親ではないという彼女自身の恐れを表

現した。私は学校の個人カウンセリングのためにソーシャルワーカーを彼女に紹介したが，彼女はセラピーでの作業を非常によく受け入れ，一生懸命に取り組んだ。彼女と夫の間のことが改善されないなら，彼女は親戚に身を寄せるために州を引っ越すことを強く考えていた。

そうしている間に，Jamieはクラスで学習環境に入るためあらかじめ心配しすぎていた。また，両親の間の緊張は，むずかしい家庭の空気をつくりだしていた。

Jamieは父親のよそよそしい態度と母親のストレスとうつに悩まされていた。彼の正常な主張的で競争心の強い努力についての葛藤の感情は，仲間との相互作用や先生にすがりつく行動に明白に表われていた。

Jamieの問題は初め強い分離不安として表現されているが，根本的な原因は適切な養育の欠陥の結果から生じる重大な"自己の分裂ないしは脆弱さ"（Shapiro, 1995）にあった。何人かの他の子どもが，赤ちゃんのように泣いたり叫んだりする彼をいじめて，彼を激怒させたが，彼のすがりつく行動は変化しなかった。その代わりに，彼は教師への身体的な接近を選んだ。この行為により，彼はほとんど毎日グループから別れたままで，自分自身に立ち向かうことや他の子どもと競争することを避けていた。学校が始まって数カ月間，このことはJamieの自己の発達に必要なことであった。しかし，しだいに彼は仲間と交わり，安全でないことに打ち勝つことができるようになった。私たちが見てきたように，サンドプレイのセッションの助けにより，自己の強さを獲得した。

★　Jamieのテスト結果　★

Jamieに行なったテストの組み合わせは，彼の情緒的な不安とその原因についてきわめてつじつまの合う結果を示した。バークスの行動評定尺度で，Jamieについて非常に高い過度の依存性と，わずかに低い過度の自己批判と過度の不安が評定された。

LADSテストで，彼の絵は非常に拡散し，形がなく，自己についての不明確な，分裂した感覚を示している（図2-1）。発達的に，Jamieは自己の感覚について適切な年齢レベルより低い。彼の動物の選択はキリンで，高く，無害な創造物で，その長い首のために容易に養育に取り込めない。彼の最初の考えは，ライオンを描くことであった。非常に攻撃的な動物であるが，彼はこれを抑圧し，キリンに決めた。「それは大きいですか，それとも小さいですか」の質問に対する彼の答えは「大きい」であったが，「それはお母さん，お父さん，それに赤ちゃん」と付け加えた。つまり，彼はまだ親の養育のシステムと融合したままなのである。彼は動物が「1歳」と言い，事実それは彼の発達年齢である。性同一性からは，Jamieは動物が「男の人とお父さん」と言う。つまり，彼は男らしさを感じるために，父親の力強い同一性を必要としている。その年度の始めに，彼は仲間から好かれていることを感じている。動物を怒

第2章 プレスクールでのサンドプレイとアセスメントテクニック

らせているものについての彼の答えは，"叩いたり叩かれたりしたくない"というもので，過去の経験への腹立たしさを表わした。このことは，身体的な罰が家庭で行なわれた事実を私に警告していて，そしてJamieの母親との話し合いで，彼を叩いて教室へ行かせるなどの彼女のしつけの方法を調整した。このことは，Jamieのセルフエスティームにとって大切なことであった。

また，LADSで，Jamieは現実逃避の欲求をもっていることがわかった。彼は，動物が何かを恐れていることを否定している。つまり，彼は傷つきやすいと感じているが，両親に助けてほしいとは言わない。同様に，彼は1人でいるときの悲しさを否定している。子どもの好奇心という面から見れば，Jamieが自分自身で未知の領域や学習のための要求などを探すことにあまりにも恐れをもっていることが示されている。子どもの同情のレベルを見る質問で，Jamieは，コントロールすることを試みている怒りを不適切に表現しながら，助けてくれない者への攻撃を想像した。このことは，攻撃性に関するコフート理論と関連していて，親からの受容と正常な男らしい主張性を肯定的に映しだす鏡などの欠如から，彼の異常なエディプス期の発達が生じたと解釈できる。Jamieが心理学的発達のエディプス期へ，赤ちゃんのように行動的に退行

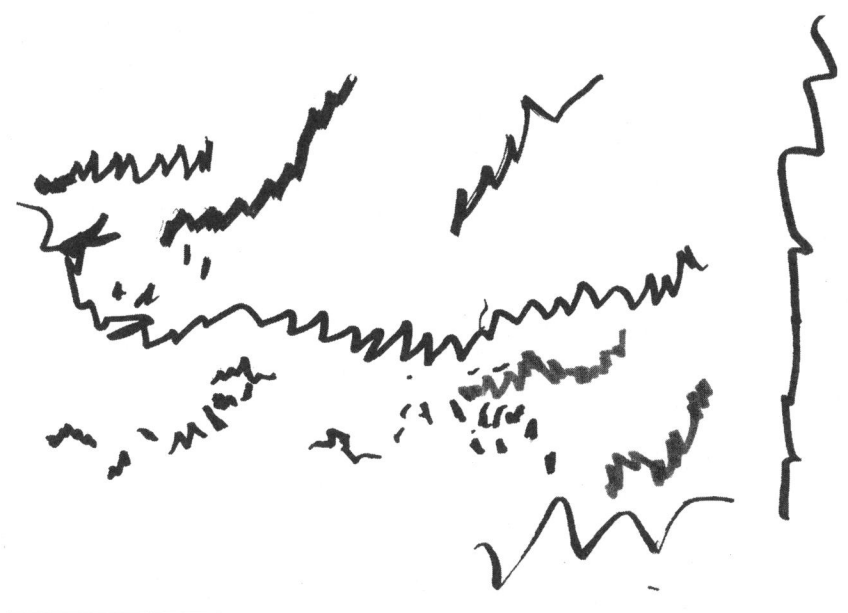

図2−1　JamieのLADSの絵(1)

することはたいへんタブーとされた。Jamieは自分自身を慰めることや母親の内的なイメージをもち続けることができなかったため，サポートを求めて教師へ身体的にすがりつくことを必要としたことが，ここではっきりとわかった。

　自己心理学では，Jamieの両親は彼の正常な主張性を喜ぶことができず，愛情深くなる能力を伸ばすことができなかった。代わりに，Jamieはこれらの特質を隠す必要があり，まさに彼は最初にライオンを描けずに，その代わりにキリンを選んだ。子どもたちはすべて，親の愛と世話を維持するための生得的なレーダーシステムをもっている。仮に子どもが自分の活動が受け入れられないことを探知すると，彼は自分自身のその側面を抑制するだろうし，そしてもしそれが現われれば，彼にとっての痛みのある葛藤をつくりだし，さらなる抑制を行なう。このように，Jamieは自分の破壊的な敵意への恐怖心を押さえることができず，統制することにあからさまに怯えていた。Jamieがかつて教室での行動で，まれに攻撃性を抑制したことに注目するのは興味深い。代わりに，他者との相互作用でより成熟した男らしい方法を発展させることよりもむしろ，自分の歓迎しない男根期攻撃性のどんな表出でも怖がり，自分のセルフエスティームを犠牲にすることを喜んでさえいたし，仲間に赤ちゃんと呼ばれていた。

　このプログラムの目標は，子どもの自然なままの衝動を表現するための心理学的に健康な方法を教育することである。

　最初のLKTで，Jamieは倒れ落ちる高い構造物を作っている。それから，彼は橋を作るためにブロックを広げるが，これはブロックの数学的な使い方ができる準備状態であることを示す。再び，彼はエディプス期からくる不安のために，幼い年齢水準に退行しようとしている。彼は高い構造物を再度作り，それが倒れ，それからより少ないブロックで再度橋を作る。このような表面上のささいな教育的課題にさえ，Jamieは歓迎されない攻撃的な衝動によりトラブルを抱えている。彼は，象徴的な形と同じように攻撃的な男根期の方法で自分自身をうまく出せるようにすることがいかにむずかしいかを証明している。その代わりに，彼は製作物を元どおりにしたり乱雑にしたりして，抑制することを心がけながら自身の不安を再演している。この自分に打ち勝つ態度は，Jamieが自信を感じ肯定的な自己像を楽しむことを可能にしている。そして，これらは両方とも学習にとって必要なものである。このテーマは，Jamieのサンドプレイの過程で継続的に表現されている。

　教室では，Jamieのために個別化されたプログラムが準備された。彼は，あまり競争心の強くない，より優しく接してくれる生徒と組み合わされることが決まった。Jamieは新しい材料を使ってみることを励まされ，教師は時々課題を完成させる方法

のモデルを示すために，このプロジェクトの始めから最後まで彼といっしょにいた。家庭では，両親がきょうだいから彼を離し，彼といっしょにいる時間をつくるように助言を受けた。また，彼の父親は，家族といる時間をつくるために，朝彼を学校に送っていくように求められた。先の11月に母親は，Jamieのことでより忍耐強くなる自分を助けるために，薬物療法を受けていると報告している。夫婦間の問題は現在，セラピストの介入や個人セラピーで受けている援助のため，その緊急性がやや薄らいでいるように思われた。

★　Jamieの初期のサンドプレイのプロセス　★

　10月に行なわれた最初のサンドプレイのセッションで，Jamieは最も心配していることを示した。それは，競争的で，男らしい自分になることである。彼は手始めにモンスターを殺すヘラクレスを演じる。それから，飛行機が着陸し，倒れ，そしてひっくり返り，それから動けなくなる。飛ぶことについての彼の男根期の衝動は阻止されているか，立ち往生している。ここで，彼は再びモンスターを打ち負かす英雄を演じながら男根期の衝動の表現を探しているが，このことは彼に不安と退行の欲求を引き起こしている。次のセッションでは，生命のない形態（たとえば，男根期の攻撃性のより隠された形態）で彼の男根期の衝動を表現するために，トレイの中で飛行機を使用し続ける。しかし，飛行機はトレイから落ち，彼は「誰かが救急車を欲しがっている」と言い，おそらく去勢されダメージを受けた感情のシンボルを表現しているのであろう。それから，彼はロビン（シンボリックな息子）になりバットマン（シンボリックな父親）に挑戦し負かすシーンで，男根期の衝動を表現する。父親と争うときの彼の不安に，罰が与えられている。Jamieは，安全であるかどうかを見るために生命のない対象物で男根期の欲求を徹底的に試すことが，よりたやすいことを発見する。しかし，彼はLKTにおいて高い構造物を容易に維持することができなかったように，相変わらず飛行機を壊している。タワー，汽車，飛行機，車，単車，消防車などがすべて男根期の対象物であり，それゆえこれらは男根期の攻撃性の衝動を象徴している。Jamieがどのようにして男根期の攻撃性をプレイの場面に投影し，それから，たとえば破壊すること，落とすこと，または罰を受けることのような不安，葛藤，秩序の破壊をどのように再演するかについて，私たちはここで見ることができる。このことは，教室の行動でも理解することができる。Jamieはサンドプレイをすることで，厳しく自分を抑制する代わりに，表現を後押ししているこの材料に，象徴的な出口を見つけている。

　第3セッションで，彼はサンドトレイの右後ろのコーナーに家を置く（図2-2）。

彼はその上に砂を置き，それから屋根を叩いて引き離し，家に対する敵意を象徴している。飛行機は飛ぶように試みるが，中央に落ちる。それから汽車は後ろに並べ，何台かの車とトラックが左中央の単車に乗った男のせいで事故を起こしている。消防車がその状況を救出しようと試みているが，全体的にエネルギーが阻止され，立ち往生させられている。レースカーは動くことができない。この同じセッションで，彼は葉っぱがすべて落ちた木の絵を描いた（去勢）。Jamieは男根期の衝動が表現される方法を見つけようと試みている，そして彼は自分の去勢感情を扱うことに直接的に挑戦することと間接的（生命のない対象物）に侵略することを試している。彼は強い父親像（単車に乗った男）に挑戦することを望んでいるが，このイメージはプレイのテーマの中で，彼のエネルギーが脱線し阻止されることを象徴的に生みだしている。彼は，サンドプレイで現実の生活で扱えない背後にある衝動や緊張を扱う機会を求めている。

教室で彼は，朝母親や教師に抱きつくことを続けている。一方サンドプレイで，彼自身のより成熟した側面を表現する手段を発見し始めている。表面的には，彼はシャイな恐がり屋で，彼の絵は形がなく，LADSの質問に対する答えから，私たちは彼の独自性や自己同一性が不確かであると感じている。サンドプレイで，彼は自分が恐れ

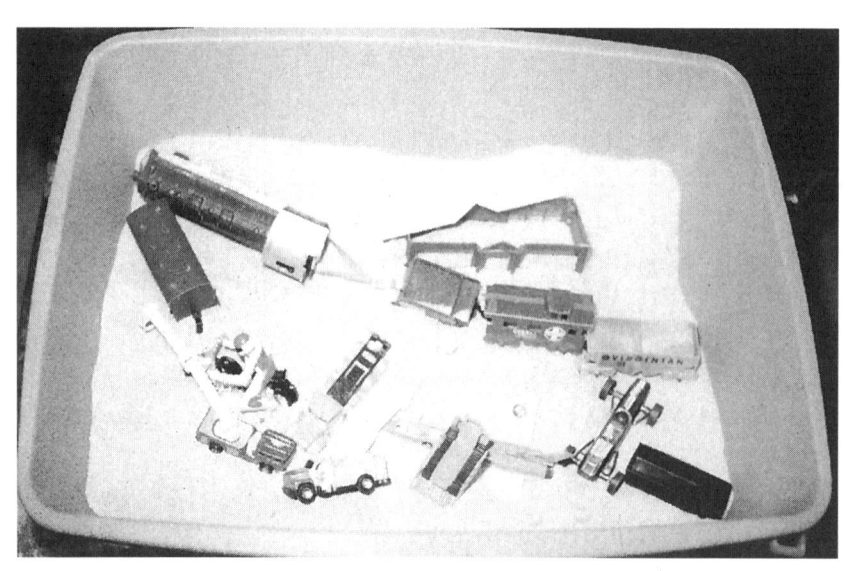

図2－2　Jamieの第3セッションでのサンドトレイ

ている男根期の衝動をもつ自分自身の攻撃的な少年の側面を表出することができている。彼は，自分ができないと感じさせられている問題や，うまくいくための容認と自信を徐々に得ているテーマなどを試すことができている。プレイは強力で健康な自我をゆっくりと発展させるうえで，することとしないこと，埋めることとカバーをしないこと，2歩前進し1歩下がることなどの機会を子どもに与えていることを，私たちは心にとめておくべきである。

★　理論的な枠組み　★

　サンドプレイのセラピストが共感的な鏡となって，子どもに1年中起こっている成長や発達についての肯定的な感情を伝えると，子どもは自分自身を対象として見る経験を積み重ねていく。セラピストと教師は子どもがうまくいくように計画をたて，うまくいけばほめるようにすると，子どもはより多くのチャンスをつかみ，新しいコミュニケーションの方法を試すことができる。叩くことから頼むことへの変化，引っ込むことから参加することへの変化は，いかなる目標でも，子どもはすべて肯定的なフィードバックで勇気づけられる。このことで子どもは自己を肯定し，これまでの経験を修正し，葛藤から解放される情緒的な状態を経験し，最適な学習を行なうことができる。もし子どもが，自己の統合がなされていない経験をすれば，経験を修正してやることは正確な時期での介入になる。このような修正経験はエディプス期に始まるとされていて，4歳児が発達的な挑戦を行なう際の一部であるといえる。
　Jamieが自分を家族から切り離すことができるようになるにつれて，彼の社会化のスキルは改善し，学校での活動に興味をもつようになった。彼は，その日学校で先生に注意を受けなかったと母親に報告する代わりに，「僕は今日すべて1人でやれた」「友達と遊んだ」と言うだろうし，またいくつかほかの誇れることをやれたと言うだろう。つまり，このことは自分が独自の存在であるという感覚がしだいに発達していることを示している。

★　Jamieの半年後のLADS　★

　その年の半ばのJamieの2回目のLADSに，この進歩が現われている。彼の絵は，横長のカーブした形からなり，はっきりした境界があり，以前のなぐり描きの線よりもよりはっきりしている（図2-3）。形のいくつかは，ほぼ実際の物に似ている。彼の動物の絵はヘビで，ずるいが攻撃的な動物であり，このことは表出されるべき彼の攻撃的な衝動のいくつかが出やすくなったという進歩を示している。彼の答えは，家族に融合することとは反対の別個の物であることを示している。その答えは，"少年

と父親"(言い換えれば,融合した性同一性である)に替わって,1人の少年である。しかもその少年の年齢は,1歳どころか12歳である。この年の半ばに,Jamie はクラスメートがまだ彼を受け入れていないことに気づき,このため動物は彼から好かれていない。動物に何か悪いことが起こっているかという質問に,「彼は死んだ。誰かが殺した」と答えている。

　Jamie は,まだ去勢されることについてのエディプス的な恐怖と死を経験している。彼が叩かれること(家族のダイナミックスを参照)に替わって,他の子どもが教室で彼の制作物を壊したので,彼の動物はいま怒っていて,彼の動物は競争者を"壊すこと"でいつも勝っている。このように,彼はいま学習のために攻撃性をいっそう意識し,攻撃性にいっそう受容的になり,より役立てている。彼はモンスターを恐れている恐怖を否定することがなくなり,自分の感情を感じて表現できるように成長している。彼は,車について以前傷つきやすく保護されていないという恐怖心をもっていたが,今では通りを横切るのに母親と父親の助けを必要とすることを認めている。このことは,数か月で両親が変化したことで,Jamie が親を保護的なものとして見るようになったことを示している。1人になったとき,彼は悲しいというふつうの感情

図2-3　Jamie の LADS の絵(2)

を認めるようになった（"動物は泣いている"という言い方で）。共感的になることができ，攻撃することから助けを呼ぶという新しい考えが生まれている。全体的に，半年後のLADSテストでは，Jamieが自分の感情を表現できることから，自我の強さを獲得していることが示された。彼は仲間との関係で，自分自身へのよりいっそうの気づきと，正当な原因による仲間への新しい怒りの感覚（受容できる攻撃性）などを示している。彼は3か月間のセラピーの後，分離不安とすがりつく行動を克服し，彼を学校へつれて行こうとする父親の努力に非常にうまく反応するようになった。

★ その後のJamieのサンドプレイのプロセス ★

さて，セラピーの5か月後のJamieの精神性的発達（psychosexual development）を特徴づける男根期の衝動の表出とエディプス的欲求の発達を見てみよう。2月のこのセッションでは，飛行機が飛び立ち，砂の中に墜落している（図2-4）。救急隊員が来て，「彼らは怪我をしている」（男根期の衝動に対する罰）と言う。彼は邪悪な人（Mr. Sinister）のマントを着るために誰かを探している。それから，緑のちょうちん（Green Lantern），これは若々しい男性のキャラクターであるが，邪悪な人の翼をも

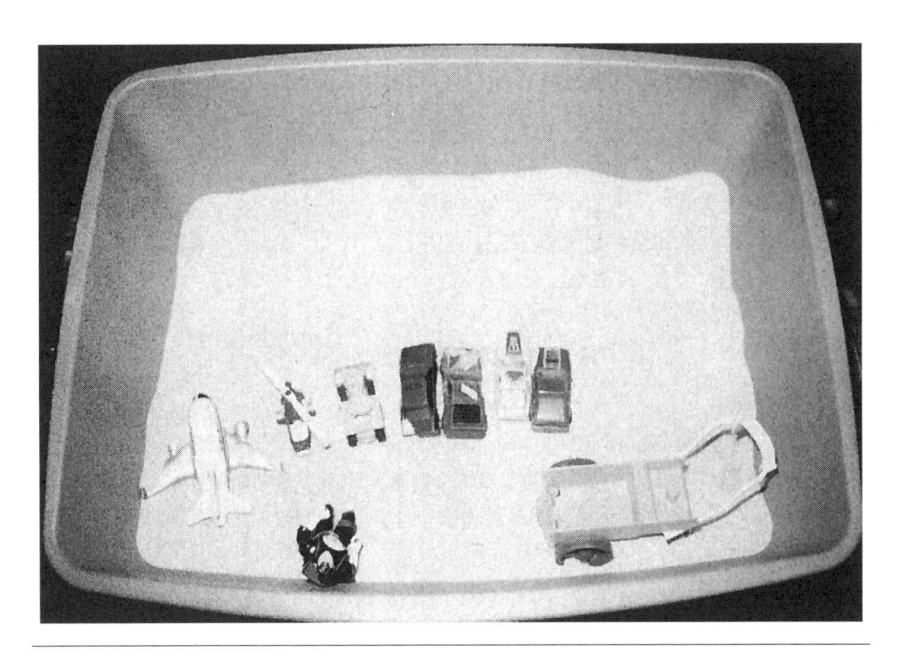

図2-4　5か月後のセラピーのサンドトレイ

っている。それから，スターウォーズの Luke　Skywalker は邪悪なエイリアンたちを負かす。Luke は魔術で弱々しくなっている父親を呼び，それから彼のマントを脱がせ，肌着の彼をあざ笑った。Luke は父親を負かし，いま魔術で弱々しくなっているマントを付けている。空想的なプレイで，いわば Jamie は父親の力を減らしパワーのマントを着ることで，エディプス的欲求を満たすことができる。Luke は王女 Leia を見上げ，彼女の服を脱がせる。父親を負かしているので，彼はいま性的に女性を所有できるが，彼は罪を感じ，彼女の服を後ろから着せる。それから，彼はもう1人の悪人である，罰を与える人（Mr. Punisher）（トレイの前面中央）を負かす。彼は，Luke と王女 Leia のカップルを取り除き，「そう，誰も彼らを見ることができない」と言う。エディプス的な競争で，彼は女性に勝ち，秘密の性的な同盟をもつために自分自身を許すことができる。それから，彼は生命のない男根期のシンボルである車，ワゴン，飛行機，ヘリコプターを並べる。車が押しつぶされるシーンが前にあったが，このことは，彼のエディプス的な力を固め，壊されることからそれらのシンボルを守るためである。

　Jamie は父親を負かし，自分の力を使えるようになっている。具体的には，女性を所有することとそのために罰を受けないこと，それに飛行機が墜落する（去勢）最初のシーンから，男根期のシンボルを一列に並べて保護し，強さを保つ最後のシーンに移ること，などである。家族力動とセラピーにおける変化は，Jamie の内的な生活にインパクトを与えていて，彼がよりじょうずな男根期の方法で行動しても，彼はもはや両親とのつながりを失うことを恐れない。彼は，バットマンのマントのようなやり方で父親の強さを借りることさえでき，それにもはやうまくすることを恐れなくなっている。彼には学校生活の学業面や社会性の面で，じょうずにできるための内面的な準備がより十分にできていると，誰もがここで認めることができる。

★　核心の問題の出現　★

　一月後，Jamie はこのサンドプレイのプロセスをつくる（図2-5）。牢獄で（左の後ろ），夜のこじき（nightcrawler，示されていない）がピンクのドレスを Barbie に着せている。彼は，性的な関心を示しながら，彼女のドレスを脱がせる（前方のドレス）。それから，スパイダーマンが男性の悪い若者とのエディプス期の競争に勝ち，取り除かれる。トレイの中で，バットマン（左端）が白い髪のセクシーなブラックキャット（右前方），キャットウーマン（中央後ろ），スパイダーマン（Barbie の前方の左後ろ）を置く。しかし Jamie は「彼らはいない」と言う。このセッションで，エディプス期の衝動が明確におおっぴらに表現されているが，まだ抑制されている要因

もある。彼は性的なシンボル（スパイダーマン，ブラックキャット，それにキャットウーマン）を見えるところから隠すが，これは彼が性別から回避していることを示している。次のセッションで，Jamie は少女に対する興味は強いと述べるが，「お母さんは少年の世話をする」と言い，それゆえ母親は性的な対象にはなり得ないことを暗示している。彼がエディプス期の興味を否定したことで，おそらく Jamie の母親は不幸な結婚の情緒的な代用として息子に無意識的に頼っていると，私には感じられた。自己心理学から見れば，母親の部分についてのそのような行動は，少年に"苦しめられている子どものように，性的に刺激され葛藤させられているという感じ"をもたせている（Shapiro, 1995）。Jamie がサンドプレイで性別についての包み隠しのないドラマを演じたが，これは可能性のある仮説としてこのことを指摘しているように思われる。

　4月に，Jamie はエディプス期の問題で，母親との葛藤をよりおおっぴらに示し始める。ブラックキャットは"彼女は彼が好き"という理由で，スパイダーマンにキスをする。小さな飛行機が大きな飛行機の上に飛んできて乗っかる。このことは，彼の母親に対するエディプス期の欲求から彼を保護するのに父親の力を彼が必要としていることを象徴している。ヘラクレスは（'Ninja Turtles' の中の）April を剣で攻撃す

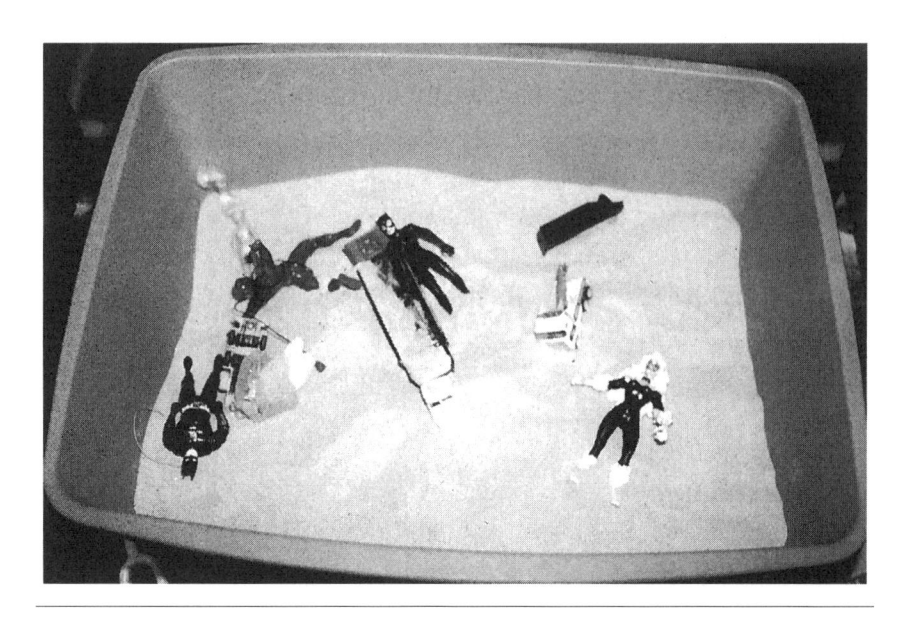

図2－5　6か月後のセラピーのサンドトレイ

る。つまり，男根期の攻撃性がいま女性に向けられている。それから彼は3番目の飛行機を離して，それを埋める。このセッションで，エディプス期の競争的な衝動が現われ，彼を不安にし，次の感情である敵意がいま誘惑的な母親に向けられている。彼は，母親はいつも自分が望むような養育的な人物ではないという痛みを伴う事実をどう扱うか困っている。そして彼は，感じていることを認めたくない母親の誘惑的な部分を少女に投影している。彼はプレイの中で，女性の人形に面と向かって負かすために，父親の同一性と力を使っている。しかし，このことで彼は内面的に不安定になり，彼の唯一の解決法は，男根期の対象（飛行機）を取り除き，男根期の男性であることから退却することだと思われる。

　5月に作った最後の作品で，トレーラーのトラック（左縁）とブルドーザー（取り除かれている）を使いながら，Jamieはこの火山のドラマを演じ切っている（図2−6）。大きな飛行機（部分的に中央左に埋められている）が火山に墜落し，彼は「醜いものが墜落している」（左後ろに砂のたい積）と言う。それから彼は，「火山は壊れている」といって，再び火山を作った。次に，ドクターたこが火山に股を広げてふんばり，バットモービル（悪い自動車）に乗ったバットマンが火山に墜落し，そこへ埋められたままになる。「壊された」とJamieは言う。それから，もう1人のバットマン人形（前方中央，顔が下）が火山に股を広げてふんばり，単車に乗った男（父親のシンボル；右前方端）が火山に墜落し，バットマンは「だめだ，私の火山だから」と叫

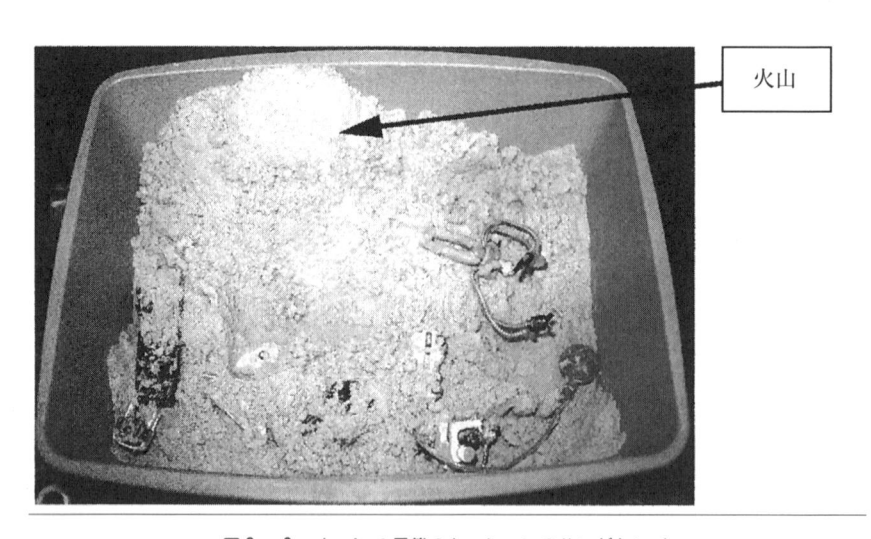

図2−6　Jamieの最後のセッションのサンドトレイ

んでいる。

　この最後のセッションで，Jamie は葛藤している気持ちを象徴レベルで母親（"ある醜いもの"；火山であり胸でもある）に表現している。彼はまた，父親への意識を競争的で敵意をもった力として表現している（単車に乗った男，悪い自動車）。火山は，偉大な母親（または大母）の肯定的な面と否定的な面の両方の意味をもっている（Cirlot, 1962）。火山のイメージが母親の胸に似ているので，彼は女性の否定的または破壊的側面と，女性の養育的，愛情に満ちた側面の両方の早期の幼児期の記憶を呼び起こしている。Melanie Klein は"よい胸"と"悪い胸"としてこのイメージに言及している。"クラインは胸を愛情と愛着の対象，憎悪と拒絶の対象となり得ると見ていた"（Clegg, 1984）。火山と胸のイメージはまた，原型的でもある。たとえば，肯定的と否定的な側面の両方について，可能な解決法をその中に含んでいる。火山に両足を広げてふんばっているバットマンの人物は，以前父親のシンボルとして使われたが，ここでは新しい同一性の人物である。このバットマンは，彼が「だめだ，私の火山だから」と言うとき，胸のシンボルが破壊されることを言葉に出して嘆いている。

　Jamie は，Kohut の考えたことを示している。つまり，"少年の根本的なエディプス期の恐怖は，…愛情を受け入れる母性的な自己の対象よりもむしろ共感的でない性的な誘惑の対象によって，あるいは誇り高い喜びを感じている父性的な対象よりも競争的で敵意のある対象によって直面させられている"（Shapiro, 1995）。Kohut の述べた"病理的に性的に追い立てられることと破壊的な敵意は，自己の分裂ないしは衰弱を経験するために二次的に生じる"ことを思いださせてくれる。ここで再び Jamie の正常で健康な発達が親から拒否されることの影響を見てみると，Jamie は早熟なため，機能不全の家族システムの症状である性的な衝動を先取りをしている。

　この最後の作品の場面で，彼の変化のいくつかの肯定的なサインが見られる。その年度の始めと違って，Jamie は努力を主張する際に，父親の力を使うことに自信をもっている。彼はエディプス期の不安が生じたときに新しい解決法を試し，解決の可能性や対立するものの一致を保持する原型の次元で，内的な葛藤を調べる。

★　最終のテスト結果　★

　3回目の LADS で出てきた動物は，"風を吹き飛ばしている緑の恐竜"である（図2-7）。キリンやヘビと比べて，この動物は大きくて，より大きなパワーの感覚と攻撃的である能力を示しているが，それほど攻撃的でもなく，空気でなく火を吹いているようだ。彼は大きさについての質問に「大きい」と答え，この答えは家族システム

から個性を与えられていることを意味している。同様に，その動物は"男の人"で，もはや父親と融合はしていない。それは"20歳"で，最初のLADSで見られたように，赤ちゃんもしくは1歳であることの欲求に対する成熟の熱望のサインである。そして，その年の半ばのLADSで殺されるのとは対照的に，動物には何も悪いことが起こらない。

　描画では，その年の半ばのテストのように眠っているのとは反対に，動物は"風で彼を吹き飛ばしている"。これはJamieが新しい主張的な役割へ関心をもったことを示している。彼はまた，「自分は何も恐れていないし，母親と父親を必要としていたのとは反対に"自分は大きいので1人で"通りを横切ることができる（その年の半ば）」と述べている。恐竜はそれに勝てなかったり話ができなかった（その年の最初）のとは反対に勝つことができ，また彼の敵対するものを壊すことで勝つことができる（その年の半ば）。彼はいま，動物が鳴いている（その年の半ば）のとは対照的

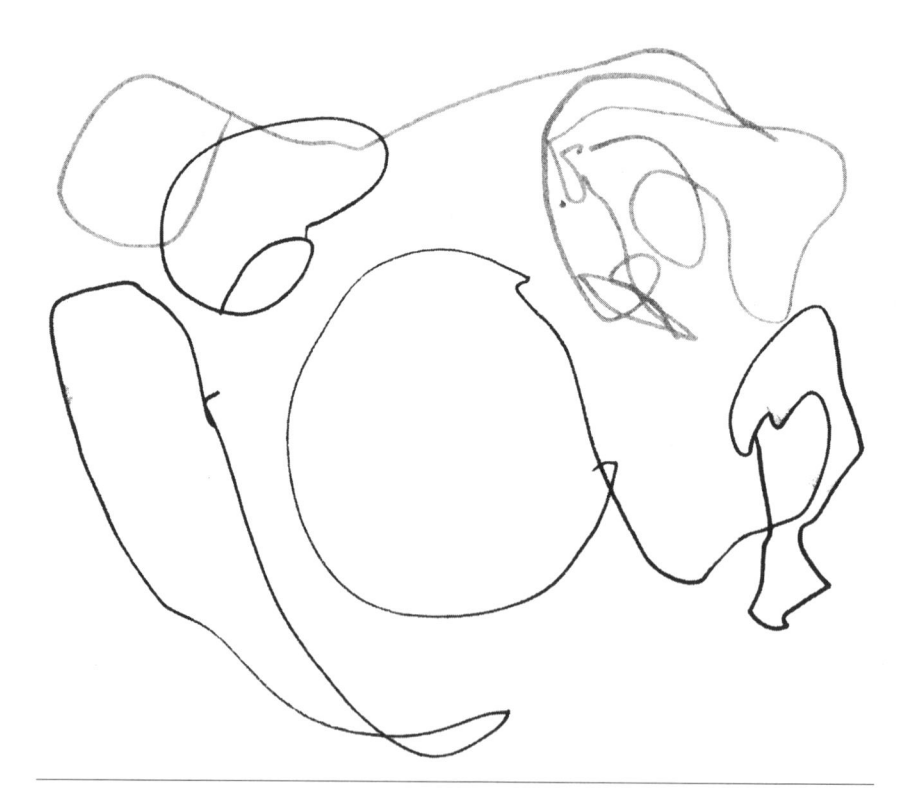

図2－7　3回目のLADSの動物

に，一人にされたとき"すばらしい"と感じている。子どもの好奇心を示す答えは次のようになる。最初にJamieは怖いと答えている。それからその年の半ばでは，彼が恐れているものを明確にできている（"箱を開けると，モンスターが出てくる"）。その年の終わりでは，彼は箱を開けると言うが，「自分のものでなければ，それを開けてはいけません」と言い，これはより社会化された気づきができてきたことを示している。彼の同情の感覚もまた，攻撃性（その年の最初）から，助けを呼ぶこと（その年の半ば）へ，自分自身を助けることと学校で助けを得られる方法を知ることへ変化し，再び独立へ向けた段階を示している。

Jamieの2回目のモザイクテストで，彼は完全な六角形を作り，「私はこれを使って円を作れるとあなたに話しました」と述べる。彼はそれを「車輪」と呼んでいる。それから，ふつうの6つの等辺に区分された六角形とは別にタイル片で円を作る実験をすることで，彼は4つの二等辺三角形を2つの正三角形の間の左側に置く。彼はこれをより高等な構造に作り上げることはできないが，それを「ドラゴン」と呼んでいる。ここで彼は，自分の能力や自分の作った物を壊す欲求に対して，いくつかの限界を受け入れることができている。このことは，著しい進歩を示し，Jamieはいま，自分の製作物について誇りを感じることができ，大きく，力強いドラゴンと同一視できている。同じ日のLKTで，彼はタワーとトンネルを作り，それから車がその中に衝突し，それらを打ち倒す。彼は，「私は大型船のパワーレンジャーのような車が好きです」と述べ，船に似ている数学的に高等な構造物にブロックを合わせる。テスト中，Jamieは「どうしていいかわからない」と愚痴を言い，「助けて」と繰り返した。しかし，彼は自分自身で製作物をうまく作ることができた。破壊的な傾向が残っていることと安全さを感じないことがまだJamieを悩ませているが，彼はその年の始めよりはるかに自信をもち，主張的になり，うまくいくようになっている。私たちが期待したように，彼のBurksスコアから，過剰な依存が著しく改善していることがわかった。過剰な自己批判と過剰な不安を改善することは，簡単なことではない。

Jamieの改訂文字盤テストのスコアは，彼の全般的な改善を反映している。テスト結果は，彼のパーセンタイルの位置を決定するために，クラスメートとマイノリティのサンプルを使いながら同年齢の他の子どもたちの両方と比較されている。10月の彼のテスト結果は以下のようである。運動（粗点16，42パーセンタイル），概念（粗点12，18パーセンタイル），言語（粗点22，74パーセンタイル）。これは，トータル粗点48，74パーセンタイルをその年の始めに合計したことになる。5月に，彼のテスト結果は以下のようである。運動（粗点24，76パーセンタイル），概念（粗点28，87パーセンタイル），言語（粗点24，64パーセンタイル）。このように，彼の粗点合計は48か

ら76になり，彼は年の終わりに74パーセンタイルから84パーセンタイルの位置になった。

　毎週のサンドプレイによるセラピーで，Jamieはエディプス期の葛藤と男根期の衝動について，多くの異なった結果を表現しリハーサルする機会を得た。9か月で，彼は外見上の行動はシャイでまとわりつく子どもから，より自分に自信をもち，自分をはっきり示す子どもへと変化した。サンドプレイでJamieは衝動や欲求のより深い側面を扱うように試みたことで，彼はトレイの中の作品でこれらの葛藤のいくつかを解放している。この結果は，彼が学校の現実世界に適応したり，仲間と協同したり，学習したりするのに反映されている。サンドプレイはまた，Jamieが破壊的になることなく攻撃的であることの同一性の象徴を発見することや，未熟で退行的行動に遮られるよりも，むしろより支持的で健康的で，年齢に相応しい活動をするために学校や仲間を頼ることを手助けしている。

　セラピーでは，Jamieは鏡になること，共感性，それに大人を理想化する機会など，自己をより大きく統合するために必要なものを得ることができた。これにより，彼は自己受容と自己に対する自信を新しくつかむための場所へ到達することができた。援助なしでは，Jamieは生まれつきの可能性を学習し発展させるのには重大な困難さをもっていた。

要約

　この章で，4歳児の治療をもとに，革新的なプレスクールプログラムを紹介した。この年齢グループのセラピーでは，学校の中でアプローチすることが，多くの有利なことをもたらすことがわかった。特別なテストの組み合わせを使うことにより，セラピストは子どもの内的世界ではたらいている要因の多くを明らかにすることができる。学校への適応を妨害する葛藤を明確にして，それを治療することがこのプログラムの重要な目的である。サンドプレイは，これらの情緒的問題を軽減し，子どもの生得的な自己を肯定的で確定的な方法でつくり直すために使われている。

　Kohut (1971)，MitchellとBlack (1995)，Shapiro (1995)やその他によって述べられたように，自己心理学はサンドプレイセラピーで私たちが発見したことを，子どもが自発的に行なう実践や家族力動と関連させる手助けとなる。教育環境と家庭環境のプランを決定するために，教師のコンサルテーションと両親への介入が強調されている。両親は，子どもの正常な成長と発達を妨げている自分たちの行動を変化させるために援助を受ける。教師は，子どもの興味や学習する能力を改善するために，情緒

的，行動的な方法で子どもに教示することを励まされる。サンドプレイ，描画，それに物語は，子どもの強さと弱さを分析し理論化するために，またこれらの弱さの原因となっている不安を取り除くために，セラピストによって使われる主要なテクニックである。子どもは良い役割モデルとして役に立つのに十分成熟している両親を必要としている。もし両親が，どんな理由があれ，愛せなかったり，養育できなかったり，それに情緒的に良い存在になれないなら，子どもは正常な情緒的発達と統合された自己の形成において情緒的に安全でないことや，分裂することに苦しむ。

　自己心理学では，子どもは正常な発達の達成を拒否されると，両親の愛と接触を維持することに不安をいだくようになる。彼らは，両親の愛に従わなければ，それを失うと感じている。Jamie が攻撃的で主張的な面を押さえていなければ，彼の両親はもはや彼を愛したり世話をしたりしないだろう。何人かの子どもは，両親のニーズによって，自己について弱められ，かけらのようになった感覚しかいだけない可能性がある。その代わりに，子どもはタブーとされている情緒を抑圧するか，または不適切に表現する。Jamie のケースで，破壊的で，攻撃的な衝動が子どもの正常な成長をどのように妨害するのかを見てきた。そのような不安の重荷は，教育的な課題と社会的人間関係についてのコーピングと集中力の能力を低下させる。この子どもに対し，セラピーは自信を感じる方法と周りの世界に新たな関心をもつエネルギーを与えた。

　私たちの発見の意味合いのいくつかは，子どもが学業の達成の改善に援助を受けられる，ということであった。両親は家族力動に洞察を得ることを強く望むので，それが子どもにとって健康的なことになる。それに，プレスクールの教室で特別にたてられるプログラムは，子どもの学習についての成功のチャンスを改善することができる。プレスクールの年齢は，学習に対する障害を改善するのに最も良い時期で，教師とセラピストのチームアプローチがこの作業に完全に合っている。プレスクールのレベルでなされた収穫は，人生の後半で大きな意味をもつようになる。私たちは教育の新しいビジョンでは，子どもの情緒的なニーズについての考慮を欠かせないことだと信じている。そして，早期の介入は学校での成功を継続する鍵となることを確信している。

学校でのプレイセラピーの実践

★第Ⅱ部★

第3章

学校でのプレイセラピーの可能性と挑戦

Atena A. Drewes

　学校システムの中で，心理学的サービスのニーズが高まってきたのは20世紀の初頭までさかのぼる。子どもたちに対する社会の見方が，経済的に家族の資産を増やす存在から，家族のつながりの中で情緒的に豊かに育てていくべき存在へと変化した（Fagan, 2000）。1920年までに，すべての州で子どもが学校に行くための法律が強制的につくられ，その結果入学が劇的に増加した。1890年から1930年の間で，学年の平均日数が28％増加し，135日から173日になった。入学は，小学校で1270万人から2570万人になり，中学校と高校でも入学が飛躍的に増加し，20万3千人から440万人になった（Snyder et al., 1997）。また，生徒はその学年でより長い期間学校にいるようになり，以前は平均出席日数が135日であったが，それが143日に伸びた。しかし，クラスの生徒数は65人から68人で，教師は学習を達成するための一般的なクラスの平均を超えていると評価した（Slater, 1980）。

　結果的に，出席や子どもたちの健康（特にヒアリングとスピーチ）の問題についてしだいに関心が高まり，それに伴って特別な教育を行なうクラスの設置開始を援助することはもとより心理学的・ソーシャルワーク的サービス申請を可能にするため，専門的な意見をもつ専門家や学校の教師に対して非常に大きな期待がもたれた（Fagan, 2000）。やがて，強制的に校区が導入され，生徒の行動的，身体的（健康），それに学業の問題などについて，教師からの支援のための急増した照会を組織的に扱うようになった。子どもは教師や両親から，各自の問題について，学校システムの分類の過程に照会された。低学年の子どもたちはしばしば，学業的な失敗，精神遅滞の疑い，または生来的にもつ問題などにより照会される。高学年の子どもたちはしばしば，怠

け，犯罪，不登校などにより照会される。少年は，少女よりも照会されることが多い（Fagan, 1995）。

　これらのニーズに応えるために，コミュニティの施策にそって，校区内にクリニックがつくられ，それと同時に州と連邦の調整がなされ，1910年までに学校システムでの照会の過程が整備された（Fagan, 2000）。20世紀の始め，学校の生徒たちは明らかに言語障害，健康障害（著しい呼吸器障害），それに感覚障害などの問題を示していた。子どもの学業的，行動的問題の多くは，教師の照会に頼っているが，背景にある身体的な健康の問題が手伝って悪化していた。さらに，社会全体として，多くの生活が脅かされる疾患に直面していて，子どもたちだけでなく親たちにも多くの死者を出した。結果として，片親の家族が多くなり，多くの子どもたちは学校の要求や学習に適応することがよりいっそうむずかしくなった（Safford & Safford, 1996）。

　100年後の現在の21世紀でも，学校心理士，ガイダンスカウンセラー，学校または地域のカウンセラー，ソーシャルワーカー，それにチャイルド・アソシエイト（子どもの仲間），または若者とファミリーワーカーなどとよばれる準専門家を含む学校の臨床家は，同じ問題に直面している。子どもたちは心理学的サービスを求め続け，情緒的問題や崩壊的な教室での行動にもがき苦しんでいる子どもたちの教師や両親からの照会が常に増加し続けている。

　100年後でさえ，すべての年齢の子どもは依然として，成長と達成に影響を及ぼす多くの問題をコーピングしなければならない。アメリカに，4歳以下の子どもは1,500万人以上いる。そして，3歳以下の子どもをもつ家族のほぼ4分の1が貧乏な生活をしている。これらのほとんど（黒人の子どもの50％以上）が片親家族で，たいていは母子家庭であり，健康についての通常のケアや他の社会的サービスを受けていない。30万人以上の子どもたちが里親のケアで生活をし，数万人もがHIVやAIDSなどの感染症で母親のいない生活をし，さらに少なくとも700万人がアルコール中毒の親と生活し，10％〜20％の子どもたちが精神的な病気の親と生活している（Wright & Devine, 1993; Zelman, 1996）。幼稚園児の3分の1以上が学校に上がるとき，学習のレディネスができていない（Kantrowitz, 1997）。

情緒的，学業的な発達に及ぼす影響

★ 認知スタイル ★

　子どもは異なった気質をもち，それは学習能力に影響を与える。気質はまた，子どもの社会的，情緒的，それに学業的な機能に強い影響をもつ可能性がある（Shaw &

Feldman, 1997a)。ChessとThomas（1986）は，衝動的な子どもは一般的に，内省なしにすばやく反応し，間違った答えを書く結果になることに注目している。他方，内省的な子どもは，ゆっくりとより思慮深く反応する傾向がある。教え方とペースと子どもの認知スタイルや気質などの間で誤った組み合わせが起こると，セルフエスティームに関する二次的な問題が起きたり，子どもの学習に問題が起きたりする可能性がある。

★　家族の影響　★

親が子どもの学業的な達成に積極的な関心をもてば，子どもはより高い遂行レベルを示すだろう。対照的に，どんな理由にしても家族が子どもの学校でなされていることに関心が乏しいと，子どもは不適切とか大切にされていないという感情を強くし，その結果，行動的，情緒的問題を引き起こすことになる（Steiner, 1997）。

★　仲間の影響　★

仲間グループは，子どもの学業的な遂行と情緒的な成長に重大な影響を及ぼす可能性をもつ。学業的な達成の価値を下げる仲間グループでは，子どもと学校の両方の努力が密かに侵害され，さらには怠け，非行，薬物の使用，教室での誤った行動，それに行為障害などの二次的な情緒的問題が発生する（Shaw & Feldman, 1997b）。

★　学校の雰囲気　★

子どもの学習能力や気質と，教師の教え方や教室の雰囲気とを正しく一致させることで，生徒に意義深いインパクトを与えることができる。教室行動を調整する教師の態度とスキルは，教室の雰囲気に次のいずれかの結果を生じる可能性がある。1つは，賞賛と肯定的な動機を強調するもので，これらはセルフエスティームと価値感を養成する。もう1つは罰や生徒の排除を行なうもので，逆にセルフエスティームを低下させる（Shaw & Feldman, 1997b）。共感的で反射的な聞き手になるように訓練され，教室で感情を表現するのにプレイセラピーの技法を使うことができる教師は，子どもの怒りを静め，コントロールの持続を手助けし，肯定的な学習の雰囲気をつくりだすのにたいへん好ましい立場にある。また，経験のある教師は，"むずかしい"行動を調整する戦略を組み立てることができる。たとえば，活動的で休みのない子どもに多動児としてラベルを貼るよりも，教師は運動活動のはけ口として規則的な使いをさせるか，または子どもの注意が短いことから生じる短時間の精力的な動きに見合った内容を学習させる機会を与えることなどが可能である。子どもが学業的にも情緒的

にもうまくいくためには，両親の養育環境も含めて，子どもの気質と環境の良い組み合わせが必要である。両親と教師は子どもの要求を調節する必要があるが，子どもも同じように，特に衝撃のコントロールが求められたとき，環境を調節することを学習することが大切である（Shaw & Feldman, 1997a）。

★　子どもの虐待とトラウマ　★

　国立子どもの虐待とネグレクトセンター（National Center on Child Abuse and Neglect；NCCAN）の1993年の報告によれば，虐待の犠牲として申し立てられた子どもの数はほぼ300万人で，そのうちの100万件が実証されている。子どもの犠牲者の年齢の中央値は6歳で，女子53％，男子46％である。申し立てられた実行犯は，両親（79％），その他の親戚（12％），非養育者（5％）で，里親や子どもの養育家政婦（2％）などである（NCCAN, 1994）。子どもの虐待の衝撃に加えて，幼児期のトラウマは子どもの情緒的，行動的，認知的，社会的，それに身体的な機能に深刻な影響を及ぼす。アメリカにおける控え目な見積もりでも，トラウマとなる出来事に遭遇した事例が1年で500万件を超えたことが示された（Perry, 1996）。これらの経験には，広汎で慢性的なもの（たとえば，近親相姦，身体的虐待，証明できる家庭内暴力またはコミュニティの暴力），または時間制限的なもの（たとえば，自然な災害，衝動的な発砲，車の重大事故後の生存）などがある。これらのすべてが，子どもの発達に影響を与える（Osofsky, 1995）。

　子どもたちへの虐待の短期間の影響としては，不安，抑うつ，低いセルフエスティーム，攻撃的行動，認知や発達の遅れ，学校での不適応，アタッチメントと社会的相互作用の困難などが増加することである（Sanders & Dyer-Friedman, 1997）。20年以上に及ぶ長期間の研究で，MaxfieldとWidom（1996）によると，虐待の犠牲となった908名の子どものデータから，対照群と比較して，虐待の犠牲者は暴力犯罪で逮捕されることが有意に高いパーセンテージを示していた。

　Perry（1997）によると，トラウマはコルチゾル（cortisol）のようなストレスホルモンを高め，そのストレスホルモンは酸（acid）のように幼児や子どもの発達中の大脳を洗う。結果として，皮質の領野と辺縁系（これらはアタッチメントを含む情動の中枢である）は，虐待の子どもでは普通の子どものそれよりも20％から30％小さくなる。生まれてから3歳までの脆弱な期間では，高いコルチゾルの水準は覚度や覚醒などについて，脳の構造（locus ceruleus；青斑核，第四脳室菱形窩の前端にある）の活動を増進する。結果として，脳はきわめて敏感な警戒態勢になる。子どもがトラウマの夢を見たり，トラウマ（虐待者の存在によっても）について考えたり，あるいは

それを思いだしたときはいつでも，最初のトラウマでもともと賦活されている領野は，ただちに再賦活される。最も軽いストレスでも，ストレスホルモンが新しく発生し，その結果，子どもは過活動，不安，衝動的な行動などを示す。そして，慢性的で，予測不可能なストレスにさらされる子どもは，学習能力が欠如していることに苦しむことになる。彼らは，注意の調節とセルフコントロールに問題をもっている。子どもの平和が，永遠に失われているのである（Perry, 1997）。

★　スクールバイオレンス　★

すべての子どもが直接的にトラウマを経験するわけではないが，ほとんどが映画，TV番組，漫画，ニュースレポートなどのメディアをとおして暴力にさらされている（VanFleet, 1998）。さらに，過去数年間にわたってメディアは，子どもが学校に拳銃やライフルを持っていき，仲間，教師，究極的には彼ら自身を撃ち殺すという悲劇を前にも増して多く報告している。慢性的に暴力にさらされている子どもは，より暴力的になっているように思われる。このことは暴力的攻撃性が問題に対して受け入れやすく，選択すべき，そして栄誉でさえある解決法であるという，モデリングや学習と部分的に関連している。今日の子どもや青年の暴力行動の多くを分析すると，衝動的で反発的な暴力が深刻になっていることを示している。疾病コントロールと防止のためのセンターで行なわれた調査（1998）では，調査された生徒（全国的で16,262名の生徒）の8.5％が学校に武器を持っていったことがあった，7.4％が学校で脅かされたか傷つけられた，そして14.8％が学校で乱暴なけんかをした，という結果であった。スクールバイオレンスはしばしば，生徒が仲間や大人から情緒的な苦痛を受けたことに怒りを感じたあとや，怒りの唯一の解決法として暴力を見たあとなどに起こっている。これらの悲劇とともに，学校では常におびただしいほどのストレスに満ちた生活の出来事が発生するだろう。つまり，子どもたちは，養育から受ける心理的な病理，機能不全な養育，家庭の喪失，極度の崩壊か無秩序な家族，里親に出されること，夫婦の不一致，親の離婚や逮捕，10代の自殺，車の事故による仲間や教師の死，または病気による学校関係者の死，などにさらされるだろう。

★　情緒的な障害　★

また学校の臨床家と教師は，情緒的，行動的に危険な状態にあることをはっきり示している子どもの数が常に増えていることにも配慮しなければならない。アメリカの学齢期の子どものおおよそ14～22％が情緒的な障害をはっきり示し，このうち重大な心理的問題をもつ子どもはおおよそ600～900万人いることになる（Brandenburg, et al., 1990)。注意欠陥多動性障害（ADHD）の子どもは，すべての学校年齢にある子どもたちの5％いる。ADHDは4：1の割合で，少女より少年に多い（DuPaul & Stoner, 1994）。ADHDの鍵となる特徴は，注意を払うことの困難さ，休みのなさやじっと座っていることの困難さ，それに衝動性である。加えて，また30％以上のADHD児が学習障害をもち，学業不振に陥っている（Anastopoulos & Barkley, 1992）。治療されないままであったADHD児の長期の予後は悪く，高校をドロップアウトしたり，薬物乱用の危険性が高かったり，増加する失業とより低い能力のために犯罪行為をしたり，情緒的問題をもっていたり，相互的人間関係において困難をもっていたりする（Barkley, 1998；Gage, 1990）。

　さらに，全国の生徒の4％以上が，明らかに攻撃的反応を示す反抗挑戦性障害（Oppositional Defiant Disorder）と行為障害（Conduct Disorder）の徴候をもつ。これらの重大なメンタルヘルスの問題は反社会的行動に反映され，けんかをしたり，軽犯罪を犯したり，仲間や動物に故意に残酷な行為をしたり，共感性の欠如，衝動コントロールの欠如，貧弱なソーシャルスキルなどに見られる（Shaw & Feldman, 1997b）。

　また，これらの徴候は，その基礎となる生理学的，発達的基盤（発生学的，神経学的，子宮内または生後に起源をもつ）や環境的な原因（親の制限を設けることの欠如，親の薬物またはアルコールの使用，低い社会的経済的地位，家庭内暴力にあうこと，ネグレクト，身体的または性的虐待とトラウマ，無秩序な家庭生活など）をもつ。行動的な問題を明らかに示している子どもは，授業に出席し学習することができず，クラスや学校からしばしば排除されることによってさらに悪化する。彼らはまた仲間の活動を妨害し，他の生徒にとってネガティブな雰囲気をつくりだすので，この行為は彼らの学習に悪影響を及ぼしている。

学校でのプレイセラピーの合理性

　しばしば，こういった重大なメンタルヘルスの問題と行動的な困難さは治療されないままで，それに診断さえもされない。学校の生徒の25％以上が，学校への適応の問題で中程度から重大なものまでを経験している。学校生活の初期で成功を経験していない子どもは，学校での失敗，ドロップアウト，薬物中毒や薬物依存，それに重大な情緒的障害など，より多くの危険な状態にある。これらの子どもの多くは，将来社会に対して慢性的でコストのかかる大人として（中毒者，貧弱な労働技能，福祉のケースなど）の重荷を負わされる。

　貧困での生活，虐待されていること，HIVに感染した親をもつこと，暴力にさらさ

れていることなど，このような環境で生活する子どもの数が連続的に増加するにつれて，早期介入のニーズがよりいっそう増加している。問題が発生した段階で早期に介入がなされたとき，成功率は高い。早期介入のニーズがなければ，次世代の物質中毒，犯罪，精神的な病気の発生はなお増加するだろう（Zelman, 1996）。

　学校システムが，治療的環境であることはもとより早期介入と防止サービスを継続的に提供するための理想的な状況であると考えられる以下のような多くの理由がある。

1. 学校状況というこのタイプは，子どもたちが治療をする保育所または特別な教育を行なうプレスクールの環境から小学校へ入る延長線上の状況として機能することができる（Zigler & Lang, 1991）。
2. 外部のサービスよりも，多くの子どもたちが通うことができる。子どもたちは危機的な状況のため，しばしば外部のクリニックか私的な治療家の所へ連れていかれる。これはまた学校システムの中での心理学的なサービスへの照会のケースであるが，学校はプレイセラピーをとおして初期的な防止や発達的な促進を付加的に行なうことができるユニークな立場にある。多くの子どもたちの行動的，学業的機能がまだ十分に厳しい状態ではないので，普通の学校の照会プロセスをとおしたプレイセラピーのサービスに適格ではないからである。しかし，彼らはまたストレスを経験していて，情緒的な混乱と行動的，学習的な問題に対して潜在的な危険性をもっている。これらの子どもたちは，たとえばきょうだいの誕生，親の死，親のアルコール中毒，親の再婚，または最近の入院や転居などのようなストレスを引き起こす問題を処理するために，意味のある援助を受けることができる。
3. いろいろなスタッフが利用できる。たとえば，チャイルド・アソシエイトや，カウンセラーの教育と訓練を特別に受け資格をもつ教師のような準専門家をうまく使うことで，学校区で根本的な予防や介入サービスを行なうことができ，長い目で見ればコスト面でも効果的である。
4. より多くの家族が利用できる。情緒的，行動的困難をもつ学校年齢の子どもたちの家族の多くには，外部のカウンセリングサービスを求めるのに，財政的，内部の情緒的な資源がない。親たちは，自分たちの漠然とした，ないしは混乱した生活が，子どもたちの情緒的，学業的な生活に衝撃を与えることについて気づいてさえいない。結果的に，学校は，予防のレベルや子どもの機能不全のレベルへの反応で，これらの問題が扱われるのを手助けしたり，サービスが依頼されるのに

役立つ唯一の資源となる。
5. プレイとプレイセラピーは，子どもたちが感情や情緒を表現する自然な方法である。"子どもたちの言語の発達は，しばしば認知的な発達のあとになる"（Landreth & Bratton, 1999, p.1)。つまり，子どもたちは感情を表現する代わりの方法を必要としている。子どもが内面の感情を表現し，否定的な情動を人よりも対象に転移させるのは，模倣プレイの象徴的な要因である(Landreth & Bratton, 1999)。子どもたちが，おもちゃやさまざまの道具を使うことで，生活状況やトラウマを離れたプレイを体験することはもとより，感情表現のスキルの発達をうながしている。これらのプレイの手段は，子どもと，保護者やスキルのある学校の臨床家または教師との間のコミュニケーションの中心的な方法となる(Kottman, 1995)。そして，子どもたちはプレイにより，セルフエスティームや問題解決スキルを高めるだけでなく，自分の発達を前進させ自分の異常な行動に取り組むようになる (Schaefer, 1993)。プレイは，子どもたちがフラストレーションや葛藤を扱うことを手助けする理想的な方法である (Landreth, 1983)。

　さらに，子どもたちはプレイをとおして社会性，情緒，学業などを積極的に発達させようとする。もし子どもが情緒的な問題の妨害を受け，学習の準備状態にないならば，プレイセラピーはそのとき"学習するための環境の補助役となり，子どもがプレイセラピーを経験することで，学習の機会を最大限に生かせる"（Landreth, 1983, p.201)。

6. 子どもたちは毎日学校に行くので，必要なメンタルヘルスサービスを申し出る理想的な環境にいる。子どもたちはアタッチメントを形成でき，新しく学習した行動的マネジメントを仲間と実践でき，学校臨床家や教師などケアをしてくれる人たちから受ける一貫性と依存性についての恩恵を得ることができる。プレイルームで獲得された適応的なスキルは，他の生活場面に般化することができ，学業的，社会的スキルを改善するための基礎となり得る。

7. 子どもは規則的にしかも長期間学校にいるので，問題のスケジュールをたてるのは容易に調整され，柔軟に対応できる。財政的な負担に悩む親は，子どもをセッションに通わせることやお金を払うことに悩むべきでない。

8. さらに，子どもはすでに建物の中でスクールカウンセラーや教室の教師と親しくなっていて，このことは臨床家との信頼関係を構築する初期の段階をより早く促進することになる。

9. 教室にプレイセラピーのサービスやプレイセラピーのテクニックの実施が可能な教師がいることは，校内のメンタルヘルスサービスに対する需要を叶えるうえ

で，訓練された臨床家の不足を補う手助けとなり得る。Kranz（1972）は，子どもは，教師とのプレイセラピーでよりリラックスし，教育的な経験をいっそう受け入れるようになり，適切な仲間関係をもてるようになるなどの肯定的な変化を示すことを報告している。
10. 最後に，1つの状況で子どもに学際的なアプローチを行なうことは，教師と学校臨床家のみでなく，子どもと接触のあるスピーチセラピスト，ソーシャルワーカー，療育のための読み聞かせの教師，それに学校の看護師などの情報収集の時間を経済的に使うことを可能にしている。つまり，コンサルテーションサービスは，問題解決や子どもに対する個別化したアプローチを支援するのに容易に役立つ。アセスメントと治療の全体の流れの中で，子どもを学校の自然な状況で観察したり，さまざまな場面での相互作用を見ることは容易である。結果的に，プレイセラピストは，子どもの自信を妨害することなく，子どもを含めたこれらの学校関係者の基本的で具体的な情報を集めたり求めたりすることができ，彼らに示唆を与えることもできる。このことは，学校関係者にそのプロセスで協同していると感じさせ，示唆により支援されている感じをもたせることができる。Alexander（1964）は，プレイセラピストの役割について，子どもの行動についての洞察や理解を教師と共有しながら，学校システム全体に治療的態度を広めていくことを手助けするものと見ていた。この共有することによって，教師がすべての生徒に向ける治療的態度をより発展させるのを手助けすることができる。

学校でプレイセラピーやそのテクニックを使うことの利便性

多くの学校で，子どもたちはトラブルを起こし悪い行為をしたことの罰や証拠として，学校心理士，カウンセラー，ソーシャルワーカーに会いにいくことに気づく。それゆえ，学校臨床家の事務所でおもちゃや遊び道具が使われることによって，話すことがまったく要求されないし期待されないという考えを子どもに伝えながら，オフィスを誘惑的で心地良い場所にしている。その状況にプレイセラピストが存在することは学業的な環境とは異なるものであり，子どもに達成を志向する雰囲気を与えず，よりいっそうリラックスさせている。子どもは，学校臨床家が本当に子どもに焦点を当て，判定を交えないで子どものコミュニケーションを理解しようとしているということを，すぐに学習するようになる。"プレイは子どもの言語であり，プレイはカウンセラーと子どもの基本的な関係をつくり上げる媒介となる。カウンセラーは子どもの情緒的な世界に入ることができ，それにより子どもは自由に自分を示し，活動するよ

うになる"(Landreth, 1983, p.202)。学校臨床家は，プレイを使うことで，子どもが防衛を破り情緒的問題に取り組むのを助けるために，子どもと治療的な協同関係を確立できる。

　信頼性があり安定している治療的環境や個人的なサポートを行なう学校臨床家の能力は，無秩序で何が起こるかわからない家族で育った子どもたちには重要である。学校臨床家は一貫した空間を求めることができ，そこは毎週同じおもちゃと道具がある自分の治療室（または教室）なのである。

　さらに，照会された子どもたちは日常生活のいたる所にもっていくことができて社会的相互作用のスキルを強めるのに役立つプレイの興味を発展させることができる。プレイはまた，子どもの診断的な理解や発達レベルを評価するのに使うことができる。セラピーとしてのプレイは，発達的な挑戦や遅滞を目的に実施できる。プレイとプレイセラピーをとおして，子どもたちは異常な行動を軽減し，正常な発達を促進できる（Schaefer, 1993）。子どもたちはまた，プレイセラピーを行なうことにより，感情が大切で有効なものであることを理解する。子どもたちはセルフエスティームや弾力性，自信などを形成することだけでなく，否定的な感情を建設的に扱うことを学習できる。子どもたちは，葛藤と否定的な影響を及ぼす行動を扱うことで，学業面の成功を改善することができる（Ray & Bratton, 1999）。

　また，ADHDの子どもたちのプレイセラピーでうまくいく方法がある。それは子どもたちに生活のマネジメントスキルを教えることである。ADHDの子どもは，パーソナリティや認知スキルに影響を受けている。スキルの欠損は子どもの環境のさまざまな領域で見られ，最も顕著なのは仲間との社会的相互作用で否定的なフィードバックが生じていることである。しばしば，ADHDの子どもたちは，自分自身の感情を言葉で表現することが困難である。遊びをとおして，子どもたちはコミュニケーションを高め，脅かされない方法で問題に取り組むことができる。個人的なセッションや仲間との集団的セッションで，ADHDの子どもはおもな欠損であるセルフコントロールについて作業をすることができる。つまり，彼らは考えることなく，意識的な意図やコントロールを超えて衝動的に活動することができる。プレイセラピーによって，子どもは行動的なマネジメントの要因を含むゲームプレイや他の多様なテクニックにより，セルフコントロールを獲得できる。

　いろいろな情緒的障害をもつ子どもたちに対して，怒りマネジメントスキルをより簡単に教えることができ，プレイセラピーのテクニックを使いながら実践できる。怒りを解放するために，たとえば粘土，ボール，表現が可能な美術の材料を使うなど，多様な道具を児童中心プレイセラピーや認知行動プレイセラピーの方法にそって使

ことができる。リラクゼーショントレーニングを用いた特別な怒りマネジメントの活動は、身体による攻撃や衝動性をコントロールするのに必要なスキルとして教えるのに役立つ。子どもに学校臨床家といっしょにいる時間が与えられると、行動的な問題を扱う取り組みがより生産的となる。子どもは、自分が悪いからその罰やその証拠としてセッションに来るという意識がなくなる。むしろ、子どもは学校での自分自身の活動を機能的にし仲間との相互関係を改善するための協同的な努力と考えてセッションに来るようになる。学校臨床家は無条件でセッションを行なうことが大切で、生徒が間違った行動をしているかどうかとか臨床家と費やす時間に価値があるかどうかといった教師や事務官の見方と結びつけてセッションを見るべきではない。子どもの行動とは関係なく、セッションへの参加が求められるべきである。

　また、プレイセラピーのテクニックが非常に効果的であるのは、さまざまな問題（貧弱な社会的スキル、怒りマネジメント、愛する人の死、性的虐待、両親の離婚やアルコール中毒など）について、子どもたちの集団での作業においてスキルを形成しようとするときである。ロールプレイ、読書療法それに協同的活動は、子どもの孤立感情を弱めるのに役立ち、子どもたちが自分の状況は特異なものではなくふつうであると感じられるようにする。さらに、グループセッションで他の仲間と接することで、クラスの仲間と新しく学習したスキルを使う前に、安全で支持的な環境で参加者を相手にそれを実践できる。プレイセラピーのテクニックと集団活動は学校でも利用できる。それは学校臨床家や教師によって、あるいは両者の協同によっても指導できる。クラス全体で取り組むとき、協同的な仲間関係の相互作用、ソーシャルスキル、問題解決などが高められるが、教室の凝集性が高まり、学習環境が静かになるなどの付加的な恩恵も生じる。

　また、子どもと作業をするのに1年間使えるという恩恵もある。学校臨床家は多くの情緒的行動的問題を完了するのに必要な作業の時間をもっている。もし、次の年度にさらに作業がなされる必要があれば、生徒は次の年度に再び同じ校舎にもどることになるだろう。仮に子どもがサービスを受けていなくても、これによって生徒と次の学年の教師とで、次のセッションに入ってもよいし、生徒の変化を定期的にチェックすることもできる。

　学校事務官はしばしば、行動的問題をもつ多くの子どもたちを、創造的で刷新的な方法で扱う学校臨床家が校内にいることを喜んでいる。学校臨床家は問題のある生徒の数を減らし、彼らの行動的、学業的な達成度を改善することによって、事務官にプレイセラピーのサービス、トレーニングやスーパービジョンの財政的支援などの必要性を納得させることができる。また、学校の中でのプレイセラピーによるサービス

は，親のサポートや包容力，財政的能力，動機づけなどがなくて，学校外で心理学的なサービスを受けられない多くの子どもたちを援助するのに便利である。さらに，学校臨床家は教室で継続して実施されているグループ活動で，共同のリーダーとして教師と協力したり，教師が教室でプレイセラピーのテクニックを使用するのを支援し，教師との効果的な相互作用が営まれるように努力している。このような協同的な努力を行なうことで，学校臨床家は学校で求められる心理学的サービスの件数を調整し，必要に応じて増やすことさえできる。

学校でプレイセラピーやテクニックを使っての挑戦

★ それをセラピーとよべるか？ ★

多くの両親が，子どもの著しい情緒的障害や自分たちの養育スキルなどを判定するうえで，セラピーを否定的な意味合いで，情緒面に重きをおいた言葉としてよく使っている。学校事務官は，セラピーを学校外のもので，学校臨床家の専門技術を超えているとさえ述べるだろう。しかしながら，もし子どもがすでに特別なサポートを受けるように選ばれ，心理学的なサービスを必要としていれば，学校臨床家はその子どもに求められているサービスを行なうために，いくつかのプレイセラピーや理論，テクニックなどを使う必要がある。親がサービスへの承諾をすでにしているにもかかわらず，子どもや親は情緒的または行動的問題のために誰かに会う必要があるのだろうかという感情を依然としてもつだろう。

さらに，教室でのグループによる特別なプログラムとして，セルフエスティームを形成するものや仲間との肯定的な相互作用を生みだすものがある。また教室外の特別なグループとして，親の同意や届け出が必要な特殊な共通問題（離婚，死など）を扱うものがある。何人かの学校臨床家は，自分たちのプレイセラピーのセッションや使用するプレイセラピーのテクニックを別な名前でよぶことで，セラピーに対する抵抗を少なくしたり，用語のもつ潜在的な欠点をうまくかわせることを発見した。プレイセラピーの代わりに，発達的プレイ，プレイカウンセリング（プレイカウンセラー），プレイの発達，それに"プレイプログラム，おもちゃによるカウンセリング，プレイによる情緒的成長，プレイによる発達的成長" (Landreth, 1983, p.205) などが使われている。

学校臨床家は，プレイセラピーによるサービスを宣伝し，推し進める人にならなければならない。プレイセラピーは，具体的な特質について説明される必要がある。つまり，それはどんなものか，子どもたちをどのように援助できるか，学校の教育目標

にどのように適合させるか，などである。あなたが，プレイセラピーは何ができるかとか，州のさまざまな基準と子どもの問題としていることにセラピーがどのように適切であるかについて現実的な説明ができたら，学校職員（教師，校長，事務官）は良い理解を示すだろう。あなたは子どもたちに，プレイセラピーはセルフコントロールや自分の進み方などの能力を獲得する方法であるとたやすく説明できるし，これらの能力についての目標は教師や事務官の目標と同じである。学校臨床家は，プレイセラピーが子どもと"遊び回ること""遊ぶこと"または非生産的に時間を"浪費すること"などを意味しないことを，事務官や校長，教師，それにサポートをサービスしている専門家や子どもにさえ教育しておく必要がある。プレイセラピーの使用に懐疑的であった教師も，子どもがそのサービスによって劇的に変化することをしばしば発見している。このような教師は，他の教師やスタッフに自分の生徒の成功やプレイセラピーの恩恵を伝えてくれるので，あなたにとって最も好都合な存在となる。一方，過った行動をする子どもが毎日プレイセラピーに行き"楽しく"過ごして褒美をもらうという，否定的な見方がまだ存在する。教師は，プレイセラピーが，自分の問題や感情について取り組んでいる子どもに使われるだけでなく，いまや学校臨床家と自分たちの仕事の一部になっていることを理解するだろう。

★ "速い治療"の期待 ★

　学校臨床家には，子どもたちと作業をするのに時間の制限がある。1人の学校臨床家に対して250名の生徒の割合が理想的であるが，これはしばしば守れず1：1,000かそれ以上になり，サービスを用意するためは，その人が週に数校移動しなければならない。多くの学校区では，中心化システム（学校臨床家はフルタイムで1つのビルにいる）から脱中心化システムに移行し，1人の人が4つの地域を担当している。いくつかの地域では，プレイセラピーを実施するための空間や道具がまったくないこともあり，また他の学校職員と共有する空間に道具を置いたままにしておくことに抵抗感をもつ人もいる。教師は，臨床家に対して，子どもを"すべて治し"または"回復させて"教室にもどすだろう，という期待をもつ。学校臨床家は，子どもが課題にうまく取り組めるように教師をサポートするが，子どもの作業は自由選択であるとする治療過程の前提を教師に理解してもらうことも必要である。それゆえ，教師との協議はいつも行なわれる必要がある。
　学校臨床家のケースの負担を評価し，問題を監視することに責任がある校長や，心理学的に訓練されていないスーパーバイザーは，学校スタッフを減らし，学校臨床家の仕事をカットするだろう。すると，学校臨床家の仕事がなくなるにつれて，長期に

待たされる子どもが多くなる。

　教師は，州の基準に合うようにカリキュラムとその学年の達成水準をクリアしなければならないが，しばしば，子どもの破壊的な行動や学習の困難さを減少させることにも取り組みたい気持ちを強くもっている。彼らはプレイセラピーのプロセスと，子どもが問題を解決し新しい行動を学習するのに時間が必要であることについて，教育を受ける必要がある。教師はまた，教室で怒りマネジメントと感情の解放などを行なうテクニックを利用するのを手助けされる。これらは，教師が行なうこととされている州の基準に組み入れることができ，また両立もできる。このように，学校臨床家と教師の協同的な努力が教室で行なわれるなら，教師が子どもたちを学校臨床家への照会する件数が減少する。特に教師は，子どもが行動的問題や他の特別なサービスで教室からいなくなる場合を嫌うので，このような連携は歓迎される。

　学校臨床家にとって，プレイセラピーの要求や実施のむずかしさ困難さに遭遇するとき，創造的で革新的な能力とともに，問題解決での柔軟性が重要となる。

★　スケジュールの制限　★

　学校臨床家は，セッションのために子どもが教室での授業を免除されることのむずかしさに出くわすだろう。学校臨床家が教室の教師と注意深く調整し協同することは，クラスや子どもの教育に対する誤解を最小限にする。相互に一致する時間と日取りを計画することは基本的なことである。さらに，プレイセラピストは，紹介され援助を求めている多くの子どもたちに対するサービスに応えるための時間に制限を受けている。臨床家が計画的な集団活動やプレイセラピーのセッションで子どもに会いやすいのは，昼食中や学校時間帯の前後，自習時間または休暇などである。このことはまた，子どもが授業を受けないことに関する教師の葛藤を弱めたりなくすことができる。

　セッションはクリニックでの通常の45分か50分よりも，むしろ30分に制限される必要があるだろう。プレイセラピーの発達面への恩恵がいっそう見られる子どもは，30分間のセッションと同じくらい容易に15分間のセッションを週2回利用できる。これらの子どもたちは，プレイセラピストとの強い関係を必要とせず，その代わりに，特別な問題領域か短期間かの厳しくない問題に焦点を当てることになるだろう。たとえば，学校恐怖症あるいは最近の家族の出来事（赤ちゃんの誕生，近親者の死，養育の欠如からくるホスピタリズム）のため登校の問題をもつ子どもは，毎日学校が始まる前の5〜10分間セラピストに会う。子どもが支持的な学校臨床家と話したり遊んだりすることでリラックスし，その日のプログラムに取り組むことができるようになるだ

ろう。このように最初にセラピストと触れ合うことで、子どもは学校を楽しみにして待ち、ストレスを減少させることができる。プレイセラピールームで1週間に2，3回短い時間のプレイセラピーを実施することでもまた、過剰なエネルギーと貧弱な衝動コントロール、短い注意のスパンなどをもつ子どもたちを援助することができる。柔軟な計画や週に数回短いセッションを実施することなどはまた、特にリスクをもち無秩序な家庭から登校してくる子どもたちの帰属感の乏しさを軽減するのにも役立っている。同時に、短期間のプレイセラピーとグループによるプレイセラピーは、あまりに多くの生徒とあまりに少ない時間との間のジレンマを解決する手助けとなり得る。

★ 空間の制限 ★

　Ginott（1961）は、プレイセラピールームは150〜200平方フィートの広さ（約16〜22㎡）が理想であると述べている。学校臨床家は、この贅沢ともいえるスペースをあまりもてない。つまり、学校内でプレイセラピーの部屋がとれる適切な空間はまったくない。学校臨床家はいくつかの異なった場所に移動する必要があり、特別に割り当てられた空間をもたないだろう。設備などは不適切で、ロックのできるファイルキャビネット、直通電話、または安楽な椅子などはないだろう。しかし、プレイセラピストの柔軟性と創造性で、これらのハードルは克服できる。空いた事務室や教室、食堂や図書室の一部、教室のコーナー、廊下の空間、使用していない作業室、大きな倉庫のクローゼットまたは美術室までも変化させて使用することができ、プレイセラピーの空間として基本的な道具のほかにポータブルのプレイセラピー用具も備えることができる。何人かのセラピストは、講堂や食堂のステージを利用する。ある学校臨床家はスクールバスをプレイセラピーの部屋に転用し、サービスの要請が来ているさまざまな学校へ移動し、それを使用した。子どもたちがセラピーを受けるときにあまり時間の制約を受けないように、バスの利用ができる中心部で実施されるように補助金が出ているところもある。

　しかしながら、どのようなスペースが利用されようとも、基本的なことはセッションのために部屋が十分に広く、プライバシーが守られることである。子どもたちの秘密性とプライバシーが守られず、自分たちのしていることを他の人が聞いたり見たりできるなら、子どもたちはそれを訴えるべきである。

第3章　学校でのプレイセラピーの可能性と挑戦

★　訓練やスーパービジョンの欠如　★

　学校臨床家や教師にとって気が重いことは，治療サービスの要求に十分に応えられたり，学校で怒りマネジメントのスキルの訓練を依頼できる訓練された学校臨床家が少ない現状にあることである（Thomas & Holzer, 1999）。

　したがって，学校臨床家と教師は，学校サービスを求める多くの照会事例を扱うため，実際的な解決の必要性に迫られている。しかし，多くのスクールカウンセラーと教師は，プレイセラピーの領域の訓練や知識が乏しいため，カウンセリング場面や教室でプレイセラピーのテクニックを使う準備ができてない。しばしば，大学院の心理学プログラムでさえ，プレイセラピーに割いている時間はほんの少しかまったくない状況である。いくつかの学校の校区では，修士や博士をもつ学校臨床家より安い賃金で非専門家を雇っており，このことは子どもを援助するためのより多くの職員の雇用と校区の予算の節約になっている。しかし，そのような非専門家はカウンセリングの教育や訓練をまったく受けていない。また，彼らがプレイセラピーの会議やワークショップに参加するため予算は制限されている。補助金がカットされるので，代わりに中間管理職のスーパーバイザーが行かされることになり，心理学的訓練と専門的な意見をもつスーパーバイザーが養成されない結果になっている。学校の校長は，行政的なスーパービジョンを行なう立場であるが，そのようなスーパービジョンは臨床的，心理学的問題を扱うには適切でない。繰り返しになるが，学校臨床家は学校の建物の中や校区で心理学的なサービスを照会できる唯一の人間である。その校区や近隣の校区に学校臨床家のサポートネットワークがあり，規則的に月単位で学校のない日にスーパービジョンを受けるグループが形成されている。

　プレイセラピー協会（Association for Play Therapy ; APT）が1982年にニューヨークで設立され，"子どもたちの治療プロセスに欠くことのできない要因としてプレイを使った介入を行なう特有のグループを発展させることに関心がある専門家のためのフォーラムを用意している"（2000a, p.2）。APTでは，地方レベルでさらに浸透させ，訓練がいっそう簡単に利用できるように，州ごとに支部が組織されている。また，学歴，受けた訓練とスーパービジョン，登録したプレイセラピスト（Registered Play Therapist ; RPT）やRPTのスーパーバイザーの地位を得るための直接的な臨床経験などについて，特別な基準を設けている。学校臨床家はプレイセラピーの訓練とスーパービジョンを受けるように強く求められ，それ以外のテクニックの使用を試みるべきでない。学校臨床家は，自信がなかったり訓練が不足しているなら，プレイセラピーを実践したり，プレイセラピーのテクニックを利用しないほうがよい。APT

と州の支部，プレイセラピーの訓練についてのワークショップやカンファレンスなどについての情報は，ウェブサイトや直接の連絡で得られる。

★　特別な考察の領域　★

道具の費用

　プレイセラピーの道具は，金をかける必要もないし，プレイセラピストが借金をすることもない。どんな道具が最も基本的なもので役に立つかは，第4章で深く議論される。学校臨床家がたとえ少しの予算しかもたなくても，プレイルームやセッションに必要な道具を得るいろいろな独創的な方法がある。すなわち，あなたはガレージセール，きょうだいや親戚からのおさがり，安いものを売っている店などで，多くの道具を見つけることができる。しかし，サンドトレイのような特に費用のかかるものについては，学校のPTAと連絡をとり，補助金を依頼する必要がある。子どもとの治療的関係の中で，子どもが治療の中で自分の失ったものやダメージをバランスの悪さとして表現するとき，道具を意図的に壊したり隠したりするので，あなたの部屋に価値のあるものを置いてはいけない。つまり，治療的価値のあるものでしかもすぐに容易に元にもどせるものが望ましい。

騒音

　セッション中，騒音の問題がしばしば発生する。子どもたちはプレイの活動をとおして感情を大声で，しかも言語的にも表現する。教師と事務官はプレイセラピーの部屋から聞こえてくるドンという音や，叫び声や騒音に耐えられないだろう。たとえ，このような表現方法に費やす時間が，静かに遊んだり会話をするのに使われた時間と比べて少なくても同様である。子どもの行動や表出の大きさを制限することは，クリニックや私的な治療場面以上に必要だろう。理想的には，プレイセラピーのプロセスに使われる空間は，教室や管理棟から遠いところにあるべきである。コントロールされ許容的な雰囲気の少ない教室空間から物理的に遠いことで，子どもは許容的で受容的なプレイセラピーの部屋で心理学的に深いレベルで，その違いを区別することができる (Schiffer, 1969)。また，教室や事務室から物理的な距離があれば，教室へ騒音をもたらすことは少ない。もしこのような距離が不可能であれば，音量を下げることを子どもに気づかせる必要がある。プレイセラピストは子どもの行動に対して他のタイプの状況（クリニック，私的な治療場面）以上に，制限を設ける必要を感じるだろう。子どもに適さないことについて，子どもにはよりいっそうの指導と説明が必要だろう。また，プレイセラピストは騒音について自分の葛藤がさらに増えないように，

部屋で使える道具のタイプについて再考する必要があるだろう。

　教師や事務官もまた，プレイセラピーのプロセスについても教育を受けるべきである。プレイセラピーでは，子どもが道具やテクニックによって，自分の感情を表現し，問題の解決やセルフコントロールを獲得することを説明する必要がある。最後に，セッション中プレイルームで，騒音が出ても，子どもに感情を外に出す許容性や自由を与えることで，教室でその子どもが行動化を起したり，混乱した行動をとることが減少するだろう。

秘密性

　あなたは子どもたちに，秘密にしておく事柄を2人で共有できることを，仕事の最初に伝えることが大切である。そして，誰かが子どもを傷つけていて（身体的，性的虐待，脅しなど），それが大人か他の子どものどちらか，または子どもが自分自身を傷つけたり他者に危害を加えているという情報など，秘密にしておく内容について知ることが重要である。子どもたちは自分への虐待やネグレクトについて報告をしてもよい人としてあなたの役割を理解する必要があり，あなたは彼らの話に基づくレポートをファイルしなければならない。あなたはレポートを作ったことを彼らに説明し，報告後の影響について調べるべきである。レポートをファイルに入れるというあなたの決定が，あなたのスーパーバイザーである校長と方針が食い違うことが何度もあるだろう。この食い違いは，それだけでも学校臨床家にとってむずかしい課題となる。しかし，あなたが適切なスーパービジョンを得られれば，自分の決定のプロセスが助けられ，合法的な要求を行なうことができる。

　また，両親や教師，校長，外部の代理人と情報を共有する必要のあるときが何度もあるだろう。理想的には，親と学校関係者は子どもに最良の関心をもち，ともにかかわるあなたの治療チームの一員といえる。子どもは未成年者なので，コミュニケーションについて合法的な特権をもつのは親である。たとえば，学校でのミーティングや親の会議で，セッション中の子どもの進度や関係する問題を共有せねばならないときが何度もある。大人たちが子どもを助けるためにいっしょに作業をしていることを知らせるのは，子どもにとって大切なことである。しかし，もしその子どもがプライバシーについての情報の共有を望まないなら，セッション中の正確な詳細，言葉，その他などを明らかにしないことも子どもに伝える必要がある。代わりに，あなたはミーティングの前に，子どもの同意を得ながら，扱われるテーマや一般的な情報について子どもと共有しておくことができる。

要 約

　20世紀になり，心理学的なサービスが最初に学校に入って以来，学校臨床家に対して子どもたちの情緒的，行動的問題を取り扱うことへのニーズが高まってきた。100年後の今日でさえ，学校の校区で劇的に増加している学校暴力，虐待とネグレクト，情緒的障害，家族機能障害，それに社会的ストレスなどに，心理学的なサービスを求めるニーズが多くなっている。しかし一方で，専門的な意見や訓練を受けて，これらの問題を取り扱う専門家や非専門家の不足が続いている。学校でプレイセラピーを依頼することも，恩恵が多いことがわかってきている。特に子どもの年齢が低く問題の早期で，学校や教室でプレイセラピーやプレイセラピーのテクニックを使用することは，より高い成功率をおさめ，より低い未来社会の財政的な負担をより低く押さえることにつながる。学校のシステムは，治療的環境だけでなく早期の介入や予防的なサービスを行なう理想的な状況にある。プレイやプレイセラピーは，子どもたちが感情や情緒を表現するのに自然な方法である。おもちゃやさまざまな道具を使用することは，生活の状態とトラウマを表出するだけでなく，感情を表出するスキルの発達を可能にする。訓練された学校臨床家や教師の助けで，子どもはセルフエスティームと問題解決スキルを向上させ，学業的な成功を妨げている行動的な問題を減少することができるようになる。

　学校の中でプレイセラピーやテクニックを使えば，便利なことが多く，子どもたちが課題に挑戦する機会も増えてくる。

　この章で出ている実際的な示唆と実例で，学校臨床家と教師が学校で子どもたちと作業をするときに，プレイセラピーとプレイセラピーのテクニックを試すのを勇気づけられるだろう。多くの学校区でそのようなサービスが利用されるなら，学校システムの中で治療的態度が拡大し，肯定的なインパクトが生まれ，教師と事務官のみでなくすべての人，すべての子どもたちに，効果が深く浸透するだろう。

第4章

プレイの対象物とプレイの空間

Athena A. Drewes

　学校臨床家（学校心理士，ソーシャルワーカー，スクールまたは地域カウンセラー，ガイダンスカウンセラー，教師，チャイルド・アソシエイトや青年，家族ワーカーなどの準専門家）は，プレイセラピーやプレイセラピーのテクニックを使うとき，おもちゃや道具，空間などについて注意深く考える必要がある。この章では，彼らが学校で子どもたちにかかわるプレイセラピーの部屋や事務所のベストな整え方や本質的なおもちゃや道具の選び方についてのさまざまなガイダンスを行なう。

論理的根拠

　プレイセラピーでの前提としては，子どもたちにかかわるとき，おもちゃを使うように伝えるが，それはプレイがちょうど子どもの言語であるように，おもちゃは子どもの言葉を表わすからである（Landreth, 1991）。大人にとって変化する媒介として言葉の使用があるのと同様に，プレイは子どもの変化の媒介となる。しかし，話すことそれ自身がセラピーでないのとちょうど同じように，プレイそれ自身はセラピーではない。すべてのセラピーは変化する媒介を使いながら，治療的関係の形成を求める。プレイを使うことにより子どもたちとのかかわりの関係がうまく形成され，言語的な自己表出の欠如している子どもではプレイが特別な意味をもち，抵抗をもっていたり自分の感情や問題を表現する力のない年長の子どもたちとの間でさえも手助けとなる（Haworth, 1964）。プレイは，子どもが意識的な材料とそれに関連する感情を"言語化する"ことを可能にする。また，子どもが無意識的な内容について実演する

手助けとなるので，プレイは不愉快な感情や緊張を減少させ排除させたりするために使うことができる（Haworth, 1964）。

　子どもたちは自分自身を操作し行動を調整する方法を発達させる手助けとしてプレイを行なうが，このことは価値のあるものとして，後々大人になっても続く。学校臨床家は，子どもたちが自分をテストするのを手助けするために，材料，機会，勇気づけなどをとおして，安全で勇気を与える治療的環境をつくりだし，それにより子どもたちは現在と将来の問題に対処できる弾力性や自己治癒能力を養っていく。

　また，部屋におもちゃやプレイの材料があることで，子どもにこの空間と時間はすべての他の場面とは異なるというメッセージを送っている。そのことは，自分のペースと自分の方法で，子どもであることや自由を感じることの許容を子どもたちに示している（Landreth, 1983）。学校臨床家は子どものパーソナリティのダイナミックスについて，診断的に理解することが大切である。なぜなら，これはどの材料やプレイセラピーの戦略のタイプ（指示的か非指示的か）が特別な子どもたちに選ばれる際に影響を及ぼすからである（Haworth, 1964）。

★　特定のおもちゃが選ばれる理由　★

　子どもを支援するためにおもちゃをどのように使うか，どんなおもちゃと材料がなぜ選ばれるかについてふれている文献がたくさんある。一般的なコンセンサスは，その部屋（プレイセラピー室，事務所，または講堂のステージの空間）にどんな材料やおもちゃが置かれても，特別な目的のためにそこにあるというものである。最大限の表現をさせるためということだけでなく，内面の変化を見るために，子どもがどの対象物を選ぶかは子どもに自由にさせるべきである（James, 1997）。おもちゃや流行しているものすべてが，対象物となる。おもちゃと材料が選ばれ，部屋の中で次のことを創造するために一定の位置に置かれる。つまり，①信頼のある治療的雰囲気（毎週，おもちゃがそこにある），②予想できること（毎週，同じ位置にあるだろう），③子どもの個人的な能力（子どもは助けを求めたり大人に依存することを必要としない，James, 1997）などである。

　毎回子どもは治療的空間に入り，あらゆるものがその場所にもどされていることに驚くことなく，あたかも最初のセッションであるかのように，以前のプレイのシナリオに逆もどりしたり，何か異なった新しいシナリオをスタートさせたりする。間違えて置かれたおもちゃ，壊されて欠けたおもちゃ，または他者に頼らなければならない複雑なおもちゃなど，外見上心の混乱を生じるものが除かれることで，部屋はストレスがない状態になり，子どもは自分の問題に取り組むことができる。"幼児はおもち

ゃを人格化することを認識しておくことが大切である。彼らはしばしばこれらの対象物に特別の意味を与えて，世話をする人の役割を想定する。彼らが，おもちゃが安全でないと恐れるときは，自分自身も安全でないと想定するだろう"（James, 1997）。

おもちゃは子どもに成功経験を与えるものであり，そのためには耐久性があり，うまく作られていなければならない。おもちゃは子どもの興味をひくもので，言語的，非言語的な探索と表現ができて，広い範囲の創造的な表現や情緒的な表現ができるものでなければならない（Landreth, 1991）。学校臨床家は，子どもたちが不快に感じるおもちゃを避けるようにすることが大切である。子どもたちが臨床家の非言語的なコミュニケーションや不快なことに気づくと，このことは治療的関係と相互作用に影響を与え，妨害さえもすることがある。また臨床家は，代わりのものを見つけるのが困難な，個人的，情緒的に高い価値のあるおもちゃは選ぶべきでない。おもちゃは子どもにとって発達的にも適切なものがよく，さまざまな情緒的トラウマを抱えている子どもたちが生活年齢よりも低い発達年齢で自分自身を発見することもあるからである。セラピーとしてプレイを使うことで，子どもたちは発達的な挑戦や遅れに取りかかるように方向づけられる。何人かの子どもたちは，感情を表現するための代わりの方法を必要とするだろう。つまり，彼らはより視覚的，運動的な情報処理をするからである。そこで，触覚的な材料は，子どもの表現や愛情のスキルを発達させる手助けとしてより適切であろう。

★　理論的な立場　★

おもちゃや材料の選択と配置には，あなたやあなたのスーパーバイザーが研究し，理解し，使っているプレイセラピーの特別な理論的枠組みが影響するだろう。プレイセラピーの領域でパイオニアと考えられている何人かは，異なった理論，著作，テクニックを提供し注目されている。彼らの哲学で訓練された人たちは，彼らが確立したガイドラインを追跡することを今日まで続けている。

Anna Freud

Freud（1951）は治療の最初や導入段階でおもちゃを使った。これは，子どもたちが自分の関心を直接言語化できるようになるまで，治療過程にうまく入らせるためである。彼女は，子どもたちが言語化する前に考えを伝える方法として空想を使えると信じた（James, 1997）。Freudは，以下のようなおもちゃと材料が使われるべきだと述べている。すなわち，①車やトラックの形に合い，ビルや家や道路もつくることができる，さまざまな形をした頑丈な木のブロック，②毛布，まくら，人形の衣類など

を作る布地，編み物針，糸，③粗野なものと家庭的なものが混じった小さな動物のコレクション，④消防士，看護師，医師，警察官，その他子どもの生活で見られさまざまな指人形，⑤小さなレゴセット，ドミノセット，2組のカード，などである。さらに，安全なハサミ，ゴムバンド，楊子，透明ゴムテープ，ホッチキス，ペン，鉛筆，消しゴム，マーカー，クレヨン，紙なども役立てる必要があると述べている。この原理は，最小限のおもちゃを用意することではなく，プレイをとおして子どもが自分を表現するための道具を用意しておくことである。このように，おもちゃと材料が治療に対する抵抗の手段や抵抗を生みだすものであってはならない（Siskind, 1992）。

Melanie Klein

Klein（1955）は一方で，ボックスに子どものイニシャル（秘密性を保護するために）を付けて，各セッションで使うようにした。その箱には，その子どもの問題に特別に合わせたさまざまなミニチュアのおもちゃが入っていて，その年の進度に応じて加えられたり，削られたりする。彼女は以下の品物を入れた。すなわち，小さいミニチュアの木性の男性と女性，小さい車，汽車，飛行機，動物，木，レンガ，家，フェンス，紙，はさみ，鉛筆，糸，チョークまたは絵の具，のり，あまり鋭くないナイフ，大理石とボール，紐，粘土などである。機械のおもちゃは使われなかった。目標は，子どもの空想に利用できることであり，材料は子どもたちがいろいろな使い方ができるものであるべきで，その結果多くの異なった感情や個人的な物語を表現できるようになるのである（James, 1997）。

Clark Moustakas

Moustakas（1959）は，関係療法のパイオニアで，水，絵の具，粘土，砂のような非構造的な材料などが，子どもに閉じ込められていた感情を解放する機会を与えることを示唆している。子どもは自分の問題をいろいろ想像して，対象物をすりつぶしたり，叩いたり，形にしたり，形を作り変えたりする。Moustakas は，特にセラピーの早期の段階で使う品物が形をもっていないことが大切で，子どもがさまざまな感情に直面する準備ができていないとき，間接的に感情を表現する機会を与えると信じている。彼は，攻撃的な感情は，投げ槍，ゴムやプラスチック性のナイフ，プレイガン，剣などの品物に置き換えることができると信じている。子どもは他者や自分自身を傷つけるよりもむしろ，プレイ中に対象物を閉じこめる，叩く，撃つ，切る，殺す，攻撃するなどの極端な感情を象徴的に表現する（James, 1997；Moustakas, 1959）。さらに，彼は子どもが家族の人形やパペットを，家族やきょうだいについて表現する際

に利用することを示唆している。加えて，Moustakas は自動車，トラック，トラクター，コマ，紙，鉛筆，ボートなどを加えてゲームをさせ，"子どもが感情の表現を，人物でない品物をとおして間接的で拡散的に，または家族や他の人物をとおして直接的に行なうようになるまでの，時間稼ぎの活動"をさせている。Moustakas は，セラピストのアプローチは非指示的であり，子どもたちに自由な表現をさせ，道具を選ばせるべきだと感じていた。

Virginia Axline

Axline（1947）は，非指示的なプレイセラピーの理論家で，子どもは自分自身で自己実現の能力をもっていると信じた。彼女は，治療にはおもちゃ，制限，それにセラピストの人間関係と役割などの3つの鍵となる要因があると信じた。子どもはセラピストとの人間関係をとおして，情緒的な発達を促進し，情緒的な成長を達成する。Axline は，子どもに部屋で簡単に使えるおもちゃや道具を自由に選ぶ能力をもつことを望んだ。おもちゃは家族プレイと攻撃性の表出に使用できなければならない。道具は絵の具，粘土，水などのように非構造的で，おもちゃには動物，電話，兵士などが含まれる。彼女は，舞台でドラマティックなプレイの機会を与えることや子どもが中に座れる大きな砂箱（James, 1997）も必要であると述べている。

Violet Oaklander

Oaklander（1988）は感覚的な経験を強調するゲシュタルトのアプローチを用いる。彼女は感情の表出を子どもに求め，子どもが自己一致を発展させるのに身体と情緒の結びつきをうながす道具を用いた（James, 1997）。彼女はおもちゃを想像して使うことを求め，生じたイメージを描かせたり，物語を聞かせるなどのテクニックをつくりだした。また粘土，木，砂，水などで，空想のプレイをすることもさせている。

Garry Landreth

Landreth（1991）は Axline と同じく非指示的プレイセラピーの理論家で，子どもが自分自身になることのできるおもちゃを選ぶルールを求めている。彼は次のように述べている。おもちゃと道具は，プレイセラピーで7つの本質的なことが促進されるように選ばれる必要があり，①子どもとの肯定的な人間関係の確立，②広い範囲の感情の表現，③現実の生活経験を探求すること，④現実での制限を試すこと，⑤肯定的な自己イメージを発達させること，⑥自己理解を発達させること，それに⑦セルフコ

ントロールを発達させる機会，などをあげている。彼はさらに"ルールは，蓄えることよりもむしろ選ぶことである"と付け加えている。子どもが選んだおもちゃで散らかっている部屋をきれいにかたづけることを望んではならない，それは逆にあなたが子どもと費やした時間の治療的な恩恵を少なくし，治療の妨げにさえなるからである，とも述べている。

Charles Schaefer

Schaefer（1993）は，さまざまな症状や問題の領域に対して1つの標準化されたプレイセラピーのアプローチのみを使うことは効果的ではなく，セラピーモデルを選び材料を使うという処方したアプローチ（prescriptive approach）を使うことを推薦している。学校臨床家は，このアプローチを使いながら，子どもの情緒的問題と関心に適した介入の戦略をつくりだすことができる。

指示的プレイセラピー

指示的アプローチがいっそう必要とされる場面で，子どもは自分の特定の問題（たとえば，性的，身体的虐待のトラウマ，きょうだいの出生，入院，家族や友人の死など）を扱う際に，パペット，人形，それにさまざまな芸術の品物などの道具を使う。読書療法と物語を聞かせる方法なども使われるだろう。ソーシャルスキルトレーニングと怒りマネジメントでは，本質的にいっそう指示になり，ロールプレイングや新しいスキルの実践と合わせて，治療的で一般的な盤ゲームや各種の創造的で表現的な芸術的課題なども使われる。

★　特別な子どもたち　★

さまざまな問題をもつ子どもたちと仕事をするには，さまざまなタイプの材料やおもちゃが必要となるだろう。Ginott（1961）は，夜尿症の子どもたちには絵の具と水道を，遺糞症の子どもたちには泥と褐色の粘土を，火で遊ぶ子どもたちにはキャップのついたピストル，花火，閃光などを与えると述べている。また，彼はすべての子どもたちに口唇の欲求を昇華するために，料理と食事を出すミニチュアの台所用具を与える。性的欲求を昇華するためには着せ替え人形が，攻撃的欲求を昇華するために叩けるバッグ，まと，ピストルが必要であると述べている。

攻撃性と怒りの感情を扱う必要のある子どもたちは，攻撃性の解放のためのおもちゃを必要とする（Landreth，1991）。これには，"ボップバッグ（bop bag）"やパンチングバッグ，または打ったり打ち砕くための粘土などがある。さらに，多様な民族

的,文化的な人形とパペット,さまざまな皮膚の色にあったマーカーとペイントなどの文化的に適切なおもちゃは,民族的,文化的な問題や自己同一性を探求するうえで必要である。身体的,精神的な制限をもつ子どもたちや入院の状態にある子どもたちには,学校臨床家はおもちゃのリストを修正し,彼らの異なった要求や能力に気づく必要がある。

　学校臨床家は,おもちゃや道具の本質や構造が反応の特殊なタイプと子どもとの相互作用を決定づけ,引きだすということを思い起こすべきである。特定のおもちゃは,自動的に特殊な行動を引きだす。たとえば,ポップバッグ,"ボボパンチングバッグ（bobo punching bag）",または綿を詰めたバタカス（batakas；剣のような形をした幅広いかいのようなもの）などは,他のどんな反応よりも,打ったり,叩いたり,蹴ったりすることで,子どもがいっそう攻撃的な感情や活動を表現する。一方,ほ乳ビンを持った人形は,ふつう攻撃よりも,いっそう養育的で世話をやく反応を引きだす。特に,治療プロセスの最初の段階で,子どもが感情をどれだけ多く出すか迷っているときや,創造性を表現するのにまだ十分に安全であることが感じられないとき,おもちゃはよく考えられ,注意深く選ばれることが大切である（Landreth, 1991）。

★　避けるべきおもちや　★

　安全のために避けねばならないおもちゃと材料は,鋭くとがっていたり,ガラスが入っていたり,壊れやすいものなどである。さらに,高価で,複雑で,機械のおもちゃや高度なむずかしいゲームは避けるべきで,これらのおもちゃや材料は子どもの自由な表現や創造性を妨害する傾向がある。ピースをなくしやすいのでパズルは避けるべきで,なくしたことが子どもにとってフラストレーションになったり,成功しなくなったり,終了を妨げたりする（Landreth, 1983）。壊れたおもちゃと品物は子どもにとって気が散ったりフラストレーションの原因になったりするので,学校臨床家はセッション後に,壊れたおもちゃは除き可能なら代わりのものと置き換えなければならない。

★　おすすめのおもちゃと材料　★

　Landreth（1983, 1991）は,北テキサス大学での25年間の学生の訓練やセラピストとしての経験に基づいて,子どもたちに使えるおもちゃと材料のリストを用意した。プレイセラピーのセッションに最低限必要な Landreth（1983）のリストには,次のものが入っている。

クレヨン，新聞紙，よく切れないハサミ，ほ乳ビン（プラスチック），ゴムのナイフ，人形，プレイドー（または粘土），投げ矢のガン，手錠，"20種1組の"おもちゃの兵士，"2種の"プラスチックまたは薄いブリキの遊び皿とカップ，スプーン（フォークはとがっているので避けること），小さい飛行機，小さい車，2台の遊び電話，手用のパペット（ワニ，ドラゴンまたはオオカミ）または曲げられるおもちゃの家族，底に印を付けた部屋のある小さな厚紙の箱と切り抜かれたドアと窓，人形の家の家具，小さな飾り気のないマスク（Lone Rangerタイプ），弾むゴムボール，棒にさしたアイスキャンディ，パイプクリーナー，打ち砕くベンチとハンマー，古い帽子またはハット，それに積み重ねたり，色を塗ったり，打ち壊すための大型の卵ケース。

彼はまた，膨らませるビニールのパンチングバッグと，底に砂か米が1インチ（約2.5cm）のところまで入った皿洗い器の大きさくらいのプラスチックの容器が必要なことを示唆している。

Landreth（1991）のさらに広範囲なリストには，人形のベッド，布，ゴム性乳首，チョークと黒板，木製冷蔵庫とストーブ，プラスチックの食物，ほうきとごみ取り，組立てのブロック，ペイントと画架，多用途車輪の乗り物，音楽の道具（シンバル，ドラム，木琴），ハット（消防士を含めた多種），動物園と農家の動物，先端に吸い付き口がついた投げ槍，おもちゃのマシンガン，ロープ，医学的な道具，遊びのお金とレジスター，手用パペット（いろいろの仕事のタイプ，家族のメンバー，それに攻撃的動物など），ティンカー（幼魚），それにティッシュなどの品物が含まれる。

また，学校臨床家は，すべてのこれらの品物を手に入れるために経済的な負担をしすぎてはいけない。これらの多くが，地域のガレージセールや古物市などで得られる。そして，子どもたちがおもちゃ遊びを卒業した自分のきょうだい，友人，それに関係者とコンタクトを取ること。教師の休憩室にリストを掲示すること。または必要とする品物の寄付を学校のPTAか家庭に求めること。学校の予算とPTAやコミュニティの会社からの特別な基金からのお金も役に立つ。ただし，先に述べたように，おもちゃは選ばれるべきで，くずものや壊れたおもちゃを積み上げるべきではない。

特別な考察

★　持ち運びのできるプレイセラピーの道具　★

恒常的なプレイルームをもたない学校臨床家にとって，いくつかの地域に移動するための持ち運びのできるプレイセラピーの道具をもつことは基本的なことある。しかし，あなたは使える空間と品物をどのようにして持ち運びできるかについて，よく考

える必要がある。上で述べたように，Landreth（1991）はプレイセラピーで使う品物の最小限のリストをもっているので，子どもはそれらの品物をより広範囲に使い，さまざまな表現をすることができる。James（1997）は毎週子どもたちにかかわるために多くの学校に行くので，彼女自身のシステムを発展させている。彼女は学校ごとに子どもたちのグループをヘルパーとして指名している。つまり，彼らはその日に彼女がもってきた材料を運ぶのである。彼女は，たとえば紙粘土，大型の卵ケースと絵の具，組み立て用の材料（たとえば，鳥かご用の木，岩石または他の対象物の小片）などの非構造的な媒介物，読書療法のための本，小さな家族メンバーのおもちゃ，小さな動物のおもちゃ，折り畳み式の人形の家，いくつかの盤ゲーム（毎週交替する），それに彼女が対象としているグループや子どもに，ややユニークなものか特別なもの（彼らは彼女が子どもの好んだ色の選択または対象物を思いつくことを知っているから）などを持っていくことをすすめている。

　私は，Jamesがすすめた品物に追加して，木のブロック，小さな打ち砕くためのハンマーとラミネート性のマットと粘土，2～4個のパペット（1匹の家庭用動物，1匹の攻撃的な動物，それに人が2人），携帯用の折り畳み式のマグネットの人形の家とマグネットの町，それに医学的な道具一式を含めると便利であることを発見した。

　小さなポータブルのサンドトレイを使うこともすすめたい。これは砂が1～2インチ（約2.5～5cm）は入っている蓋付きのブルーのポリ容器で，バケツにしたり，くず箱かセーター入れとしても使える。小さな人と動物の人形は，サンドトレイの中でも使える。私はまた，折り畳み式の旅行荷物のカートはたいへん使い道があることを発見した。それは，いくつかの荷物を乗せて，転がすことができ，空港や鞄店でも売っている。いくつかの品物をそれに積み，伸び縮みのするヒモでそれらを縛り，それから車から建物へ向けてそれを引く。もし材料を持っていくのに手助けがないなら，あなたはまだ能率的に仕事をしていないことになる。

★　粘土やプレイドー　★

　しばしば，学校臨床家とプレイセラピストは彼らの材料のリストにプレイドー（Play-Doh）を入れているが，私も個人的経験を述べ，推薦したい。プレイドーは新しいときはすばらしく感じ，何人かの子どもたちには良い匂いさえするが，私の経験では，しばらくすると乾き始め，それからぼろぼろに崩れる。必然的に，子どもたちはそれを混ぜるので何とも言い様のない新しい色になり，それはしばらくして彼らにとって魅力的でなくなる。また，プレイドーは堅くして制作物にしたり，色付けをしたりデザインを加えることなどがむずかしい。もしあなたのプレイルームでプレイド

ーが必要なのであれば，それを使い続けてもかまわない。しかし，私はいくつかの代わりのものや追加のものをすすめたい。

　私は子どもたちとよく粘土を使っている。しかし，伝統的な粘土は密閉したコンテナかプラスチックのバッグで湿り気を保つ必要がある。この保存の仕方はバクテリアやサルモネラ菌を生み，子どもや大人の手に切り傷や炎症があると感染するかもしれない。いろいろ探した結果，Myrna Minnis さんがつくったオグリ粘土（Oogly Clay）に出合った。彼女のアイデアは子どもたちに（大人にも），大きな頭にスパゲッティのような髪を付け，人の顔の形をつくらせることである。この創作物は，セルフエスティームとセルフイメージを形成する作業に向き，子どもはその時間ずっと粘土を加えたり変えたりできる。粘土それ自身がすばらしく，保存のために特別なことをする必要がない。プラスチックの箱やバッグで保存できるが，空気中にさらしてもよい。つまり，湿った状態で保たなくてもよい。しばらく指でこねると，すぐに柔らかくなって使いやすい。つくったものを簡単に元にもどすことができ，粘土が堅くなりぼろぼろに壊れるのを心配しないで，つくったものをずっと置いておけるし，何か他の治療的アイデアにも粘土を使うことができる。しかし，粘土は火を付けたり，焼いたりはできない。

　他の驚くべき道具に，クレヨラ社のモデル・マジック（Model Magic）があり，これは空気で乾く。毒性はなく，柔らかく，打ちのばせる粘土で，軽くて曲げやすい。割れないで，表面に粘着することなく，また薄片に剥げ落ちることもない。空気中に放置すると白色になり，テンペラ法や水絵具とマーカーで飾ることができる。クレヨラ製粘土（Crayola's Dough）はまた毒性がなく，永続的な創作物を望めば，2日以内に空気で乾燥する。もし，あなたがモデル・マジックやクレヨラ粘土が乾燥することを望まないなら，密閉したコンテナに入れておかねばならない。

　スカルピー（Sculpey）は白色のポリマーが入った粘土で，幼児がこねやすくなっている。それは空気にさらしたとき，乾燥せず，普通のオーブンで焼くまで柔らかい。焼いたあと，砂で磨き，水性のアクリルの絵の具で色付けできる。それをまたオーブンで焼くと輝いた，いきいきとした色になる。焼いた後，滑らかな皮で仕上げると堅くなる。

　これらの道具とそれらを得ることができる場所についての追加のリストがある。私はこれらの会社からいかなる財政的な恩恵も得ていないが，子どもと作業をするのに役立つ材料を見つけ，時間が節約でき，費用がかからず，それに治療的にたいへん有効な商品にはいつも注意している。

★ 攻撃性を解放するおもちゃ ★

　攻撃的な子どもたちは，怒り，激怒，フラストレーション，それに敵意などを安全で受容的なプレイルームで表現するので，彼らにそのための自由や許容を与える必要がある。それにより，彼らは象徴的な言葉で撃ったり，殺したり，埋めたり，噛んだり，刺したりするプレイを十分にするだろう。しかし，強い怒りや攻撃的などの強い感情が出されるとき，学校臨床家はしばしば落ち着くことができない。そのような強い感情のそばにいながら，あなた自身の個人的な"安まる場所"を見つけることが大切である。なぜなら，あなたは子どもの表現を止めたり干渉することを，そんなに早くはできないからである。

　攻撃的な感情を引きだす特定のおもちゃと材料の使い方に関して，東海岸と西海岸（特にテキサス）では，プレイセラピスト間で哲学的，理論的な違いがあるように思われる。これはおもちゃのピストル，ロープ，手錠，ゴムやプラスチックのナイフ，吸い付き式の投げ槍，投げ槍式のピストル，剣，それにマスクなどを入れることについて特に顕著である。東海岸のプレイセラピストは，それらを排除する傾向があり，それによって他の材料を象徴的に使うために，子どもが空想をしやすくなる。一方，テキサスと西海岸のプレイセラピストは，これらの材料をなくてはならないものと考えている。このことは，一部，次の事実に関係するだろう。つまり，テキサスと西海岸のプレイセラピストは，Axline（1947）の子ども中心のアプローチを，東海岸のプレイセラピストは Anna　Freud（1951）の精神分析的アプローチを，それぞれより強く行なうからである。

　しかし，最近学校にピストルやナイフを持っていく子どもたちが増え，子どもたちによる学校での発砲や死は恐ろしい悲劇になっている。学校はピストルやナイフを禁止する厳格なルールを設けたり強化し始めた。生徒たちが，もしそのような品物を使用したり持ち込みを計画していることが発見されたりその情報が伝われば，学校は警察と連携を取り，臨時休校にしている。結果的に，学校臨床家は自分がどんな哲学的理論やプレイセラピーの理論，方向性，またはテクニックをもつにしろ，プレイルームやセラピールームでおもちゃのピストル，剣，それに手錠のような品物を置くかどうかについて注意深く考える必要がある。もしあなたが治療的な仕事にこれらの品物を入れる必要があると感じるのであれば，学校職員にはそれを知らせる必要があり，そのことで彼らは親や学校スタッフに対しあなたの決定を支持してくれる。しかし，学校の方針や歴史的，社会的出来事に照らして見たとき，あなたが怒りや攻撃的感情を解放する意図でそのような品物を選んだ理由を学校関係者に理解させることは困難

な場合もある。あなたは，特に学校や教室で子どもたちの行動化を減らすことについて，プレイセラピーやプレイセラピーのテクニックを使うことの恩恵を，彼らに説明する必要がある。

　あなたはまた，子どもたちの感情を考慮する必要がある。1つは学校が課すもので，もう1つは学校臨床家についてくるもので，彼らはこの2つの異なる基準の違いに葛藤を感じるだろう。彼らは，セラピールームの結果と現実生活の結果が異なるので，そのような材料をセラピールームで使用することに不快を感じるかもしれない。あなたはその2つの場所が子どもに与える価値について比較検討し，いずれの決定をするにしても明確で健全な論理的根拠を確立する必要がある。

　何人かの子どもたちは，怒りと攻撃的感情の解放を必要とするだろうし，彼らが毎日（家庭やコミュニティで）直面する暴力の場面を十分に演じることができるだろう。これらのケースにおいて，考慮する必要のある代わりのおもちゃとしては，詰め物をしたバタカスと，叩くと跳ね上がるパンチングバッグまたはボップバッグがある。これらの材料は，学校の方針を危うくすることなしに，子どもたちの怒りや攻撃的感情を解放し，暴力のシナリオを十分に演じる能力を子どもたちに与える。私は粘土といっしょに，木製のブロックを自分のプレイセラピーの道具の一部としてもっている。私は，ブロックのタワーを作りそれらを蹴り倒すことを子どもたちに求めるが，これは構成することと破壊することのチャンスを意図し，それゆえに騒音の衝撃の中での活動をとおして怒りを解放することになる。粘土を引き裂き，強打し，打ち砕いたり，それを形にする子どもたちもいる。下に敷くマットは粘土を使う際にカーペットを保護し，床に粘土を打ち付けるときの騒音を減らす役目がある。後の段階になるにつれて，これらのマットが子どもたちの肯定的な確信（"私は特別な存在だ"とか"私は可能性をもっている"など）をつくりだすことになる。それから私はマットをラミネート加工し，子どもたちが粘土を使うときに役立てている。粘土はまた，子どもが怒りを解放する手助けとして，マットに投げつけるために使われる。

★　散らかしの取り扱い　★

　学校臨床家は，散らかしに対する個人的な耐性や後の障害に気づく必要がある。しかしそのことは，子どもが材料を使うことを妨げないし押し付けることにもならない。絵の具，砂，水，それに粘土は散らかしになる可能性があり，子どもは多くの対象物を同時に使い，混乱させた状態で部屋を去ることもあり，プレイセラピーには固有のことだが，学校臨床家には障害物となる可能性がある。学校臨床家の耐性と忍耐が試されるだろうし，特にあなたがいつも部屋をこぎれいに，清潔に，きちんとして

いたいと強く思うならば，なおさらである。散らかしと秩序を混乱させることは，治療プロセスの必要な部分である。しかしながら，学校臨床家にはおもちゃを整理したりかたづけたりする時間が必要である。Axline（1964）は，セッション間の秩序と安定性を保つためのベストな解決法として，各セッションのあとに掃除をするスタッフを雇うことをすすめている。もう1つの示唆は，この課題を補助できるインターンまたは学生のヘルパー（James, 1997）を雇うことであるが，これは贅沢な話で，ふつう秩序を維持するのは子どもと作業をするその人にかかっている。早くに述べたが，セラピールームで起こるすべてのことは，目的のためであり，おもちゃは子どもの言葉と同じ価値がある。子どもたちは各セッションで対象物を探すべきではないし，彼らを驚かして不安にするような整いすぎた部屋にするべきではない。部屋は外見上，整っていて，いつも同じになっている必要がある。さらに，治療過程の特質から，子どもは多くの制限なしに材料を使い自由に歩き回ることを許されている。結果的に，学校臨床家は子どもがおもちゃを床にひっくり返したり床に水をかけ始めたとき，表情や直接的な言葉で子どもに不快さを示すことを抑制しなければならない。

★　制限を設けること　★

Moustakas（1959）は，"関係性の療法で最も大切な側面の1つは，制限を設けることである。制限なしには，いかなるセラピーも存在しない。制限は関係性の境界を定義し，それを現実に結びつける。…制限には安全が求められ，同時に子どもが遊びに自由で安全に動くことが認められている"と明確に述べている。セッションの時間の枠組みのみでなく，おもちゃと材料を使うことや保護にも制限がある。子どもたちはプレイを終了するのに数分しかないとき，そしてすべてのおもちゃと材料がセッションの終わりに部屋に置いたままであるとき，次のことを知らなければならない。それは，おもちゃは家に持ち帰れないし借りることもできない，ということである。子どもは，「すべてのおもちゃを部屋に置いたままにしなさい。あなたが家に持って帰りたいのはわかりますが，おもちゃはここで使われるものです」と言われる。活動が危険になったり，部屋をどの程度混乱させられるかを操作したりテストするように見えるときにも，制限が設けられなければならない。子どもたちは，故意に対象物を壊したり，セラピストの身体や衣類を攻撃することは許されていない（Moustakas, 1959）。セラピストは，セッションに時間と空間の制限を設けることで，部屋のすみに絵画の空間，パペットの空間，人形の家と人形の空間，それと粘土の空間のようなセラピーの"場所"を設けることができる。そして，手始めに1セッションに2つの場所を使わせる制限を設けることができる。あなたが伝統的な方法で1セッションを

45分から50分間していたものを30分間に減らすなら，このような場所を使うことが特に好ましいといえる。さらに，子どもが新しい材料で遊び始めて元の材料が使われていないなら，広い空間を使うために品物を元の所へもどすようにとうながすことができる。これは，あとで掃除を減らす手助けにもなるだろう。

★　掃除の時間　★

　子どもに掃除を手伝うことを求めるかどうか，あるいは子どもが部屋を出ていったあとに臨床家が掃除をすべきかどうかについては，次のような見方がある。何人かの理論家（Freud, 1928；Jung, 1965）は，子どもたちが帰宅したあとに，材料をかたづけるのが望ましいと信じている。それは，彼らの創作物が内的な心の，無意識的なコミュニケーションを表わしているとするからである。他の理論家（Landreth, 1983；Moustakas, 1959）は，掃除は学校カウンセラーやプレイセラピストの仕事であると信じている。"子どもに掃除を求めることは，駄々をこねる結果になり，子どもが散らかしを罪に感じるだろう"（Landreth, 1983）。

　臨床家自身が掃除をすることで，子どものセッション中の様子や意識的，無意識的な活動について考えるようになり，さらに治療過程についての理解も深めることができる。典型的な60分間のセラピーでは，通常45〜50分間が治療の時間で，残りの10分から15分間が掃除の時間である臨床家は次の子どもに会う前に場所を整頓し，品物を元にもどす。しかし，セッションを短くするときもあるし，次の子どもたちに会うまでの時間がないこともある。このような場合，掃除はセッションの終わり5〜10分間で子どもとする必要がある。セッションが終わる前に子どもに時間を教え，掃除が始まることを知らせるとよい。

　すべてのセッションで，実際に掃除をするのにかかる時間を考慮したうえでの終了10分前に残り時間を知らせるようにすることが必要であり，たとえば，もしセラピストがあとで掃除をする場合は「5分でセッションが終わります」とか，「私たちはあと5分で掃除を始める必要があります」と伝える。もう1つの例では，終了前5分に，臨床家が「掃除の時間です」と言う必要がある。子どもは手伝いをさせられるが，品物を拾って元の所へもどすのが臨床家の責任である。1人に掃除の責任を負わせることは，子どもが駄々をこねるようになり，治療関係に否定的な影響を与え，セラピストが危機的状況をつくりだすことでセッションを長引かせてしまうだろう。

プレイの空間

プレイルームでは，治療の過程が促進されるために，装置と家具には特殊なデザインや標準化されたものがある。プレイの空間は子どもが入室するときに最初に影響を与えるので，暖かく受容的な雰囲気つくりだすことが大切である。入りやすい親しみのある環境をつくりだすには，計画，努力，子どもが求めるものへの感受性などが必要で，完成したら安全が守られるべきである。

プレイの空間は，赤ちゃんを座らせたり，きょうだいや他の学生に使わせるべきではなく，また子どもたちと治療的なかかわりをしない他のスタッフも使用すべきでない（Landreth, 1991）。一方，その空間は必要なときに"借りられる"まさにプレイの領域と見られるだろう。子どもたちやスタッフは，"プレイセラピーの関係は特別なプレイルームで起こる特別な情緒的関係である"ことを理解することが大切である（Landreth, 1991）。

★ 物理的な構造 ★

物理的な構造とプレイルームの配置に関しては，異なった専門的，理論的な意見がある。しかし，プレイの空間の大きさ，場所，その他がどうあろうとも，理想的には子どもが遊ぶための自分の特別な場所という関心でやってくる，規則的に会うための特殊な空間であるべきだ，という一般的なコンセンサスがある。

Melanie Klein

Klein（1955）は，プレイルームにはウォッシャブルな床があり，数個の椅子とテーブル，小さなソファ，いくつかの快適な枕かクッション，引き出し付きの家具，それに使える水道があること，と述べている。子どもは，各セッションで使うミニチュアのおもちゃが入った自分の引き出しをもち，それらのおもちゃはセラピーの流れで子どものニーズで加えられたり，取り除かれたりする。

Virginia Axline

Axline（1947）は，教室や仕事部屋のすみの部分など，どんなタイプの構造でも，治療的介入は効果的になされると感じた。しかし，彼女は，プレイセラピーのために特別に設計され，装備のある部屋が理想であることを強調している。部屋は防音で，掃除しやすい壁と床を備え，水が使えることが必要であるとしている。

Garry Landreth

　Ginott（1961）は150〜200平方フィート（約16〜22㎡）の理想的なプレイルームを推薦している。この広さは子どもがセラピストからけっして遠くならないからである。

　Landreth（1991）も150〜200平方フィートの必要性に同意し，それは2，3人の子どもたちのグループでのプレイセラピーにも十分な大きさになる。グループの子どもたちは，身体的に接触しないで自由に動くことができ，1人でプレイをする空間も必要とする。彼は，長くて狭い部屋や大きすぎる空間は問題があり，セラピストが子どもに近づくのに部屋の中を動き回り続けなければならないからである，とも述べている。つまり，このような空間は子どもたちがセラピストの所に来たいときに，その機会を妨げられたりする可能性がある。Landrethは，プレイルームの他の特別な点について指摘している。①プライバシーを保護するために壁やドアに窓がないこと，②掃除しやすく，入れ替えも簡単で，費用がかからないビニールタイルを床に貼ること（カーペットはきれいに保ったり，砂を除くのがむずかしいので，避けるべきである），③洗い落とせるエナメルの壁（望ましいのはオフホワイトで，黒色，くすんだ色，また力強い色は避けること），④冷たい水道水の出る流し，⑤おもちゃと材料を並べる空間として，2か所の壁についた棚（上方の棚は，小さな子どもたちが届くために38インチ（約1m）以上高くないほうがよい），⑥床から約21インチ（約50cm）の高さにかけた黒板，⑦木製か堅い表面でできた頑丈な子どもサイズの家具（テーブルと3つの椅子，1つの大人サイズの椅子），⑧描画や粘土作業ができるカウンター付きの保管庫，など。彼はまた，可能なら，騒音を減らし防音に役立つのでプレイルーム内の浴室や天井に音響効果のあるタイルを貼ることをすすめている。彼はまた，子どもたちがセラピストから逃げたり，隠れたりするための空間を必要としている場合，彼らがセラピストの視界から消えることができる場所を部屋につくることも示唆している。つまり，"セラピストから離れたり拒否したりすることは，治療関係の中で自分が自由であることを気づくために意義がある"ことを意味している。

Diana Siskind

　Siskind（1992）は，Anna Freudの流れを組む精神分析的な児童のセラピストで，子どもがセッションに到着した際は，保管庫のドアをいつも閉めたままにしておくことをすすめている（第1セッションを除く，おもちゃのある場所を子どもが見えるために）。第1セッションの後は，おもちゃを探しだすのは子どもに任せられる。第1

セッションで，開いているおもちゃの保管庫は，"この慣れない場所にかかわろうとする子どものセンスをはっきりさせる伝統的な方法"なのである。"おもちゃの保管庫がいつも開いていないのは，私はおもちゃをもっているが，おもちゃで遊ぶことが必要条件だと求めないからである。それは任意であり，あらゆる種類の魅力的なおもちゃが入った保管庫が開いていることは，子どもたちに示唆を与えたり，とりこにさえしてしまう"。Siskindはさらに，"子どもが部屋の他の所に行き，そこでセッションを始めるのではなく，むしろ自主的におもちゃの保管庫の所に行き，その扉を開いておもちゃを出し，遊び始める形でセッションを始めたい，というような口には出せない期待のようなものがある"（p.73）とも述べている。

O'Dessie Oliver James

　James（1997）は，空間は個人が適切と感じるべきであると述べ，12×14フィート（約360cm×420cm）のつくり付けの保管庫が合うことを提案している。彼女は，セラピストがローラーのついた椅子で，子どもの動きに合わせてそのまわりを動くことを付け加えている。彼女は，保管庫が台所の保管庫のように大きく，子どもの背の高さで，ドアがあり，乾いた砂（3×4フィート；約90cm×120cm），湿った砂（3×4フィート；約90cm×120cm），それに冷たい水道水（2×4フィート；約60cm×120cm）が使える3つの別々のメタルの流しのような"へこみ"のあるカウンターを示唆している。保管庫の下は，各々の流しで使う品物を入れる引き出しが必要である。反対側の壁には，絵の具の材料が入った保管庫と据えつけの画架が必要である。このほかに，人形の家，ブロック，おもちゃの入った大きめのバケツが入った保管箱が必要である。Jamesは部屋をライトブルーに塗り，床は洗い流せるようなリノリウムで覆うように提案している。プレイルームは理想的には教室や事務室から離れているべきで，騒音を少なくし，子どもの活動が教室を意識することなく活発になる。

★　空間の代わりになるもの　★

　すべての学校臨床家が，セッションで使える分離されたプレイルームをもっているわけではない。この場合，事務所を分割し，プレイセラピーの部門をつくる。学校の建物の他の部分も利用できる。つまり，カフェテリアや講堂のステージのすみ，保管用のクローゼット（たとえば，使われていない本を保管する部屋）や作業部屋，ナース事務室のすみ，ふつうの教室のすみ，または空いているか現在使われていない教室などである。より大きな空間であれば，全体の領域を子どもが使わないように椅子，テーブルなどで区切る必要がある。ある学校臨床家は古いスクールバスを移動するセ

ラピールームに転用し，彼女は子どもたちに会うために各週さまざまなところへ行っている。これらのさまざまなタイプのセラピーの仕方で，子どもの秘密性とプライバシーが守られることがきわめて重大である。もし他者が子どものことを漏れ聞くか顔を合わせたりすれば，子どもは自分のプライバシーが守られていないことがわかる。学校臨床家は各セッションに持ち運びできるポータブルのプレイセラピーのキットを使うか，箱かカバーのついたブックケースに品物を入れた特殊な保管庫をもつ必要がある。

★　教室でのプレイセラピーとテクニック　★

　私の担当する学校ベースのプレイセラピーのコースに出席している大学卒業レベルの教師は，すべての教室の教師が生徒の情緒的問題と行動的問題を取り扱うのにプレイセラピーテクニックを使うことができる場合の使い方について話し合っている。さらに，彼らはプレイセラピーのテクニックと介入は，個々の生徒の特別な問題やクラス全体の発達的問題を対象にしても使用できると感じている。さらにそのうえ，子どもたちはこれらのテクニックや介入によって問題解決と感情的な成長に自信をもつことができると考えている。

　教師はふつうセラピーについて訓練を受けないことを認識することが大切である。しかし文献では（Kranz, 1972；Landreth et al., 1995），教師や教師であるセラピストが理論とテクニックについて必要な訓練を受け，ワークショップやコースに参加し，子どもの反応に対する洞察や本質的な情緒的距離を維持するのに継続的なスーパービジョンを受ければ，治療的な作業がうまくいくことを支持している。

　教師はプレイをすすめるために治療的な場所としてすでに教室にある，作業をする場所を工夫して利用できる。家族の場所，ブロックの場所，テーブルと椅子が置かれた絵の場所，感情の場所，それにパペットと劇の場所など，特別な領域が設けられる。家族の場所は，人形，台所用具，家具，衣類などがある。ブロックの場所はブロックがあるが，町，家，陸などを組み立てる小さなおもちゃもある。パペットの場所は人や動物（トラ，ワニ，ドラゴン，それにまたイヌ，ネコ，ウサギなど）のさまざまなパペットがある。テーブルと椅子が置かれた絵の場所は，粘土，砂のトレイ，家具と小さな人形の家族の入った人形の家，画用紙，それにクレヨンなどがある。

　感情の場所は，ひっくり返したとき子どもたちが足を踏みならすか指ではじくためのバブルラップ（パッキングに使われるタイプ）や，子どもたちが怒ったり，幸せだったり，そのほか彼らの顔がどのように見えるかを自分で見るための鏡などの品物がある。

全体的に，部屋は暖かく，入りやすく，気持ちが良いようにデザインされるべきである。その場所を使うための毎日の計画はその学年で同じであること，子どもたちがここで作業をするのにより気持ちが良く，独立している状態になれること，決まったことをする，変わらない，それに予見できることの感覚などが求められる。毎日のプログラムには特別な時間があり，何回か自由なプレイの時間や教師主導のプレイの時間もあり，教師が個々の子どもたちの問題に10〜15分間取り組む時間もある。教室の助手や特別な領域の教師は，教室の教師の計画や治療的プレイの実施を手助けしてもくれる。スクールカウンセラーはまた，スーパービジョンや実施方法について教師と協力している。

要　約

　プレイセラピーとプレイセラピーのテクニックを使えば，子どもたちの情緒的問題や行動的問題を効果的に扱うことができる。学校や教室で実施すれば，多くの子どもが外部のサービスを利用せずにすむし，それらの場所は子どもたちに知られているし，気持ちが良い環境でもある。学校でプレイセラピーを使用することは，治療環境とプレイの材料に一貫性と予見性があり，これにより感情と問題が自然に表出されるので，子どもは学業的な進歩を最大限に達成できる。この章は，プレイセラピールームの割付けや家具についてはもちろん，さまざまな治療的な対象物と材料を選ぶための合理性と理論について詳しく扱った。学校臨床家と教師は，プレイセラピールームや学校内の環境を整えるための参考にしてもらいたい。

第5章

特別な教育を行なう
プレスクールでのプレイセラピー

Patti L. Knoblauch

プレスクールの年齢段階の子どもの情緒的反応や適応は，私たちの文化ではいつも大切に考えられているとは限らない。しかしながら，幼児といつもかかわっている人々は，治療的な介入が子どもたちのコーピングスキルを伸ばし，彼らの発達の機会を後押しすることを知っている。子どもたちは危機に遭遇したとき，治療的な介入を受けることによって，その事態をコーピングし，自分の発達的な挑戦に挑むことができる。

3～5歳の子どもたちは，この特別な教育を行なうプレスクールで，週5日間，2時間半から5時間過ごしている。この学校環境は家庭と外の世界との橋渡しとなり，子どもの生活の中でしばらくの間は自然な環境の1つになっている。プレイセラピストは，このプログラムが子どもに良い効果を及ぼすために，治療や教育のスタッフ，親や保護者，それに関係するあらゆる社会的機関など，子どもの生活にとって重要な他の大人たちと協同している。

照会の過程

この方法で行なうプレイセラピーに，どのような子どもが適合するかは，次の3つの方法のうちの1つで明らかになる。子どもたちは，決められたアセスメントと地域の校区で行なう面接のあとに照会される。それから，個別教育計画（Individualized Education Plan；IEP）の中で，プレイセラピーの指示が出る。IEPでは，この章で述べている，プレイセラピーと他の必要なセラピー（スピーチ，作業，理学，それに視

覚）を行なう特別な教育を行なうプレスクールか，その地域の一般の私立のプレスクールのどちらかで，サービスの実施が明記されている。

　いったんその子どもが私たちのプログラムに入れば，両親や教育チームのメンバーが代わりに子どもの状態を明確にするだろう。それから，子どもが危機的状態にあるか，あるいはプログラムに短時間だけ参加するかで，その学校区の公式の指令がなくても親の許可を得て，子どもにプレイセラピーが実施される。

プレイルーム

　プレイセラピーの部屋は仕切られた空間で，教室よりは小さい。おもちゃや材料が，自己表現や劇あそび，関係づくりなどに使われる。この年齢集団でおもに必要なものは，ふつう，人形の家，人間と動物の人形，赤ちゃんの人形とアクセサリー，絵の具，粘土やプレイドーなどの表現することが可能な美術の道具，それにマーカー，着せ替えの衣服（特に，医学的なものとケープ用の材料を含むこと），車，トラック，プレイ用の食物，それにいくつかの組み立てられる材料などである。私は，ボール，フープ，いくつかのパズル，簡単なゲームのような，支配力を感じるおもちゃをよく入れる。砂も有効で，乾いた砂と湿った砂のコンテナが必要である。病院，警察署，スーパーマーケットのようなテーマのある遊具や，砂の中で使える人形やミニチュアのおもちゃも入れている。数冊の本，休んだり叩いたりする枕，泡，それに水の入ったコンテナもよく使う。

子ども，家族，それにチームに対するプレイセラピストの取り組み

　最初に，特別な教育を行なう教師が進めるチームの会議で，子どものことが話し合われる。次に，私は教室で子どもを観察する。それから，私は親や保護者に電話をして，学校心理士でこの子どもを担当するプレイセラピストとして自分を紹介し，親と連絡をとり続けたいと伝える。ほとんどの人たちがプレイセラピーになじみがないので，私は前もって説明するようにしている。子どもたちにはプレイセラピーを，大人にはセラピーやカウンセリングについて，手短かに話すようにしている。

　私は最初に，子どもに対する両親の考え，子どもにいだく関心と目標，それに私と連絡をもちたい程度について聞くことにしている。通常は，子どもと会い始めてから2週間後に，再び両親と話すために直接会うことを計画し調整している。

★ 教室にプレイセラピストがいること ★

　子どもたちが最初からプレイセラピストをたいへんよく受け入れることは，そんなに驚くことではない。私はふつう教室にいて，教師や助手とは明確に異なった役割であるが，はっきりと位置づけられた役割ではない。私は活動に参加したりしなかったりするだろうし，安全であれば，訓練的な役割もとらない。子どもたちは，私が何人かの子どもたちを"プレイルーム"に連れてきて，いつも同じ子どもといることに気づいているように思われる。でも，私はほかのどんな子どもたちとも話したり遊んだりする。

★ 日課，媒介変数，制限，それに安全 ★

　子どもと教師の両方を調整するために，いくつかの形式的な側面がある。たとえば，私たちがいっしょに会うための時間と回数（子どものIEPの指令では，ふつう，週に1ないし2回，30分程度），私たちが教室を出てもどってくる方法，私たちの行く場所と教室を出る時間（ふつう，もっぱらプレイルームであるが，場合によっては運動場か，屋内や屋外の散歩）などである。

　また，いくつかのプレイルームの媒介変数が出てくる。子どもたちはおもちゃを選ぶことがいっそう構造化され制限されている教室とは対照的に，自分の好きなおもちゃでプレイをするために部屋に招き入れられる。しかし，湿った砂を乾いた砂と混ぜることや，その逆のことも許されない（典型的な誘惑）。かわりに，砂を混ぜるトレイが与えられる。最も大切なことは，プレイルームが安全な場所でなければならないことである。多くのおもちゃが出されてつまずきながら歩くときや，多量の水がリノリウムの床にまかれ，滑る状態になっているときなどは，安全の問題が生じる例である。この場合，私は言語的に安全について指示をして，物をかたづける手伝いをさせる。いつも，子どもたちは最初に私を見て，そのあと私と遊ぶ。子どもたちがおもちゃを床全体に広げ，巻き散らすことは遊びに付きものであると"受け止めている"ように思われるが，そのようなプレイ空間を保証することもセラピストとしての仕事である。意図的におもちゃを破壊することは，思いとどまらせる。つまり，子どもが固いものを投げようとすれば，柔らかいものを投げるよう指示する。セラピストの強い指示で，固いものは人形や動物のおもちゃ，プレイドー，あるいは枕に取り替えられる。

　いかなる治療関係でも，自由に表現することが意図されているところでは信頼ができ，期待ができて，しかも安全な環境を確立するには，これらの構造（日課や制限）

が重要である。彼らの活動の結果によって，実際に自由に出されるいくつかの行動が抑えられるのを教えることも大切である。いくつかの制限を設けることにより，何人かの子どもたちは自分の正確なニーズを示し，支配や肯定的な自己同一性のために治療関係が進み，自我をいっそう強くするのに，きわめて効果的であることがわかった。

★ プレイセラピストの役割と他のスタッフの役割 ★

　学校で，子どもとプレイセラピストの間に起こることと，子どもと他のスタッフの間に起こることのおもな違いの1つは，開かれた関係にあることである。特に，プレイセラピストは，活動をすること，達成すること，または具体的な結果を出すことなどの義務となる目標を設けない。たとえば，ゲームをする目的は，勝つことでもないしルールに基づいて遊ぶことでもない。むしろ，その状況に応じてルールをつくったり，ルールを壊したり，攻撃性を表現したり，自分のテーマを発展させる機会を子どもに与えることである。プレイセラピストはプレイの中で起こる感情，関係，巻き込み，分離，自己同一性，自己概念，好き，嫌い，夢，恐怖，願望，それに安全などについて考え，時々批評しながら，子どものプレスクールでの経験と子どもの世界に貢献している。

　私は子どもの遊びのナレーションをし，子どもがしていることを同じもしくは違う方法で映しだし，プレイを絵に描くための材料や示唆を与える。私はいつも優しく自分の活動を行なうようにしている。また，子どもが私の求めることを拒否しても快く受け入れている。というのは，私が子どものターゲットではないし，私が要求してしまうと子どもにとっては正しくない時間の過ごし方になってしまうし，子どもが情報を受け入れ処理するスタイルとして，時間か葛藤の仕方のどちらかが必要だからである。私の経験では，子どもが私の求めを拒否しても，介入が必ずしも助けにならないことを意味するものではない。子どもは前よりそのことを聞き入れたり境界を設ける結果，あとで自分自身でそのことをしたり，ほかのときにはより受容的になっている。

　また私は子どもたちの拒否をうながすこともする。プレイルームで，自分が正しいと感じる方法で材料を選び使わせることも試みている。

　この場面では，私は最初にプレイセラピーを説明しないし，子どもが照会された特別な理由についても話し合うことをしない。ふつう，子どもたちがプレイルームの外で示している困難なことが，遊びを選ぶことか私との関係のどちらかで，あるいは両方で明らかになるので，私はプレイの中で子どもたちのこれらの困難なことを取り上

げるようにしている。特別な教育を行なうプレスクールでは，子どもたちは，プレイルームを訪れる理由は必要ない。彼らは仲間に会い，時々彼ら自身で他のセラピー（ないしは，彼らの観点からは，他のプレイ）のために事務所に行く。子どもたちのプレイと行動をとおして，その子どもの基本的に自然な経過や彼らが表現することや自分の世界で進んでいることなどにプレスクールの年代の子どもの注意を向けることは不必要なことであり，それはむしろ負担となることがわかった。

かつて，1人の女の子が私になぜ自分はプレイルームに来たのかと尋ねたとき，私は彼女が最初に来たとき恐怖の感情をもっていたのを思いだした。彼女は他の子どもたちと遊びたがらないし，自分が思いだすことをたくさん母親に尋ねていた。そのとき，私は，彼女が現在学校でどれだけ楽しんでいるか，新しい友達やおもちゃ，それにいろいろな活動などでどれだけ遊んでいるかを考えてみた。私が考えたことを伝えると，彼女はたいへんうれしそうに思えたので，私はプレイルームに来たらもっと楽しくなる，と付け加えた。それは彼女を満足させるたいへん単純な説明であった。なぜ彼女は母親に関心があるのか，彼女のプレイの内容やレベルが不安を助長するものから，自分を表現し支配感を味わうものに変えるにはどうすればよいのか，など私は多くの大切なことを見落としてきた。私が子どもたちと話すとき，3歳から5歳の子どもはふつう注意のスパンが限られているのを思いだし，彼らの直接的な経験に関連することを聞くようにしている。

★ 治療的な取り組みに支障を与える学校の要因 ★

プレスクールでは，プレイセラピーは学校の全体のプログラムの一部になっている。しかし，スケジュールには予測できない支障が起こるのが一般的で，会合や緊急なこと，休日のパーティや野外遠足などの学校行事，それに休校日，休暇，それに雪の日などがある。結果的に，学校のプレイセラピストの存在は，子どもの両親に取り組むプレイセラピストより，子どもの生活からいくつかの点で遠くなる可能性がある。そのことは，経験的にも子どもとのプレイセラピーに影響が出ると感じている。以下の例は，最初と途中で，治療の仕方を変えている例である。

プレイルームへの入室を拒否した子どもへの取り組み

Jasonは3歳で，最初にプレイルームへの入室を拒否した。そのことは，このたいへん幼い子どもにとって，学年の始まりである。彼は1日5時間30分の長いプログラムに参加した。彼が生活で慣れ親しみ強い影響を受ける大人から長時間離れることは，正常な発達をもたらすことが期待できる。また，彼はまだ全体的に学校の日課に

合わせているようで，安全でないという感情をもっていることがうかがわれた。学年の始めなので，彼は，セラピストが30分間だけ子どもたちを教室から連れ出しそのあといっしょにもどるというパターンを，まだ知らないのである。彼は，クラスで静かに観察する私を前に数回だけ見ているが，私たちがプレイセラピーに使う事務所の存在におそらく気づいていない。慎重にこれらのことを考慮し，私は彼が安心して入室できるように，具体的なことをいくつか Jason に伝えることにした。

そして，Jason に，校舎の中にプレイルームというおもちゃのある部屋があり，そこでちょっとの間いっしょに遊ぶことを説明した。彼は友達を連れてきてもよいかと聞いた。私は，今日はダメだと言った。私は私たちの新しい関係の媒介変数をつくり上げようとしているので，基本的にその日は友達を連れてきてほしくなかった。あとで，特にそのことが私たちの関係で何かメリットになると感じたら，私は彼の友達についての要望を受け入れるだろう。Jason はそれから彼が遊んでいるおもちゃの動物を持ってきてもよいかと聞いたので，私はイエスと答えた。

私は Jason が"過渡対象（transitional object）"を探していることに気づいた。過渡対象は，心理学では幼児が安全の感情を支えてくれるものと知覚する対象物として広く理解されている。一般的な例では，"毛布"，ゴムのおしゃぶり，それに特別なぬいぐるみの動物である。Jason はプレイルームに持ってこれる自分の最も慣れている過渡対象を家庭生活や学校にもたなかったが，瞬く間に彼は勇気をもって，この比較的新しい人物とこの新しい物をつくりだすことを試みた。プレスクールの子どもたちとのかかわりでは，子どもたちが安全を満たしてくれる具体的な物を求めることに気づくことが大切である。

彼が持ってくることができるものが誰かどんな物か，そしてどんな条件で私を加えるかなどについて Jason と話し合うことは，彼の安全への欲求や媒介変数を設けることについて意義があるだけではない。話し合うことはまた，彼が関係をうまく扱いコントロールしようとするすでに学習したパターンに警告を発している。しかしながら，この最初の出会いで，私は開かれた関係をつくり上げるための条件を準備し，それを満たすようにかかわることに焦点を当てている。プレイルームで，Jason はおもちゃの動物が隠れたがっている，と私に言った。私は，それらの動物が部屋の反対側にある人形の家に隠れたいかどうかを尋ねた。幼児がプレイルームに早めに来たとき，私はしばしば材料を指し示し，彼らがそれらを使う可能性を見る機会にしている。幼児は，周囲を調べたり，できそうなことを見つけるといった自然で生き生きした興味を示すことに気づいた。Jason はただちに部屋の反対側の人形の家に動物を持っていき，どこに隠すか調べ始めた。その後のセッションで何度も，Jason は自分の

家族と感情の交流をし，家族の生活を理解するために，その家で動物たちを隠す遊びをした。

プレイルームと教室の橋渡しをする取り組み

　私は，Florence がプレスクールの2年目に彼女のプレイセラピストになった。それは彼女の1年目のプレイセラピストが仕事で転勤したからである。Florence はそのとき4歳半だった。彼女は生後早期に発見された重度の遅れのために，プレスクールに入る前から，国からの言語療法，作業療法，それに特別な教育などのサービスを受けている。最初の年に，発達的な成長がいくつか見られるが，彼女は依然として攻撃的で孤立していた。

　Florence は最初のセッションで，遊ぶ人形をすぐに選び，目的のある遊びをした。その間，彼女は私が注意を向けていることに，ほんの少しの反応を示しただけであった。プレイセッションの終わり近くになり，私たちが教室にもどるまでに5分間あると教えた。子どもたちにプレイを終了するタイミングやスケジュールをコントロールする感覚を教えるために，決まり事として残りの時間を教えている。Florence はすぐさま部屋を出ていくことを選んだ。彼女は教室にもどり，机に座っている子どもたちのそばを通りすぎて歩き，壁に顔を向けて部屋を歩き回った。Florence は助手の教師に優しくテーブルに導かれたとき，彼女はテーブルから物を投げ始めた。彼女が安定して活動に入るまでにかなり時間がかかり，教師の膝の上で何度かロッキングが見られた。

　Florence は人間関係を避け，教室にもどったときグループにうまく交わることに失敗している印象をもった。私は彼女の教師に質問し，グループの一員であることや活動の間の移動が，実際に Florence の一貫した課題であることを学んだ。私は，プレイや他のセラピーのあと，幾度もうまくいかないので，彼女が教室にもどることを望まなかった。セラピーは，Florence の社会生活への参加を支援する目的で行なわれている。それゆえ，Florence が来ることと行くことの板ばさみになっているのを助けるために，私は彼女の教師か助手が30分後にプレイルームに来て，私もいっしょに Florence と教室に歩いてもどるように依頼した。

　私はその計画を Florence に説明し理解させた。2回目のセッションで，Florence といっしょにプレイルームのほうへ歩いているとき，教室とプレイルームの間のホールに降りる間，彼女が壁に向いて触りながら歩いていることに気づいた。彼女は2つの部屋と自分の経験との間の，ちょうど掛け橋のような物理的な境界を探し求めているように感じた。

第2セッションの終わりに，Florenceの教師は迎えにきて，彼女の後ろから教室へ歩いた。Florenceは最初に言葉とボディランゲージで抵抗したが，ホールに降りる通路の途中で抵抗をやめた。この日，Florenceは教室に入り，おやつのテーブルにまっすぐ歩き，椅子を選び，おやつを食べるためにグループに入った。第3セッションが終わり，Florenceは30分後部屋を出る用意ができていたが，教師がまだ到着していなかった。彼女は自ら移動し始め，再びおやつの時間にうまく自分のグループに入った。

Florenceの教師は，彼女がもどるときの付き添いを続けなかった。実際，教師にとって，教室を離れるのはまったく不便であったからである。また，Florenceの移動は全体的に見ても，劇的に変化した。彼女は部屋から部屋への移動に，過渡対象としておもちゃを持っていき始めた。教室の入り口のドアで，Florenceは儀式として，プレイルームのおもちゃを教室のすべてのスタッフに見せ，それからおもちゃと私にさようならと言ったあと，それを私に返した。

コミュニケーションの遅れがある子どもへの取り組み
Paulは元気に満ちあふれた，かわいらしい子どもで，3歳半で私たちのプレスクールに入ってきた。コミュニケーションスキルは，表出的な面と受容的な面の両方とも年齢の割には未熟で，両親の話では，コミュニケーションがうまくいかないときに，欲求不満になり攻撃的になるようであった。Paulはいくつか言葉を話し，いくつか言葉を組み合わせるが，彼の発音の明瞭度と話す速さが典型的に彼のコミュニケーションを理解しにくくしていた。

Paulは初回，すぐにプレイルームへ入り，気ぜわしくいろいろなおもちゃを触った。目を合わせることはまれで，言葉をほとんど使わなかった。彼はセッションが終わっても，帰りたがらなかった。次の数回のセッションで，Paulは一生懸命話したが，私は理解できなかった。彼は興奮して遊びを続け，絵を描いたり砂に人形を置くような表現的な遊びをし始めた。第4セッションで，彼は私に「あなたは私と遊んでいます」と言った。彼は「あなたは私に何をしてほしいですか」という私の質問に答えなかった。そこで，私は彼の側で彼の行為を映しだし，優しくはたらきかけて，自分の接し方を考えなければならなかった。彼は私が映しだすことに満足しているように思われたが，私のしていること，まさに彼のそばで活動していることに本当に関心をもっているようには見えなかった。

Paulは成長を必要としていないことを表現し始め，これは彼のプレイのメインテーマになった。彼はプレイルーム，おもちゃ，それに私の注意などについて所有欲を

もつようになった。プレイルームや教室で，彼は仲間といっしょにおもちゃを使ったり，順番を待つことが非常に困難であった。Paul は仲間とのコミュニケーションは欲求不満になるので，自分の好きなプレイができる環境のみで活発になり，年齢相応の仲間関係の発達を示していないように見えた。成長したくないという考えのために，他の発達課題もまた危険な状態にあった。

　Paul は活動的な想像をすることで，自分自身を表現することにはっきりと関心をもった。プレイセラピーの経験をとおして，彼はこの要求を満たす機会を発見した。彼は絵を描いたり，絵の具を塗ったり，砂におもちゃを置いて遊んだり，物語を話した。彼は，しばしば私に母親へ電話をして彼が家でしていることについて尋ねるように求め，私と母親とのコミュニケーションをうながすようになった。私はいつもそれに応じ，次のセッションで彼に伝えた。しばしば，Paul は自分が学習することについて私に関心をもってもらいたいと密かに思っているようだった。

　約1年間，Paul は成長することを必要としない気持ちにこだわり続けた。それから，彼はプレイで，年齢を重ねたことによる自己同一性の兆しを示し始めた。その後，彼は仲間との遊びに適切な主張性スキルを使い始め，自分でも満足するようになった。彼はサンドプレイで，「僕だけのママ，パパ，赤ちゃん」（彼の言い方）と言って彼がいつもプレイをしていた以前の孤立した家族に，"子ども"を入らせた。実際，彼にはきょうだいがあり，競争することに重大な意味があった。最後には，Paul は幼稚園に行くことが差し迫っていることに誇りを示し始め，クラスに参加するためにプレイセラピーのセッションを時々抜かすようになった。

プレスクールでのプレイセラピーへの取り組み

　特別の教育を行なうプレスクールでのプレイセラピーには多くの取り組みと，ケースが進むにつれて使われる多くのテクニックがある。この特殊な状況に介入する私の方法を発展させるのに，Greenspan と Wieder（1998）が開発したとても役に立つ段階の時間（floor-time）の哲学があることを発見した。特に，段階の時間の哲学はラポートの確立で始まり，相互作用と発見を促進するためにいくつかの段階を経て進む。

　私の仕事で，私はそれぞれの子どもについてまた各時期をとおして，2つの基本的な考え方をもっている。1つ目は，子どもは材料やプレイの方向性を選ぶ，というものである。私が経験した最も限られた例で，子どもは1つの活動だけを選び，手で砂を触るだけであった。このプレイをとおして，私たちは感情を表わしながら生産的で

相互作用を行なう関係を発展させることができ，この関係をプレイルームから外の学校でのいろいろな多くの違った場面でも使った。これは，打ったり叩いたりという重大な社会化の問題で紹介された子どもで行なわれた。彼がおもちゃをあまり選ばないことはプレイセラピーのプロセスの妨げにはならず，むしろそのことがプレイセラピーで意味をもち，子どもが材料を選ばなくても，セラピーを行なうことはできるのである。

　子どもに材料を選んだりプレイにそれをどう使うかを決めさせるので，プレイセラピストには鋭い観察スキルや忍耐，子どもによって限定された能力で仕える喜びなどが必要とされている。たとえば，プレイセラピストはマントを付けスーパーヒーローの役を演じたり，子どもが両親の役を演じ大声で言われたり罰を受けることに従うふりをするように求められる。セラピストは，子どもが材料やプレイの方向性を選ぶことを容認し，「これはあなたのものですから，どのように遊んでもいいですよ」と子どもに伝えるのがよい。セラピストは3～5歳児に対してそのように伝えるが，子どもにはその意味がわかっているだろうか。活動の中で繰り返し経験している子どもは，セラピストの言うことを理解し信頼することを学習する。多くの子どもたちは，しばらくの間セッションが終わっても同じ材料で同じプレイをするだろう。彼らがこれらのおもちゃを使ってプレイを行なうことは，自分自身で発達をうながしていることになる。

　もう1つの考え方は，セラピストは自己表現の機会をつくり，自分のテーマを念入りによく調べてつくりだすことを助け，問題の解決と成長を支援するというものである。このことは，前の節で述べたように，日課に関する媒介変数とプレイセラピストの役割に忠実であることによってなされる。プレイルームで，いろいろな材料の使用を制限しないで，安全な入れ物のような治療的関係をつくりだすことで，セラピストは子どもの自己表現を育てている。子どもの行動に十分に注意を払うことで，セラピストは子どもが自分のテーマを念入りによく調べてつくりだすことができるかどうか判断できる。時々，子どもが自分のテーマを念入りによく調べてつくりだすには時機を得ていないことがあり，セラピストがいつも知り得ているとは限らないからである。

　私は，子どもの問題の解決と成長が目に見えて表われるサインにすぐに気づくことを試みた。Celiaが教室に1人で歩いて帰ることを願い出たとき，私は積極的に同意した。子どもたちが取り組もうとしている具体的な活動の情報が適切であるとき，私は子どもたちに肯定的なフィードバックを与えることにけっして躊躇しない。たとえば，子どもがプレイの中で最初に動物を人に置き換えて，「私はみんなを愛していま

す」と言ったとする。私は，自分がすぐにこの場面の意味について気づくように心がけている。次の例では，特別の教育を行なうプレスクールでプレイセラピーが実施される際に，子どもが材料とプレイの方向性を選ぶことによる側面と，セラピストが自己表現の機会を設け，子どもが自分のテーマを念入りに探索することを助け，子どもの問題解決や成長を支援する側面とにより，どのように治療過程が導かれるかが指摘されている。

★ 恐竜から人間へ：発達とセラピーの連携 ★

　Jason は3歳で私たちのプログラムを始めた子どもで，最初にプレイルームへの入室を拒否した子どもとしてこの章のはじめのほうで述べている。Jason は夏休みも含めて私との2年間のプレイセラピーを行なった。それが終わり，上に述べたようにプレスクールの開始で両親から分離するという典型的な発達において試練に出くわした。しかしながら，彼はまた父親の心理的な代償不全（decompensation），彼に対する拒否，それにその結果として起きた放棄などをコーピングする試練にもさらされていた。そのほか，情緒的問題をもつきょうだいとの関係，それに彼自身のスピーチや極度の運動未成熟なども見られた。

　Jason はしばしば学校へ行くことをばかにし，母親と口論をして洋服を着ることを拒否したが，Jason の成長と発達を支援するため，プレスクールでの経験，スタッフ，そして特にプレイセラピストとの関係などが，信頼できて安全な第二の家庭のような環境になるように配慮された。

　彼が，教室からプレイルームに持ってきたいろいろな動物のおもちゃで最初にプレイをしたことはすでに述べた。彼はプレイルームで見つけた動物や他の物でプレイを続け，特に恐竜の家族が彼のおもなおもちゃで，約1年半，物語を演じ続けた。

　Jason は家族の葛藤を写しだしそれを探索するために恐竜を使い，彼の混乱や心配を示した。私が Jason の母親に確認したとき，Jason の物語はしばしば劇化されているが，それらの内容が示しているダイナミックスは生活に合致していることを発見した。Jason は私といっしょにこれらの物語でプレイをした。彼は恐竜を持ったり，動かしたり，話しかけるために私にあてがったりした。私たちはいっしょに怪獣になり，彼の主導で部屋のいたるところで闘い，友達をつくり，いっしょにプレイをして，短い旅行もした。Jason は自分の家族で続いていることにふれ始めた。ある日，彼は母親が裁判所に行ったと私に言った。「ちがいます，中国に行きました。お母さんがどこにいるか知らない」と言い，頭を両手で抱えた。このころから，彼はたいへん悲しそうにし始めた。これはいつも彼が怪獣で遊んでいるときにきびきびしている

のとは対照的だった。

　2年目に彼は4歳になり，いっそう競争的になり，強力に制限を試し，しばしばプレイセッションが終わっても部屋から去ることを嫌がるようになった。その年の途中に，彼がいつも生命を吹き込んでいる怪獣を家に持って帰りたいと言いだした。私が「ダメです」と答えると，彼は「でも，これは自分です」と言った。2，3か月後，Jason は怪獣に断って，それらを片側に置いた。それから，彼はいろいろな人の人形を取りだし，多くの異なる場面でそれら使って入念にプレイを行なった。1つの場面は，人形が動物園で動物を見ているところで，Jason は「みんなを愛しています」と言った。

　2年目の春に，Jason はプレイの方向を変えた。彼は物語を発展させ，その物語の中で私は宿題をしない悪い小さな少女になり，彼はその少女を罰し始めた。彼は大声で私に叫び，私をベッドへ行かせた。彼は私に「私はひどい目にあわせるのは，もういやです。もうたくさんです」と言った。Jason は現在毎回のセッションでこの場面にわずかな変化をつけて遊んでいるように見える。ある日，プレイの中程で，彼は叔母，祖父母，おじが誰も行っていなくなり，私を1人にすると脅した。私は数分間，たいへん静かに悲しげに遊んでみせた。それから私は，「あなたは小さな子どもを1人で置き去りにしようと思っていません。私が助けを求めて警察に行かねばならないとしても，小さな子どもの世話をする誰かがいるとあなたはいつも考えています」と言った。Jason は静かになり，彼の母親が愛情を示し養育することに満足している典型的な言い方を軽蔑するようにまねて，「あなたを店に連れていき，怪獣を買ってあげます」と言った。Jason や彼の家族との長い間のかかわりや，彼が私を信頼している様子があるので，彼が考えたり探求する際には，私が他の子どもには決して試みないような危険と感じられる方法でもプレイをさせてみた。プレイで，親であるJasonは，子ども役の私を見捨てると脅した。Jason が自分の経験から，エネルギーを供給されている親から見捨てられることの恐怖に苦しめられているのがわかった。恐怖を受け入れる人のロールプレイングをしながら，まさに生き残りのレベルであろうとも（たとえば，警察に行くこと），大人のケアを堅く信じていることを私の口から聞いたことが，彼に役に立っていることがわかった。

　最後のセッションで，Jason は，父親の不快な行動（彼が詳細を述べた）にもかかわらず，父親を失ったことについて，プレイのときではなく現実場面で私にじかに話した。彼はまた，母親にも理解されていない不安についても話した。このテーマについて慎重に考え彼の成長を支援することを意図して，私は"お父さんのような人"という言葉を使った。私は彼の生活ですでにいくつかの"お父さんのような人"の名前

をあげた。そして，彼は次の年に幼稚園に行き新しい学校で，成長し新しい人たちに会うので，他者との関係に出会い新しい関係をもちたくなるだろうと，私はそれとなく言った。

★　親を追いかけることと世界に自分の場所を見つけること　★

　Vincent はほぼ4歳で，家庭で頭を打ちつけるなどの自傷行為と気質的なかんしゃくを示していた。彼はたいへんシャイで，触覚的な防衛があり，母親からの分離が困難であった。彼は前年にかわいがってもらった祖父母を亡くしていた。Vincent には特別なニーズをもつ兄がいて，父親は Vincent の情緒的なニーズに無関心なので役に立たなかった。

　Vincent が最初に選んだおもちゃは，人の人形であった。彼は1つの男性の人形を持ち，彼の人形のまわりに付き添うために最初に2つ，それから3つ（それに，あとのセッションで4つ）の女性の人形を私にくれた。彼は自分の人形をおもちゃの滑り台で滑らせ，私の人形もそのあとに続けた。彼はハロウィーンについて話し，私たちの人形を幽霊から守るために砂の中に隠すようにすすめた。彼は人形の家のところに行き，私たちの人形を隠して探すプレイを行なった。お父さんは仕事に行き，Vincent は私に赤ちゃんの人形を見つけるように頼んだ。彼のこのようなプレイが数セッション続いた。

　それから，Vincent はイヌの人形を加え，それを私にくれた。彼は私のイヌが父親を追いかけることを望んだが，それらは別々に置かれたままであった。追いかけっこはプレイルーム全体で始まった。ある日，私はイヌに言葉を使わせるように工夫した。私は，「あなたはどこにいますか。私を助けて下さい。私にはあなたが必要です，あなたといっしょにいたいです」と言った。Vincent はプレイで，これを繰り返すよう私に求めた。次のセッションで，彼はプレイルームで多くの異なったおもちゃを探した。

　2セッション後，Vincent は妹のイヌを加えて，追いかけっこをさらに続けた。彼は，弟のイヌがバスで学校へ行ったので，妹は1人になったとナレーションをした。彼はこのプレイのあとに，教室に先生と祖父を加えた。それから彼はトラの友達も加えた。彼は教室でおびえた気持ちについて話した。後のセッションで，Vincent は眠るとき父親が怖かったことを認め，彼は父親人形にベッドに持っていくキャンドルを与えた。

　次週，Vincent は次のようなプレイを行なった。大きな弟のイヌが隠れ，走り去り，小さな妹のイヌが彼を見つけなければならなかったが，彼女が彼のところに来る

と，彼が再び走り去るので，いつも失敗した。私は再び言葉を使うように工夫した。私は，私が生命を吹き込んでいる妹のイヌに話しかけた。私は，混乱し，気が狂いそうで，悲しい気持ちだと言った。Vincentは「なぜ気が狂いそうですか」と聞いた。私は，「私の弟がどこかへ行ってしまい，私と話したり遊んだりしないからです」と説明した。

しばらく後のセッションで，Vincentはプレイをさらにより複雑にした。最初に，妹のイヌは弟と叔父を追いかけた。しかし，Vincentは弟や叔父を砂の中に隠した。それから，妹は友達を探した。友達は到着し，ふざけた名前で彼女を呼び，それから笑って走り去った。彼女は友達，弟，叔父などがいなくなり取り残された。恐竜がやってきて，妹を助け父親を見つけようとしていると言った。彼は彼女を家に連れていった。恐竜は弟を犬小屋に入れ，父親をベッドに置いた。弟は走り去った。妹が父親の所へ行ったら，父親は彼を1人にしておくように言った。彼は怒っているので，休む必要があると言った。私は母親がどこにいるか尋ねた。彼女はそこにいないとVincentは言った。

Vincentのプレイセッションと前後して，彼の母親と電話連絡をとった。母親には就寝時間と食事時間の日課を計画通りにする手助けを求め，彼女はそれをうまく成功させていた。それから，彼女は典型的な社会的行動を身につけさせるために，彼が特別なニーズをもたない仲間より多くの時間いることができる方法について話し合った。このことはまた，実りのある介入となった。私は，Vincentが父親との関係をより求めているように思われ，父親の行動について混乱しているように思われることを母親に知らせた。彼女はVincentの父親は家族として必要であることを私に表明した。そして，またVincentが母親はそこにいないと言った，以前の彼女の弱さが感じられなかった。Vincentは彼の兄に対してたいへん我慢強くなっているが，兄が人間関係をもつことに限界があるので，いっしょにプレイをするとき，しばしば欲求不満状態になっているとも説明した。

セッションの最初のほうで，私はVincentの不安を感じていた。彼はプレイですぐに私に活動をあてがったが，それにもかかわらず私は彼が関係を避けようとしていると感じた。私は最初に彼と父親との関係について知らなかった。そして，Vincentのプレイについていき，しばしば追いかけっこがどこへ行くのか戸惑った。彼とプレイをしながら，母親と話すことで，私は彼が探し求める必要のある大切な関係は，追いかけっこそれ自体であることに気づいた。私は彼が探し求めるときに適切ないくつかの言葉を与えるだけで，Vincentも彼自身のテーマについて十分に考えることができた。

私が母親に求めたサポートは，子どもとの情緒的な生活をよりはっきりと見るというもので，彼女は私との話をとおしていっそう強い親の役割を演ずることができるようになった。彼女は，家庭外の規則的で典型的な社会生活の必要性に合う日課や制限，期待などを見直した。そのため，Vincent は母親が自分に求めるそれぞれの新しい挑戦をたやすく見つけることができた。

特別な問題

★　終結　★

　子どもたちはしばしば年度の中ごろにプレイセラピーから解放される。しかし，子どもがプログラムから離れることと平行して，7月の終わりから8月にかけて，終結が起こることはよくある。終結は，子どもが幼稚園か他の新しい学校へ移ることで早くなる。子どもは成長しているので新しい関係に参加する必要があり，教えるスタッフ，クラスの友達，バスの運転手，それに他のセラピストなどの人たちとの関係を終了させなければならない。これらの移行については，プレイセラピーの中で生じるときに話し合われ，ふつう最後のセッションの3～6か月前に始まる。どんなセラピーの終結でも，いっしょにいた時間に起きた共通の記憶が見直される。

　子どもたちは特別な方法で最後のセッションに取り組むことを望むだろう。私はよくパーティをすすめた。彼らは気分を一新することを選び，私はそれを用意した。彼らは運動場に行くことかストア（特に，クラスで歩いていったことのあるパン屋さん）にいっしょに歩くことをよく望む。最後に，私はプレスクールが計画し公園で行なわれる，"卒業"の行事で両親と出席している子どもたちに会う。これは治療的なかかわりの機会ではないが，その子が学校，家族，外の世界に一度立つことのできる儀式的な機会を意味している。私は，彼らの"卒業"にサポートを表明し，彼らの未来に適切な最高の願いをするため，この行事で自分がすべてのクライエントやその家族とつながっていることを確信する。

★　グループと仲間の選択　★

　子どもたちは個人かグループでセラピストに会う。仮に子どもがプレイセラピーのためにグループに参加しても，私は子どもとほとんどいつも個人的に会うことになる。学校で他のスタッフと子どもとの関係が比較されるように，プレイセラピーでの関係の媒介変数が確立されるのは，プレスクールでの個人的なプレイセラピーの関係の中である。

グループで会ったとき，私は教室でその子どもとプレイをするか，ないしはプレイルームにその子といっしょに1人か2人の他の仲間を連れてくるかどちらかにする。
　プレイルームの空間が制限されているので，グループは小さいものになる。プレイルームでのプレイは，ほかの1人の仲間を入れて私のプレスクールのクライエントに会うことが，おそらく習慣のために私にとって最も心地よくなっている。その状況は，私はクライエントの個人的な経過と他の仲間との相互作用の両方に焦点を当てやすいことを発見した。しばしば，子どもたちは自分たちで同伴する子どもを選びたがるので，私はそれを許している。私はしばしば2人の子どもたちといっしょに会うことを簡単に認めている。それは彼らが2人とも私のクライエントで，同じグループに割り当てられているからである。
　また私はよくプレスクールでのプレイセラピーのグループで起こることにあきれるので，仲間を選ぶことにあまり多くの労力を割かないようにしている。私の計画に便利だったので，2人の子どもをペアにしたあるグループを思いだした。このペアリングがその子どもたちに何を求めようとしていたかは，私は知らない。2人ともクラスでは1人で遊び，小さい声で話し，社会化のスキルが欠けているように思われた。実際，子どもたちはお互いに背を向けて，完全に独立して最初のグループのプレイを始めた。最初のセッションの終わりに，私はそれぞれのプレイで彼らの視覚的な好奇心に驚いた。教室の中や外で，彼らがプレイのあとの時間にそれぞれの遊びをいっしょにする方法を探し始めるまでに長くはかからなかった。

★　教室でのプレイセラピー　★

　教室でのプレイセラピーはプレイルームのそれとは異なる。教室では，教師は責任があり，構造や日課，教師が確立する関係の種類などが優先する。教室で私のクライエントが私に指導を頼んだとき，私は彼らを教師のほうに向けるようにしている。
　私が教室で仕事をするとき，サークル活動，おやつ，絵の時間，またはその他の構造化された時間よりも，むしろ自由なプレイの時間に入るようにしている。自由なプレイでは，子どもがどの材料を選び，どのようにプレイをするかを観察できる。教室では，子どもがどの場所を選ぶか，教室で大きな空間をどのように使うか，その子どもがいっしょにプレイをするのはどんな仲間か，それにこれらの相互作用の本質などを見ることができる。私はスキルを促進したり，コーチや励ます人，または役割モデルなどとして機能することを試みた。
　運動場はしばしばグループでのプレイセラピーには優れた場所となる。運動場で，子どもたちは，別の状況では交流しようとはしない仲間と出会うことになる。そこで

は，いろいろな社会化のスキルが使われている。子どもたちは滑り台を滑る順番を待ったり，砂箱の中でおもちゃをいっしょに使ったり，自転車やメリーゴーラウンドに乗ったり降りたりする時間を示す必要がある。名前に関係なく遊びに入るために走っている子どもたちのグループがあり，怪獣や家を設け，単純な想像的なプレイをしているグループがあったりもする。

★　両親を学校に招待すること　★

　理想的には，プレイセラピストはいま会っているすべての子どもたちの両親に会う機会をつくる必要がある。家庭での子どもの行動と教室やプレイルームでの行動には違いがある。私が会っていた子どもは，クラスではシャイで協調的であるが，家庭ではルールを守らず危険でさえあった。プレイルームで，彼女はその両方の面を出した。教室とプレイルームでの子どもたちの行動を親が観察する機会をつくることは有効である。私はいつも親を部屋に入れ，その間彼らは子どもを観察し，あとですぐに話し合う時間を設けている。両親が子どもを違った見方で理解できるように，私は私たちが観察したことについて異なった見方を提示するようにしている。両親は私たちが観察したことをさらに明らかにするために，家庭から追加の情報をもって学校に来る。

　両親が，就寝時間の決まりを達成すること，おしゃぶりをやめさせること，トイレを使わせること，または攻撃的な行動などのような特別な問題についてのガイダンスを頼みたいときなどは，いつでも私に個人的に会うことをすすめている。それは，子どもの経過を知り，個々の子どもと家族に適した計画を両親と進めたいからである。しばしば，ガイダンスのリクエストに応じるとき，親に対して質問の核心に関する感情が生じたり，追加の情報をもらうことは，明らかに適切ではない。

　場合によって，私は両親に特定の期間（たとえば，数週間）プレイのセッションに子どもを連れてくるようにすすめている。これは，彼らの親子関係がサポートを求めているときや，両親が子どもの発達をうながすプレイの仕方を理解しようと試みているときに助けとなる。

要約：チームプレイヤーとしてのプレイセラピスト

　特別な教育を行なうプレスクールでのプレイセラピストは，訓練チームのメンバーとして働き，1つの共同体のように感じている。教育と治療のスタッフは形式的にも非形式的にも規則的に会合して，子どもがどの程度伸びているかについて話し合う。また，仮説を共有するために，いっしょに観察を行なうことがよくある。介入もしば

しばいっしょに実施される。

　この協同作業で，プレイセラピストは秘密性のある情報を構成しているものを決定しなければならない。たしかに，両親が，そしてまれに子どもが，秘密に関する情報を守ることを私に依頼するとき，私は名誉に思っている。しかしながら，子どもの発達を支援するのに役立つなら，私は子どものチームの他者とその情報を親が共有する恩恵について話し合うだろう。

　プレスクールの子どもたちは，私の前だけで両親や先生の秘密を言ったりまねたりする。これらの秘密は，いつも自己についての感覚を発達させることに関するもので，危険な状況に置かれることに関するものではない。それゆえ，私は彼らのリクエストに敬意を表わすようにしている。場合によっては，子どもが私に話すことに関心をもっていることや，それを両親に伝えたいことを，子どもに知らせる必要性を感じている。子どもたちはいつもこの申し出を受け入れてきた。そうすることが子どもの理解を高めると感じるなら，私はスタッフと子どもたちのプレイの内容を共有することにしている。スタッフは，他の方法で子どもたちのことが理解できないので，何かを聞くことをたいへんありがたいと思っていて，子どもたちの自己表現にいつも関心をもっている。

　特別な教育を行なうプレスクールという共同体のメンバーとして働くことについて最も衝撃的で強制されることは，すべての領域でなされた子どもの発達の結果をいかに示すかということと，異なった領域の結果をいかに織り交ぜるかということである。主張性スキルは，明瞭な発音に問題をもつ子どもたちが話すことを助けている。身体的な運動が改善されたことで，仲間と運動場の遊具に上ることにいっそう自信を感じることができる。他者を信頼する感情を発達させることは，セラピーへの参加をいっそう受け入れやすくする。自己調整の習慣を獲得すれば，子どもはサークルの時間にグループに参加することができる。訓練チームは，典型的でそれに特別な挑戦に直面している子どもの成長を支援するために，協同している。

個人プレイセラピーによる
アプローチ

★第Ⅲ部★

第6章

リスクをもつ小学生の子ども中心プレイセラピー

Phyllis Post

　マイノリティな文化状況や低い社会経済的状況，都会の密集した地域での居住で特徴づけられる子どもたちは，学業上の失敗や生涯にわたって続く社会的問題で危険な状態にある。彼らは，養育者が頻繁に変わること（Levy-Warren, 1994），貧困，ネグレクト，それに暴力などに直面している。また彼らは身体的な損傷を恐れ（Silverman et al., 1995），危機がずっと続いている感覚をもっている。さらに彼らは薬物や家族の投獄やあからさまな性行為などにさらされている。これらの子どもたちの家族は，生活することに精一杯で，子どもの要求に注意を向けることができない。これらの子どもたちが毎日私たちの学校に通ってくるのである。

　リスクがある子どもたちは，それがない子どもたちと比べて，認知的，社会的，情緒的な面の学校レディネスのスキルが低い状態で学校へ入学する（Edlefsen & Baird, 1994）。彼らは"高度に貧乏な"学校（National Center of Education Statistics, 1997）へ行き，無料か低価格の昼食をもらう。彼らはしばしば衝動コントロールの欠如，注意スパンの短さ，貧弱な学業の達成度（Frick-Helms, 1997；Martinez & Richters, 1993），抑うつや貧弱な社会的スキル（Post, 1999）などを示す。これらの生徒を小学校の間支えることは，ハイスクールをドロップアウトしたり（Bloom, 1981；Gage, 1990；Mann, 1986），将来の非雇用状態に直面したり，低収入，低い健康への関心，それに情緒的な問題（Rumberger, 1987）などのリスクを減少するために重要なことである。

　この章では，リスクをもつ子どものプレイセラピー，照会プロセス，リスクをもつ子どもの子ども中心プレイセラピーの目標，養育者と教師へのコンサルテーションな

どのトピックを扱う。

★ リスクをもつ子どもたちのプレイセラピー ★

　子ども中心プレイセラピーは，小学校でリスクをもつ子どもたちにとって適切な，文化的に感受性のある1つのカウンセリング戦略である。毎週のプレイセラピーのセッションをとおして，子どもたちは広い範囲の感情を表現したり，考えを試したり，課題をマスターしたり，問題状況をコーピングすることができるようになる。Landreth ら（1997）は，リスクをもつ子どもたちに対応するとき，子ども中心プレイセラピーによるアプローチの普遍性について，以下のように述べている。子ども中心のアプローチは，異なる心理社会的階層と人種的背景のある子どもを治療するのに他に類を見ないほど適しており，セラピストの信念，哲学，理論，または子どもに対するアプローチなどは変わることがない。セラピスト側の共感，受容，理解，純粋さなどは，子どもの肌の色，条件，環境，関心や不満などとは無関係に，平等に子どもたちに与えられる。プレイと表現が文化的に適応することを踏まえて，子どもたちは自分にとって快適で典型的な方法で，プレイをしながらコミュニケーションをすることが自由になる。

　全体的なサービスプログラムの構成要素としてプレイセラピーが入っている研究は，リスクをもつ子どもたちに対するプレイセラピーの影響に関する研究が優位を占めている。その研究では，子どもたちは家庭と学校でより幸せに思え，学校で集中力の改善を示し，恐れをより効果的に操作し（Albaum, 1990），より高度のセルフコントロールと自己受容を見せ（Trostle, 1988），欠席も少なくなった（Baecher et al., 1989），という結果が示されている。Post（1999）は，リスクをもつ子どもたちへの子ども中心プレイセラピーの効果を試す研究で，セルフエスティームをより低くすることや，学業上の成功や失敗に対する責任感を減少することなどから，リスクをもつ子どもたちを守るためにプレイセラピーは必要とされるだろう，と結論づけている。

照会者

★ 教師 ★

　生徒は教室での不適切な行動，うつ，それに低いセルフエスティームなどのために照会される（Post, 1999）。また，注意欠陥多動性障害（ADHD）や知的な能力を欠く子とラベルを貼られた子どもは，仲間から受け入れられていないと感じるだろう。

これらの生徒はフラストレーションを感じ，"よりラベルを貼られる"行為で反応する。彼らが自分自身や他者の学習を困難にするとき，よくプレイセラピーに照会される。このように，学校からは，教師からの照会がほとんどである。教師は子どもたちと規則的な接触をもつので，生徒の生活に何が起こっているかを知ることができ，家庭で激変していることがあれば，それを示すささいな変化を観察できる。

　たとえば，Morris は大柄な5年生であり，監獄に入っている2人の兄がいる。彼の3番目の兄が近く監獄に入れられることになり，生活の全般にわたってコントロールを失っているので，先生からプレイセラピーに照会された。Morris は授業で割り当てられた仕事を拒否し，教室での課題に取り組まず，他の生徒が彼の体格の大きさについていじめると，極端な攻撃性を示した。Morris の生活の出来事に気づいたので，先生は彼をプレイセラピーに照会したのである。

★　両親　★

　親もまた，子どもをプレイセラピーに照会する。子どもが混乱した状態にあっても，学校での行動は教師が照会することにはつながらない。たとえば，おとなしいとか引っ込み思案の子どもは，彼らの学習に影響を与える情緒的な問題を抱えている。しかし，彼らは教室で問題を起こしてはいない。Chris は優秀な4年生である。父親は Chris が3歳のときに死亡し，母親は再婚した。Chris は極端に競争的で，何ごともじょうずにしたいほうである。Chris の母親は気がついたときには，彼女は悲しい感情が強くなり引きこもりの状態になっていたので，母親は彼女をプレイセラピーに照会した。

★　他の学校職員　★

　教師や親に加えて，たとえば看護師や言語療法士などの他の学校職員は，プレイセラピーが必要な子を明確にする鍵となるスタッフである。スクールカウンセラーはサービスを行なう際に，子ども中心プレイセラピーの合理性，目標，プロセス，それに寄せられる期待などを述べることができる。さらに，事務官や管理人などの学校職員も，子どもの生活に重要な部分を演じるので，スクールカウンセラーは彼らとの関係を確立する必要がある。

　その1つの強力な例が，Summy のケースで示されている。Summy はヘルパーとして雇われた。彼は子どもたちが早退したり病気になったりしたときに，家に車で送った。彼はバスケットボールゲームとピザを買うため，毎月決まって子どもたちと外出をし，彼らと運動場でもよく遊んだ。子どもたちは学校で Summy を信頼し，彼に

話しかけた。Summy は Charles に友達として力を貸していたが，繰り返される極端な攻撃行動のため，彼はマネジメントスクール（management school；行動的に問題をもつ子どもが行く学校）に移された。Charles の最後のプレイセラピーのセッションで，彼をケアする 2 人の人が学校にいると述べた。つまり，1 人は特別な教育をする先生で，もう 1 人は Summy だった。もう 1 つの例は，5 年生の選択性緘黙児のもので，Summy がホストをしたバスケットボールゲームに，その子が仲間と初めて外出した。Summy と子どもたちとの関係は，結果的に Summy とカウンセラーのような関係になり，そのことが学校で子どもたちのニーズにカウンセラーがこたえ続けるのを手助けすることになる。

★ リスクをもつ子どもたちの子ども中心プレイセラピーの目標 ★

子ども中心プレイセラピーは，一連のスキルを教えることではなく，子どもとともにいる方法である（Axline, 1947；Landreth, 1991）。あらゆる人種と社会経済的階層の子どもたちは，理解されること，安全であること，注目されることについては同じニーズをもっている。子ども中心プレイセラピーでは，リスクをもつ子どもの目標はリスクのない子どものそれとまったく同じである。しかし，これらの目標の実現はリスクをもつ子どものニーズが強いため，いっそう緊急なものとなる。

★ 受容性 ★

子ども中心プレイセラピーでは，子どもたちは彼らがあるがままに受容され，尊重される。カウンセラーは，プレイをとおして子どもの世界に踏み込まない方法で，彼らの経験について学習する。このアプローチは，カウンセラーと子どもたちの間の文化的な違いから起こる障壁を克服することができる（Cochran, 1996）。この受容の目標は，特にリスクをもつ子どもにとって重要である。これらの子どもは教室での破壊的の行動のため，教師，学校管理者，家族から繰り返し批判的なフィードバックを受ける。プレイセラピストの受容，共感，誠実さは，子どもが感情を表現し新しい行動を試す自由を与える。カウンセラーとの関係から，リスクをもつ子どもは自分自身を受け入れはじめる。彼らが自分自身を受け入れるにつれて，彼らの教室での行動がしばしば改善し，他者を受け入れるようになる（L. Guerney, 1983）。

Anthony は 3 年生で，子ども中心プレイセラピーを受け，受容的関係の強さを証明した。彼は教師に応答せず，机に座ることを拒否したので，スクールカウンセラーに照会された。教師はカウンセラーが子どもと行動的な契約をすることをすすめた。子どもは契約を発展させることに乗らず，カウンセラーが契約しようとする行動につい

てこなかった。3セッションのあと，カウンセラーはAnthonyをプレイルームにつれていくことを決断した。彼はただちにカウンセラーとの接触をするようになり，おもちゃでプレイを始めた。Anthonyは6回のプレイセラピーのセッションに参加した。教師によれば，教室での彼の行動は劇的に改善された（Post, 1999）。

★ 安定性と一貫性 ★

　無秩序な家庭環境とは対照的に，子ども中心プレイセラピーの目標は信頼できる安定した環境をつくりだすことである。プレイセラピーのセッションは一貫性があり，おもちゃはセッション間で一貫性があり，それに，最も大切なことはカウンセラーの存在する方法に一貫性があることである。リスクをもつ子どもにとって，この一貫性は強力な治療的道具となる。

　1年生のJessicaは，この安定性の重要さを証明した。Jessicaの父親は亡くなったばかりで，母親は薬物依存症である。祖母が彼女の養育者で，定期的な通院が必要だった。Jessicaの家庭での生活は不安定で壊れそうだった。セッション1で，Jessicaは笑い，いくつかのおもちゃでプレイをしたが，カウンセラーにくっついて立っていた。セッションが終わったとき，Jessicaの話し声はかろうじて聞こえ，歯はがたがた音を立て，目には涙が浮かんでいた。カウンセラーは，彼女がけっしてプレイルームにはもどれないと思っている悲しさと恐れの気持ちに対応した。セッション2では，Jessicaはいくつかのおもちゃでプレイをすることができ，カウンセラーと相互作用があった。しかし，セッションが終わったとき，彼女はセッション1のあとと同じ反応を示した。セッション3のあと，Jessicaはプレイルームを去ることについて，恐れや悲しさを少しも表現しなかった。セッション4の終わりに，Jessicaはカウンセラーに，「プレイルームを離れるとき，私は少しも気が狂うようにはならない，なぜならあなたが私を連れもどすのがわかるから」と言った。彼女は笑みを浮かべてプレイルームを去った。Jessicaは彼女の生活でいくつかの頼りにできることを確信し始めた。このケースでは，プレイセラピーがそれに当たる。

★ セルフコントロール ★

　子ども中心プレイセラピーのもう1つの目標は，ほとんどの両親にとってのゴールでもあるが，子どもがセルフコントロールの実践を学習することを手助けすることである。Greathouseら（1988）は，親が子どもを保護する努力について，黒人とヒスパニックの親は権威的な方法で子どもを訓練する傾向にあることを報告している。このように，子ども中心プレイセラピーの目標と両親の目標は両方とも，子どもがセル

フコントロールを達成するのを手助けするが，そのやり方は異なる。子ども中心のプレイルームでは，子どもは一定の制限内で責任をもたされている。彼ら自身の活動に責任を負う機会を与えることは，セルフエスティームを強める手助けとなる。彼らが経験するメッセージは，"あなたは自分自身で物事を決定できます"や"あなたは責任をもつようになれます"や"あなたはOKです"などである。これらは，行動的な問題をもつ子どもたちには強力なメッセージとなる。

スクールカウンセラーは，両親が子ども中心プレイセラピーの環境で子どもが主体的に経験することを理解するのを手助けできる。そして，このように決定することやコントロールすることを実践することが，教室や家庭のような他の状況でも，子どもたちがより高度のセルフコントロールを達成する手助けとなる。コンサルテーションをとおしてリスクをもつ子どもの両親と直接作業をすることと親子関係セラピーは，目標とするセルフコントロールを達成するための理想的な形態である。

国立ドロップアウト防止センター（National Dropout Prevention Center ; NPDC）において確立されたリスクをもつ生徒のカウンセリングの目標は，自信，セルフコントロール，自分を知ること，効果的なコミュニケーションスキル，問題解決スキル，適応性などを伸ばすことである（Poidevant & Spruill, 1993）。これらの目標は，子ども中心プレイセラピーの目標と著しく似ている。子ども中心プレイセラピーは，リスクをもつ子どもが学校をドロップアウトするのを防止する確実な1つの方法である。

いろいろな介入方法

リスクをもつ子どもを助ける理想的な方法は，子ども，両親，教師へいくつかの支援サービスを行なうことである。これらのサービスを行ないながら，カウンセラーは子どものより完全な理解を要求し，子どもを助けるいろいろな努力を最もよく調整できる。介入のタイプには，個人プレイセラピー，グループプレイセラピー，養育者のコンサルテーション，親子関係セラピー，教師のコンサルテーションなどがある。

★　個人プレイセラピー　★

小学校のカウンセラーは，個人セラピーセッションの中で，リスクをもつ子どもたちと親密にかかわり誠実な関係をつくることができる。ここでは，リスクをもつ子どもの特別な考察とプレイセラピーでの典型的な行動について述べる。

リスクをもつ子どもたちについての特別な考察

　大多数の貧しく，リスクをもつ子どもたちで構成される都会の学校では，教師は良い学習環境を生みだそうと試みるなど，挑戦すべき膨大な事柄に直面している。教室で分裂状態が続かないように調整したあと，教師は一般的にカウンセラーの援助を歓迎している。いろいろな反応のために，これらの子どもたちは教師から排除されているので，彼らはしばしば将来への心配や他者への不信感をもってカウンセリング関係に入ることになる。子ども中心プレイセラピーの環境は，共感性，暖かさ，誠実さを促進する条件を用意している（Rogers，1951）。これらの3つの要因は，子どもたちが教室行動に影響を与えている多くの問題を乗り越えるための手助けに必要である。

　Landreth（1991）によれば，プレイは子どもの言語であり，おもちゃは子どもの言葉である。子ども中心のプレイルームでは，このたとえを広げるように，リスクをもつ子どもたちがふつうに感情や関心を探索することに加えて，いっそう言葉を使うことが求められる。Landrethはプレイセラピーに必要なおもちゃとして，攻撃性を解放するおもちゃ，現実生活のおもちゃ，創造的に情緒を解放するおもちゃ，の3つのカテゴリーをあげている。また，リスクをもつ子どもにかかわるとき，カウンセラーはアフリカ系アメリカ人，ヒスパニック，アメリカ原住民のおもちゃや家族，それにさまざまな皮膚の色合いに合う色を用意する多文化的なマーカーなど，文化的に適切な多様なおもちゃを用意しなければならない。これらのおもちゃのカテゴリーは，リスクをもつ子どもで効果的に作用し，10歳から12歳の小学校高学年まで有効である。

　Landreth（1991）は各セッションの前に，終了後同じ場所におもちゃを返しておくようにアドバイスをしているが，リスクをもつ子どもにかかわるときこのことは重要である。なぜならそれは，カウンセラーが子どもに一貫性を示すことのできる具体的な方法であるからである。リスクをもつ子どもは家庭に多くのおもちゃをもっていないので，仮に彼らが使いたいおもちゃ（または言葉）が容易に見つからなければ，彼らの失望は甚大なものになる。たとえば，1人の5年生の子どもが次のように報告している。彼女は水色のものを見つけることができなかった。そして彼女は18セッションの各回でしきりにそれらを探した。同様に，多くの子どもはプレイルームに入り，手錠に向かってまっすぐ進んだ。これらの材料に信頼をもって近づくことは，子どもたちがそれらの材料と最適な方法でコミュニケーションができるようにすることである。

　リスクをもつ子どもが大勢いる学校では，攻撃性を解放するおもちゃの1つとしてピストルを入れることの合理性が事務官，教師，親によって同意される必要がある。

スクールカウンセラーは子どもたちの生活の状況を扱う安全な方法を用意する必要性について，学校職員を教育する手助けをしなければならない。このことは，プレイセラピーで使える材料を用意することをとおして，子どもたちが現実的な経験，恐ろしい経験，または逆に理想的な経験を再演することにつながる。

　筆者の経験では，リスクをもつ子どもは，自分の身辺の安全すべてに関心があることを表現する。生徒たちはギャングの恐ろしさについて，ある子どもはレイプを目撃したために不安になった，もう1人の子は近所の前庭で衝動的な銃撃を見た，またある子どもは父親がピストルで殺されたとき，父親の腕に抱かれていたと話した。理解できることだが，多くの学校は，投げ槍のように，武器に似たものはどんなものでも禁止している。攻撃性を解放するおもちゃはリスクをもつ子どもにとって治療的であるので，スクールカウンセラーは，ゴム製のナイフや手錠，ポップバッグ，木製のステッキ，モデリングをする粘土など，おもちゃのピストルの代用物として受け入れられるものを用意する必要がある。学校の中で，カウンセラーは廊下，食堂，運動場，それにプレイルームの出入りなど，プレイセラピーの部屋以外の多くの状況で子どもと会う。カウンセラーはこれらの異なった場所で子どもたちと触れ合うとき，治療的な態度を維持しなければならず，いつも学校で子どもが信頼できる人であらねばならない。

　たとえば，あるプレイセラピストが教室からプレイセラピーセッションに行くのに6年生を連れて歩いていたとき，その生徒がカウンセラーに，他の生徒の名前を大声で叫んだために副校長の所へ行かされた話をした。生徒はその少女を叩きたかったのだが，セルフコントロールで抑え，その少女の名前を"ただ"叫んだだけだとその気持ちをカウンセラーに伝えた。ここで，彼が名前を叫んだときの苦痛について話し合うことは，カウンセラーにとってむだな時間ではないだろう。

プレイセラピーのテーマ
【攻撃性】

　攻撃性のテーマは，リスクをもつ子どものプレイセラピーでは主要なものである。しかし，最も衝撃的なことは，彼らがプレイの中で攻撃的なテーマを出すことではなく，彼らの攻撃性の強さとその持続性である。子どもたちは以下の例が示すように，戦い，殺し，警官との対決，厳しい訓練などのシーンを繰り返し最後まで演じる。

　Willは5歳で，教室でほかの子どもに対して極端に攻撃的であるという理由で照会された。彼はほかの子を叩き，追い回し，噛みついた。彼の話し方は，不明瞭であった。彼の父親は警官なので，尊大な態度であった。第1セッションで，彼は家で手の

届くところにある大きなナイフについてカウンセラーに話した。

　12回のセッションをとおして，Willのプレイは善と悪のテーマで特徴づけられた。彼はいつも善い若者で，悪い若者を撃つことにほとんどの時間を費やした。プレイルームで，Willは攻撃的な感情を最後まで演じた。それにより，教室での彼の攻撃行動は低下した。カウンセリングの終わりに，彼のスピーチは明瞭になっただけでなく，教師は教室での行動も非常に改善したと報告した。

【目撃したことの再演】

　すべての子どもに同じことがいえるが，リスクをもつ子どものプレイは，彼らが目撃したことの再演であることが多い。しかし，これらの子どもたちとリスクをもたない子どもたちとの決定的な違いは，残酷な苦しみを反映するプレイが変則的でなくいつも見られる点である。以下の事例が示すように，それらは平均的に見られる。

　Juliusは5年生で，教室で集中することがたいへん困難であった。Juliusの兄弟は監獄に入っていて，彼のプレイは暴力と危険なものばかりであった。あるセッションでの彼のプレイは，警察に捕まり，監獄へ送られ，逃走した強盗を演じたものであった。破壊された車があり，その中で警官が死んでいた。プレイセラピーでは，彼は自分の現実の生活に似つかわしくなく，強盗は逃走し警官は死んだという"理想的な"エンディングをつくりだすことができた。

　年齢の高い子どもはプレイの間，自分の生活の経験についてよく話す。カウンセラーは彼らに言葉で自分を表現する自由を与えるために，応答と反射という同じスキルを使うことができる。

【不安定な家庭状況】

　極端に不安定な家庭状況で生活している子どもたちは，学業に失敗することや心理的な幸福感に問題をもつ可能性がある。次の例は，これらの子どもたちがそれらを学校にもち込むというむずかしさを証明している。

　Tinaは4年生である。彼女は母親が妊娠中に薬を服薬しすぎたため，未熟児で生まれた。Tinaが2歳のとき，母親は彼女と2人のきょうだいの養育を放棄した。4日後，近所の人が3人の子どもが家に放置されたままであるのを発見した。Tinaは学校生活に適応していたが，まだ実の母親とは連絡が取れないままであった。8回目のセッションで，Tinaはぬいぐるみのペットで遊び，親子関係の場面を演じていた。

【お金】

　リスクをもつ子どものプレイで，お金はもう1つの主要なテーマである。彼らのプレイでは，おもちゃのお金とレジスターがよく登場し，一部の代金を払って品物を予

約購入する。多くの子どもはポケットにお金を入れ,プレイルームの外へ持ちだしたがる。

　Jamalはセッション4でおもちゃのお金を注意深く数える典型的なパターンを表現した。セッション5で,彼はプレイルームに入室後ただちにお金を探し,再び数えた。冬休みの前,Jamalは「クリスマスに着る服が欲しい,たくさんお金があったらママの分まで買いたい」と言った。

【年齢以上の性的行動の知識】
　リスクをもつ子どもたちは,他の多くの人と小さな家に住んでいる。彼らはプレイの中で,発達水準を超えた性的行動の知識を示す。カウンセラーは性的虐待の可能性に注意を向ける必要があるが,子どもたちが家庭やテレビで人々の性的行動にさらされているので,世俗の現状と虐待の危険性とのバランスもとらねばならない。

　たとえば,7歳のJasonはおもちゃの人形の服を繰り返し脱がせ,自分の舌を性器の部分に当てた。もう1人の8歳の少女は,母親と父親に見立てた人形がお互いに呻きあいの頂点にあるシーンを最後まで演じた。

【過剰なおもちゃ】
　多くのリスクをもつ子どもたちのために,プレイルームには家よりも多くのおもちゃを置いておく必要がある。ある子どもがプレイルームから出たがらなかったとき,カウンセラーは「あなたがここにいる時間は特別なのよ」と言った。これに対して,子どもは「ここで特別なことは,あなたがこれらのおもちゃを全部買ったことです」と反応した。

　もう1つの例は,Jerryがプレイルームでおもちゃの数に仰天したことである。彼はおもちゃを家に持って帰ることを懇願し,祖母の家に1つの活動的な人形を持っていることを打ち明けた。また,妹がこのプレイルームに来るのが大好きだと言い続けた。Jerryは,彼がプレイルームについて話すと,妹が怒るようになったと言ってセッション2を始めた。

プレイセラピーの効果
【攻撃的なプレイ】
　上に述べたように,リスクをもつ子どもたちは自分の生活経験についての情動を表現し解放する強い欲求をもっている。リスクをもつ子どもたちがプレイルームで攻撃的なプレイをとおして積極的に緊張の解放を行なえば,彼らが教室で行動化をする必要性が減少する。彼らがプレイセラピーに参加したあと,多くの教師は子どもたちが教室で前よりも集中できるようになったとコメントしている。

【プレイを嫌うこと】

リスクをもつ子どもたちはセラピーを経験し始める初期の段階で，プレイを嫌うこともある。何人かはおもちゃの種類と量に当惑するだろう。リスクをもつ子どもたちは，カウンセラーが「ここでは，あなたがしたい方法でおもちゃを使って遊んでよいです」（Landreth, 1991）と言ったことが本当であり，自分たちが遊ぶか遊ばないかを選べることを信用するために，最初のいくつかのセッションに参加するだろう。尊敬と忍耐を彼らに証明することは，彼らの決断を受け入れることである。

5年生のRebbecaの例では，彼女がプレイルームで椅子に座ることを選び，おもちゃを探すようになるまでに8セッションもの間，自分のシャツのボタンで遊んだ。

【反復的なプレイ】

混乱した家族状況の中で生活する多くの子どもたちは，プレイルームで同じ行動を繰り返すことに満足している（Levy-Warren, 1994）。反復的なプレイはトラウマをもつ子どもの典型的な行動である（Schaefer, 1994）。時々，彼らの反復的なプレイは楽しくないように見える。

たとえば，Keishaの例があり，彼女は4年生で，学業的な能力に限界があり，教室で極端に内気であった。彼女の祖父は，しばしば彼女を早めに学校から連れだし，彼女は毎週午後に4回オフィスで掃除をする手伝いをしていた。証拠はないが，彼女は祖父から性的虐待を受けていた疑いがある。Keishaは17回のプレイセラピーセッションを受けた。ほとんどのセッションで，彼女は同じ絵を注意深く構成するためにクレヨンを使った。それは，ドアと窓のある建物であった。彼女はまれに単語を話した。建物は大きさが変化していた。セッションが進むと，建物のドアが徐々に大きくなった。第16セッションで，水彩絵の具で建物を描いた。彼女は笑っている赤い太陽と赤い光線を加えた。その家のドアは極端に大きかった。建物には紫の壁と緑の部屋があり，その家のそばに人が立っていた。先生は，Keishaがクラスで話し始め，クラスの活動に幸せそうな感じで参加している，と報告した。

【制限を設けること】

カウンセラーは，リスクをもつ子どもに制限を与える機会を設けている。それによって，子どもたちが自分の行動をコントロールし，責任をもって行動するきっかけとなり，そうなることがプレイセラピーの目標でもある。リスクのある子どもに制限を設ける必要がある状況は，彼らの行動が過剰に攻撃的なとき，おもちゃを持って帰ろうとするとき，プレイルームを出たがらないときなどである。

攻撃的な行動についての例で，Richardは2年生であるが，クラスで先生を叩いたり，子どもたちを叩いたり，集中力がないなどの理由により，プレイセラピーを照会

された。プレイセラピーで，彼は部屋をげんこつで叩き，カウンセラーに対して「静かにしていなさい！」と大声で怒鳴った。その後，彼はカウンセラーに向かって養育を求めるようになった。あるとき，彼はこの儀式を完了したあとカウンセラーの膝に座った。彼が自分自身を傷つけることと部屋のおもちゃを壊すことを防止するために，制限が設けられた。Richard はプレイルームの安全な環境でこれらの感情を解放したあと，非常にほっとしているように思われた。

プレイルームを出ることについて，何人かの子どもたちはおもちゃやカウンセラーから離れることを嫌がり，他の子どもたちはプレイルームと教室の間の移動がむずかしい。子どもが自分の行動を調整できるまでには，時間がかかる。

たとえば，Michael は14回のプレイセラピーセッションに参加した。最初の8セッションで，Michael がプレイルームから出るのに約15分かかった。彼を教室にもどらせることも課題であった。学校やプレイルームで自由が許されても，教室では許されないので，カウンセラーは要求された時間内で計画を立て，子どもたちにプレイセラピーのセッションを組み入れるとき，時間の要素も考慮しなければならない。

★ 集団による子ども中心プレイセラピー ★

子ども中心のプレイセラピーモデルで，それを集団で実施するには1人以上の子どもがいればよいとされている。目標は個人プレイセラピーと同様であるが，さらに子どもたちが対人関係に取り組めるようにする点が加わってくる（Landreth, 1991）。ほとんどの子どもたちがプレイセラピーに参加することにたいへん興奮し，友達やきょうだいをプレイルームにつれてくるように繰り返し頼むので，子どもたちが最も関心をもって個人から集団プレイセラピーに入る時期を決めることは学校での1つの挑戦である。

集団プレイセラピーが強い影響を及ぼした例として，5年生の Joshua の例がある。彼は3年間学校でしゃべらないことを自分に課した（Post, 2000）。彼は先生や他の生徒とは話さなかった。最初の14セッションでは，Joshua はプレイルームで黙っていた。彼はけっしておもちゃを探さなかった。彼は1つの椅子に座り，時々粘土で遊んだ。Joshua が，必要とされる多くの仲間関係をもつことを援助するために，集団プレイセラピーが始められた。Joshua はプレイセラピーセッションで，Robertとの交流に興味を示した。

彼らの最初のセッションで，Joshua はたくさん笑い，Robert はピストルやパペットの家族で活動的に遊び，TV のインタビューの場面も行なった。Joshua はこのセッション中話さなかったが，初めて笑い，おもちゃでプレイをした。Joshua はどのよ

うに遊ぶのかを見るために，Robert を観察していたようであった。彼はセッションをとおして続けて話す仲間を選んだ。Joshua は自分の変化が必要なことを知っているように思われた。

次のセッションの前に，Joshua と Robert はプレイルームに来ながら話していた。彼らがプレイルームに入ったとき，Joshua はただちにおもちゃを探した。また，彼は Robert がしていることに関心を示した。彼はセッション中ずっと，騒音やジェスチャーでコミュニケーションを行ない，再び，プレイルームでは言葉が使われなかった。第4セッションで，少年たちはお互いに話をしたり，カウンセラーと話した。Joshua はカウンセラーのかかわりに直接反応し，彼女に話し始めた。Joshua と Robert は2人とも活動的にプレイをした。Joshua は，ちょうどほかの5年生の男の子と同じように話していた。

★　養育者のコンサルテーション　★

両親や養育者は，悩んでいるリスクをもつ子どもたちを手助けするチームの重要なメンバーである。家族は子どもの生活に影響を及ぼすので，子どもの養育者が学校と連携していなければ，子どもたちを手助けする能力は制限される（Edlefsen & Baird, 1994）。不幸にも，学校でリスクをもつ子どもたちの養育者が参加するのは限られている。多くの両親は連絡を取るのがむずかしく，ほとんどの人は机に電話をもつ仕事をしていない。さらに，電子メールやファックス機をもっているわけでもない。両親との連絡の多くは，子どものカバンのノートをとおしてであり，これは情報交換にはまったく信頼のおけない方法である。リスクをもつ子どもの養育者の多くは，子どもと同じく不安定な状況に住んでいるので，プレイセラピーに送ってきたり子どもを養育することは，彼らにとって重荷になっている。また，多くの養育者は，自分自身が生徒であったときの否定的な経験から，学校関係者について快く思っていない。

これらの障壁があるが，スクールカウンセラーは親との関係をつくりだすことに挑戦しなければならない。スクールカウンセラーはそのための方法として，夜間両親に電話をし，午後や夜間に家庭訪問ができるように時間を柔軟に使い，両親を知るための機会をつくるべきである。リスクをもつ子どもたちが大勢いる小学校では，登校前に朝食ミーティングを申し出て，親のスキルを録画したビデオテープを見せることがうまくいく方法である。このようにすると，悩んでいる子どもたちの両親を選り抜かないので，カウンセラーは脅かさない環境で両親と触れ合う機会を得ることができる。

カウンセラーが子どもとプレイセラピーに入る前に両親に会い，子どもとセラピーをする目標を話し合うことにより，両親はそのセラピーの過程をさらによく理解できるだろう。このミーティングで，カウンセラーは，子どもについての親の関心を聞き取り，カウンセラーが子どもに何ができるかを述べ，カウンセリングがもはや必要なくなったときに親が子どもに何を望むのかについて質問し，親と肯定的なよい関係をつくりだすことに焦点を当てるべきである。子どもにプレイセラピーを行なうことについてのメリットを書いたパンフレットを両親に用意すると，彼らの関心も高くなる。

子どもたちのプレイセラピーが進むにつれて，カウンセラーは少なくとも月に1回両親と連絡をとるようにしなければならない。直接会うことがむずかしいなら，電話での連絡が必要である。コンサルテーションの目標は，両親との同盟関係をつくることと，プレイセラピーで使われるコミュニケーションスキルと両親が使うそれとの間にいっそう一貫性をもたせることなどである。コンサルテーションで，カウンセラーは両親の関心を聞き，子どもの進度についての情報を整理し，両親が使えるいくつかの技法を紹介することができる。

一般的なコンサルテーションの価値は，次のケースに見られる。5フィート8インチで240パウンド（170cm, 109kg）の10歳の息子をもつ1人の親のケースで，彼女はプレイセラピーが彼女の息子をどのように手助けできるかを理解することが困難であった。その子どもは，プレイルームでコンテナの上縁に砂を注ぎ，それがこぼれるかどうかを見るために部屋を練り歩くことを続けた。そのうえ，彼はプレイルームで何をするかを決めることができなかった。カウンセラーは子どもとの信頼関係を守るために親とこのことについて話し合わなかったが，カウンセラーは，息子が"母親を限界まで追いつめたか"どうかを尋ねた。そして決定する際の子どもの自信について説明した。その親は，プレイセラピーで息子が自分の発達にとって中心的な問題について，実際的に取り組んでいることを理解した。

★　親子関係セラピー　★

両親と子どもの関係は，子どもたちの健康に重大な影響を与える。両親に適切な感覚があれば，子どもの発達だけでなく子どもとの相互作用に良い影響が現われる。両親に，子どもに対して使えるスキルを教えれば，親が変化する勇気をもち，訓練に参加し達成する感覚をもつようになる（Edlefsen & Baird, 1994）。親子関係セラピー（Landreth, 1991；VanFleet, 1994）は，リスクをもつ子どもの両親をサポートする1つの方法である。子どもたちに直接カウンセリングを行なう代わりに，親子関係セ

ラピーでは (B. Guerney, 1964)，カウンセラーは両親に対して自分の子どもを中心としたプレイのセッションを行なうことを訓練する。訓練は，ふつう支援グループの形式でなされる。両親には，モデリングやフィードバックをとおして，プレイのセッションを構造化すること，行動を記述すること，感情に反応すること，努力にこたえること，子どもに対する責任を再認識すること，制限を設けること，などのスキルが教えられる。親子関係セラピーの１つの恩恵は，すべての子どもたちが家庭で，子どもと親の関係をいっそう良いものにするために，グループで話し合いをすることである (Andronico & Guerney, 1967)。

　リスクをもつ子どもたちが大勢いる学校で，Landreth (1991) の親子関係セラピーのモデルが以下のように修正された。第１に，10回のグループセッションの参加を希望する両親が見つからないので，いくつかの理由ですでに学校で選ばれている両親の中から決められた。第２に，両親に与えられた唯一の"宿題"は，子どもと毎週プレイのセッションを行なうことである。これらの両親の多くは，家族が多くたいへん忙しい生活をしている。そのため，毎週１回のプレイセッションの時間や空間，プライバシーなどを見つけるためのセッション外の経験に制限があることが課題となっている。両親が家庭でできる読書や運動は，これを望む両親は行なってもよいが，すべての訓練の活動は親子関係セラピーのセッションの流れの中で起こる。第３に，これらの両親はビデオテープの装置をもっていないので，家庭でのビデオテープを使ったセッションについて尋ねる代わりに，毎週の親子関係セラピーで実際のプレイセッションを行なう時間が設けられている。このように，両親はグループの他の両親によって観察され，すぐにフィードバックが用意される。この結果，両親は他のグループメンバーから非常にたくさんサポートを受けていると感じ，それによってグループの凝集性が高まる。

　両親は，プレイセッションを行なうのに必要なすべてのおもちゃが入った子どもの道具箱を用意される。これらのおもちゃは歓迎される贈り物で，２組の両親は，これらのおもちゃは子どもたちへのクリスマスプレゼントだと述べた。

　１つの例で，Bertha は彼女の孫娘の Ariel の後見人だった。Bertha にはまた，６歳の娘がいた。あるグループセッションで，Bertha は Ariel が子どもの道具箱からおもちゃを引きだし続けたので，プレイセッションのときだけ道具箱のおもちゃを使うように進めたら，トラブルになったと述べた。彼女は話し続けながら，道具箱のおもちゃは Ariel が持っている唯一のおもちゃだと私たちに話した。プレイセッションで，子どもたちは両親と神聖な時間を過ごし，ほとんどが持ったことのないおもちゃでプレイをすることができる。両親のほうは子どもとの神聖な時間を過ごし，新しいスキ

ルを身につける。両親は，自分の子どもといっそう近くなったと感じ，彼らをこれまでより受け入れるようになり，そして厳しいしつけの方法にかわるものとして，制限を設けるスキルを痛感したと報告した。

★ 教師のコンサルテーション ★

　スクールカウンセラーは，教師の支援者として子どもたちにプレイセラピーを行なうことができる。また，教師の支援がなくては，子どもたちにかかわるのはむずかしい。教師はリスクをもつ子どもたちから経験させられる重大な問題について理解しているが，これらの"むずかしい"生徒が"プレイをする"ために教室から離れるのを許可するのはやっかいなことだと思うだろう。"プレイ"よりもさらに専門的な用語を使う必要が出る。しかし，もっと大切なことは，教師や事務官と緊密な情報交換をして，プレイセラピーの価値を理解させることである。

　学校でリスクをもつ子どもたちにかかわることは，学校外のサービスを受けようとしない大勢の子どもたちを支援するために明らかに有益な方法である。理想的なプレイセラピーの予定は，週に一度生徒に会うことであるが，リスクをもつ子どもたちは学校をよく欠席している。この欠席のほかに学業的な問題や注意の問題もあり，教師は学業を教える時間がなくなるのでプレイセラピーを受けさせることに気乗りがしない。このために，スクールカウンセラーは朝食，休憩，昼食，放課後，その他の勉強以外の時間に，プレイセラピーセッションを予定する。さらに，カウンセラーはセッションのために時間を変更できるので，子どもたちが同じ教科をいつも欠席することはない。

　スクールカウンセラーはサービスを行なっているセッションで，プレイセラピーの基本概念を示すことができる。それには，①プレイセラピーの結果として，可能性のある肯定的な結果を記述したものを教師に用意すること，②秘密性の重要さを再度自覚すること，③セッション後子どもたちとどのように話すかを含めて，子どもたちを連れてきて教室へもどす過程を説明すること，④子どもの変化を話し合う定期のコンサルテーションの会合を調整すること，などが役立つ。

　また，スクールカウンセラーがプレイセラピーについて，子どもたちの教師と連絡を取っておくことは，教室で起きている子どもたちの変化に気づくのに役立つ。このことは基本的なことで，学校でプレイセラピーを行なう究極の目標は，リスクをもつ子どもたちが効果的に学習する手助けとなることである。教師は自分たちの仕事が子どもの変化を手助けする大切な部分であることを知る必要がある。

要　約

　リスクをもつ小学生は，典型的に注意と行動に問題を抱えて学校に来ている。これらの問題により，彼らの学業的な発達や社会的な発達は妨げられ，一貫した学校の誤ったかかわりを継続させる原因となり，他の子どもたちにも否定的な影響を及ぼすので（Hovland et al., 1996），これらの子どもが学校でとけ込みうまく学校生活を送れるように援助することが基本的なことである。子ども中心プレイセラピーは，リスクをもつ子どもたちを助ける1つの方法となっている。

　学校でリスクをもつ子どもたちのプレイセラピーを行なうことは，明らかに新たな挑戦となっている。彼らの生活の危機は続いている。彼らはよく引っ越しするし，よく欠席する。また，教師は，彼らに"プレイをする"という教示が必要かどうか疑問をもっている。さらに，両親はセラピーに来ることが困難であるし，それを受けさせることに前向きでない。さまざまな挑戦が必要であるが，子ども中心プレイセラピーはリスクをもつ子どもにとって，将来の大きな希望となる。その希望は，そのアプローチが理論的に支持されていることに立脚する（Axline, 1947；Landreth, 1991）。反対の，リスクをもたない状況でさえも，Axline（1964）は子どもたちが子ども中心の治療環境で成長することを証明している。子ども中心プレイセラピーの目標は，リスクをもつ子どもたちの要求に合致している。子ども中心プレイセラピーで，セラピストとの間の安全な関係の中で，リスクをもつ子どもたちはいろいろな感情を表現し，それらをコーピングすることを学習する機会を得る。彼らはまたその中で，自分自身の決定に責任を負う機会をもつ。彼らには，成功することができる場所がある。リスクをもつ子どもたち，その両親，その教師に子ども中心の治療環境を用意することは，これらの子どもたち，つまり失敗するリスクの高い子どもたちに，成功への大通りを歩かせる機会を与えている。

第7章

時間制限のある学校ベースの
プログラムでのサンドプレイセラピー

Anthony J. Pabon

　北アイルランドで行なわれている集中的なデイタイプの治療プログラム（Intensive Day Treatment Program；IDT）は，30日間という時間の中で精神力を高めるプログラムである。その目的は情緒的に危機状態にある生徒たちを助けることである。焦点は，教育的なものと治療的なものとがあり，教師は，個人指導や情緒面でのサポートをして学業面の問題の解決を見いだす手助けをし，資格をもつ臨床家は，子どもたちや家族，それに学校がうまく機能することを手助けするためにいろいろな方法を用いる。特にこのように時間が制限されている場では，サンドプレイを使うことが有効である。生徒たちは病院や学校から IDT に紹介される。少なくとも子どもたちの半分は身体的，性的な虐待を受けている。中には，加害者がまさに刑務所から出所しようとするときに，再び外傷を受けるというケースもある。このような子どもたちは共通して，怒りや不安，抑うつの感情に加えて低いセルフエスティームをもっている。

　学校では，心配している両親が子どもの学業的，社会的，情緒的な成長について，教師や臨床家に相談する場が設けられている。学校の中でセラピーを受けることは，情緒的な病気の徴候を減らし，また子どもを外部の治療機関に通わせることのむずかしさを軽減する。予約がキャンセルになることが，大幅に減少する。

　IDT のセラピストの役割は，学校で子どもたちに臨床的なサービスをしている他のセラピストとはさまざまな点で違っている。学校のソーシャルワーカーや心理士はふつう1週間に1回か2回，グループか個人のセッションを行なうが，教室に1日単位でいるわけではない。このプログラムの環境は，プレッシャーと報酬をつけ加えている。生徒，教師それに臨床家は1日6時間もの間，いっしょに学校生活をしている。

スタッフは行動のモデルとなり，朝食や昼食を生徒たちと食べ，そしてグループや個人のセラピーを行なう。

生徒の毎日は，グループセラピーで始まる。生徒たちは日記を書くことを期待され，最低でもその日の感情尺度を1から10のスケール（1は自殺したい気分，10は最高に良い気分）で記録しなければならない。このスケーリングのテクニックはインテーク（受理）面接で導入される。

サンドプレイセラピーへの導入

インテークの中で，サンドトレイが生徒とその家族に紹介される。2つのIDTの教室を見てまわる間に，生徒はプレイセラピストの事務所を見せられる。彼らは棚にのせている約600個の多量のミニチュアの展示物とサンドトレイの載ったテーブルを見せられる。

時々生徒たちは耐えられずに砂に触ってみて，その感触を試している。他の生徒はいくつかのミニチュアを興味深く見ている。大部分の生徒は砂でいろいろなものを進んで作るが，何人かは恥ずかしがって作らない。

プレイセラピストは，最初に8歳から13歳の子どもたちだけにサンドトレイを紹介する。17歳までは仕事の時間が許せば，トレイに作品を作る機会を与える。現在，それぞれの年長の10代の少年たちはセラピーの予約に付属するものとして，最初のセラピストと何度かサンドトレイに作品を作る。プレイセラピーでも特にサンドトレイを使ったセラピーは，8歳から13歳のグループに用いられる主要な方法である。

サンドプレイセラピーの歴史の要約

Margaret Lowenfeldは，サンドプレイを治療的な方法として用いた最初の人である。彼女が1929年に発展させ始めた方法は，子どもたちに有効であるとし，彼女はそれを世界技法とよんだ（Bradway et al., 1981）。彼女は第2次世界大戦中やナチスの空襲の間はイギリスで働いており，子どもたちが個人的，国家的なトラウマを表現することのできる安全な場所を与えようとした。Carl Jungは彼の弟子のDora KalffにLowenfeldの方法を学ぶようすすめ，サンドプレイに影響を与えた。Jungは彼の人生でいつも，深く考え込んでいるときや問題を解決しようとするとき，時々泥や水で遊んでいた。現在のサンドトレイによるセラピーへのJungの他の重要な貢献として，すべての人々の心に存在するアーキタイプ（原型），イメージや固着した観念などの

理論がある。それぞれのアーキタイプには正反対のものがあり，肯定と否定の柱がある（Carey, 1999）。

　ユング派のセラピストたちは患者の意識と個人的な苦しみの原因であるアーキタイプを結びつけて考えようしている。Kalff は，教師は直接的な質問にはけっして答えないで，その質問は再び生徒に差しもどされる，という東洋の哲学の教えに影響された。これは砂に作品を作った人が，少なくともその人が解釈に耐えられるようになるまで，解釈を与えないという彼女のその後の原理となった。彼女は，解釈はエゴと自己が肯定的な結びつきを確立したときにだけ生産的になると信じていた。彼女はサンドトレイを"自由にして保護された場所"とよび，彼女は Jung が教えてくれたように，それぞれ個人は全体性と治癒のほうに向かって内に秘めた衝動をもっていると考えていた。この彼女の方法は，けっして押しつける方法ではない。Kalff は他のユング派の精神分析学者，Erich Neumann の仕事に強く影響された。彼は，患者が創作したトレイの作品を理解するのに Kalff が適用した心理学的な発達の段階について書いている。それを発端として，サンドプレイの作業は自己の発達や肯定と否定の力の均衡をとることと関係するようになった。サンドトレイは，子どもの発達を理解するのに優れた方法である（Carey, 1999）。

サンドトレイセラピーのセッション

★　性的同一性　★

Jake の例

　あるインテークのときに，クライエントの家族であるよちよち歩きの子どもが，クライエントの股のあたりを触った。この10歳の少年は一見，不愉快に反応しているように見えたが，その表情が私には何か疑わしいと思えるところがあったので，私は注意を払う必要があると感じた。これはよちよち歩きの幼児のたんなる無邪気さなのか，それとも家族が性的虐待を行なっていることを伝えようとしていたのか。

　Jake の最初のトレイの作品はとても芸術的だった。彼は女神アテネの人形や女の人の人形を取りだした。一般に10歳の子どもはスターウォーズや車，トラック，宇宙人，宇宙飛行士，カウボーイ，農場の動物などを好んで使うが，この作品には，エロスがあるように思われた。この10歳の少年は，彼を困難に陥らせている問題と性的同一性を処理していたのである。その少年は，性について葛藤をもっているようであった。両親から虐待について話すことはなかったが，ついに，何か月か前に隣人がこの少年のいとこである少女2人にいたずらをしていたことが明るみになった。いとこた

ちは，母親には黙っているように，そうでないと加害者によって危害を加えられるだろうとこの少年に忠告した。最終的には，その犯罪者は少女たちの両親によって告発され，幼児暴行の罪で刑務所に入れられた。

　これはまるでこの少年の空想の世界が，彼の発達段階より早い段階で前意識状態から意識状態に現われたようであった。いとこを襲ったこの犯罪によって，秘密，恐怖，そして禁じられた心地の良い好色の感情が，意識の中に無理に出されたのである。

★　麻薬常習者が集まる家に住むこと　★

Sandraの例

　15歳のSandraは，幼少期に麻薬（コカイン）常習者が集まる家に住んでいたと言った。彼女が初めてトレイ作品を作ったとき，人形を探したりその手を止めたりしたが，まもなく彼女がより好きな人形を見つけたときに彼女の心は変わった。彼女はディズニーキャラクターが好きで，かなりの数を取りだした。お気に入りの話は"レディとトランプ"だと言った。その物語のどこが好きなのか聞いたとき，彼女は何も言わなかった。彼女は幼いときに妹や弟の世話をしなければならなかったので，それを繰り返し見ていた。彼女はつい最近，また偶然見ることになったのである。

　そして，彼女は若いライオンの息子を小山の上に置いた。彼女はその動物はそこに住んでいると言った。そして，"ライオンキング"の話をした。残酷な叔父のヒヒは，ライオンキングを殺したので，その息子は父親なしで暮らした。次に，彼女はエイリアンが好きで，彼女がかつて住んでいた他の家の幽霊や，虐待を受けた女性たちのシェルターに出没する幽霊について私に話した。彼女は，祖父が1人の幽霊に，幽霊たちが引っ越してくる新しい場所を去るためにどう話し，その幽霊がどのように去ったかを伝えた。

　彼女はトレイの中で砂を山にしてその感触を楽しみながら，私に，母親にはたくさん飲酒する習慣があり，母親のボーイフレンドは母に暴力を振るったが，自分には振るわなかったと話した。ここでしなければならないことが，ただプレイをすることだけだということが彼女には信じられなかった。私は，母親やきょうだいのために，今までしてきたすべての世話について怒っているかどうか尋ねてみた。彼女は，「他にどうしようもなかったし，それが自分に期待されていたことだったので，その役割をすることは気にならなかった」と答えた。私は，彼女が子ども時代というものをほとんど経験していないため，「サンドボックスはあなたにちょうど必要なものだし，砂でプレイをすればくつろぐだろう」と説明した。

彼女は次の場面はきれいだと思った。それは海底の世界で，人魚がお風呂に入っていて，何頭かのクジラやサメが食べ物について話し合っていた。人魚が餌になるのかと私は不思議に思ったが，まるで私の感情に合わせるかのように，彼女はその魚は人魚にとっては危険ではないと言った。セイウチが先ほど若いライオンを置いた小山にいて，小さなセイウチが大人のセイウチといっしょにその小山に上がろうとしていた。それは小さなセイウチが，気づかれたい，世話をしてほしい，というSandraの子どものころの比喩のように思われた。そして彼女は，人形を実物大のサイズに置き換えて違った角度から見ることにより現実的に物事が見えてくることに気づき，彼女自身の境遇も違う角度から見てみると，違う見方ができることに気づいた。

セッションの間，Sandraは彼女の最近の入院について，カウンセラーに感情を打ち明けた。Sandraが入院したとき，ほかの患者の動きを抑制している看護師の行為に恐怖反応を起こし，また再びトラウマを負わされた。崩壊した家庭に住んでいたころに目撃した家庭内暴力のフラッシュバックによって動揺し，金切り声を出した。彼女が病院の壁紙を破ったのは，麻薬常習者が集まる家にいたときの小さな子どもであるように再び感じたからだと話した。彼女はそのことについて表現するにつれて，それはまるで外傷後のストレスに悩んでいるかのようであった。セッションが終わると，彼女は4,5フィート（約137cm）の高さの，大きくて色彩豊かなドラゴンを教室の黒板に描いた。それには，動きがあり，跳んでいて，火を吹いていた。彼女はそれがとてもきれいだと思った。彼女は自分が作ったトレイの写真を皆と眺め合った。

Sandraはプレイをする力を失ってはいなかった。そしていくつかの恐怖を幽霊の話に置き換えることで恐ろしい感情を克服した。"レディとトランプ"は彼女のベビーシッターであり，癒しの一部であった。元気を回復した彼女は，セッションのあとで楽しいと感じた。ドラゴンは黒板に何週間も残されたままで，皆が称賛した。

★ 残虐性 ★

Amyの例

14歳のAmyは，すぐに最初のサンドトレイを作り始めた。彼女は砂の感触が好きだった。彼女は砂を動かしたり，表面を波立たせたり，優しく滑らかにしたり，または叩いて平らにすることで慰められることに気づいた。

Amyは，自分の家が焼失したことを報告したが，これが現在一番差し迫った心配事であるにもかかわらず，彼女は家と消防士の人形をトレイの脇に置いた。

私は彼女が燃えている家を動かすのと同じ方法で，他の感情や出来事を動かせないかと声を出して思った。彼女はすぐに「できない」と答えた。トレイの真ん中の墓の

頂に，骸骨を置いた。黒い金属の塀が人形を取り囲んでいた。黒い衣を着た気味の悪い人形が彼女の作った墓地の入り口に立っていた。その横に，墓のまわりに沿って掘った溝の横にオートバイに乗った男の人を置いた。そして彼女は「それは自殺を意味している。自分の命を絶ち，危険なことをするのは自分の権利なのだ」と言った。

他の部分に白い杭の塀で囲まれた家があった。囲いの中には幸せなカップル（花嫁と花婿），子どもたち，水盤，ワシがいた。これらは彼女が将来に望んでいることで，いずれ彼女にとって現実になり得ることなのかどうか，本気で疑いをもっていた。ボックスの中に最後に置かれた人形は，偽装したレスラーだった。「これは私のお父さん。彼は私にいたずらをした」と言って，彼女はこの人形をトレイのほぼ真ん中に置いた。彼女は彼が嫌いだが，彼が父親なので困惑したと言った。その悪人は，自分の罪とともに消え去り，現在新しい家族と住んでいる。時々，Amyは彼に会いたがったが，母親がそれは良くない考えだと断固拒否した。

2回目のセッションで，彼女は生活の中でいくつかのことを変え，良い感じだと言った。彼女と母親は，父親に会いたいという彼女の願いについて話し合った。このトレイの中では，何でも積極的に作った。花嫁と花婿の後ろに2人の愛を表わす人形を置いた，それは，鳥，動物，宝石などで，そのカップルのまわりに置かれた。このトレイを見て，私は彼女が前に使った父親の人形を取って，「父親がいないよ」と言った。私は，「その人形を床の上に置き，踏むことができるか」と声に出して言った。「だめ，できない，彼は父だから」と彼女は答えた。家族歴で，彼女が父親の愛撫を拒んだので，この残酷な父親が彼女を平手打ちしたことを知った。Amyは，父親に対する愛情と憎しみの折り合いをつけようと，もがいている。彼女のすべての考えは，父親との関係で色づけされていたことにだんだん気づいてきて，それはトレイにはっきりと見られるようになった。いくつかのトレイ作品を作ったあと，彼女は母親や担当のセラピストと，自分の感情についていっそう開放的に話し合うようになった。

★　**自傷行為**　★

Maryの例

　13歳のMaryは，自傷をしたり，時々コントロールをなくすことに苦しみ，死の感情を表わす骸骨や死の場面を作った。トレイを使うことによって，感情を三次元で表現することができ，セラピストと共有することがいっそう簡単になる。Maryは感情や考えを，言葉で表現することができる子どもではなかった。MaryがIDTを受けている間，彼女の身体に触っていた継父が「もらしたら殺すぞ」と彼女を脅していたこ

とが明るみに出た。継父によって性的虐待を受けたのは，彼女の人生で2度目だった。彼女の没個性的な状態（states of depersonalization）は主として彼女の最初の犠牲と関係があるとする臨床的な仮説は，部分的に正しいことを立証するだけである。

Maryへの虐待は母親からの情報によって発覚し，継父は刑務所に入った。彼はすぐに保釈金を出して解放され，家族にストーカー行為をした。彼は再び刑務所に入ったが，また出てくるだろう。彼女が眠っているふりをしている間に毎晩の愛撫を受けた秘密は何年もの間屈辱を与え続け，この子どもに自分自身の中へ深く引きこもらせる原因となった。サンドトレイを使うことが，彼女が再び自分を好きになるための助けとなった。

★　「影」のアーキタイプ（原型）　★

私は7歳か8歳のとき，ラジオを聞いていたことを覚えている。テレビは出回り始めたばかりで，ラジオがまだ主要な家族の娯楽の1つだった。私には，夜遅かった（就寝時間に接近している）ように思われた。ラジオから「影はすべてお見通しだぞ」という声が流れてきた。恐ろしい音楽がその言葉を強めていた。善はいつも悪に勝つという今日の基準である道徳的な話を誰も疑わない。見えないある人影がいたる所に潜み，その人の最も深い考えや願望を知っているということを考えることが怖かった。たとえば，子どもは，"自分の身体を傷つけたい，しかしもちろん身体には好奇心がある，何かをこっそり盗む，仕返しがしたい"などは恐いと考えることができる。私は兄弟や姉妹と"影"で遊んだことを覚えていて，それはミイラ（母親）と盲目の男の虚勢の合成物であり，私たちはそれをお互いの心に浮かべ，お互いにおびえた。

人間は，大集団ではもちろん，子どもたちに対してたいへん多くの残虐なことができるので，私たちが自分の"影"に常に個人的，集団的に向き合うのは常に大切なことである。子どもたちは自分の"影"や，悪者であることを知っている大人たちの"影"を見るためにサンドトレイを使うことができる。

Billyの例

Billyは13歳でマリファナやアルコールを覚え，2度，法を犯した。裁判の日が近づくにつれて，彼の行動はますます敵意のあるものになった。初めは，バスの中や彼を監督することがむずかしいいたる所で，幼い子どもたちをいじめることから始まった。彼は自分の行動の責任の重みを受け入れなかった。Billyの父親は，なんとか仕事についていたが，毎晩酒を飲み，息子の腕にたばこを押し付けた。滞在はすぐに中止されたが，Billyは父親がしばらく彼を叩いていたことをもらした。Billyは自分の

怒りを行動では表わすが，言葉で表わすのは拒んだ。そしてBillyは一連のトレイ作品を作った。あるコントロールのできないバスの運転手が銀行強盗をして，たくさんの子どもたちを乗せたバスでメキシコへ向かった。警察官と戦車の塀が，メキシコとアメリカの国境線を塞いでいた。バスの運転手は火炎物を投げる女性で，警察官を爆破しようとしている。この反社会的な子どもの怒りは，サンドトレイで表現され，その後何週間かBillyはバスにうまく乗った。

　"影"は，か弱い子どもが危険だと感じるバスや運動場やカフェテリアで姿を現わす。その理由は明白であるのととらえがたいものとがある。これらの場所は雑然としており，社会的な相互作用がいっそう認められている。運動場ではわめいたり，走ったり，違うクラスの子たちとも出会う。先生がすべての場所にいられるとは限らない。建物の裏口やジャングルジムの下は，運動場をほかのクラスといっしょに使わなくてはならないときに，子どもが隠れることのできる格好の場所である。サンドトレイの安全で保護された空間の概念（Kalff, 1980）は，子どもたちがいるすべての場所に広げられる必要がある。

　大部分の子どもにとって，家までのバスは楽しく，最も好きな友達といっしょに座りジョークを言うチャンスがあり，ビデオゲームをしたりペットに会うために家に帰るので興奮している。田舎では，何人かの子どもたちは家まで長時間乗るので，時間を利用してうたた寝をする。しかし時々，子どもたちは家に帰りついたのち，再び家庭内暴力を目の当たりにするかもしれない。運動場でのいじめっ子の役割が，将来的に発達して，このような大人のやり方になっていくのである。ほかの家では，悪人がえじきを求めて，子どもがバスから降りて帰ってくるのを待っているかもしれない。10代の少年は，子どもがよく繰り返して言うゲイやレズビアンについての中傷や，体重についてのジョーク，または子どもが冷やかすその他の違いについて耳にするので，孤立した感じや，寂しい気分，そして抑うつによって，ひそかに苦しんでいる。

　もちろん，すべての攻撃性が打ち破られるべきだと信じることはばかげている。人間の種としての一部であり一群であるから，生存のために必要な資源であることを誰も疑わない。けれども，教育，社会的品位，そして肯定的な活動は，行動のいっそう原始的なスタイルに代わるもの，あるいは適応として必要なものである。"影"も正反対のものを含んでおり，両方の柱はバランスが保たれることが必要である。子どもはトレイに否定的な感情を表現し，いじめっ子や犯罪者のような行動をすることによって，それらの感情を克服しようとする。

★ 著しい変容 ★

Jeff の例

　この17歳の少年が部屋を去ったとき，私はとても悲しかったし，彼の話が私の中に引き起こした痛みのレベルに驚きを感じた。初めてトレイを作る前に，彼はクラスメイトに砂で遊ぶつもりであることを公表した。これは10代の生徒がクラスメイトによくすることである。それは時々授業から出ていくことについての弁明として先生たちに解釈される。

　ある場面で，彼は白い杭の塀に取り囲まれた祖母，子ども，ひげのある魔法使いを表現した。「その魔法使いは僕の祖父で，彼は賢い人です」とJeffは言った。祖母は明らかに腕の中の子どもをかわいがっていた。2人の少年とイヌが野球をしていた。そう遠くない所にウシたちやニワトリたちを置いた。3人の女性の人形がその場面を見ており，それは祖母と母親と新しい義理の姉妹だった。そして，母親は善意で「私は東部の良い魔女です」と述べた。Jeffは，きょうだいの妻は太っていると述べ，いまだに彼のきょうだいが結婚したという事実を受け入れていない。

　彼は3人の友達のインディアン，宇宙飛行士，そしてカウボーイを一列に並べ，これらの友達は"頭が変"なのではなく，"まっすぐだ"（薬を使っていない）と言った。その3人はお互いに違っており，彼はその人形をじっと見つめながら，このことは驚きの感覚が急に出てきているように思われた。私はこれらの人形は，彼の選択やあるべき進路を象徴しているのだと信じている。

　Jeffは，オピオイド（opioids）とアルコールなど複数の薬物中毒のためのリハビリテーションを受けていた。祖母の80歳の誕生日に，ほんの少しだけ飲むつもりだったのが，酔っぱらってしまった。彼はいったんビールを飲んだら，アルコール摂取をコントロールする能力をもっていなかった。飲酒は仮釈放中の彼にとっては違反であった。そのパーティでの飲酒のために，2度目の入院患者のプログラムにもどった。彼は，「完全に面目をつぶされたように感じた」と言った。アルコール中毒の入院患者のリハビリテーションセンターで，彼は自分のアルコール中毒と父親のそれとの間に遺伝性の関係があることを学んだ。

　次に彼は大きな恐怖の感情を述べた。もし彼が誰かといっしょにいて，その人がマリファナを吸ったら，保護観察部門により再び違反となり，今度は刑務所に入れられるだろう。仮に彼の車が故障して，ヒッチハイクをした車にドラッグが乗せてあったら，問題に巻き込まれることもあるだろう。彼が知っている10代のほぼ全員がふつうにドラッグを使用し，アルコールを摂取している。トレイを使うことによって，この

10代の少年は，彼の人生に出てくる人たちを見て，彼らがどのように彼の望みや要求に影響を及ぼしたか，彼の問題を視覚的にすることができる。

彼のトレイは消失を表わしていた。祖父母は歳をとるにつれて元気をなくし，最近結婚したきょうだいも，彼への興味をなくすかもしれないと思った。彼は「僕は信用されていない。人は，すべて僕の行為を堕落への可能性と関係していると言う。もし僕が疲れた様子を見せたら，人は僕がドラッグを使ったかどうか知りたがる」と述べた。たぶん，彼は自分自身のことも信用していないだろう。彼は高校の間は，いろいろな仲間と遊び回っていたので，学校のスポーツやときめくような恋愛をしそこなっていた。

彼はとても抑うつ的であったが，自滅的ではなかった。彼は消失したもののすべてを話したけれども，サンドボックスについて肯定的に感じていたし，明るい未来を望んでいた。彼は興奮状態にならないことを幸せに感じ，1日に2,3回気分の良い感じを自分自身に思いださせていると言った。彼は，サンドトレイの作品をセラピストといっしょに見た。そして，このセラピストは，当初この少年がサンドトレイで作品を作ったことに驚いた。その経験は，Jeffとプレイセラピストを豊かな気分にした。彼はオフィスを出るときに，成長と著しい変容のシンボルである芋虫と蝶の人形を横に並べて，サンドトレイに置き加えることにした。

★ 砂の中に入れること ★

Katieの例

Katieの手は震えていた。彼女の躁うつ病の症状のために処方された新しい薬は，この10歳の身体には有害であるとわかった。彼女はできるだけうまく対処していたが，明らかにおびえており，具合が悪そうであった。母親は地方の病院の緊急治療室に連れていくために，IDTに迎えに来ていた。砂の感触がKatieの不安を和らげ，彼女の観察が続けられることを期待しながら，迎えにくる母親を待っている間サンドトレイをするように求めた。

彼女は濡れた砂の中に，彼女の手を埋めてほしいと言った。私はどのくらい砂を濡らして，どのくらい手の上に砂をかけるか，指示を彼女に要求することによって，彼女を励ました。彼女は，砂を濡らして，肘まで埋めてほしいと言った。途中で，彼女は涎をたらし始めた。私はティッシュペーパーで彼女の口を拭いた。その私の動作がまるでわずかな慰めであるかのように感謝しながら，巣の中に座っていた幼い鳥が身体から首をのばしているイメージが私に浮んだ。いま，まさに，母なる大地となった砂は，震えている子どもを守り，安心を与えたのである。

複数の子どもでトレイを使うこと

★ 競争相手 ★

GeorgeとDavidの例

　13歳のGeorgeは，サンドトレイを完成させる間，「ぼくはDavid（同じ歳の子ども）が好きじゃない。Davidはぼくの友達になりたくないから，彼はいつもぼくにちょっかいを出す」と，不平をもらした。Georgeは強迫神経症と診断された，聡明な7年生だった。IDTに入る前の行動は，クリップを電気のコンセントに突き刺し自分自身を傷つける，と脅していた。彼は理屈っぽくて，妹のことを家族の"小さな完璧屋さん"と思った。Georgeは時々弱々しくて，未熟な面を見せた。彼が歌を歌うと，クラスメートをいらいらさせた。彼はトウレット症候群のため，しかめ面をした。私は彼に，サンドトレイをいっしょに作ることができるので，セッションにDavidを招待してもよいか彼に聞いた。彼は，驚いたことに同意した。

　Davidはサンドトレイを使うのが好きで，学校の授業を抜けられることが何よりもうれしかった。Davidは学業が好きではなく，その年はまさに落第しようとしていた。私はDavidに，Georgeがサンドトレイをいっしょに使うのを喜んでいることを伝えた。私はトレイの真ん中に線を引いて，2人が別々に作れるようにした。Georgeは寺院と侵入者のいる複雑な物語をつくり，いつもトレイで好んで使う陶器のトイレを置いた。Davidは典型的な軍隊の場面を作った。ハトを撃ったあと，再び砂の中で悲劇を演じた。彼は母親との離別や父親からの拒絶との葛藤で動けなくなっているように思われた。彼もとても聡明な子どもだった。

　セッションが終わろうとするときに，Georgeは小さな橋とキリンを彼とDavidの場面の境目に置いた。それから，Georgeは彼の場面のすべての砂をびしょ濡れにした。彼のチックは，サンドトレイをお互いにするうちにおさまった。2人の少年はこの時点から仲良くなり，言い争いが止まった。私は彼らの作った場面の写真を撮り，今週末にその写真を見せて，それについて考えることを提案した。サンドトレイのセッションで仲良くなったDavidとGeorgeは，教室でも仲良くすることができ，時々いっしょにボードゲームをした。

★ 友達 ★

AnitaとCarolの例

　Anitaは16歳，Carolは17歳で，いっしょにサンドトレイを作ることを望んだ。私

はトレイを半分に分けるか，1つの物語を2人で作るか質問した。彼女たちはいっしょに1つの場面をつくることに決めた。非常に急いで，彼女たちはカウボーイと戦っているインディアンを手にした。馬に乗った男の人が溺れている少年を助けにいく途中だった。つまり，裸の人形が池の中にあった。Anita は人形の性器の部分を覆って隠すために泥をのせた。

　私は彼女たちに，「カウボーイやインディアンを使ったことに驚いた」と言った。「ふつうは，男の子がより好んでそれらを選ぶと思う」と言った。彼女たちは，2人ともほとんど成長している人形で遊び，ウマが好きで，きょうだいがいた。ウマに乗ったカウガールは救助をする中に含まれず，カウボーイだけだった。彼女たちは率直に問題について話した。Carol は薬といっしょにお酒を飲み，あのころはとても気分が悪かったと述べた。Anita は父親の身体の調子が改善すれば，アルコールを飲めると医師から言われたことを話した。そして，彼はガンとの闘病生活に打ち勝った。私は彼女たちに，時々違った方向で何かが見えるから，その週はトレイの写真を見ることを提案した。Anita は，これは内面の葛藤と怒りのような，お互いの感情についての現実の物語かもしれないと答えた。

要　約

　サンドトレイセラピーは，すべての年齢の人々に良い結果をもたらすことができる。セラピストとの対話に加えて，個人が想像したことをすぐに使えてたくさんの見方で問題を表現することができる。1回のセッションで，人形を使って対立や痛みを表現し，さらに望んでいることを描くことができる。ユーモアの感覚や分離も表現することが可能である。ある女の子は，幼児期に両親から受けた養育を表現するために，大きなトカゲがピーターパンを食べることによって彼女の痛みを表現した。

　子どもたちはおもちゃを使ってストレスを調整し新しい役割を試みることが，彼らと密接にかかわる人には知られている。子どもがその役のために着飾るとき，母親や父親や先生の役割が子どもたちのプレイの中に時々組み入れられる。サンドトレイの中では，同じ結末を成し遂げるために，人形が選ばれ，操作される。Sandra は箱庭で消防士と警察官を使って，火を消し，建物の入居者を助けた。彼女はセラピーについての希望を表現し，無欲のヒーローを信じている。

　性的な虐待を受けていた子どもにとっては，砂は，没個性化や死よりはむしろいまの立場や存在について感じるための助けとなることを報告している。生徒は砂に触って反応するとともに，触ってみて砂の温度や水分にすぐに気がつく。心や身体は，内

面の空想に加えて，視覚と触覚をとおして同時に存在し，そして反応する。

　生徒は，彼らとセラピストが見るために，トレイの中に問題をすぐに描くことができる。トレイの中の人形は，George や David が彼らの場面を作ったときのように，葛藤を解決する次のステップを暗示するため，対話したり移動したり，付加的な要素が加えられたりする。George は場面を分けた線上に橋とキリンを置き，孤独に感じるよりもより接近し，彼らの関係を埋めたいという欲求を表現した。

　抑うつ的な生徒は，薬の助けなしでは言葉で表わすことがむずかしく，葛藤を示す彼らの感情をセラピストに開くためにトレイを使うことができる。サンドトレイを使った子どもたちはすべて，彼らの創造性が生かされ，セッションでしたことが良かった，と報告している。セッションのあとに，彼らにはいつもより良い感情と，ミニチュアの世界をつくることで成し遂げた驚きが見られた。

　学業に自信のない子どもたちは砂の中に作ったものを，他者に見せることができる。それはクラスでほかの人が作ったものをお互いに見るという，競争ではない経験でさえある。意識と無意識の心が存在し，自己の相反する側面がふつうの論理で限定することなく描写できる。比喩，直観，混乱，ユーモア，そしてすべての自己の側面は，敬意をもって見られている。サンドトレイを使うかどうかは，個々の子どもか大人の状況のみに判断が任されているように思われる。

第8章

入院型治療センターでのプレイセラピー

David A.Crenshaw and Christine Foreacre

入院型治療に照会された子どもたちのプロフィール

　入院型治療センターに入っている子どもたちは，地域で治療できる子どもたちよりももっと重い典型的で明白な行動的，情緒的な障害の程度を表わしている。彼らの臨床的な特徴の多くは特定されている。彼らの多くは，貧困と暴力，薬物乱用，片親か両親が重大な精神障害などで苦しんでいる家族のもとで育っている。環境によるストレスに加えて，これらの子どもたちの多くが，彼らの発達や機能を著しく侵すようなはっきりとした神経生物学的な欠陥をもっている。言語の遅れ，会話や言語の障害，感覚運動の統合の弱さ，注意欠陥，多動と衝動性は，すべて共通する臨床的特徴である。これらの子どもたちは，しばしば極端に欲求不満耐性が低く，満足することを先延ばしにすることができない。彼らの衝動性は時々，神経学的な機能不全や情緒的な覚醒によって引き起こされ，彼らはきっかけとなる強力な影響にしばしば耐えることができない。これは，トラウマや虐待の既往のある子どもたちに特に顕著である。入院型治療を受けている子どもたちの中には，性的，身体的虐待の既往が高頻度に見られ，彼らはしばしば虐待反応症候群(abuse reactivity syndrome)を示す(Johnson, 1988)。彼らは性と攻撃性を混合しがちであり，また，虐待の経験を再演するような気質であったりする。

　これらの子どもたちの性に対する反応は，安全で治療的な環境を維持するスタッフに対して極端に挑戦的な格好になるポーズをとる。これらの子どもたちはしばしば深

刻なアタッチメントの問題を表わし，不安や攻撃性やひどい混乱を伴って，親密さ，愛情，養育に反応するようになる。入院型治療を受けている子どもたちの間で高頻度に予測されるこのパターンは，"つながることの危機（crisis of connection）"として言及されてきた（Crenshaw, 1995）。これらの子どもたちは，多くの障害物に直面し多くの発達の不均衡に苦しむが，私たちは経験的にこれらの子どもたちの弾力性や勇気に敬意を払い，集中的な治療の結果，子どもたちは信頼することを学び，大人へのアタッチメントを示すようになる。

この臨床的な症状にプレイセラピーをすることの価値

　プレイは，日常生活で起こる情緒的な苦悩を扱う際のコミュニケーションやかかわり方に使われる方法で，虐待，暴力，トラウマなどを示す子どもたちのためによく選ばれる治療法である（Mann & McDermott, 1983；Terr, 1983）。暴力やトラウマを経験し目撃した子どもたちのプレイセラピーにおいて，恐怖を経験した幼児には，危機に陥っているコントロールの程度を経験させるには，安全で緩やかな治療過程が適している。典型的なものでは，子どもたちの生活でトラウマとなっている出来事や虐待の経験につながるパペット，サンドプレイ，人形の家でのプレイ，あるいは寸劇などがある。深刻な貧困を経験した何人かの子どもたちは，調理をしてセラピストやパペット，ぬいぐるみの動物に食事を与える養育場面を熱心に演じる。彼らはまた，養育のニーズがはっきりと拒否されている場面を熱心に演じたりするだろう。空想のプレイは子どもに情緒的社会的な機能を徐々によりよく理解させるようになる。O'Connor（1991）が指摘するように，たくさんの幼児や特別な虐待やトラウマの体験をもつ子どもたちのための治療法としてプレイセラピーが選ばれるが，言語化させることもなおざりにされるべきではない。O'Connorは，言語化は全般的な助けとなり，トラウマとなっている事柄を処理するのに不可欠であると述べている。

　プレイセラピーでは，再びトラウマを受ける危険を減らすようにゆっくりと進めるとともに，苦痛を伴いむずかしい材料をとおして作業をするため，象徴的な避難所のような安全性が求められる。子どもたちはたいへん衝動的で活動を求める傾向があるので，入院型治療で幼い子どもたちにプレイセラピーがよく選ばれる。最終的には，入院型治療を受けている多くの子どもたちは，生活年齢で示されているよりももっと幼い発達段階の情緒的な機能を示す。しばしば，支配力を必要とする情緒的な問題は，子どもたちの生活の早い段階と関連し，非常に基本的で早期のニーズを満たすことで生まれるとされている信頼の発展を必要としている。これらの子どもたちが，潜

在的に発達的な修正を行ない治療の経験をするには退行することが必要で，プレイセラピーがそれを可能にする。

入院型治療センターにおけるプレイセラピーの適用症状

★　治療同盟の確立　★

　入院型治療で，深刻な感情的，行動的な障害のある子どもたちと治療同盟を確立するには，しばしばむずかしくて長いプロセスが必要である。他の子どもたちは"治療へ行き"，セラピーのセッション特有の分け隔てのない個人的な注目を得ることを最初から希望するが，これらの子どもたちと作業をする関係を実際に形成するには何か月かかかる。これは，これらの子どもたちが身体的，性的，情緒的な虐待やネグレクトをとおして他者に近づくことによって，感情が傷つくことを学習しているからである（Gil, 1991）。このように，彼らがセラピストとの接点を感じ始めると，彼らはまたも脅されていると感じ，行動化したり，逃走したり，攻撃して抵抗する恐れがある。

★　安全な治療環境づくり　★

　治療同盟を確立するのに最も大切なことは，安全で確実な治療的環境をつくることである。この場所は，子どもにとって予測のつくもので，いつも同じにするべきである。この同じということは，セラピーの構造に関係するものであり，位置，時間，物理的環境，おもちゃ，ルールと制限，セラピストの存在などがある。理想的には各セラピーのセッションは，同じプレイルームで毎週同じ曜日の同じ時間にするべきである。セッションの長さも通常と同じ，約45分にすべきである。しかし，セラピストの接近によって不安を我慢できない子どもには，時々，短くするべきである。同じおもちゃはいつも（セラピストがセラピーのある段階で特別な子どもたちのために特別な品物を加えない限り）そこにある必要がある。そして部屋には，その前にそこを使用した他の子どもの存在を示す形跡を残すべきではない。

予定

　入院型治療センターでよくあることだが，すべての臨床家が予定を組む困難さを抱えており，プレイルームは使用頻度が高く，共有する必要があり，いつも上述の理想を達成できるとは限らない。場所を変えることが必要な子どもには，融通してセッションの場所を変更しなければならない。そのような措置をすれば，変化を求めている

子どもを助ける機会が生じてくる。たとえセラピストがセッションの時間調節をいかに注意深くしようとも，避けられない妨害（たとえば遅刻など）や病気や休暇のための中断がある。このような出来事は，子どもが前に失ったことや失望したことにセラピストが取り組む機会になる。

おもちゃ

セラピールームにどんなおもちゃを置くべきかについては，多くの異なった意見がある。O'Connor（1991）によれば，セラピストは遊ぶためにおもちゃやミニチュアを棚にたくさん備えるが，プレイの材料の種類を5つに制限している。私たちの治療センターでは，プレイルームはパペット，人形とそれらの服，美術の材料，車やトラック，模造食品，台所用品，サンドトレイ，ミニチュアなど，投影と空想を表現する遊びを促進する材料でいっぱいである。年長の子どもたちのために，治療的なゲームやその他の盤ゲームもある。

制限の設定

安全で確実な治療環境をつくりだすもう1つの要素は，制限の設定である。プレイルームでのルールは，単純で最小限にすべきで，一般的に安全であることを心がけるべきである。部屋の中には，誰も何者も傷つけるものは何もないという考えのルールがあれば，十分であろう。子どもとセラピストの関係における明確な境界もまた重要である。入院型治療を受ける子どもたちにしばしば起こるもう1つの問題は，プレイルームから物を持ちだしたがることである。私たちは一般的なルールとして，子どもたちが描いたものや粘土で作ったもの以外は，部屋から何も持ちだしてはいけないことにしている。

私たちの入院型治療センターでしばしば検討される問題は，セラピーを行なう場所をプレイルームかまたはセラピストのオフィスのどちらかに限定するべきかという問題である。一般的なガイドラインでは，他の場所でセッションを行なうことには注意深い配慮が必要であるとされている。しかしながら，より混乱している子どもたちの何人かは，セラピールームでのセッションはあまりにも不安を生みだしやすいので効果的ではないこと，代わりの場所や活動がより効果的であること，などがわかった。これらの子どもたちは典型的にアタッチメントを形成することに極度な困難さを示し，話すこと聞くことに著しい欠陥があり，自我の境界が希薄である。これらの子どもたちには信頼と治療的な関係を徐々に築くために，存在するための身体的な距離がしばしば必要である。散歩に行き，廊下や運動場で遊ぶことは，セラピールームに居

続けるよりも意味のある会話や関係の構築にいっそうためになることもある。

★　他の職種との協同　★

　子どもと作業をするほかの多くの訓練にかかわる職種と協同することは，入院型治療センターにおけるプレイセラピストの重要な機能である。チームのメンバー（直接世話をする人，教育のスタッフ，レクリエーションのスタッフなど）は，1週間のうちに子どもと多くの時間を過ごし，あなたが治療している子どもについてのたくさんの観察と洞察を提供することができる。
　そのうえ，あなたは子どもの発達レベル，心理力動，防衛，強さなどの知識をチームと共有し，治療のための提案をすることができる。セラピーセッションに，他職種のチームのメンバーを入れると，しばしば助けになる。これは日常生活の中で起こる葛藤や危機を処理するのに役立ち，愛着を構築することにも助けとなる。

★　秘密性の問題　★

　秘密性は入院型治療におけるプレイセラピーで，いつも重要な問題点である。セラピーの早期に，子どもに秘密性の限界を知らせるべきであり，ケアをする人たちは秘密性について間違った保証を与えがちなので気をつけなければならない。セラピーセッションで起きていることは個人的なことであるが，セラピーの経過が治療チームの他のメンバーに共有されることを概略説明されることについても子どもたちは理解すべきである。以前の虐待や安全に影響する事柄をもらしたとき，この秘密は関連がある人々と共有されるべきであることを子どもたちに伝える必要がある。子どもたちが，安全性について質問するときや，セラピーでしたことをほかの子どもたちに話すかと尋ねるときがあることを知っておくと助けになり，そのときにはプライバシーについての固い約束ができる。プレイセラピストが家族内でたくさんのクライエント（たとえばきょうだい，または両親と子どもなど）を担当したとき，セラピストは初めに個人と家族の問題の違いについて説明しながら，本質的に各個人との直接的な関係であることを明らかにしなければならない。

★　家族の役割　★

　入院型治療センターでのプレイセラピーにおける家族の役割は重要である。家族は他の職種の一部であり，彼らの協力関係と寄与は最高の価値をもつことを念頭におくべきである。彼らはふつう子どもの個人のセッションに居合わせることはないが，子どもへの情緒的な存在感は強力である。親たちが考えや感情を共有するために子ども

を支援し激励することは，セラピーがうまくいくためにはきわめて大切である。子どもは個人のプレイセラピーだけでなく，しばしば家族セラピーにも入る。つまり，家族セラピーで話し合われる問題がプレイセラピーでさらに詳しく調べられ処理されば，2つの方法の相互作用によって治療の進展が早くなる。子どもは家族のセッションの中でもちだされた問題を，プレイセラピーのセッションで考え，実践し，リハーサルで強さと勇気を獲得できる。いくつかのケースでは，家族のプレイセラピーが役に立つ方法となっている。つまり，彼らが遊んでいるのを見て，家族の機能について多くの情報を少しずつ集めることができる。この情報は多面的で，両親と子どもの間の愛情，両親が子どもに侵入する程度，セラピストの指示への服従，家族でのコミュニケーションなどについて，具体的に知ることができる（Gil, 1994）。家族でのプレイは，みんなが防衛を少なくして楽しい経験を共有でき，家族パペットによるインタビュー（Gil, 1994），描画による投影的な制作活動，物語をお互いに話すこと（Gardner, 1968）など，家族のセッションに適用できるプレイセラピーのテクニックは幅広く，多様なものがある。

入院型治療センターでのプレイセラピーの治療計画

★ トラウマへのかかわりと自我の強化 ★

より苦痛を伴うトラウマに関する問題が出始める前に，子どもと強い治療同盟を確立しておくことがきわめて重要である。最初に，上に述べた適切な制限のある治療環境の安全性を確立したり，自分で落ち着かせたり自分で静めるスキルを教えることが大切である（O'Connor, 1991）。脆弱な子どもたちは，自分たちが調整できない影響に容易に誘発されたり情動的に混乱させられたりするので，コーピングスキルを直接教えたりモデリングをしたり，適応に合う防衛を強化する必要がある。しばしば，このことはプレイの隠喩の中で行なわれている（Mordock, 1991）。たとえば，ある子どもが人形の家でプレイをしていた。すると突然火事が起こり，子どもは攻撃的な衝動が出そうに感じて不安になり，プレイをやめることを望んだ。まさにそのとき，セラピストは火を消す現場に消防車を置き，誰かが怪我をしたなら救急車を呼ぶことを提案できた。そのような介入によってセラピストは，プレイの隠喩の中で，攻撃的な衝動を制圧することに直面したとき，破滅を防御するモデルを子どもに示すのである。これと同じ態度とアプローチは，教師や子どものケースワーカーなど，入院型治療センターで働くすべてのスタッフに教えられる。そして衝動や情動を簡単に制圧した子どもたちは適応するためのコーピングスキルを教えられ，出現してきた防衛が強

化される。入院型治療センターの直接ケアをするスタッフと教えるスタッフは，子どもたちが学習可能なものの中から適応するためのコーピングの戦略を示し，そのモデルとなる機会を頻繁にもつため，異常に大きなプレッシャーとストレスの下で働いている。加えて虐待やトラウマと直面した子どもたちのセラピーでは，隔壁化（compartmentalization）や解離（dissociation）のようなトラウマに関する防衛を適応のために使うように教えることが重要である（Gil, 1991；James, 1989）。

　他の方法で情動に容易に苦しめられる子どもたちが，苦痛を伴う材料をいっそう気楽に扱えるようになるまで，それを脇に置くには隔壁化が必要である。このことは，彼らのコントロールと支配力の感覚を強化している。Gilが述べているように，解離症状はふつうトラウマを防衛するために使われるが，子どもが意識的にコントロールする必要がある。Gilは，解離症状の経験を"空間づくり"または"区分け"の名前で子どもに教える必要があると強調している。

　これにより，子どもは経験をいっそう簡単に明確にしたり話したりできるようになる。誰でも日常生活の経過の中で，ある程度の解離症状を経験するものなので，正常なものというべきである。つまり，トラウマを経験した子どもにとっては，解離の程度が問題である。子どもたちにとって解離の状態が助けとなるときとならないときについて，子どもたちと話し合う必要がある。トラウマの記憶や思いださせるものによって引き起こされる不安や強い情動をコーピングする代わりの方法を子どもたちに教えることは，きわめて重大なことである。子どもたちが自分自身で解離を観察できれば，彼らが再度方向性を見いだし焦点を当てるために助けとなる戦略を教えることができる。

★　トラウマを探すこと　★

　子どもたちのトラウマを詳しく探すとき，James（1994）が述べた，招待セラピー（invitational therapy）を使うことが大切である。Jamesが説明するように，子どもたちが彼らの虐待やトラウマ経験の話をしたりプレイを始めることはたいへんむずかしいことがわかった。それゆえ，セラピストは打ち明けるための機会をつくるのに活動的で指示的であり，徐々にその感情を引きださなければならない。このように関係を確立し自我を強化する段階では，セラピストは子どものリードに従い，子ども中心のアプローチを使うだろう。しかしながら，トラウマを扱うには，セラピストがより指示的になることが重要である。子どもたちは，大人と同じように，過去の虐待やトラウマを明らかにし，直面することについては矛盾する感情をもっている。子どもたちは最初の経験に強烈な恐怖感をいだくが，打ち明けることや他者に目撃される苦痛を

もつことへの願望も同じくらい強い。しばしば子どもたちはプレイの筋書きの本質に基づき直接的に苦痛な経験に直面する準備への糸口を与え，最初の虐待やトラウマの経験にいっそうオープンになり隠すことが少なくなる。臨床家は，子どもに直接トラウマと向き合うことを求める解釈を行なう前に，子どもたちの自我の強さを査定する必要がある。トラウマの出来事に関連する強い影響を操る子どもの能力についての1つの重要な糸口が，セッション後の混乱と情緒的な副作用の程度である。もし子どもが，トラウマの出来事が象徴プレイをとおしてアプローチされる治療的なプレイセッションのあとに，教室や家庭でコーピングや機能が果たせないと，子どもを失望させ無力感を強めてしまう。そしてその結果として，再びトラウマを起こさせる危険性が強く示唆される。子どもがトラウマに関連する筋書きの途中でプレイを中止することは，またトラウマに直面する深刻な準備不足を示している。すべてのプレイセラピストに重要なことは，ポストトラウマティックプレイ（posttraumatic play）を明確にし（Terr, 1981），ポストトラウマティックプレイへ介入（Gil, 1991）するためのガイドラインに気づいていることである。子どもはより直接的な方法でトラウマを処理するために，ポストトラウマティックプレイを繰り返し，脆弱さや情緒的な安定感の欠如を示すのである。

子どもが影響を受けているものを早くわかるためには，自然に出される記憶や夢を細かく追うことが大切である。この際，情動フラッディングの危険性があるので，ゆっくり進むことがきわめて大切である。激しいトラウマ反応は，終わりなく繰り返される暴力のプレイのシーンでしばしば見られる。セラピストは，その反復がただ無力感を強化させるだけなので介入し，支配力と決意のための代わりの解決策を与える必要がある。

★ 自己の感覚の修正 ★

トラウマが残っていると，強く影響を与える衝撃に出遭ったとき，恥ずかしさ，罪悪感，自責の念などの苦痛な感情がわいてくる（B. James, personal communication, 1993）。言い換えれば，子どもが早期の発達段階で受けた否定的なメッセージが，情緒的な強さを伴って刷り込みを受けているので，静かな方法で話すだけでは，否定的なメッセージを埋め合わせる方向には向かない。James（1989, 1994）は，この目的を達成するために，いくつかの治療的介入をつくりだすことを提案した。この段階では，治療的な焦点はセルフエスティームを再構築すること，他者との関係で自己の現実的な見方を発展させることや，犠牲にされたことやトラウマに結晶化しない別個の自己同一性を発展させることなどへ移る。子どもたちがトラウマの出来事で単純に定

義されることよりも，より大きな人生の文脈の中で自分自身を見るように手助けすることが大切である。

★　関係の修復と他者へのアタッチメントの構築　★

集中的で個人的な作業に続き，あるいはそれに結合した形で，子どもが生活で信頼できる人々の範囲を広げることが大切である。入院型治療においては，たとえ子どもがこれを認めなくても，子どもと教師や世話をする人との関係がいかに大切かがしばしば観察される。同様に，これらの子どもたちが喪失や分離の可能性に敏感であることは重大なポイントである。なぜなら，多くのケースにおいて彼らは人生の早期に，多くの喪失を経験しているからである。子どもたちは，お気に入りの世話をしてくれる人や先生が休暇中だったり，ほかの子が帰省中でいなかったりというような，入院型治療センターの流れのある種のシフトで，しばしば危機に陥るかもしれない。

家族との作業では，その焦点は子どもと家族の結びつきを回復し，家族内の断絶，分離，暴力についての傷を癒すことである。私たちが家族内でトラウマについて話すという確かな期待が達成されることがきわめて重要である（A. Fussner, personal communication, 1998）。その子が個人的な感情や経験について詳しく話すにつれ，両親が子どもの苦痛について聞くことを望み，そしてそれができることを子どもに納得させることも重要である。（A. Fussner, personal communication, 1996）。

★　未来の方向性を発展させること　★

セラピーの終了段階では，これらの子どもたちが肯定的な未来への感覚をもてるように手助けしたり，自分たちの強さや弾力性を強調したり，希望を生みだすことが大切である。また，癒しの過程の中では，子どもたちが精神的な大きさを認め誇りに思うことが，きわめて重要である（James, 1989）。Jamesは，これは虐待やトラウマを経験した子どもたちには特に重大であると指摘している。Jamesは"自分の存在に対する中核となるものがあり，これは失ったり外から奪ったりすることはできないし，信頼できる内側の知恵をもっていることを子どもたちは感じる必要がある"と述べている。

転移と逆転移

入院型治療という中で行なわれるプレイセラピーで，子どもたちはセラピストに極端な投射を向ける傾向がある。しばしばセッションの始めで，セラピストは理想化さ

れ，子どもたちのすべての欲求に対処することのできる人物として見られる。子どもは早期に経験した剥奪のすべてを満たしてくれる良い母親を切望している。避けられないフラストレーションが起きたとき，またセラピストが彼らの激しい欲求や憧れのすべてに対処できないと気づくようになったときに，セラピストの価値を下げ，拒絶し，敵対し，見捨てるように見られがちである。セラピストをすべて良いかすべて悪いかで見るこのやり方は，子どもたちが自分自身を見る方法を反映している。これらの要求が激しいので，セラピストは強力な感情を呼び起こされ，逆転移の反応を起こすことになる。しばしば，セラピストは子どもの見えない要求への激しい怒りの受け皿となる。さらに加えて子どもたちは，過去に出会った残酷で破壊的な人物とセラピストを同一化するかもしれない。そして，子どもたちは暴力的であざけるようなやり方でセラピストのもつある種の暖かさや世話をしてくれることに反応するだろう。もし，これらの投射の解釈が早すぎると，彼らは強く拒絶されているように受け取るだろう（Boston, 1983）。これらの子どもたちはしばしばセラピストをがっかりさせ，不適切さ，助けのなさ，拒絶，希望のなさなどをセラピストに感じさせる方法をもっていて，これらの感情には子どもたち自身も耐えられないことを知っている。これらの子どもたちを理解する中で，攻撃者と同一視する典型的なパターンを認めることが大切である。

　Anna Freud（1937）は，攻撃者への同一視を"恐ろしい外部の対象への恐怖をそれと同化もしくは同一化することで支配する方法を表わすもの"として定義している。何人かの子どもたちは攻撃者との同一視に非常にとらわれていて，怖くて希望のない自分に替わって，活動的で攻撃的な自分が経験する力の感覚から，異常に大きな満足感を得る。激怒や怒りは，原始的な距離を置く技法として使われている。同時に，子どもが激怒を表出する程度は，加虐的な割合が強くなり，セラピストへの強力な逆転移感情を動かすので，セラピストはそのような強い敵意を目撃し受け皿となるのがたいへんきついことがわかるだろう。いっそう悩ませるのが，しばしば激怒の背後にある自暴自棄からくる強いうつ症状である。これが起こったとき，セラピストは子どもたちの絶望と諦めの激しさに不安を覚えるかもしれない。セラピストが十分なサポートとスーパービジョンを受け，セラピーでこれらの激しい段階や強力な感情が出現することをとおして，子どもに会うことができるようになることはきわめて重大なことである。

　子どもたちとスタッフの両方に得られるチームアプローチと支援ネットワークの有効性が，入院型治療の非常に有利な点の1つである。同僚とスーパーバイザーの支援なしには，そのように厳しく妨害を受けている子どもたちに集中的にかかわること

は，豊富な経験のあるセラピストにとっても圧倒されることである。

入院型治療におけるプレイセラピーの重大な問題

★ 象徴プレイのむずかしさ ★

　何人かの子どもたちは，極度の略奪やトラウマを経験しているので，象徴化することが容易でなく，象徴プレイを行なえない。略奪を受けた子どもたちは，イメージで追求するための刺激や勇気づけに欠け，認知的な発達にも遅れが見られるだろう。結果的に，彼らはプレイルームでは，おもちゃに象徴的な機能をもたせることなく，具体的で平凡な方法で遊ぶ。そのような子どもは，たとえばブロックでタワーを作りそれを叩き壊したり，トラックを壁に繰り返し衝突させたりして，まさに運動遊びを単純に繰り返す。そんな場合，プレイセラピストは，子どもがプレイの行動を物語に発展させるのを手助けするために，イメージを用いた象徴的なプレイを使ってモデルを示す必要がある。プレイセラピストは，子どものこの能力を刺激するために，パペットを使ったプレイや空想のプレイの筋書きをしてみせる必要がある。トラウマにさらされてきた子どもたちは，空想のプレイや，苦痛の経験と関連することをよく思いだ
させるような想像を使うことなどを嫌がる。これらの子どもたちは，内面の生活にほとんど余裕がないのである（Boston, 1983）。子どもは内面の生活を描いたり，空想やイメージによるプレイの能力に没頭することに恐怖心をもっているので，徐々にその恐怖心を克服していく必要がある。

★ 攻撃者との同一視 ★

　暴力にさらされてきた子どもたちは，しばしば攻撃者との同一視を防衛するように反応する。助けがなく力のない立場から攻撃者の立場に変わることで，子どもたちは彼らの現実の生活経験では欠けている有能感やコントロールの感覚を感じる。しかしながら，このような生活史をもつ子どもたちは，しばしば攻撃者との同一視をするようになり，子どもたちにとってそれを諦めることがむずかしくなったときにこの役割に過剰に満足するようになる。いくつかのケースで，行動化された攻撃性は加虐的な割合が強くなり，セラピストにかなりな不快感を与え，子どもにとって助けにならなくなる。この過程は，Terr（1983）がポストトラウマティックプレイとして述べたことと似ている。

　子どもはプレイのこの形では，文字通り"立ち往生した"ようになる。つまり，プレイでは治療的価値がなくなり，セラピストの介入が必要となる。Gil（1991）がポ

ストトラウマティックプレイに介入する際に出したガイドラインがあり，攻撃者との同一視が堅固となり，そのような同一視を繰り返し演じる子どもたちへの介入に使える。残酷で迫害する攻撃者との誤った不健康な同一化を強化することで有能感の価値が影を投げかけられているので，セラピストはこのプレイを続けることを許さないことが大切である。特に恐れをいだいている子どもたちにとって，そのような強力な役割をもつ満足感は否定できないし，これらの満足感を諦めることはむずかしい。セラピストの目標は，プレイに変化を導入し，子どもを異なる役割に再度方向づけし直すことである。プレイの比喩の範囲内で，これを行なうことは可能である。たとえば，子どもがワニのパペットを使い，ほかのすべてのパペットを怖がらせていたら，セラピストはスーパーヒーローを登場させ，ほかの動物を救い，ワニを追い払う役割に変えて遊ぶようにとうながすだろう。この場合，子どもがスーパーヒーローの介入を最後まで演じたらただちにその場面をストップすることが大切で，そうすることでその子はそれから攻撃者との同一視にもどらなくなるからである。攻撃者の役割に同一視することから得られた異常に大きな満足感を和らげるために，ほかのパペットもスーパーヒーローに相当な強化を与えることができる。子どもが攻撃者と同一視することに排他的に没頭するのを諦める準備ができる前に，そのような介入が頻繁に繰り返される必要がある。

★　性的行動の流行　★

　入院型治療では，性的虐待の経験をもつ子どもたちの人数が相対的に高いことがわかった。その結果，プレイセラピーのセッションで子どもたちはセラピストに対して性的な行動や誘惑的な行動さえもとるようになる。彼らは愛情と性欲との区別が困難で，しばしばこの2つが自分の中で融合してしまっている。時々，子どもたちは早すぎる性的露出や性被害に過剰に刺激され，性的な行動を行なう。これは，どのように反応するべきかを知らないプレイセラピストにはたいへんストレスが多いことになる。性的な行動を行なうケースでは，セラピストはプレイルームを2人にとって安全な環境にし，そのような行動を行なうことが子どもにとって不適切であることを伝えることが大切である。かつては，これらの子どもたちは自分たちを好きになるためか自分たちに特別な好意を受けるために，大人のためにそのような行為をしなければならないと言われてきた。セラピストは，子どもたちがこれらの行動をコントロールするのは困難であることを強調し，子どもとよりよいコントロールを見つけるために子どもにかかわる。セラピストは子どもが性的行動をし始めたときに，その行動を止めて深呼吸のようなリラクセーションを2人で行ない，セッションを中断する必要があ

る。そのうえ，子どもたちは愛情や興奮の感情を表現するために，自分の代わりの方法を考案するだろう。その子に性的行動の打破を予測したとき，セラピストがうながして2人でこれらの方法を実践できる。このことでセラピストは子どもと協同的な同盟をつくり，性的行動をいっそう効果的にコントロールすることを手助けする目標をもつことになる。

　子どもたちはまた，プレイセラピーの流れの中で自分たちのトラウマとなっている性的な経験を再演する。子どもはこれらの虐待経験を再演することで，最初の経験に対する支配力を得ようと試みている。しだいに，子どもたちは犠牲にされた経験（複数の）にしばしば関連する強力な影響を抑えることができるようになる。もし子どもがトラウマの事柄を行動の変化や兆候なしに脅迫的に繰り返せば，ポストトラウマティックプレイを妨害するためにGil（1991）のガイドラインに従うことが大切である。

　子どもたちはまた，実際の経験とは安全な距離を置く象徴化された方法で性的トラウマを表出する。この象徴化し距離を維持する能力は，子どもたちの中にいっそう適切な防衛が発達していることを示唆し，子どもたちは情動的に混乱したり打ち負かされたりすることなくこのテーマにアプローチすることができる。

入院型治療でのプレイセラピーのテクニック

　入院型治療で子どもたちは，感情を言語化することについて教えられる必要がある。Fussner（1995）は，これらの子どもたちは"彼らの体の中を吹いている風"のように感情を経験していると述べた。言い換えれば，彼らはしばしば自分たちを混乱させ，打ちのめす感情の状態を区別できないのである。トラウマをもつ何人かの子どもたちは失感情言語症（alexiathymia）を経験し，心拍数の増加のように感情の生理学的な面のみに気づき，情緒的な経験に名前を付けたり象徴的な表現を与えることができない（James, 1994；Krystal, 1998）。これらの子どもは，情緒を理解し確認する能力が損傷を受けている。つまり，子どもたちはもう1人の子どもが同じ環境でどのように感じるかを述べることができるが，自分の生理学的な構成要素を除いて情緒的な経験について述べることはできない。James（1994）が指摘するように，失感情言語症はその人の情緒的な経験からの学習を抑制する。Jamesはまた，トラウマと関連する強い感情は，その人の経験を言語的に伝達する能力を抑制し阻止することに注目している。彼女はさらに，"トラウマを受けた経験は脳の原始的で非言語的な部分に暗号として登録されているように思われ，したがって言語化する能力がないことを説明している"と述べている。特に，トラウマを受けた子どもたちは，結果的に言語

化することについてこれらの抑制や能力のなさを示す。そのため，自分の感情の状態の言語を見つけ，描画やパペット，サンドプレイなどの遊びをとおしてこれらの感情を表現する安全な方法を見つける手助けは欠かせない。粘土で遊ぶといったほかの創造的な方法も，何人かの子どもたちにはたいへん手助けとなる。これらのテクニックは子どもが言語化するプレッシャーを減らすが，言語化が除外されないことが大切である（O'Connor, 1995）。セラピーセッション以外でトラウマについて言語的な処理をすることは，ある程度の一般化を促進でき，後の発達段階で子どもに求められる取り組みの量を少なくする（O'Connor, 1995）。入院型治療では，現実的な期待を受け入れ，子どもたちが過去のトラウマから遠ざかることについて認知的，情緒的な制限が設けられていることを理解するために，セラピストには発達的に連続したアプローチが求められる。しかしながら，ここで述べられているテクニックは，子どもたちの発達段階で最大限に支援するプレイセラピストに役立っている。

★ 感情の言語を教えること ★

感情のバスケット

　入院型治療で子どもたちを支援するのに使われている感情のバスケットのテクニックは，感情を言語化し，同じ事柄をいくつかの方法や違った強さで感じることができるのを理解する能力を高める。このエクササイズで，セラピストと子どもは，別の紙に感情を書く。子どもはできるだけ多く考えなければならず，セラピストも協力者として努力をしていっしょに2，3出す。これが終われば，怒り，悲しみ，恐れ，幸せ，興奮などの言葉が書かれた紙が7，8枚になる。次の段階では，子どもが優しく怖くない筋書きに基づいて感じた異なった感情を表明し量で表わすために異なった数のクレヨンかマーカーをそれぞれの紙の上に置く。

　それから，セラピストは呼び起こされたいろいろな感情を扱う時間であることを子どもに告げ，それぞれの感情を示すために紙の上にマーカーの総数を置く。たとえば，セラピストは自分のイヌが走って逃げ，数時間たったことを告げる。彼女はそれから怒りの感情の上に多量のマーカーを置き，困った感情の上にも多く置き，悲しい感情の上には数本置いた。セラピストは，それから状況に関係する感情の理由と状態について説明し，彼女はイヌが傷つけば困るだろうなどの例をあげた。このあと，子どもの番になる。子どもは自分の筋書きをとるか，セラピストが提案したものを使う。

時間の線

このテクニックは，子どもたちが生活の中の異なった時間にもったさまざまな感情を表現しやすくするために，色と感情の組み合わせを使う。記憶を共有し言語化することを勇気づけ，事柄を順番と遠近による見え方にし，感情をこれらの事柄にくっつける。

入院型治療を受けている子どもたちは，短い人生で多くの異なった家庭外の生活をしているので，このテクニックが特に役立つ。子どもたちは生活での年齢や時間を示すために，紙の上に横線を引き，その上に小さな縦線を入れる。子どもたちは，これまでの生活史の異なった時間とその記憶をこの中に書き込んでいく。それから，いろいろな感情を表現する色を選ぶ。たとえば，1人の子どもは悲しさを表現するために青色を選び，恐れには黄色を選んだ。これらを組み合わせたあと，次の段階では子どもたちが時間の線に色をつけるが，その色は人生のそれぞれの記憶や時間で経験した感情を表わしている。

棒拾い

よく知られている棒拾いのゲーム（McDowell, 1994）は，子どもが感情や出来事を言語化するのに役立つ。ゲームは，次のように決まった方法で行なわれる。棒の色は，子どもが異なった感情と組み合わせ，棒がうまく拾い上げられたら，プレーヤーは自分がその感情を感じたときの話をする。棒を拾い終わるまで，セラピストと子どもはこれを行なう。入院型治療を受けている子どもたちはこのゲームをすることが魅力的で楽しいことがわかり，よく知られた遊びとなっている。さらに，生活や問題状況から生まれる感情の言語や出来事を言語化することを励ますためにも，衝動的で活動的な子どもにスピードを落とすことを教えるためにも，このゲームは役立つ。そうすることで，子どもたちは問題解決や戦略をたてること，自分をコントロールすることを学習する。

感情の地図

入院型治療のプレイセラピーで最もよく使われているテクニックが，感情の地図である。このエクササイズは，'ショウガ入りパンの人（Gingerbread Person）' としてよく紹介されている。子どもは異なる感情と色を組み合わせ，生活のある出来事と関連して経験されたこれらの感情のそれぞれの割合によって，ショウガ入りパンの人の絵に色を塗る。これらのエクササイズは，子どもが理解するにはむずしい概念である

入り交じった感情を表現しやすくする。Harter（1983）は，人は同じ目標に向けられた反対の感情をもつことができることを，結果的に正しく理解することにつながる子どもたちの発達的な進歩について述べている。

★　パペットによるプレイ　★

　パペットを使った遊びには多くの方法があり，プレイセラピーの支えとなっている。これは子どもたちにとってもともと魅力的なもので，彼らの多くが自発的にあるいはセラピストが少し勇気づけするだけでパペットを使う。子どもたちが自分の物語をつくり，感情を表わし，葛藤や行動的な問題について取り組むには"段階"がある。子どもたちがさまざまなパペットのキャラクターと同一視し，それらに自分の考えや感情を投影することは容易である。子どもたちがパペットを使うもう1つの方法は物語を話すことで，セラピストは同じ物語をわずかに異なる終わり方で再び語ることで続く。これによって，子どもたちはしだいに出来事についての知覚を変え，コーピングの戦略を改善し，防衛を形成する。セラピストはプレイのテーマを提案することも行なう。たとえば，セラピストは子どもたちに"悲しいと感じたときの物語を話しなさい"とか"先週末に何が起こったか話しなさい"とうながすだろう。セラピストと子どものもう1つのアプローチは，それぞれ1つか2つのキャラクターを持ち，1つの話題について話し合うことである。子どもにとって，クマとゾウを持ってトラウマを受けたことについて話すことは，直接に話すことよりも脅威を感じない。使えるパペットの種類がたくさんあることが望ましく，それらは攻撃的な動物（ワニ，ライオン，ヘビなど），恥ずかしがりで静かな動物（カメ，トリ，子ネコなど），魔法のキャラクター（ドラゴン，魔法使い，王女など），いろいろな家族のメンバーや職業を表わす人々（警官，消防士など）などである。

★　ドラマによるプレイ　★

　小さな子どもたちがドラマのプレイに取り組み，役割をとり自分以外の物や人のまねをする場面を誰もが見てきている。1人の少年が消防士になり，燃えさかっている火を果敢に消す。1人の少女は母親になり，いろいろな子どもに食事を与え世話をする。子どもたちはこの短いプレイで，遊びを経験しながら自分の考えや感情を表現する。すべての子どもたちにとって，特に入院型治療を受けている子どもたちにとって，このプレイは影響を及ぼしているプレッシャーの衝撃を弱める手助けとなり，子どもたちが過去のトラウマの経験を消化する手助けをする。これは，子どもたちが自分たちの受動的な経験の状況をコントロールし，方向づけ，征服できる活動的な参加

者に変えるための機会となる。

　セラピストはこのプレイを見ることでその子どもについて多くのことを学習でき，まさにプレイそれ自身の中で，病気を治すことができる。セラピストはまた，プレイにコメントし，プレイで役割を演じ，代わりの解決や終結を入れることで，子どもを援助できる。プレイルームに象徴的なプレイに向いたものを幅広く用意すると助けになり，たとえば，着せ替えの洋服，人形，人形の家，医師の道具，車とトラック，食物と台所用具などが入っている。入院型治療でネグレクトを受け，虐待された子どもたちは食物，皿，台所道具などに引き寄せられ，養育のテーマを演じきることに多くの時間を使うことが経験的にわかっている。8歳のある少女は母親が亡くなり，父親から虐待だけでなく情緒的，身体的にネグレクトを受けているが，彼女が母親で，セラピストが娘になる次の場面をしばしば最後まで演じた。それは，ある日娘の誕生日だったが，娘はこれを思いださずにいた。母親は密かに手の込んだバースデーケーキを作り，それから子どもにたいへんうれしそうにそれをプレゼントした。子どもは驚き大喜びをするというものであった。

　自由で自発的な象徴プレイに加えて，セラピストは子どもをドラマによるプレイに導く。たとえば，セラピストは「あなたは（動物，王妃，スポーツのヒーローを）まねなさい，そして物語を話しなさい」と言うか，魔法の杖でしようとすることを示すようにうながすだろう。

★　サンドプレイ　★

　サンドトレイとミニチュアを治療的に使うことは，Margaret Lowenfeld によって1920年に最初に発展させられ，その後ユング派の分析家の Dora Kalff（1980）により広められ一般化された。このテクニックでは，子どもは多くのミニチュアの中から選んで，サンドトレイに1つの場面を作るように言われる。セラピストはその過程を観察し，あとで子どもとセラピストはその場面を話し合い，それを写真に撮る。子どもがサンドトレイに作ったものは，その子の心の象徴と考えられる。セラピストは子どもがミニチュアを選んだり置いたりすることについて解釈をして，子どもが発達的な段階を経て変化することを追跡する。

　サンドトレイは子どもに向いていて，触覚経験それ自体が子どもにとって治療的である。入院型治療では子どもたちの治療の助けになるテクニックで，情緒的な問題を表現し，非言語的にコミュニケーションを行ない，嫌気や抵抗を防ぐことができる1つの方法である。子どもとの距離をとり，強くおそらく否定的な情緒を象徴化し，投影し，置き換える安全な場所を与える方法でもある。子どもたちはサンドトレイ，

ミニチュア，砂などから自然な制限と境界を与えられ，コントロールを経験し支配感を得ることのできる安全感を高める（Homeyer & Sweeney, 1998）。

★　投影的描画テクニック　★

プレイセラピーの文献に貢献した Ellie Breslin によるテクニックは，海で嵐に遭う1隻のボートの物語に基づいた投影的描画法である。子どもたちは，その物語で，世界で実存的な位置について自分の感情をボートと同一視することで描くように求められる。子どもが絵を描くことで，自分の人生の個人的な嵐について感じている脅威やもろさの程度を示す手助けになる。描かれたボートが強いか弱いかの程度は，子どもたちが自分の不幸をコーピングする自身の資源を知覚する指標となる。

たいへんよく使われるもう1つのテクニックは Oaklander（1988）が考案し，彼女のすばらしい著書である『われわれの子どもたちへの窓』に述べられている。この方法は，子どもが洞窟に入り，両サイドにドアがあり，各ドアには子どもの名前が書かれているという物語に沿っている。子どもはどちらかの側のドアに自分の名前を書くように言われる。これは，あなたの場所を書くことという方法で紹介されていて，子どもが名前を書いたドアの反対側のドアに自分の絵を描くように言われ，欲求や空想や憧れなどを投影できるようになっている。この物語と投影的な方法は，子どもが失ったものや切望するものをしばしば示す。いくつかのケースで，人とコンタクトがまったくない不毛で孤立した場所のような，子どもの人生の実際の環境が描かれていた。他のケースでは，子どもが自分の人生が略奪で埋め尽くされているとき，おもちゃでいっぱいの部屋を描き，補償するような空想が表現されていた。これらの投影的なテクニックで，子どもたちは直接言語化することが極端にむずかしい感情を描くことができる。多くのケースで，これらの感情は気づかれていないのである。

★　防衛を束ね，隔壁化することを教える　★

入院型治療で子どもたちは，束ねて隔壁化する防衛を発達させる必要がある。この防衛は，トラウマを制圧するためのコーピングの助けになる。この防衛を促進する1つの戦略は，子どもが与えられたときに扱うのにあまりに苦痛を伴う材料のまわりに境界を置くことができるものである。James（1989）が述べ'がらくたのバッグ'というエクササイズは，子どもたちに自分の人生で起こった，話し合うことがとてもつらい事柄を，がらくたのバッグに述べさせるものである。セラピストは，セッションではずっと"バッグを持った"ままで，子どもたちは各セッションでそのとき話すことができそして喜んで話せる話題や事柄を描くために，紙片やインデックスカードを

取るように言われる。子どもたちはこれにより感情から混乱させられたり打ちのめされることを避けることができ，同時に彼らが描くことができるとき苦痛を伴う問題を詳しく調べるように誘われる。これにより，子どもはコントロールの感覚を強める。James (1994) はこのアプローチを招待セラピーとよび，このセラピーでは子どもが苦痛を伴う領域の問題を話すことを勇気づけるだけでなく，子どもが明確な許可が与えられたあとのみ，自分の問題に取り組むことができる。

★ 子どもたちが心的外傷後ストレス障害（PTSD）と関連する恐怖に向き合える戦略を描くこと ★

'怪獣にパーティの帽子をかぶせる'といわれる描画のテクニックは，子どもたちの恐怖感を減らしていくのに使われている。このテクニックでは，子どもは，PTSDと関連する戦いの夢，侵入されるイメージなどの恐れている対象に徐々に少しずつさらされることになる。このテクニックは広範囲の問題をもつ子どもたちに有効で，ほとんどの子どもたちが楽しむ活動（描画）を行なうもので，活動的で支配感を感じる方法である。このテクニックでは，子どもたちは連続的に絵を描き，夢や日中のイメージの恐ろしい部分にしだいに接近し，さらされることや感覚を減らすことが徐々にできるようになる。1つのステップが加えられ，子どもたちはスーパーヒーローなどの助人を入れることで描画を変化させ修正し，安全感を獲得する。このあとのステップでは，活動的な支配感を感じるアプローチがあり，子どもの内的な資源と外的なそれの両方を象徴的に浮き上がらせる。

★ 物語と隠喩 ★

MillsとCrowley (1986) は，物語と隠喩を治療的に構成するガイドラインをあげている。これらの方法は，子どもたちが安全で楽しい雰囲気の中で，感情的に詰め込まれた問題に取り組むために，入院型治療で頻繁に使われている。MillsとCrowleyの『3本足の犬』の物語は，喪失に苦しむ子どもたちや家族によく使われている。死や家族の重要な人を亡くした経験をもつ人たちに多くの希望と勇気を与える物語である。『ウサギのジョニーのお父さんの死』(Crenshaw, 1995) という物語では，子どもたちが家族の死に直面したとき経験する感情の範囲がはっきり述べられ標準化されている。特に入院治療を受けている子どもたちでは，『山の上のジョセとピート』の物語が，セラピーの終結と関連する感情をコーピングするのに役立っている (Crenshaw et al., 1991)。この物語は，子どもたちが集中的なセラピー期間の終わりに経験するさまざまな感情を表現し確認する助けとなるだけでなく，子どもたちが得たも

のや次のステップに移るときに，いっしょにもっていけるものを浮かび上がらせることなどを意図している。この物語の新しい特徴は，子どもたちがジョセとピートの冒険のいくつかに参加し，自分のバージョンを加えるようにしていることである。いっしょに山に登ることは，入院型治療で子どもたちとセラピーを行なう過程をとらえるためのメタファーとして役に立っている。

要約

　この章は，入院型治療での子どもたちについていくつかのユニークで特別な特徴や，この子どもたちにプレイセラピーを行なう際のいくつかの付随的な挑戦などについて述べている。明らかに，そのような厳しい挑戦を伴うプレイセラピーは，けっして単独に行なわれるべきではない。成功させるために絶対的に基本的なことは，教師，子どもの養育者，それに全体的で多面的な訓練のスタッフであるソーシャルワーカー，看護師，精神科医，心理士，スピーチと言語のセラピスト，アートセラピスト，レクレーションセラピストなどと，緊密に協同していくことである。しばしば，プレイセラピストはほかのセラピーと組み合わせて行なうが，特に家族セラピー，グループセラピーなどがあり，それに時々アート，音楽，ドラマなどのセラピーもある。プレイセラピーの伝統的なテクニックに順応することが，この臨床的な問題をもつ子どもたちにとって効果的であるために必要なことを確認した。入院型治療センターでのプレイセラピーの治療計画から，典型的な転移と逆転移が生じることについても述べられている。すべてのセラピストがストレスを強く感じる臨床的な問題は，入院型治療で子どもたちにかかわるときに経験する問題でもあるが，これらの子どもたちに役立つ実践的なテクニックにそって述べられている。この子どもたちが必要としている挑戦は数多いが，子どもたちにもたらされる恩典は再び信頼することやアタッチメントを学習させ，この仕事を極端に意味深いものにし，セラピストに治療的な勇気と忍耐のレッスンをプレゼントしている。

第 9 章

教室でのセラプレイ®

Doris M. Martin

　この章の目的は，教師やカウンセラーが教室で使うセラプレイ®（以下「セラプレイ」）について紹介することである。「セラプレイ」は，シカゴセラプレイ研究所の Ann Jernberg によって発展させられた効果的なプレイセラピーのシステムで，後にグループで使われるようになった。「セラプレイ」では，大人が伝統的な役割から離れる必要があり，楽しい計画的な活動により，教室で健康な自尊心や意味のある関係がうまれることが促進される。「セラプレイ」は挑戦，刺激，構造化それに養育などに対する子どものニーズや，生活年齢でなく発達年齢でこれらのニーズの必要性についての知識をもつことなどをめざしている。「セラプレイ」では教室の教師に否定的な相互作用のパターンを再検討する方法が与えられ，子どもたちに肯定的なモデルや他者とともにいるための新しい方法などを与える。

- Juan が走って部屋に入ったとき，誤って Eric につまずいたので，Eric は振り返り Juan を蹴る。
- Latisha と Margaret は，教師に「私たちは Shana といっしよに作業をしたくないです。彼女はすごくけちです」と不平を言った。
- テーブルの下にしゃがんで，Joel は握りこぶしを振って警告し，あまりに接近して危険にさらす好奇心の強い仲間に，「1 人にしておいて！」と大声を上げる。
- 音楽の教師が「この 3 人の子は，クラス全体を崩壊させます」と知らせる。
- 静かに読んでいる間，椅子に膝をそろえて座り，Norma は編んだ髪をねじり，親指を吸い，空間をじっと見つめる。

これらと似た場面が，すべてのプレスクールや低学年の教室で，ほぼ同じように起こっている。ますます教師は，子どもたちの行動が自分自身や仲間の学習能力を崩壊させ，グループでうまくいくメンバーとして機能する能力を減少させていることに直面している（Garbarino, 1995）。学齢期の年齢をとおして，教室の教師と子どもの仲間は，その子どもの自己についての感覚が現われるのを支援する大切な役割をますます演じることになる（Greenberg, 1989）。

ごく早期の社会的相互作用のパターンは，親や他の養育者が子どもたちの世話をすることによって，乳児期から学習されるものである。離婚，失業，ホームレスなどの個人的な現実，あるいは機能麻痺や身体障害などの身体的な困難さ，あるいはストレスなどがあると，家族によっては適切に世話をすることがたいへん困難になる。自分の基本的なニーズが満たされていないか自分の人生でトラウマを経験している両親は，彼らの幼い子どもたちが必要としている援助の役割を回復することにたびたび困難を示す。子どもたちは，必要とする支援を受けることに決まって失敗し，自分自身を価値がなく役に立たないものとして見るようになる（Ainsworth, 1989）。これらの観念は，子どもたちが教師や仲間との相互作用で行なう，多くの破壊的な社会的パターンの背景となっている。

「セラプレイ」の理論的根拠

子どもたちの根本的な情緒的ニーズをとらえる必要性を認めることにより，「セラプレイ」は教室の教師に否定的な相互作用のパターンを防止する方法を用意し，子どもたちに肯定的なモデルを経験させている。うまくいかない社会的な交渉に多くの注意を払っている子どもたちは，学業的な挑戦のためのエネルギーをほとんどもっていない（Best, 1980）。幼い子どもたちが仲間と交わることに困難さを示す要因として，彼らの自己中心的なやり方や，他者の役割や見方を推測する能力の発達が抑制されていることなどがある。他者に積極的にかかわる行動（prosocial behavior）のモデルを早期に経験し，基本的に必要なものやニーズに出合った子どもたちは，社会的な相互作用の中でうまく機能することができる。家族が子どもたちの社会的，情緒的発達を支援することができない子どもたちにとって，学校での経験が大切な第二のチャンスになる。

NEAの報告（Merina, 1991）によれば，全米の4分の1の州で，小学校のスクールカウンセラーを必要としており，1人のカウンセラーが1,700名にも及ぶ生徒へのサービスを行なっている。幼稚園教師のNancyは，「私たちは350名の生徒にフルタ

イムのカウンセラーがいてたいへん幸運です。カウンセラーは私のクラスの6人の子どもたちに週に30分間会っている」と述べている。その間に，これらの子どもたちはNancyの直接的な無条件の注目を求めていたので，教室で大混乱に近い状態を引き起こした。カウンセリングは助けにはなるが，これらの子どもたちにはそれは単純に十分とはいえない。これらの子どもたちは全員，注目を求める行動の種類を非常によく学習していた。それにもかかわらず，ほかの子どもたちは，それに加わることに消極的で拒絶的であることが，最も安全な道であることを学習している。子どもたちの克服できないニーズに直面し，30年にも及ぶ教育経験にもかかわらず，Nancyは"私はクラスで子どもたちにかかわる力があるだろうか"と疑問をもった。

　Phyllis Rubinは特別な教育を担当する教師であるが，1978年にシカゴの「セラプレイ」研究所で研究しているとき同じ疑問もった。Rubinと同僚のJeanine Tregayは自分の教室で「セラプレイ」のテクニックを実践することで，教師が教室で使うグループの「セラプレイ」のモデルを協同で発展させた（Rubin & Tregay, 1989）。Ann Jernberg（1979）が発展させた「セラプレイ」は，侵入，体とアイコンタクトなどのAustin des Laurierのプレイテクニックの理論と実践に基づき，子どもとセラピストが親しくなることに焦点を当てている。「セラプレイ」はさらにViola Brody（1993）の仕事からも影響を受け，子どもたちとの治療的なかかわりでは，活動的な身体的接触，身体のコントロール，歌うこと，それにその子どもの生活年齢ではなく発達のレベルに合わせて子どもに会うこと，などが強調されている。

　「セラプレイ」の相互作用の戦略は，保護者と幼児の健康的な関係をモデルにしている。Jernbergは，養育，構造化，侵入，それに挑戦などの基本的に必要なものは，子どもが発達をさらに進める以前に満たされるべきであると断言している（Rubin & Tregay, 1989）。Jernbergは健康な幼児の発達にとって，基本的な保護者の行動を4つのカテゴリーに分類している。

1．「構造化すること」
　　制限し，定義し，禁じ，概略を述べ，再確認し，しっかりと話し，名づけ，名前を呼び，明らかにし，制限し，抱え，抑制する。
2．「挑戦すること」
　　悩まし，思い切って行ない，勇気づけ，変化させ，追跡し，いないいないばあをし，頬を不意につかみ，まねるために雑音を出し，つかむために指を小刻みに動かす。
3．「侵入すること」

赤ちゃんをくすぐり，跳ねるように歩き，揺らし，驚かせ，くすくす笑い，ぴょんと飛び越したり，急に飛んだりする。

4．「養育すること」
赤ちゃんを揺り動かし，看護し，抱き，鼻をすりつけ，食物を与え，抱きしめ，毛布などに包み，優しくなで，隣に横になり，しっかりと抱きしめる。

(Jernberg, 1979)

　理想的には，すべての子どもたちは，自分の親か他の最初の養育者との関係で，上記の相互作用を経験するだろう。しかしながら，ほとんどの子どもたちが，理想的とはいえない環境で成長する。親と子の相互作用で，養育，侵入，挑戦，それに構造化などがなされない場合，不適応行動へとつながる（Jernberg, 1993）。これらの経験がないままだと，おそらく子どもたちは他者への安全なアタッチメントを形成することに困難をもち，攻撃的で，騒がしく，過度に要求し，あるいは引っ込み思案の行動をしばしば示すだろう。

　教室の教師は，単独で引っ込み思案や破壊的な子どもに注意を向けるような余裕をほとんどもたないので，子どもを肯定的な経験に積極的に導くことよりも，否定的な行動に反応する状況に置かれている。

　教室で短いプレイセッション（「セラプレイ」）が計画されれば，その場で養育，侵入，挑戦，それに構造化のための直接的で，具体的な機会を提供するので，より早期に満たされていないニーズの否定的な影響を減らすことになる。

プレイセッション

　セッションが計画されると，参加したすべての子どもたちは，教室のすべての人が価値があり，大切なグループのメンバーであるという感覚が強化される。不従順で，乱暴で，あるいは攻撃的な子どもたちは，教師やほかの子どもたちから引きだした否定的な反応のために，自分自身や仲間から"違っている"または"悪い"としばしば見られている。しかしながら，プレイセッションで，大人はそれぞれの子どもがまさにその子らしくあることを，明白に心から歓迎している。セッションは最低限の準備の下に，新しいものと決まってするもの，子どもたちを招待するために計画されたものと経験した教師が使いやすいものなど，バランスがとられている。肯定的な空間と安全な環境を生みだすために，以下の4つの簡単なルールがある（Rubin & Tregay, 1989）。

1．「傷つけてはいけない」
　　このルールは，身体的にも情緒的にも，意図的にも無意図的にも，他者に害を与えてはいけないことを，子どもたちに思い起こさせるのに役立つ。もし，事故や傷害が起これば，大人や参加している子どもから，ただちに注意が与えられる。このルールは，誰もが，どの種の傷害をも防ぐためにいっしょに取り組む安全地帯を用意することになる。
2．「いっしょにくっつく」
　　いっしょにくっつくことは，グループメンバーが相互に依存していることを示す方法である。私たちはお互いを必要としているし，お互いに助け合っている。
3．「愉快になる」
　　このルールは，大人と子どもたちがいっしょに愉快になることを認めている。身体接触を含むプレイは，すべての子どもたちに必要な活動である。セラプレイでは，大人はたんに子どもたちを見張り導くのみでなく，子どもたちとプレイをすることを励まされる。
4．「大人には責任がある」
　　子どもたちは，誰か年上の人や賢明な人に責任がある際に，安全であると感じる。このことは，大人の家族メンバーが子どもに早すぎる自立を強いて不適切に権威を放棄し，子どもの基本的なニーズを用意することに失敗したとき，多くの子どもたちが経験している逆の関係に立ち向かうことに最も意義がある。

　最初の3つのルールは，子どもたちと共有され，セッションの初めに子どもたちに伝えられ，セッションをとおして必要とされる。最後のルールは，教師のためのもので，教師の行動をとおしてのみ子どもたちに明白になる。
　グループセッションは，導入，計画にそった活動，終結の3つの部分からなる。セッションの導入と終結の儀式では，子どもたちに導入からそれないことと終結を明確にすることを一貫してわからせ，子どもたちに安心させる予測を与えている（Rubin & Tregay, 1989）。教師は儀式により，活動を計画することを簡単にする構造を準備できるので歓迎している。セッションが，単純で十分にプレイができる構造であれば，学校の典型的な日課から教師と子どもたちが必要な安心感を得ることができる。
　理想的には，「セラプレイ」のセッションは集団の集中力を維持できるグループの能力を見ながら，週に2〜3回，約20〜30分間行なわれる。最初のセッションは短くし，子どもたちがセッションの形式にしだいに慣れてくるにつれて長くしていくこと

がポイントである。学年を通じて，規則的な時間帯を確立し，規則的に「セラプレイ」を実施することは，子どもたちの参加やセッションへの期待を高めるので，その恩恵を最大限に利用している。しかしながら，教室での時間やスケジュールなど外的な差し迫った必要性は，しばしば避けがたい。「セラプレイ」のセッションを不規則に，そしてまれに実施することは，まったく好ましいことではなく，グループはもとより個人にも意義のある恩恵をもたらさない。

★　導入の儀式　★

　導入の儀式には，歌と"点検"がある。各セッションで一貫して使われる歌は，この時間の始まりをみんなで注目するのに役立ち，そのとき子どもたちと教師は全員いっしょに床に丸くなる。そのセッションは，歌の歌詞からとった名前を付けられている（たとえば，'あなたは私のサンシャイン'の歌では，サンシャイングループ）。選ばれる歌は，グループの連帯感や他者への感謝の考えを表わすべきである。歌に続いて，必要によってルールが説明され復習される。幼児たちのある教師は，"いっしょにくっつく"ルールを示すのに，子どもたちの膝の間にのりを付けるまねをすることで，陽気で平凡な状況をつくる。子どもたちは，傷ついた感情を含むことで，"傷つけてはいけない"という意味をすぐに理解する。同様に，"愉快になる"というルールは，説明をまったく要しない。

　導入は，"点検"で進む。導入の儀式のこの部分は，すべての中で最も必須のことだろう。私たちが感じる痛みを，他者と共有するために表出することはめったにない。ほかの人が「元気ですか」と聞いたとき，「元気です」と冗談を言うように，社会は幼い子どもさえも訓練してきた。そのようなわけで，それぞれの子どもは，「何か傷ついたことはありませんか」と聞かれる。ハイと答えた子どもたちは，自分の傷ついたことをはっきりするように求められる。しばしば，子どもたちは皮膚に付いたかすり傷や打ち身を見せるので，教師はそのとき傷のまわりをベビーローションで優しくなでながら痛みを和らげる。何人かの子どもたちは，傷ついた感情を述べ，ほかの子どもたちは傷ついていないと言うだろう。そのグループは，傷ついていない子どもや傷を和らげてもらった子どもに拍手をする。これは，各子どもがそのグループ全体から支持的な注目を向けられるときである。グループのリーダーは，子どもたちの注目を順番の子どもに引きつけることにより，ほかの子どもたちをグループに包み込む。結果的に，円のまわりで何か傷ついた子どもがいたら，子どもたちは次のその子どもに尋ねることによりこの役割をとることができる。点検で起こる養育機能は，セッションの開放感に対する信頼と凝集性を形成する。

★ 計画されたゲームや構造化された活動 ★

　セッションのこの部分は，計画された活動で構成され，Jernbergが述べているように，"具体的，個人的，肯定的な経験を通じて，自尊心を高め，他者への信頼感を増す"（Jernberg, 1979）。セッションのこの部分は子どもの驚きの要素を含み，絶えず変化するように故意に構造化され，子どもの興味をそそるように活動を変化させている（Martin & Lachman, 1999）。活動は，陽気で活動的であるように考えられているので，子どもたちは騒々しくなる傾向にある。新しい変化をつくりだし，新しいゲームを用意することは，同じものを繰り返すよりも，教師がコントロールすることを手助けし，このように"大人には責任がある"というルールを守っている。

　活動は，子どもたちの隠されたニーズをつかむために選ばれる。特殊な活動が特別な子どもに選ばれるだろうが，その活動は子どもたちのすべてにとって愉快でためになるだろう。ほとんどのケースで，それぞれの子どもは活動的に参加することにじかに取り組み励まされるべきである。しかし，活動によっては，必要な時間数，大人のスーパービジョンのレベル，要求されている参加の程度などの調整がなされる必要がある。たとえば，グループの活動で，障害物の迷路の中で，目隠しされた子どもがコーチを受けて導かれるものがある。それぞれの子どもに経験する必要のあることによって，異なった役割が割り当てられる。すべての子どもが参加者であるが，必ずしもすべての子どもたちが同じ役割を繰り返すことはない。活動に入りたいという子どもたちの欲求や公平であることの要求を予想しながら，リーダーは開始時に，もう1つのセッションで参加できるチャンスが利用できることをアナウンスする。活動はこのような多くの時間と注目を必要とし，延期されることはない。

　ほとんどの活動は，1つ以上の必要なものを満たし，セッション中に個人的なニーズを満たすように工夫されている。活動の焦点は子どもたちの本当のニーズを満たすことで，これはごく早い時期から満たされることがなかったものであることを思いだすことが大切である。このように，幅広い年齢層の子どもたちは，表面上は幼児により適していると思われる活動から恩恵を受けている。幼児にとって調整しやすいセッションを維持するために，ほとんどの子どもたちは1セッションにつき1つの活動だけに入るだろう。しかしながら，活動の単純さと必要な時間により，1セッションで2つか3つの活動が提供される。

　以下に，子どもたちの特別なニーズを満たすために使われる活動の例を示す。

養育

「セラプレイ」のセッションは，導入の歌で養育活動が始まり，点検をとおして続けられる。養育はすべての子どもたちに恩恵をもたらすが，攻撃的であるか素直でない子どものように，"その世界で怒っている"ように見える子どもたちにとって大切である。攻撃的でいじめる子どもたちは，誰も自分たちを好きでないと一般的に信じているので，彼らの否定的な相互作用は自己充足的な予言になる。養育活動は，"あなたの2つの大きな茶色の目はなんと美しいのでしょう！"というような，単純な気づきの形式をとる。単純な養育活動は，グループの休止まで毛布に入れてつるし優しく揺らすものである。子どもたちは，その子どもが揺らされているのに合わせて，子守歌かラブソングを歌うだろう。しかしながら，この子守歌で，揺りかごも"赤ちゃん"もどちらも落ちてはいけない。いつものように，そのグループは，お互いの安全のために気をつけることに気づかされる。起こっている養育活動は，グループで家庭にいる状態，つまり，最も良い感じで，その人が無条件で感謝される場所である (Sinclaire, 1994)。

構造化

構造についての内部感覚がほとんどかまったくない子どもたちにとって，構造化された活動は特別な意味をもつ。そのような子どもたちは，部屋の中を荒々しく走り回るか，定期的に教師の制限を試している。構造化された活動はたいへん特殊で，明白なルールと指示があとに続くという期待を伴う。言語的な説明や対決的な「ダメ」という言葉を使うのを避けるために，教師は操作を試みることを予想し，逆説的な言い方や挑戦で彼らをかわし，自信をもって計画にそった活動を進める。たとえば，怖い顔つきをする子どもが，さらにより怖い顔をすることに挑戦させられた。そうする中で，教師はそれを払いのけるよりも，その行動を取り入れたのである。

構造化された活動の例で，子どもたちが着ている洋服の色を使うものがある。リーダーは色を知らせ，円のまわりの1つずつかまたは1度にすべてかで，「青色に触れなさい」と言われる。追加の挑戦も可能で，体の特別な部分の名前を言い，「頭で赤に触れなさい」など，接触することを求められる。身体的な活動なので，子どもたちに優しくなることや，「いいですか？」とお互いに尋ねることを思いださせる良い時間となる。3年生では，数人が言われた色の洋服を着て最も近くにいた1人の子どもに接触するのを拒否したとき，もう1つの傷つく経験に気づいた。このことから，リーダーは排除や拒絶されることの意味すること，ほとんどの子どもたちが明確にでき

る傷つく経験などについてあとで話し合うようにうながした。この出来事はまた，拒否される子どもは養育される機会を追加したほうが効果的であることを示唆している。

侵入

　柔軟性がない，引っ込み思案の子どもたちは，顔に絵の具を塗るような侵入的な活動から恩恵を得るだろう。このケースとして，綿ボールが"絵の具ブラシ"になり，その想像上の絵の具は，リーダーや子どもたちが想像できるどんな色にもなる。"絵の具"を与えながら，リーダーはほかの子どもたちのモデルになり，次のように言う。「私はこの輝いている水を少し取ろうとしています。そして，あなた方の頬にそっと花を描きます。くすぐったいかって？　そうね，このかわいいレモンイエローはあなたのあごのまわりにちょうど合っていると思います」。それから，子どもたちはそれぞれほかの子どもに絵の具を塗り，あるいは子どもたちがペアになり，お互いに絵の具を塗る。終わりに，鏡が回され，子どもたちは自分自身の美しい笑顔と美しく"絵の具で塗られた"顔を見ることができる。

挑戦

　臆病で他者との相互作用を始めることができない子どもたちは，目隠しをされた状態で信頼を形成する活動で支援されるだろう。子どもは，ハンカチかスカーフで目隠しをされる。それから，グループは子どもを部屋の中でリードする。子どもたちは，方向を指示したり，その子どもがどのように感じるかを尋ねたり，ほかの子どもたちが傷つくことから守ってくれるので安心させるように，励まされる。もう1つの挑戦は，パートナーを組んで立つというものである。子どもたちのペアが，腕を組み合わせて背中合わせで座る。腕を組み合わせたまま力を合わせて立とうとする。グループごとに，子どもたちは，これを自発的に行なう。1度に1つのペアがして，グループのリーダーは各ペアに注目するが，長くすることは不利益をもたらす。1組のペアの活動が終われば，子どもたちはほかの仲間がうまくいくように手助けし，励ますことができる。

　養育し，挑戦し，侵入する単純なグループ活動に，'手のタワー'というものがある。小さなグループで，手を順番に積み重ねながらタワーがつくられる。最後の子どもの手が一番上に重ねられたとき，底になっている手が引き抜かれ一番上に置かれる。ゲームの前にすべての子どもの手にローションを塗ることが魅力になり，ほとんどの子どもたちにとって，気持ちを落ち着かせ，快適な経験となる。ローションは個

人的にもペアでも使われ，子どもはそれぞれ順番にお互いにローションを塗る。香りが強い色つきのローションは，アレルギー反応の原因になるので，避けるように注意するべきである。

★　終結の儀式　★

　構造化された活動のあとは，セッションを閉じるための時間である。再びいっしょに膝をくっつける活動や，綿ボールを円にそって優しくくすぐりながら回す活動など，穏やかで静かな活動が計画されている。終結の儀式は，グループを穏やかな状態にもどし，決まり事の休憩に移る用意をする。終結の儀式の最後の活動は，食べ物を共有することである。小さなクラッカーか他の一口サイズのスナックがそれぞれの子どもの口に入れられ，食べ物で養育されているという世話や親しみを象徴化している。この親しみを拒否する子どもたちのために，教師はその子どもの手で口にクラッカーを持っていかせるようにしている。あとのセッションで，教師はそれぞれの子どもの手の中にクラッカーを置き，1人ずつ，円を回りながら，それぞれの子どもが隣りの子どもに食べさせる。衛生上の問題に対応するために，食物を共有するのに先立ち濡らした拭きものがこの儀式に用意され，手をきれいにする。食べ物の交換は，スナックを取り替えるために意図されたものではない。

　最後の活動は，終結の歌を歌うことであり，導入の歌と同じものか別のものである。お互いに感謝する言葉が入った歌が，特に適切である。子どもたちはしばしば自発的に腕をお互いに回し，あるいは音楽に合わせて体を揺らしながら手をつなぎ，終結の音楽に反応する。セッションは公式には終わるが，Nancyは「セッションに出ると，その日1日が楽しくなる」と述べている。家族の責任についてクラスで話し合っている間，子どもたちが教室でのセラプレイセッションで支援を受け凝集性に気づくようになることがわかった。1人の幼稚園児が，「私たちは家族のようだ！」と述べた。

特別な考察

　教室で「セラプレイ」のセッションを始めることを決定するには，注意深く，思慮深い考慮が必要である。教師はその伝統的な役割から逸脱しているプレイの活動に子どもが参加することで，いかに自信と快適さを生みだしているかを見極めるべきである。「セラプレイ」セッションの間，教師は依然としてたいへん責任があるが，プレイ活動の参加者でもある。

第Ⅲ部　個人プレイセラピーによるアプローチ

　セッションは，身体的な接触を最大限にするために，十二分な機会を教師と子どもたちに用意することを意図される。しかしながら，性的，身体的な虐待を受けた，あるいは受けた疑いのある子どもたちは，感受性をもって治療され，スクールカウンセラーのコンサルテーションを受ける必要がある。ゲームの身体的特質は，子どもたちが肯定的な接触を経験することを手助けすることである。肯定的な接触を経験した子どもたちは，不適切な接触をよりうまく識別できるようになる。これまで，身体的な接触のあるゲームは，両親や他の専門家から，教室では不適切なものとして疑問に思われてきた。混乱や潜在的な葛藤を減少するために，「セラプレイ」の恩恵を伝え，参加するように招待すべきである。スクールカウンセラーの支援や援助は，個々の生徒をフォローアップすることのみでなくセッション中も計り知れないほど貴重なものである。可能なときはいつでも，2人の大人が「セラプレイ」セッションに参加すべきである（Martin, 2000）。Jernbergは，1人の人では"セッション全体をとおして，観察し，調整し，交流し，始め，快活さを維持するにはたいへん困難であることがわかる"と主張している。教師が教室で「セラプレイ」を試みることの是非は，教師のスキル，子どもたちのニーズ，それに支援の有効性によって決められるだろう。

　セッションの回数や各セッションで行なう活動を決めるのは，教師の職業的判断になる。一般的に，「セラプレイ」は，週に数回計画されるならばより効果的である。しかしながら，子どもたちの特定の行動にマッチする特定の活動について，どんな魔法の公式も，規定もない。Tobinは，教師に"子どもの内的なニーズを正確に知覚するあなたの能力は，あなたに役立つ最も効果的な介入の源である"（1991, p.42）と気づかせている。教師は，子どもたちの不適応行動をとおして，またこれらの内的なニーズを満たすための手助けが最も良くできる活動を決める注意深い観察をとおして，表わされている背後にあるニーズを見分けるために自分自身や同僚の専門知識に頼らなければならない（Martin & Lachman, 1999）。特別な要求はさておき，特定の活動は陽気さ，活動への参加，競争をしない相互作用，単純さ，それにめずらしさなどの一般的な基準を満たすだろう（Rubin & Tregay, 1989）。学業的なスキルから分離することなく，行動の感情的，社会的側面を軽く刺激するという理由で，ゲームや活動が選ばれる（Fluegelman, 1981；Kami, 1980；Rubin & Tregay, 1989）。

要　約

　良い教師は，子どもたちに学業を教える以上のものを用意する必要があることをいつも認識している（Sinclaire, 1994）。しかしながら，子どもたちの情緒的社会的発

達の重要性を認識しているにもかかわらず，教師には感情的な発達に介入するカリキュラムについて，活動を計画し，それを行なうことは期待されない。「セラプレイ」の戦略を使用し始めているある教師が，"私が学業的にこれらの子どもたちに到達しようと試みることがたとえ厳しくても，養育や構造化や侵入や挑戦へのニーズが満足されるまで，私が意図することがほとんど学習されないことをついに認識した"と結論づけた。グループ「セラプレイ」のセッションの戦略では，教師の伝統的な役割や教室のふつうの活動から離れることや，教師が教えすべての子どもたちが学習できることが大切であるという考えから離れることが必要である。

　多くの子どもたちが，教師や仲間と効果的に機能するのに適した社会的情緒的発達を遂げて学校に来るが，そうでない子どもたちも多くいる。関係性のスキルや自己についての感覚が，"家庭で"見られるようには教室で発達していない子どもたちは，「セラプレイ」に参加して非常に多くのことを得る立場にある。しかし，彼らだけがその対象者ではない。すべての子どもたちが，学校で多くの時間を過ごす間に，注意深くて役に立つ大人をもつことで恩恵を受けている。私たちの社会では，葛藤を調停し解決するのを助け，他者の世話をして養育する個人に対するニーズが非常に高い。子どもたちと大人がいっしょに有意義な時間を過ごす教室のようなグループで，養育を提供するプロセスは，グループの同一性と所属感を発達させる子どもたちと，孤独でつながりのない者として自分自身を見ながら成長した子どもたちとの間の違いを示すことができる。「セラプレイ」は，子どもたちの生活で感情の大切さを認識する方法であり，良い教師はなにがしか直感的にそのことを知っている。「セラプレイ」のセッションを行なうとき，"愛をもって教えること"はあらゆる子どもが受けるに値する無条件の関心である。Lisa Goldsteinは，"「愛をもって教えること」は，幼い子どもたちに教える際の核心である情緒的，対人関係的なかかわりに権威を与えながら，早期の児童期の教育の領域を変える可能性をもつ"と書いている（1997, p.168）。学校のカリキュラムへの要求は重要であるが，社会のメンバーとして子どもたちが健康で，思いやりがあり，気遣うようになるのを手助けするのに批判的な人は誰もいない。

グループプレイセラピーと特別な子どもたち

★第Ⅳ部★

第10章

学校での活動グループによる危機介入

Maxine Lynn and Danielle Nisivoccia

　この章では，危機を経験している子どもたちの，目標に焦点を当てた活動グループの実施について扱う。学校は危機介入のための理想的な活動の場である。それは，子どもと家族が公の施設で調和しなければならない，自然に交流のできる場所だからである（Congress & Lynn, 1994；Meyer, 1976）。学校では生徒に危機介入のサービスが用意されるべきであり，それは子どもたちが学習するためには，衰弱させられる重大な危機から解放される必要があるからである。

　子どもたちは生活の中で，自分自身の不安や大人の不安から自分を保護する安全な場所を見つける必要がある。活動グループは，なぐさめ合い，支え合い，彼らの感情に苦心して取り組む機会を提供する。

　私たちは，危機介入の活動グループの概念的な枠組みを提示し，グループ活動を始めるための基本を示し，実践例をとおしてグループで起こっている活動とそのダイナミックスを例示している。他に，この作業を行なうことに関連した制限やリーダーの役割も扱っている。

　子どもたちが学校に入学すると，両親から別れるという発達的な危機に直面する。このごくふつうに与えられる危機を解決することが，将来の問題解決の手段となり，学校職員との関係と信頼を確立することにつながる。子どもたちは，両親やきょうだいの死，ハリケーン，洪水，火事などの環境的な災難，家族の暴力，コミュニティや学校での暴力行為などのさまざまな危機をコーピングし学習することに，学校が役立つことを期待している。子どもたちは重大な危機をコーピングするスキルを生まれながらにしてもっているわけではない。その代わりに，Mary は教室で白日夢を見て，

Christopher はクローゼットに隠れるか Tyrone を叩いたり，Annie は鉛筆をなくして癇癪を起こす。これらの子どもたちは，まだ危機のコーピングの学習ができないままになっている。

学校でグループ形式による危機介入が行なわれるべきかどうかについては，疑念をいだかれている。子どもたちは学校ではグループという環境にいる。学齢の子どもにとって仲間のグループは新しいスキルを徹底的に試してみる場所である。学校は多くの子どもたちのホスト役であり，子どもたちが私的なグループをつくりだす場所である。グループは子どもにとって自然な環境である。この状況では，グループはより短い時間枠の中で，より多くの子どもたちにかかわる効果的な方法である。学校は学業を教える以上に，人間関係のコミュニケーションや民主主義的な市民のあり方だけでなく，ソーシャルスキルを教える現場でもある。今日の学校は，子どもたちの情緒的な健康を発達させるために，いっそう重要になっている。なぜなら，それは家族構造の変化や生計を立てるために働く親が増えているからである。

★ 活動グループの定義 ★

活動グループには長い歴史があり，社会的なグループワークとグループセラピーの伝統とがある（Middleman, 1968；Schulman, 1999；Slavson & Schiffer, 1975）。Slavson と Schiffer は，情緒的な困難さを経験している子どもたちが非指示的アプローチから恩恵を得て変化することに着目した。そのアプローチでは，部屋にプレイの対象物が用意され，子どもたちはセラピストとともにプレイに入り，セラピストはメンバーのリードについていく。社会的なグループワークでは，活動が結果を達成するために使われる手段となっている。社会的なグループワークはそれ自体特別な目的をもたないでも，いろいろなメリットがある。子どもがまた危機を効果的にコーピングするうえでも，活動は意味をもってくる。

メンバー相互やメンバーとリーダーとの間で，関係をつくりコミュニケーションをする過程は，活動をとおしてなされる。グループがその目標を達成するために，活動が使われている。子どもに接近し子どもとかかわるために，活動グループの方法としては，プレイや美術の材料，ゲームなどが使われる。

さらに"みんな同じボートに乗る"というグループ活動は，普遍化，凝集性，相互の助け合い，それに問題解決などのような治療的要因をとおして治療を促進する（Schulman, 1999；Yalom, 1985）。

危機介入グループの目的を満たすために，特別な危機と関連する短期で，目標に焦点が当てられ，構造化されたモデルが発展させられる必要がある。この方法では，グ

ループダイナミックスと問題のいくつかが限定されている。危機のテーマは，そのグループが共通に抱える絆になる。事前にグループの発展の段階や特別な危機，子どもたちの性と年齢範囲，それに彼らの個々のニーズなどを考慮に入れて計画された活動を行なうには，支持的なリーダーシップの型が最も効果的に作用する（Nisivoccia & Lynn, 1999）。

危機介入の文献レビュー

★ 子どもと危機 ★

　おそらく歴史上のいかなる時代よりも，子どもたちは現在危機的な事態を経験している。私的な出来事では，たとえば，愛する人の死，避難所への移動，または家庭内暴力の目撃などがあり，グループに影響を与える公的なものでは，たとえば，校庭での暴力，洪水やハリケーンなどの自然災害，または級友や教師の死などがある（Roberts, 2000）。出来事がより大きく公表されたりマスメディアへのアクセスで，アメリカ合衆国における暴力行為の増加，現代の家族が遭遇している多くの個人的な悲劇などを知るので，ストレスに満ちた生活の出来事についての感情や痛みを受けないですむ子どもたちは少ない。このように，重大な危機を経験している子どもたちとのかかわりに，より大きく焦点を当てる必要がある。

　ストレスそれ自身は，不利益なものではない。事実，それは学習と成長の機会をつくりだしている。しかしながら，ストレスに満ちた出来事により，子どもたちが厳しい急激なストレス，孤立無援，混乱，ショック，否定，不信，またはうつなど，一時的にいろいろな感情を経験し，危機反応に陥る可能性がある。Roberts（2000）は，危機を"ありふれたコーピング戦略を使うことでは治療できない，重大な問題を構成している冒険的な出来事または状況の結果として経験される，心理学的に不均衡な期間"と定義している。子どもたちは大人に比べてコーピング戦略をほとんどもたないので，不快さを減少することはできないだろう。危機を経験した子どものアセスメントでは，以下の要因が関係している（Webb, 1999）。それらは，①危機に近いところにいること，②喪失要因の存在，③身体的な損傷や痛み，それに④生活の脅威の存在，などである。学齢期の子どもたちは，年齢，発達段階，認知的言語的スキルのレベル，未熟な防衛，それに生活経験の欠如などにより，不安をコーピングする能力が特に脆弱である（Wainrib & Bloch, 1998）。危機によって生じる不安は，しばしば子どもの適応能力を超えている。Webbは，危機事態で突然起こった不安が子どものいつもの機能をいかに無力にするか，または深刻に妨害するかということに注目してい

る。子どもたちの不安を除き，ストレスに満ちた生活の状況をコーピングする新しい方法を学習させるために，介入が必要である（Nisivoccia & Lynn, 1999；Webb, 1999）。

★　危機介入の基本　★

　危機介入理論は，子どもの症状は時間制限のある不均衡を経験しているサインである，と仮定している。それゆえ，介入は焦点が絞られ，短期間であり，ふつう1〜12回のセッションで実施される。文献は，主観的な不快を減少し心理学的な均衡を取りもどす初期の段階への介入と，認知的な理解と支配力，新しいコーピングと適応のスキル，それに未来に利用できる資源などを生む危機の解決との間の違いに注目している（Roberts, 2000）。

　介入の根本的な目標は，まず情緒的，環境的な早期援助によりストレスに満ちた出来事を緩和することとコーピングの期間にすぐに治療上の類型化とガイダンスを行ない子どものコーピングや苦しみを統合する力を強めることである（Wainrib & Bloch, 1998）。介入は，①身体的な生存と安全，②感情の表現，③認知的な支配力，それに④行動的，人間関係的な適応（Nelson & Slaikeu, 1990）など，4つの課題をめざしている。

　解決に向けた子どもの取り組みを促進するために，介入には権限を与え行動をめざしたものにすべきである。頭文字のACTは，危機状況で介入の緊急性とさまざまな要因を思いだす手助けとなる。つまり，ソーシャルワーカーとクライエントは"行動（action）"，"認知（cognition）"それに適切な"課題（tasks）"に取り組む。本質的に彼らは行動（ACT）しているのである（J. Lee, 2000）。

　危機介入では，即時の介入，支持的な環境，それに危機が直接的または間接的にどのように影響を与えているかについてのワーカーの認識などが想定される（Gilliland & James, 1997；Parad & Parad, 1990；Roberts, 2000；Wainrib & Bloch, 1998）。危機についてのカウンセリングには発展段階があり，早めに危機を定義すること，多次元にわたるその影響を調べること，それに安全と保護について子どもの緊急な要求に対応することなどが求められる。活動は，子どもが危機についてもっている自分の知覚，感情，情動などを探す手助けを目的としている。人は言語的，非言語的方法をとおして，感情や経験を確認する必要がある。陥っている出来事を子どもが知覚しているか，危機の出来事が子ども自身のものかまたは誰かほかの人の問題なのかなどを決定するのに，焦点を絞り詳しく調べる必要がある。問題解決には，危機を扱うのに考慮されている替わりの方法や自由に選択する方法などがある。行動の段階（課題）が

詳しく調べられ，設定される。介入では子どもの強さを形成することや，コーピングスキルと自己イメージを強めることをめざしている。最後に，役立つ資源が与えられ，他への照会が適切になされる。これが，危機介入におけるACT原理利用のすべてである。

★　学校での危機介入　★

　過去5年間に，学校での暴力は警告が発せられるほど増加している。危機状況の暴発に対応するため，学校では対処法と積極的予防法をとっている。学校の暴力への対処法で，危機に対応する計画が発展させられ，そのような状況で生徒に対応するために訓練を受けた特別な地区と学校ベースの危機チームによる危機カリキュラムがつくられている。教室では，攻撃的で敵意のある生徒，暴力，殺人などのいろいろな例への対処法がある（Callahan, 1998）。積極的で防御的な反応として，葛藤を操作するテクニックだけでなく，タバコ，麻薬，アルコール，AIDSのような社会的な病気について子どもたちに教える教訓的な教材を開発している。これらの教材には，教師，看護師，学校心理士，ソーシャルワーカー，カウンセラー，それに学校事務官が利用する教室以外の材料も含まれている。子どもたちが最も気楽にかかわることができる社会的環境と媒介物，それは仲間グループでのプレイで，子どもたちにかかわるためのより詳細な文献が必要とされている。

★　危機介入の活動グループへの制限　★

　学校で行なう危機介入の活動グループでは，いろいろな制限が設けられている。子どもたちや若者を対象とするすべてのかかわりでは，あらかじめ許容されることについて知らせておく必要がある。時々，緊急に危機へ介入しなければならないので，このことは見過ごされがちである。そのため，参加者は許容を得るためのすばやく有効な方法を発見する必要がある。

　秘密性の問題は，大きな関心事である。グループで活動するワーカーは，学校職員と両親では秘密性についての制限が異なることを明確に定義する必要がある。ワーカーたちは，子どもを傷つける可能性（子どもの虐待など）について，教師，学校事務官，ガイダンスカウンセラー，それに両親と一定の情報を共有する必要がある。グループのメンバーもこのことを知る必要がある。同時に，子どもたちはグループの中で，一定の物事について秘密を保つ必要があり，学校職員や両親もこのことを理解する必要がある。そうすれば彼らが疑い深くなることはない。

　学校職員と両親はしばしば，危機的な状況に影響を受け，彼らの心配と不安が子ど

もの安全でないという感情につけ加えられてしまう。

　子どもたちが危機的になっている期間は，しばしば全体的な混沌と不安定さが顕著になるので，静かで保護的な包み込むような環境をつくりだす必要がある。学校職員，両親，それにグループリーダーたちは，危機についての自分自身の問題をとおして取り組む必要がある。

　ソーシャルワークを実践するうえで，子どもの自己決定は基本的な問題である（Freedberg, 1989）。危機にある間は，子どもたちはグループ経験に参加することを嫌うので，参加には制限が必要であろう。子どもにとっては，自己決定の権利を最大限にすることと危機を扱う支援組織を用意することが両方とも必要とされている。

　危機は，グループに入ることができる子どもたちよりもより多くの子どもたちに影響を与えるだろう。優先権は，サービスを最も必要としている子どもを決定するのに設けられる必要がある。

　これらのグループは，非常に多くの感情と激しさを生みだすことができるし，その効果は教室や家庭にも広がる。グループには，文化的な違い，家族的なジレンマ，社会化についての心配，それに環境的な問題などを扱う必要のある，他の問題が生じるだろう。グループ活動により，個人的な介入のための照会や弁護などの必要性も生まれる。これらすべてを準備する必要があり，その条件の下で初めてこれらの問題を取り扱うことができる。

グループダイナミックス

★　グループの発展段階　★

　すべてのグループ活動では，発展段階にはダイナミックスが見られる（Garland et al., 1973；Henry, 1992）。グループでは，活動が起きている間に各段階の課題が生じる。このように，活動には，グループ過程のダイナミックスの発展が促進されること，危機についての内容が扱われることの2つの目的がある。それゆえ，グループの段階を明確に理解すること，活動を効果的に選択して利用し，メンバーの行動を理解することが大切である。

　グループの発展には，次の4段階のモデルがある（Nisivoccia & Lynn, 1999）。初めの段階は，私たちは何のためにここにいるのか（目的），私たちはここで何をしようとしているのか（契約），どんなルールがあるか（契約と規範），共通点をはっきりし（全員同じボートに乗っていること），それに秘密性の問題などを熟知し達成することを扱う。危機を扱うグループでは，共通点はそれぞれの子どもが，たとえば殺人

を目撃したり突然ホームレスになったりというような類似した危機を経験してきていることである。ワーカーが出来事の意味や子どもたちの感情と行動に同調することで，子どもたちに予備的な共感性をもたせていくことが大切である（Schulman, 1999）。

すべてのグループでは，初めはアプローチを避ける行動が見られるのが一般的である。ほとんどの子どもたちは仲間から好まれ受け入れられるかどうかを心配している。子どもは，「私はなぜここにいなければならないのか，私は音楽の授業を受けていない」とか「このクッキーは私たちのものですか？」とか「あなたをしっかり抱き締めていいですか？」などとよく不平を言ったり尋ねたりする。

彼らはまた，海で危機をどのようにコーピングするかについて悩み，否定したい出来事をさらけだすことに参加するのを心配するだろう。この例として，"妹の死はOK，もう1人の妹がいるから"というものがある。彼らはまた危機の出来事についての感情や心配を共有することについて矛盾した感情をもっていて，違ったことが何も起こっていないかのようにふるまう。これらの子どもたちは，グループとリーダーが安全で養育的な環境を用意していると感じる必要があるだろう。

また，グループの導入が重要で，グループのための文脈が設けられている。根本的な関心事は，信頼である。活動をとおして，導入時の課題は，明確な契約をすること，基礎的なルールを発展させること，経験や感情を共有するのを励ますこと，凝集性を形成すること，それに安全な環境をつくりだすこと，などである。これらのことが，すべてが生じる必要がある。活動はまた，参加するための人間関係や動機づけを形成することに焦点が当てられなければならない。名札を飾って交換し，家族（危機状態でないなら）の絵を描く活動は，所属すること，共有すること，信頼などを促進できる。

第2段階は，危機や感情の自己開示などの内容をよりいっそう共有することである。それぞれの子どもはグループ内で自分の場所を確立することを試みるようになり，力とコントロールの問題，ソーシャルワーカーとメンバーを試すことなどが高まってくる（Fatout, 1996）。グループが1ないし2セッション経過し，新しいメンバーにうち解けた雰囲気があるとき，グループの発展段階とメンバーの行動の強さと深さがふつうより少ないことに注意すべきである。幼児たちの相互作用は強くはないし，年長の子どもたちより優しいだろう。内容と相互関係を扱う結合した課題になると，しばしば下位グループをつくること，けんか，ドロップアウト，身代わりをつくること，などの行動が生まれる。ルール，他位，相互関係などはグループにとって根本的な問題となり，しばしば葛藤を生じる。メンバーは，彼らが試している問題を実

験するときサポートを受けるべきであるが，ワーカーも明確で堅い制限を設けるべきである。活動は葛藤を対象として取り扱い，共感性を高め，決定への参加を認めるべきである。そのような活動は'うわさのクリニック'という名前がつけられ，"良い手と悪い手"ができることについてロールプレイを行なう。

次の段階では，グループとそのメンバーの作業が始まる。よりギブアンドテイクになり，受容性があり，グループの力の感覚が出てくる。親密さや凝集性も高まる。メンバーは，危機とそれがどのように影響を及ぼしたかについて，自分たちの経験や感情にいっそう心を開くようになる。メンバーがお互いにそしてワーカーから聴いてもらったりサポートをされていると感じるにつれて，親しい感情を危険にさらしたり，共有したり，それに相互の目的が増える。個人的な違いがより受容されるにつれて，問題の交換や解決が生じる。これには，適切なときに，危機について代わりの方法を生みだして調査し，行動計画を発展させることが含まれている。メンバーの個々の強さは，コーピングと適応を強め，危機の解決を促進する資源として利用される。物語を最後まで演じること，グループポスターをつくるため"おびえている"テーマを使うこと，グループの歌や詩を作ること，それに希望により十文字並べ（tic-tac-toe）をすることなどの活動が，作業段階の課題を促進する。

グループの終結段階では，別れることと反射することがある。グループでは終結の意味を検討する。ほとんどの人たちにとって，特に愛する人や身体の一部をなくした経験のある子どもたちにとって，グループの終結は放棄，否定，怒り，恐れ，悲しみ，退行などの感情を引き起こす。得られたものが各メンバーの考えや行動に統合されたそのときに，グループでの経験が評価を得る。グループで寄せ書きをすること，カードを書いて交換し写真を撮ること，各メンバーで1つの物を書くことなどの活動が終結をもたらす。葛藤の解決と成長の過程がうまく進む。危機について継続している問題や感情について話し合うための資源と機会が与えられる。

リーダーの役割

リーダーはグループの目的を明確にし，危機の問題に気楽に構える必要がある。このことは，"あなた方すべての人がちょうど最近愛する人をなくしました"というようにタブーを扱い，それについて言ったりすることを意味し，そしてたとえば生徒によって殺害された教師について話すような高度に責任のあることを扱うことをも意味している。グループでの体験をとおして，リーダーはメンバー間の情緒的結びつきをはかりながら，心配することや共感することのモデルを示し，導く人としてふるまう

べきである。

　リーダーはまた，危機を経験している子どもたちの安全な環境をつくりださなければならない。リーダーはグループの体験を通じて活動的であらねばならない。彼らは保護者，サポーター，教育者，セラピスト，ディレクター，などのような多様な役割を演じなければならない。最初に，リーダーはより保護的な役割を取るべきであろう。このことは制限を設けることや構造を用意することである。メンバーは依存的で退行的な行動を示すだろうし，リーダーは養育的で受容的でなければならない。リーダーはメンバーのテストしている行動を許し，それに波長を合わせなければならない。これは力とコントロールの問題と，権威を扱うパターンとが含まれる。このことは違いを表現することを許容し，メンバーの葛藤に介在しながら，グループの成熟過程をサポートするために，中枢の媒介となる役割を取ることを要求している。各メンバーはともに参加することを励まされるが，自分たちのペースで進むことも許されるべきである。与えられているという感情を強めるために，グループ活動中に食べ物を出すこともある。

グループ活動の開始

　学校の第一の目的は，教育である。子どもの情緒的な健康は重要であるが，育てることが第一の目的ではないので，学校職員と協同する関係を発展させることが最も大切である。ワーカーは子どもたちのためにそこにいるのみではなく，教師や事務官，危機によって影響を受けている他のスタッフとつながっていなければならない。彼らはまた，子どもが適切なレベルで物事を達成していないことにも関心をもっている。

　ワーカーが関係者と活動グループの目的とその結果を探し，スケジュールと内容の計画にスタッフを入れるとき，そこには交流のパートナーシップが形成される。グループ活動のあと，メンバーが期待されない方法で行動するかもしれないと教師に知らせることは大切なことである。学校スタッフとの会合が用意されるべきである。関係者は秘密性の契約や共有することとしないことについて知る必要がある。子どもたちの見通しを示すためにスタッフは招かれるべきで，スタッフにも参加している感じをもたせるべきである。彼らは照会をしてくれる立場にある。

　危機の状況に対応するグループの編成がただちになされる必要がある。そのため，親の許可を求める簡単な文書が，間違って子どものノートに添付されないままになることがある。教師またはガイダンスカウンセラーはこのことをフォローアップすることを求められ，すべての子どもたちが親の許可を必要としていることを思い起こす必

要がある。

　グループ活動の開始には，以下の基本が理想的である。いくつかの学校状況ではそれらの基本を調節できないだろう。理想通りに行かない状況では，リーダーはグループセッションの前やその中で扱われる余分な問題を抱えてしまう。

　まず，14歳以下の子どもたちは，活動から注意をそらすダイナミックスが生まれるのでそれを阻止するためにグループに分けられるべきである。年齢の差により，子どもたちの発達的な違いが見られる。そのため，可能なときは，できるだけ年齢の近いものを組み合わせるべきである（2歳の範囲で）。きょうだいでグループをつくらない場合，1組のきょうだいもふつう入れるべきでない。グループは8名から12名がベストである。つまり，数名のメンバーのグループではダイナミックスが強くなりより親しみが増し，1人のメンバーの欠席がより深刻に感じられるからである。より大きなグループでは，個人的なニーズに合わせることは困難で，大規模なダイナミックスが起こる。

　照会は教師，ガイダンスカウンセラー，学校の看護師，事務官，それに両親などいくつかのルートがある。年長の子どもたちでは，自分からの照会が可能で，ワーカーはグループの目的を説明し，子どもたちは箱に自分たちの名前を入れる。

　危機の特質によって，メンバーを制限するか，他のサービスを用意するかどちらかを評価する必要があるだろう。子どもがすべてのコーピングの能力を失っている状況では，早急に個人的な対応をし，メンタルヘルスクリニックへ紹介する必要がある。安全を用意するために多くの個人的な介入が必要な危機では，グループはベストな方法ではない。サービスを必要とする子どもたちが多くいれば，症状に基づく必要性，外部のサポート，個人的な危機の強さなどを評価しなければならない。

活動を使った例

★　知り合うこと，目的，契約：最初のグループミーティング　★

　いくぶん混乱状態に見える，10歳と11歳の7名の少女がソーシャルワーカーの事務所に来た。ソーシャルワーカーのMs. Ramseyは彼らをシートに座らせた。テーブルの上に数枚の5×8インチ（約13cm×20cm）のカードとマーカーとクレヨンが置かれている。5名の少女は同じクラスではなく，お互いに知らない。2名は同じクラスである。これが最初の彼らの出会いである。

　Ms. Ramseyは，彼らを歓迎しながらグループの活動を開始した。Kenikaはアフリカ系アメリカ人であるが，大声で「私は何もすることがない」と言った。Lisaはイタ

リア系の子であるが,「私も」と反応した。Judyは強く言った。「ねえ,Ms. Ramsey,私たちはなぜここに送られたのですか?」。ソーシャルワーカーは答えた。「私は,あなたたちすべてがここに来ることに神経質になっていることを知っています。あなたたちは少しも間違ったことをしていない。Cameron(10歳の女子生徒)について,あなたたちは自分の先生に心配をたくさん表現しました。彼女は数人の少年たちから帰宅途中暴行されました。先生はあなたたちの両親に,あなたたちが心配していることについて話せるように,グループに招待することはOKかどうかを聞きました。私たちはこれから6週間,週に1度"クラスの時間"としてこの時間に会おうとしています。こうすることが好きですか?」

★ 構造,規範,秘密性 ★

コスタリカ出身のPaulaは,「私たちが話したくないのに,なんでここにいなければならないの!」と厳しく言った。「そうだ!」とほかの子がすばやく言った。Ms. Ramseyは,「いいえ。グループは本当に自発的なものです。毎週,私たちはいっしょに活動するでしょう。おやつを食べてもよいし,活動について話してもよいのです。グループで話すことは私たちの間のプライベートなことで,部屋の外で話されるべきではありません。もし私たちが話したことについて何かを共有しなければならないとき,私はあなたたちに最初に話すでしょう」と言った。

メンバーの何人かはすぐにスナックを要求し,ほかの子どもたちは静かに座っていた。ソーシャルワーカーは,スナックを食べることを許し,彼女を支えるためにボランティアになることを依頼した。彼女は彼らが不安であり,スナックは不安を少なくし,養育的な感情を励ます手助けとなることを感知した。

グループの誰もがお互いを知らなかったので,Ms. Ramseyはそれから親しくなれる活動を紹介した。彼女たちに5×8インチのカードを取るように指示し,それを長い方向に持ち,マーカーとクレヨンで呼ばれたい名前を書き,好きなやり方で色を塗ったり飾り付けたりするように指示した。それが終わったら,名札のようにそれぞれを呼ぶように説明した。カードを持っている間,Kenicaは「クレヨンは赤ちゃんのものだ」と述べた。ほかの子どもたちとMs. Ramseyは自分たちの名札を飾り付け始め,スナックを食べ始めた。

皆が終わったとき,ワーカーは自分を紹介したいなら,自分の名札の名前をグループに告げるように求めた。ワーカーはまた,デザインをした自分の名札を持って参加した。いくつかの花やこん棒の絵のデザインも名札に描かれていた。彼女たちは活動をとおしてお互いを知ることを楽しんでいるようだった。Kenicaの順番になったと

き，彼女は「私に触ろうとした男の子たちを刺した血のついたナイフが落ちているのを描いた！」と説明した。

★　危機とタブーの問題を扱うこと　★

　危機的状況について話をすることは重要である。その中にはタブーな事柄や高度に情緒的に苦しい材料が含まれるだろう。目的やグループがつくられた理由によって，危機の状況が異なるに違いない。次に示すように，活動することでグループの最初の段階の過程や課題が促進される。

　Ms. Ramsey は「あなたは自分自身が保護される必要があると感じているように聞こえる」と答えた。Kenica は「ちょうど何人かの男の子が私にいたずらしようとしたように，ナイフを台所からこっそり盗んだ」と説明した。ワーカーは Cameron に起こったことについて，ほかのメンバーがどのように感じるかを質問した。いくつかの反応があり，"本当に怖い" というものであった。Ms. Ramsey は彼らの感情を認めた。彼女は，Cameron に起こったことについて彼らがもった 1 つの考えや感情を黒板にあげるように言った。彼女たちは Kenica が「黒板にそれを書いていいですか？」と叫んだとき，書き始めた。

★　関係性と凝集性を励ますこと：嵐を切り抜けること　★

　ソーシャルワーカーは 8 名の 4 年生と 5 年生の少年のグループを空いた教室に入れた。2 日前，少年たちが住んでいる近くのトレーラーを入れておく中庭が竜巻によって部分的に破壊されていた。彼らは家族とともに学校の体育館や近くの教会に住んでいた。死亡者はいなかった。ワーカーは彼らが特別な存在ではなく，竜巻により家のすべてか一部を失う経験をしていること，いま一時的な住まいにいることで，彼らがこのグループに入っていることを説明した。彼女はまた，グループの目的（竜巻の被害を受けた自分たちの感情を表出することなど）を説明した。何人かの少年はしだいに，世話を施されていないことや嵐の凄さについて自分の感情を出した。ワーカーは，彼らの壁をつくりだし，竜巻の前にそれがどう見えていたか，そしていまどう見えるかをやってみるように言った。

★　力とコントロールを扱うこと：私の場所がありますか？　★

　すべてのグループでは，短期のグループも含めて，力とコントロールの段階を通過する。しばしば，この段階で生じる問題は，現実生活での力とコントロールの問題と並行している。

避難所が地域の学校の近くにオープンした。前に，家のない婦人と子どもたちが1年間，永住できる家が完成するまで住んでいた。行政は70名の子どもたちのクラスが入るスペースを余分に見つけなければならなかった。このことはすでに超満員の学校にとって，構造上のジレンマを生みだした。グループに選ばれた子どもたちは，家のないことと超満員の教室を生みだしている生活の困難さに打ち勝つ力がなかった。これは9名の8歳から10歳の少女たちの第3セッションであり，全員が満員の学校と新しい生活の変化に適応しなければならなかった。最初の数セッションでは，グループにいることの心配と避難所で生活していることの恥ずかしさが取り扱われた。

リーダーが部屋に入ったとき，3名の少女がいないことに気づいた。食堂でのけんかに巻き込まれた何人かのメンバーや，1人のメンバーが食堂の学級委員の"名前"を呼ぶ方法など，活発に話し合われていた。

教師がけんかを始めたCandiceを連れてきた。ほかのいなかったメンバーのうちの1人が，彼女の洋服の大きな汚れを指し示した。CarolはCandiceを見ながら，「あなたがここにいるの？　いいわよ，私はここにいないから」と怒ってわめき始めた。Candiceも，「私もいないわよ」とわめいた。Hollyは，「何が起こったの？」と聞いた。Rosaは，食堂の学級委員が，Candiceが許可証をなくしたのでランチを食べさせるのを拒否したときに彼女が怒ったという話を告げようとすばやくそこへ割り込んだ。そのとき，Candiceはその列に割り込んで，いくつかのトレイに当たってひっくり返し，CarolとKarlaの衣類を汚し，3人はけんかを始めた。メンバーの何人かが割り込み，さらにその話を広げてしまった。

Carolは「地獄のようなことはやめて。やめるのよ。話を聞きたくないわ」と耳を覆った。ワーカーは「これが誰かの助けになるのかしら？」と興味ありげに聞いた。短い沈黙があり，Candiceが「私はどうしてもこのダメなグループにいたくない」と怒って叫び沈黙が破れた。ワーカーはCandiceの怒りを反射した。Candiceは，怒って熱くなり「その女はランチ許可証をなくしたほかの小ヤギたちにランチを食べさせたが，私にはくれなかった。皆が笑っていたの」と言ったと答えた。

ワーカーは，Hollyがポケットからリンゴを出し，Candiceに与え，彼女がそれをひったくったことに注目した。メンバーは不安になった。ワーカーはスナックを与えることを決めた。それから彼女は少女たちに起きたことをロールプレイで演じ，異なった終わり方を考えるようにと示唆を与えた。少女たちは学級委員としてCandiceとその場面を演じた。RosaとAliciaはトレイをひっくり返す少女たちを演じた。CarolはCandiceを演じた（抗議したあと）。彼女たちは筋書きの計画を進めた。話し合いでは活発なディベートが行なわれた。筋書きからわかったことは，少女たちはまだ学

校へ慣れず，"違っている"ものとして見られていると感じていたことだった。何人かは主食として学校のランチにかなり頼っていることを理解し合った。何人かはいつも自分たちの衣類を"新しい場所"で洗うことができない気持ちを出し合い，汚すと"大騒ぎ"になることを理解し合った。Candice は，許可証をどこに落としたのか思いだせず，次のランチを食べるのが恐かった，と悲しそうに言った。ワーカーは Candice がランチを食べられるように介入することを申し出た。彼女はまた，"違って感じる"ことをメンバーに強調し，新しい学校に転校し登校することがいかにストレスに満ちたことかをわかってもらおうとした。

少女たちは演じながら，リラックスした。Carol と Candice は穏やかになった。ワーカーは次のような活動でミーティングを終了した。紙が配られ，メンバーは両手で引っ張った。1つの手は良い手で，もう1つは悪い手である。彼らは，1つの手を良い手がすること，もう1つの手を悪い手がすることに見立てるように教示を受けた。これらの活動はいくつかの不安を静め，少女たちに問題解決の機会を与え，肯定的な感情と否定的な感情を表現する機会をも与えた。最初の活動プランが達成されたことになる。ワーカーはまた，特別なニーズをもつこれらの新しく入ってきた子どもたちの事で苦しんでいる学校職員をフォローするべきである。

★　作業段階の問題を扱うこと：衝動的な発砲　★

作業段階というのは，問題解決の期間のことである。この段階は，しばしば強い親密さと情緒的な問題を共有することが特色である。

以下は，11歳の少年のグループの抜粋である。クラスメイトが衝動的な発砲で殺されたあとに，グループが形成された。事前のミーティングで，学校が生徒たちに金属探知機を通り抜けるようにしていることで，少年たちは心を乱されていることがわかった。グループメンバーの2人は，"護身のために"ナイフを持っていたので登校を停止された。

少年たちはグループ活動の部屋に入り，むっつりとしてワーカーの Mark にあいさつした。彼は「おや，何が起きたの？」と尋ねた。Carlos が「学校はなめているよ」と言った。Monte が調子を合わせ，「そうだ，学校は僕たちが監獄にいるように扱っている」と言った。Willi が，「僕たちは自分自身さえ守れない。彼らが考える彼らとは誰のこと？」と付け加えた。Mark は，「待ってよ。'彼ら'とは誰？」と聞いた。強がりで，Al は「毎日毎日ここで生活する義務のないあなた方すべてです」と答えた。Mark は「私は彼らの1人なの？」と聞いた。Al は「あなたは地獄があることをよくわかっている」と強く言った。Willi はいくぶん Mark をかばい「君がそう

175

思っているとは考えない」と Al へ言った。Al は，彼が意味していることを確認し，Willi に向き合い彼が意味していることを告げた。グループでは，ワーカーについて問題をあげることができ，また意見を異にすることができる。これは信頼のレベルでは，中間の段階を示している。近所が安全でないために，彼らが感じたコントロールの欠如と無力感は，たいへん深刻であった。しかし，彼らが力を得て利用できる場所はグループである。彼らにとって，ワーカーの力によってだけでなく，暴力なしに仲間と向き合うことは，肯定的な経験となる。

　Florio は"うんざりした"ことを自白した。グループで起ったことを使いながら，Mark は「ねぇ，みんな。君たちはグループのテーマを選んでいると思うので，今日はそれに取り組みます」と言いながら Florio とほかのメンバーを誉めた。Carlos は Mark を見て，「僕たちがとどまり殺される間に，あなたはこの場所を離れます。実際に貧困な者を殺すのは政府の陰謀です。1人ずつ，僕たちは撃たれナイフで傷つけられ，そのあとは誰もいなくなるでしょう」と言った。メンバーの1人は両手でテーブルをこんこんと叩き，ほかの1人は口笛を吹いていた。ワーカーはこの機会をとらえ，彼らにラップソングをつくりだすことを提案した。Carlos は笑い，彼は Dr. Dre（ラップシンガー）ではないことを仲間に気づかせ，Al は「君は詩人でもないよ」と意地悪く反応した。

　ワーカーは彼らの経験や感情を有効にすることを試みながら，「ねえ，ラップシンガーたちは，それをそのように伝えないよね？」と言った。一瞬，沈黙の時が流れた。Al は「誰も僕たちのことを聞こうとはしないよ」と悲しく反応した。Mark は自分が聞き，彼らが互いに聞くであろうと，熱心に彼らに知らせた。Monte は，きょうだいのバンドが"ジャズパーティに出演し"，"たぶん，僕たちがそれを売ることができる！"と自慢げに主張した。

　少年たちは静まり，ラップソングをつくり始めた。彼らはつくっている間，恐れや怒りの感情に取り組んだ。ワーカーは，ののしりの言葉がたびたび使われるのを耳にしながら，多くの怒りに耐える必要があった。Mark はまた，メンバーがクラスメイトを失ったことや他の失ったことに焦点を当てるのを手助けするために，ある瞬間怒りをさえぎった。このことは，その後の話し合いの話題になった。そのテーマは歌に挿入された。彼らは2つのバージョンをつくりだし，1つは彼ら自身のためで，もう1つは彼らのクラスへプレゼントされた。

★　終結について作業をすること：得たものを強固にすること　★

　危機グループにおける終結の問題は，強力な力が必要である。ワーカーが子どもた

ちのグループ経験を成功させれば，子どもたちは別れることの衝撃をたいへん重大に感じ始め，特に危機が喪失のテーマであれば（Webb, 1985），その傾向が強い。グループではまた，子どもたちにほとんどない養育経験の１つが用意され，彼らがさらに危機が起こればいいのにと思えば，グループは継続できる。このことは，このような状況にある子どもたちへの継続的なグループの重要性を物語っている。

　ワーカーは，子どもたちが学習したことをほかの状況へ転移することや，彼らが成し遂げたことについて成功感をもつこと，それに彼らが仲間や他の大人に頼れることを認識すること，などを助ける必要がある。

　終結は終わりであり，同時に始まりでもある。終結は，悲しさや喪失の感情を詳しく調べる時間だけでなく，達成したことを祝福する機会をも卒業することである。

　終結は活動や儀式をとおして扱うことができる。私たちは短期間のグループでは，その問題は最後の３番目のミーティングで紹介され，取り扱われることを提案している。そのため，３セッションのグループでは，それは３番目のミーティングになり，12セッションのグループでは，10番目のセッションになる。活動には以下のものがある。メンバーは各人がスタートしたと感じる場所や今いる場所を絵のマップで描く。彼らは全員で参加して，グループの詩をつくることができる。メンバーは箱の外に他者の名前をそれぞれ書き，それからその人にカードを作る。メンバーのすべての人のために，カードに特徴をつけることもできる。

　少年のグループでは，別々の紙片にグループから得たことや得たいと思ったことを書くように言われる。それから彼らは大きな声を出してこれを読み，その述べたことに同意するかしないかを決める。いくつかの発言には，人を刺激するものがあり，たとえば，「"ナイフとセックスのレッスンをうまく隠す方法"を身につけたかった」などがある。しかし，彼らは，"うんざりした"ことにグループからよりよい理解を得たこと，友達をつくったこと，何かをしたこと，白人を受け入れること（たとえば，ワーカー）を学習したことなどに同意した。

　終了を反射しそれをもたらす方法として，メンバーは学習したスキルやグループで体験したことの芸術的な描写でポスターを制作した。メンバーが終結を理解し得たものを祝うのに，卒業式やさよならパーティも役立つ。彼らが危機を首尾よく扱ったと感じ，そのことがグループを終結する理由だと知ることが大切である。

要約と推薦

　不幸な出来事が増加する世界で，子どもたちは，危機的状況を経験するより大きな

可能性をたくさんもっている。子どもの行動や社会的，認知的な発達には，これらの経験が短期的にも長期的にも影響を与えることが明らかになっている。

　学校は，目標に焦点を当てた活動グループを用意することで，これらの影響を改善して回復するための能力を強める。危機を経験する子どもたちのためのソーシャルワークによるサービスを発展させ改善するために，以下のことがすすめられる。

① 危機を認め，即座に対応する。
② 子どもたちだけでなく親にもグループを用意する。
③ 危機についてスタッフに守秘義務を課す。
④ 子どもたちの活動グループの内容や経過について学校職員を教育する。
⑤ 活動のプログラムをグループにかかわる人に教える。
⑥ 子どもたちがコーピングする文化的に多様な方法を認める。
⑦ 感受性があり，構造化でき，柔軟で"友達のようにプレイをする"スタッフを使う。

　子どもたちは，自分たちが著しい弾力性をもっていることを証明している。目標に焦点を当てた活動グループを経験することで，子どもは自分の弾力性を強めることができる。活動グループでは，子どもの強さが認められて形成され，肯定的と否定的な感情を話し合う自然な環境がつくられ，問題解決や自己決定がうながされ，支援や相互の助け合いが強められる。それにより，子どもたちにはコーピングと適応力が増してくる。

　学校は，多くの子どもたちに第二の家族として機能し，家庭とは別の彼らの新しい家庭となる。学校の本来の責任は教育であるが，子どもの生活のあらゆる面にとって安全なネットワークを用意している。危機を経験した子どもたちにグループでの仲間経験の機会を発展させることにより，学校は子どもたちに学習の可能性を高めることのできる教育的，支持的，保護的な環境を与えている。

第11章 アルコール中毒の子ども（COAs）へのプレイセラピー

James G. Emshoff and Laura L. Jacobus

　アメリカ合衆国には，現在アルコール中毒の子どもたち（Children of Alcoholics；COAs）が2,680万人いると計算されている。このうち，1,100万人が18歳以下であり（National Association for Children of Alcoholics, 1998），親のアルコール中毒が強く影響を及ぼしていると理解されるようになってきた。薬物乱用の領域を扱う研究者の多くは，もともと幼児は親のアルコールの乱用に気づかないし，相対的に，それがあることで影響を受けないと考えていた（Anderson, 1987）。しかしながら，その領域のより最近の研究で，アルコール中毒は家族全体のシステムに影響を与える疾患であることがわかった。最近の研究では親のアルコール中毒が子どもたちに影響を与える程度には，多くの個人差があるという事実が示されている。また，これらの子どもたちが共有する多くの共通する脆弱性があることもまたはっきりしている。

　症状の現われ方や激しさにはかなりの違いがあるが（Steinglass, 1979, 1981），アルコール中毒の家族は一般的に，機能不全として特徴づけられる（Kumpfer, 1987；Sher, 1987；West & Prinz, 1987）。アルコール中毒を知られたくないという雰囲気だけでなく，アルコール中毒とその付随する問題について強い拒否感がしばしば見られる（Ackerman, 1978, 1983；Woodside, 1982）。Latham（1988）は，家族環境に全般的に否定的な雰囲気や傾向などが見られ，家族全体の健康度がより低いことを報告している。アルコール中毒の親たちには，硬直したやり方で自分たちの子どもに接する傾向にもかかわらず，ほかの家族よりも社会的な秩序や組織化（たとえば，ルールやスケジュール）が全般的に欠如している（Kumpfer, 1985, 1986）。事実，アルコール中毒家庭の空間は，実際的な飲酒行動それ自体よりも子どもたちにとってしば

しばいっそうの混乱をもたらしている (Wilson & Orford, 1978)。

上に述べた家族的な特徴と家族システムの概念は，COAsが示す特徴や行動と密接に関係している。子どもたちはしばしば家族的なアルコール中毒の不幸な影響を受け，家族の中で最も脆弱であると考えられている (National Institute for Alcohol Abuse and Alcoholism; NIAAA, 1981)。COAsは，アルコールと他の薬物の常用，抑うつ，不安，不登校，非行，仲間を得ることの困難さなど広範囲の行動的，情緒的な問題に対して，危険性が強まっていることが示されている (Adger, 1997; Emshoff & Anyan, 1989; Sher, 1991)。この友情の欠如と希薄な家族関係のために，COAsは他の子どもたち以上に，全体的にサポートを求める感覚が乏しく，孤独感が高くなっている。

この短い文献的検討では，COAsが多様な社会的，情緒的，行動的な困難さに対して危険性が増大していることを示しているが，これらの発見は個々の子どもたちに一般化できないことに注目する必要がある。COAsのすべてかあるいは大部分が，これらの機能不全の特徴をはっきり表わさないだろう (Sher, 1987)。代わりに，COAsの大多数は著しくよく適応しているのである。今までのところ，COAsにかかわるカウンセラーは，COAsのラベルを貼られる子どもには，相対的に特有の適応や発達に関する情報がほとんどないことを知っておくべきである。代わりに，カウンセラーはCOAsが重大な妨害を受けている特別な経験と危険要因について調査し考慮しなければならない。カウンセラーは子どもが自分の家族のアルコール中毒を経験していることを知ったからといって，逸脱者または潜在的な逸脱者としてラベルを貼るべきでない。代わりに，カウンセラーはこの情報を責任のある方法で利用すべきである。そして，子どもの特別な経験についてより特殊な情報を集めるための挑戦としてこれを使うべきである。

COAsに対するプレイの重要さ

セラピストは，すべての子どもたちの発達的成長にプレイが大切であることを長い間にわたって理解している。親のアルコール中毒と関連する多くの責任とストレスのため，COAsは彼らのプレイの量や質を制限する広範囲で多様な経験に巻き込まれるだろう。カウンセラーは，これらの子どもたちが直面する多くの問題を直接扱う方法でかかわることができるが，その一連の手段としてプレイセラピーを使うことができる。

★ 肯定的な役割モデルの欠如 ★

　アルコール中毒の両親はしばしば情緒的に拒否的で，アルコール中毒ではないが拒否的な親たちよりも子どもたちに対する支援がより少ない（Allen, 1990）。さらに，アルコール中毒の両親はほかの両親以上に，親としてのスキルが低いことを示すだろう。アルコール家族によくある一般的な妨害的環境により，ほかの子どもと比べ，彼らの子どもは注目，肯定的な尊重，それにしつけなどでかなり低い結果を示している（Edwards & Zander, 1985）。これらの拒否に満ちた行動の影響で，COAsは楽しみについての大人の役割モデルをほかの子どもたちのようにはあまり経験しない。しかし，プレイセラピーを行なうセラピストは，プレイの健康モデルを模索するCOAsにとって，優れた大人の役割モデルを用意することができる。

★ 親機能を背負わされること ★

　アルコール中毒の両親のもとで成長したか，あるいはいっしょに住んでいる子どもたちにとって広範囲にわたって結果が生じる可能性があるが，これらの子どもたちの間でよく出合ういくつかの症状のパターンがある。しばしばCOAsに見られる１つの共通の症状は，親機能を負わされること（parentification）である。子どもたちが家族構造の中で大人の責任を引き受けることにより，親機能を負わされること，または役割逆転のプロセスが生まれる。

　COAsはしばしば外部の世界に対してうまくやっているし，よく適応しているように見えるが，これらの子どもたちは彼らが家族構造の中で引き受ける異常な責任の結果に苦しんでいる。アルコール中毒の両親は，しばしば自分自身の世話もできず，ましてや家の掃除や栄養のある料理，幼児たちの世話などの毎日の活動を達成できていない。多くの責任を背負わされているので，COAsは実際以上に老けて見える。そして，"成長した"行為をし，家族の"世話をする"ことでしばしばほめられ，報酬を受ける。これらの付加的な責任の重荷と親の行動を変えられない無能力の自覚の結果として，親機能を背負わされている子どもたちは，低いセルフエスティームを感じ，不適切さを強く感じるようである。

　これらの極端な重荷を背負った子どもたちは，プレイセラピーにより年齢相応の方法で活動できる環境を経験し，それが治療的に最も効果のある形態であることを証明している。子どもたちは，セラピーの他の伝統的な形態と異なり，プレイセラピーにより治療上のはけ口を経験する。そして，COAsはプレイセラピーでこれまで失ってきたプレイや楽しみに没頭し，安全で健康的な環境の中で自分の問題に取り組むこと

ができる。

★　プレイの仕方の学習　★

　COAsはこれらのおびただしい責任を負っているので，意味のある環境で他の子どもたちと相互作用をする機会を経験することが少ない。親機能を背負わされている子どもたちは，家庭で部分的，全体的な責任を与えられているので，他の子どもたち以上には仲間と遊ぶ時間やエネルギーがないように見える。Cork（1969）は，アルコール中毒の家庭で生活している115名の子どもたちにインタビューし，これらの子どもたちの多くは家庭環境が不安定で，混沌としていてしばしばきまりが悪いので，仲間を家庭に招待することを極端に嫌うことに注目した。さらに，COAsは招待を交互にすることを嫌うので，仲間の家で社交的にするのを避ける。社会化の機会が減るため，COAsは仲間と比べて発達的に適切なソーシャルスキルのレベルが低いことを示す。この社会化の欠如と低下したソーシャルスキルは，社会的な孤立と引っ込み思案がいっそう増すことに関連があり，この2つの要因は後の薬物乱用に結びつくことを示している（Sher, 1991）。これらの危険要因がCOAsでは特に見られるので，他の危険要因をも高くしてしまうだろう。子どもたちは，プレイセラピーをとおして遊びを学習し実践する理想的な環境を得ることができる。プレイの場面が子どもたちに与えられるだけでなく勇気づけることもするので，セラピストはCOAsが創造性と想像力を増進する方法で遊ぶことを学習するのを手助けできる。さらに，グループでプレイセラピーのテクニックを利用して介入すると，COAsは失ってきた社会化のスキルや仲間を得ることができる。

★　症状としての完全主義　★

　COAsでよく出くわすもう1つの症状は，完全主義である。完全主義を求める子どもたちは，家庭の内と外で承認を勝ち取るためにもっとやすい方法は，生活のすべての領域で優れていることを証明することであるのをごく早期に学習する。この完全さを身につけることをとおして，これらの子どもたちは自分の家族が"大丈夫"であるという世界を表明する。

　この完全主義は，重い代償を伴っている。完全主義を求める子どもたちは，しばしば脅迫的な行動と高い不安を示し，危険を冒すことに用心深い。発達的な研究では，もし子どもたちが正常で健康的なコーピング戦略を学習できるなら，危険を冒し失敗できることを必要としている，という結果が一貫して示されている（Burns, 1989；Smith, 1990）。これらの危険を恐れるあまりに，それを望まない子どもたちは，融

通性のない非生産的な大人になる危険性がある。

　プレイセラピーでは，危険がもたらす不利益な結果が最小限ですむような，子どもたちが調べられる安全な環境を提供する手助けができる。プレイには正しいとか間違っているとかの方法はないので，カウンセラーは完全主義を求める COAs がそのニーズを脅かすことのない環境を探す手助けができる。Hammond-Newman（1994）は，これらの子どもたちは環境全体をコントロールする感覚が保たれるゲームを選ぶので，しばしば容易にはプレイセラピーに入らないことを示唆している。プレイセラピーをとおして，これらの子どもたちはこのコントロールのいくつかをあきらめ，内面の痛みや苦痛を表情に出すことができるようになる。

★　外在化された症状　★

　COAs には，攻撃性や反社会的行動などの症状を外在化させる危険性が高いことを示す研究もある（Sher, 1991；Windle, 1990）。これらの行動の原因に関する文献で重大な見解の相違があるが（Kendler et al., 1995），これらの行動の否定的な影響を実証している多くの根拠がある。Sher と Trull（1994）は，攻撃が親と子どもの間のアルコール中毒の伝達に関係する媒介物の役目をしているとした。このような，COAs で見られる攻撃や反社会的行動を減少させることに貢献しているセラピーの戦略は，世代間でこの疾患の伝達に影響を与えるだろう。攻撃的で非行のある青年たちは，他の攻撃的で非行の仲間と友人関係を発展させることも示されている。その結果，攻撃的で反社会的な COAs は，有能な年齢相応のソーシャルスキルの影響を受けることが深刻なほど少ない。

　Wegscheider（1981）は，これらの子どもたちの大多数は不機嫌か反抗的に見えるが，いっそうむずかしい拒否と不適切の感情を覆い隠すために，実際にこれらの行動をしていることに注目している。そして，プレイセラピーは攻撃的で非行の行動を示す子どもたちにとって，最も恩恵を与える手段であることが証明される。プレイセラピストは，子どもたちが必死に探し求めている肯定的な注目と承認を与えることにより，彼らの自己像を改善する手助けができる。最終的に，他の非行仲間との交際の結果，重大な社会的スキルの欠損を示す傾向があるので，反社会的な COAs はグループププレイセラピーのプログラムから恩恵を得る。これらの子どもたちに非行でない仲間との健康的で社会的相互作用を発展させ実践する機会を与えるために，グループププレイセラピーを実施することがたいへん有効である。

　Hammond-Newman（1994）は，これらの子どもたちはプレイセラピーを喜ばずに，攻撃的で破壊的なプレイの戦略を示すだろうと示唆している。しかしながら，プ

レイセラピーをとおして，これらの子どもたちはこれらの行動化によって覆われていた傷や痛みをセラピストと共有することができるようになる。

★ 内在化された症状 ★

　COAs の間で一般的に見られるもう1つの症状は，障害を内在化することである。COAs は他の子どもたちよりセルフエスティームがより低いレベルを示すと同時に，明らかに抑うつ的であることが示されている（Sher, 1991；West & Prinz, 1987）。これらの子どもたちは，しばしば家族や仲間との相互作用から退避する。この退避は，いくぶん機能的であり，そうすることで彼らは親のアルコール中毒と関連する多くの否定的な影響から自分自身を回避させることができる。

　この退避は，重大な結果を招く可能性がある。つまり，これらの子どもたちは家族から無視される可能性があるため，低いセルフエスティームと孤立を示す傾向がある。さらに，自分の感情を家族に隠しながら1人でいる時間がたいへん長く，当惑した子どもたちはしばしば社会的スキルやコミュニケーションスキルの重大な欠陥を示す（Wegscheider, 1981）。

　プレイセラピーは，これらの子どもたちのセラピーとして優れた選択肢であることが証明される。彼らは家族から孤立しているので，内在化させる子どもたちはプレイセラピストが彼らに与える注目と承認から恩恵を受けることができる。また，プレイセラピーグループの仲間からも恩恵を得ることができる。家族から孤立しているだけでなく仲間からも孤立しているので，結果として彼らはこれらのグループが育成する社会的相互作用と社会的スキルによって恩恵を得ることができる。Hammond-Newman（1994）は，これらの子どもたちは内気で臆病のままプレイセラピーに入るが，プレイセラピストはその状態と平行するプレイテクニックでかかわり彼らを助けることができると述べている。そして，ゆっくりとセラピストへの信頼を学習し，内部の痛みを現わすことができるようになる。

　これらのさまざまな側面は，親のアルコール中毒の影響を扱うために子どもが利用する多くのコーピング戦略が存在することを示すものであるが，一方でこれらの子どもたちには多くの類似性も見られる。多くの COAs は，彼らの生活に及ぼす親のアルコール中毒の影響を否定し最小限にすることを学習する。このため，何人かの COAs は自分の感情を言語的に表わすことがむずかしくなっている（Ficaro, 1999）。COAs はまた巧みな手法をもち合わせていないため，彼らの家族状況をコントロールする能力のなさや，家族からの肯定的な注目を得るための自覚された能力のなさなどへの反応で，低いセルフエスティームを示す傾向がある。これらの手法のなさによっ

て，多くの COAs には意味のある根拠に基づいた仲間との相互作用をする度合いを制限する傾向がある。このため，健康で能力のある社会的スキルを発達させ，実践する度合いも制限させる傾向がある。カウンセラーは，子どもたちがアプローチでき理解可能な方法でこれらの困難さに取り組むために，プレイセラピーを利用する。

プレイセラピー：それはどのように手助けできるか

　プレイセラピーでは，カウンセラーが発達的に適切な方法でCOAsを支援する機会が用意されている。個々の子どものニーズによって，プレイセラピーのセッションの特別な内容はかなり変わるだろう。セラピーは，COAs が自分自身を否定することを少なくし，不健康なコーピングの役割を放棄し，彼らの境遇に関連する情緒や感情を解放することを手助けする欲求によって行なわれるべきである（Hammond-Newman, 1994）。これらの目標をプレイセラピーがいかにして達成できるかという試みが追跡されている。

　いかなる形態のプレイセラピーが利用されようとも，カウンセラーはCOAs が経験した無力感に敏感になり，これらの子どもたちに能力が与えられるという感覚を選択し育成することを強調するプレイセラピーのテクニックを利用するべきである（Oliver-Diaz, 1988）。Ficaro（1999）は，子どもたちにプロセスをとおしてコントロールの感覚を保持させる1つの方法は，実践者が子どもたちに，プレイセラピーをコントロールしていること，望むなら数回でセッションを終結できることなどを保証することであると示唆している。

★　信頼を達成すること　★

　プレイセラピーのテクニックの重要な目標は，カウンセラーとクライエントの間の信頼関係を達成することと，セラピー以外の状況で信頼の感情が高まるように COAs を支援することである。彼らは信頼できない，一貫性のない養育法を経験しているので，COAs はおそらく多くの人たち，特に大人への不信感をもっている。実践者はプレイセラピーによって信頼を築く基礎づくりに役立つ方法で COAs と関係をもつ機会を得る。さらに，セラピストは信頼する関係を育成すために，多くのエクササイズを利用できる（Landreth, 1991 ; O'Rourke, 1990）。

★　親の行動について話し合い，子どもたちの矛盾を扱うこと　★

　プレイセラピーのもう1つの重要な目標は，親の薬物乱用の結果として多くの

COAsが経験する否定や恥を解消することである。グループによるプレイセラピーはしばしばこのプロセスに恩恵を与えることを証明し，子どもたちにジレンマの中で1人ではないこと，親の一貫性のなさ，そしておそらく薬物乱用，行動などに責任がないことなどを理解させる手助けができる（Cable et al., 1986）。プレイセラピストはまた，子どもの環境への理解を示し，子どもの経験していることは親の行動への正常な反応であるという保証をすることで，このプロセスを促進することができる。

★　創造的な方法で感情をとおして作業をさせること　★

多くのCOAsが彼らの感情を最小限に表現したり否定したりすることを学習しているため，伝統的な，話すことによるセラピーのテクニックで自分自身を表現することはむずかしいだろう（Ficaro, 1999）。プレイセラピーはこれらの子どもたちに，より快適であることを証明する創造的，情緒的な方法で感情や情緒を表出する機会を与えている。付け加えれば，プレイセラピーは融通性のない完全主義を示す子どもたちに恩恵をもたらすだろう。"成功する"ためのプレッシャーが取り除かれた中で，自分の世界を探索することが子どもたちに許される。そうすることによって，カウンセラーは彼らが柔軟性と自発性を高めるために学習する支援ができるだろう。

★　アルコール乱用について教育し情報をもたらすこと　★

COAsに対するプレイセラピーのもう1つの目標は，アルコールと関連する問題を発達的に適切な方法で学習するのを助けることである。子どもが操作できる情報の量とタイプは，子どもの発達レベルと成熟に依存して変化するが，カウンセラーはクライエントのもつこれらの重要な問題のいくつかに取り組むために，プレイセラピーのテクニックを使うことができる。セラピストは，アルコール中毒の親と生活するうえでのスキルを教え，実践するゲームやテクニックを構成して利用できる。多くのCOAsが経験する1つの状況は，酔った親と車でドライブをすることである。実践者は，その状況下でドライブと関連する危険を扱うプレイセラピーを使い，子どもがこの状況を回避できるようなスキルを理解し実践するための手助けができる。

さらに，セラピストは発達的に適切なやり方で，COAsは危険な状態であるという観念を理解するためにプレイセラピーのテクニックを利用できる。アルコール中毒の親をもっても，その子どもたち自身がアルコール中毒になるとは限らないことを理解するのがCOAsにとって重要である。しかしながら，これらの子どもたちがアルコール中毒や薬物乱用に対してより高い危険性をもつという情報を伝えることも重要である。あらゆる所で13%〜15%のCOAsが結果的にアルコール中毒になることが知

られている (Cotton, 1979)。しかし，自分の危険な状態に気づいている子どもたちは，この情報に気づいていない子どもたちよりも（質的に，量的に）有意に酒を飲まない (Kumpfer, 1989)。

プレイセラピーの方法

プレイセラピーはさまざまな治療的状況で使われ，さまざまな治療テクニックがある。COAs の子どもたちに適用できるプレイセラピーのテクニックには，グループセラピーと家族セラピーの2つがある。

グループプレイセラピーのテクニックは学校で簡単に適用できるが，家族プレイセラピーは学校ではあまり使われない。多くの学校では，家族はその関心の範囲にはなく，学校の焦点は子どもに制限されることが好まれる。しかし，学校では，場合によっては家族プレイセラピーを利用した介入が行なわれることが望まれる。もしこのことが適切でないか実行不可能であれば，家族は家族プレイセラピーのテクニックが利用できる外部の治療機関へ学校から紹介されるだろう。

★　グループプレイセラピー　★

多くのプレイセラピストが個人ベースで子どもたちにかかわることを選択するが，グループで子どもたちにかかわる利点もいくつかある。多くの実践者は，子どもたちは最初に何度か個人的セッションで見るべきだと信じているが，COAs であることの困難さを支援できる広範囲の種類のスキルを子どもたちが学習し実践するための理想的な環境として，グループベースのプレイセラピーが有効であると考えている。これらのスキルがあとで実践される環境と同様な環境で学習され実践されれば，子どもたちはこれらのスキルを他の状況により簡単に転移させることができるだろう。

グループプレイセラピーは，COAs にかかわる際によく好まれている治療戦略である。グループセラピーでは，アルコール中毒の親をもつことについての多くの否定的な問題が打開されることにより COAs を助けることができる。彼らの経験や話を他の子どもたちと共有し，COAs は自分の苦境が孤独ではないことを理解し，恥ずかしさ，孤独，それに罪の意識を減らすことができる (Dies & Burghardt, 1991)。

さらに，グループプレイセラピーでは，子どもたちにソーシャルサポートの他の多くの情報源を提供することで恩恵を与えることができる。グループに参加したことで，自然にソーシャルサポートが生まれる。子どもたちは共通の反応を共有し，同様なコーピングのメカニズムを共有し，グループの凝集性が形成されることを発見す

る。この凝集性とサポートがCOAsには特に大切で，彼らはしばしば問題の共有以上にサポートの共有の少なさに直面している。個人プレイセラピーのテクニックにより，これらの子どもたちはカウンセラーからかなりな量のサポートを得られるが，グループから可能な限り多くのサポートを得て，全般的な恩恵を受けるだろう。

グループプレイセラピーはこれらの子どもたちに追加のサポートを提供するので，毎日直面する困難な問題に取り組むことができる。さらに，子どもたちは援助を受けることからだけでなく，援助を申し出ることからも恩恵を受けることが明らかになっている。いくつかの研究では，支援を用意し受けることに参加するプログラムは，ほとんど肯定的な結果を示している（Maton, 1987）。Sweeny（1997）は，グループプレイセラピーを行なうことで達成される，いくつかの付随する恩恵があることを示唆している。

・グループプレイセラピーにより，子どもたちはカウンセラーとの治療的関係を発展させることを励まされる。引っ込み思案や自信のない子どもたちは他の子どもが活動に参加し，カウンセラーと信頼関係を築く様子を見ることができる。活動を観察することで，引っ込み思案の子どもたちはプレイセラピーの過程にいっそう取り組むようになり，カウンセラーとの信頼関係を発展させる。

・子どもたちは，グループ内で対人関係を発展させ，実践する機会を得る。多くのCOAsは，発達的に適切な社会的スキルを発展させ実践する機会がなかったので，カウンセラーはこれらの子どもたちを支援するのに，グループが最も適した機会であることを証明することができる。カウンセラーはゲームや活動を使い，子どもたちがグループという環境でこれらのスキルを学習し実践できるようにする。子どもたちは，グループプレイセラピーでこれらのスキルを実践する十分な機会を得るので，スキルは他の場面にいっそう転移しやすくなる。

・子どもたちは，グループプレイセラピーにより他者をとおして代理的に学習する機会を得る。子どもたちは他者のプレイ，成長，洞察などを見ることにより，グループプレイセラピーで自分自身の行動を理解する機会を増やすことになる。さらに，他の子どもたちからフィードバックを受けることにより，グループプレイの参加者は，自分自身の行動の反射を受け理解する機会が増えることになる。

★　学校ベースのプレイセラピー　★

学校には大勢のCOAsがいるので，学校ベースのプレイセラピーのプログラムは

典型的にはグループ形式で行なわれる。このタイプの学校ベースの介入には親を入れることは必要でないし，また論理的にも実証することがむずかしく，何人かの子どもには望ましくない場合もある。親のリハビリテーションの大切さはこれらのプログラムでも知られているが，学校ベースのプログラムではこの目標はこれらのプログラムの影響力の範囲外にあることが一般的に認められている（Ackerman, 1983)。それゆえ，これらのプログラムは典型的にはCOAsだけに適用し，親のアルコール中毒に因を発する問題を扱うことを促進するスキルや能力を形成することを助けている。もし適切であれば，学校ベースのプレイのプログラムでは，家族は外部のカウンセリングのサービスや治療に紹介される。

実質的に，すべての幼児はいくつかのレベルで学校システムに含まれている。このように，セラピストとカウンセラーにとって，学校はアルコール中毒の子どもたちを正しく把握し介入する環境になっている。さらに学校は，親のアルコール中毒に関連する問題が最も一貫して認められる環境であるため，この症状をもつ子どもたちへの介入の論理的な地点である（Dies & Burghardt, 1991)。

恩恵

学校ベースのプログラムでは，別のやり方ではプログラムに参加しない子どもたちに，一貫した，非難されない参加の方法を提供することで恩恵をもたらしている。多くの子どもたち，特にCOAsは学校外のプログラムへの参加の方法が制限されていて，特に交通の困難さがある。さらに，子どもたちは汚名や当惑などへの可能性から，伝統的なメンタルヘルスに基づいたプログラムへの出席を拒否するだろう。

発見の問題

一方，学校で働いているカウンセラーにとっても，影響を受けている子どもたちを発見するために多くの挑戦が必要となる。COAsが示すほとんどの症状はこの年代の子どもたちにとって特徴的ではないため，COAsを過剰にではなく正確に認定するのは，いくつかの照会のタイプを除いて，しばしば困難な挑戦であることがわかった（Ficaro, 1999)。

Crowley (2000) は，カウンセラーがこれらの問題にリスクをもつ子どもたちを認定するために広い連絡網を使うことを示唆している。カウンセラーや学校職員が，学校に関連した問題を示す子どもたちに注意を向けることで，最終的にCOAsを認定するだろう。スクールカウンセラーは，一般的に家庭で家族の薬物乱用の問題に気づいていないので，崩壊的な行動を示しているすべての子どもたちに努力を傾注しなけ

ればならない。これらの影響を受けた子どもたちを評価することにより，カウンセラーは最終的に家族の常用の問題で苦しんでいる子どもたちを発見し治療することができる。しかし，COAsであることと関連する数多くの困難（たとえば，抑うつ，不安，完全主義）が多くの学校職員の目には見えないことには注意すべきである。結果的に，COAsの特殊なタイプは，外面の問題行動のみが扱われるなら，系統的に無視されることになる。教師と他の学校職員には，ほかのリスクのある子どもたちと同様，COAsの認定の仕方についての情報と訓練が与えられるべきである。

　影響を受けたCOAsを可能な限り多く認定する介入を確実にする1つの方法は，過剰に認定しておくことである。Emshoff (1989) は，汚名や脅威を最小限にしながら，生徒に気づきと参加を最大限にするビデオテクニックをすすめている。そのやり方は，アルコール中毒家族の劇のビデオを学校で全生徒に見せるというものである。ビデオを見たあと，生徒たちはそれについての短い話し合いを行ない，興味のある生徒たちは後日，より長い話し合いに参加するように招待される。より長い話し合いをするグループでは，最初はフィルムに特別に焦点を当て，それから徐々に親のアルコール中毒についての経験という，より個人的な問題に移るべきである。話し合いの終わりに，子どもたちはアルコール中毒に関連する問題を継続して扱うグループを知らされ，参加するように招待される。

　この募集のテクニックにより，学校関係者は少ない偏見と脅威でCOAsを認定できる。これらのグループに参加している子どもたちは，明確にCOAsとは確定されないが，むしろその問題に関心をもつ子どもたちとして理解される。もし必要があれば，子どもたちは好奇心によってか，たんにクラスを抜けるためにグループの話し合いに参加することを申請できる。

CAGE

　上記のテクニックに加えて，COAsを認定するのに使うことができるいくつかの有効なスクリーニングテストがある。1つの例として，より年齢の低い生徒に使うCAGEがある（Ewing, 1984）。CAGEはもともと個人的な自分自身のアルコールについての問題を測定するためにデザインされた，短い4つの質問からなるテストである。CAGEテストは以下の質問について反応するようになっている。それは，かつて"飲酒量を減らす必要を感じましたか""あなたは飲酒についての批判に悩んだことがありますか""飲酒に罪を感じましたか，または飲酒中に何かしましたか"または"朝酒をしたことがありますか"などである。質問ごとの文言を簡単に変えることで，家族メンバーの行動にも使え，学校職員は子どもの家庭の潜在的なアルコール問題への

洞察をすばやく得ることができる。このテストはたいへん短いので、学校職員はCOAsの状態を決める際の唯一の診断的な測度に使うべきではなく、代わりに、より詳細なアセスメントを行なうための指標として、このテストの肯定的な反応を使うべきである。

CAST

学校に適したもう1つの一般的なスクリーニングテストは、子ども用アルコールスクリーニングテストである（Children of Alcoholics Screening Test；CAST；Jones, 1982）。CASTには30の自己報告の質問があり、子どもたちと青年たちに親のアルコール中毒についての感情と経験を報告するように求めている。若者はイエスかノーの形式で反応する。CASTはふつう年齢の高い子どもたちや青年に使われ、またアルコール中毒のアダルトチルドレンのスクリーニングにも使われてきた。CASTは最も価値のある道具で、親の飲酒行動のみでなく、飲酒行動への自分の反応や感情についても反映するように反応を求めている。COAsのスクリーニング結果の分析と発見に関する問題は、Werner, Joffe と Graham（1999）を参照。

ラベリング

スクールカウンセラーにとって重要な問題は、ラベルを貼る可能性である。COAsは数多くの困難さのためにリスクが増していることはよく知られているが、大多数のCOAsはよく適応し、いかなる重大な困難も示していない（J. Crowley, personal communication, April 2000）。加えて、メンタルヘルスの専門家が、アルコール中毒の家族史に気づいた場合、子どもの実際の行動にもかかわらず病理的行動を証明するものとして見てしまいがちであることが明らかになっている（Burk & Sher, 1990）。COAsに否定的な影響を及ぼすラベリングに伴う危険性を考慮しながら、メンタルヘルスの専門家は学校職員からの照会を受け入れるには注意を払わなければならない。ラベリングの危険性を念頭に置き、治療に適した子どもたちが照会されることを確認するため、学校職員と緊密な連携をとるべきである。

倫理的な問題

秘密性は、スクールカウンセラーが考慮しなければならない倫理的な問題である。学校ベースのプログラムには多くの利便性があるが、秘密性が維持されるには限界がある。教師とほかの学校関係者は学校ベースのプログラムの目的に気づくだろうが、カウンセラーはプログラムに参加している子どもたちの秘密性を保護する努力をしな

ければならない。教師と親は，子どもがリスクを自分や他者に態度で示す場合を除いて，プログラムの内容は厳密に秘密が保たれ，子どもの参加についての詳細は漏らされないことを教えられるべきである。

　秘密性を確実にするもう1つの方法は，"アルコール中毒の子どもたちのグループ"としてよりも，むしろ曖昧な言葉でプログラムに照会することである。たとえば，カウンセラーは"ストレスとコーピンググループ"としてプログラムに照会することを望めばよい。アルコール中毒の親をもたないグループに子どもたちを入れるために，このような言葉でグループに紹介したほうがよいのである。これは問題のように見えるが，グループにCOAsでない子どもがいることはたいへん効果的である。アルコール中毒の流行が見られるので，アルコールと関連する問題について話し合うことですべての子どもたちが恩恵を受けるだろう。ほとんどの子どもたちがアルコール中毒の個人と知り合うであろうし，また将来知り合うことになるだろう。すべての関心のある子どもたちを参加させることで，学校では，COAsに焦点を絞ったプログラムよりもより広い集団の子どもたちに重要な薬物中毒の情報をもたらすだけでなく，介入に伴う汚名を軽減させることができる。

親の同意

　Crowley（2000）は，スクールカウンセラーはこれらのプログラムに参加するための親の同意について，慎重に考慮すべきであることを示唆している。何人かの研究者は，COAsへの学校ベースの介入は親の同意や通知を必要としないとしているが，ほとんどのスクールカウンセラーがそのようなクレームに敏感で，同意を得ることを選択している。

　同意を得ることで，学校のメンタルヘルスの専門家にはいくつかの困難さが生じる。アルコール中毒の家族で起こる多くの妨害のために，COAsにとって他の子ども以上に学校関連のプログラムに参加するための同意を得ることはいっそう困難となる。さらに，何人かの親はこれらのプログラムの必要性を認識し，実際に子どもを治療に紹介するだろうが，アルコールを積極的に常用する親は，学校のはたらきかけをそれは"家族でする仕事"と見なすので，不快に思うだろう。

　Crowley（2000）は，スクールカウンセラーはプログラムが子どもの特別な症状に取り組むことができる事実を両親に強調し，その反面プログラムがこれらの問題の背景にある原因，つまり親のアルコール中毒をも扱うという事実は強調すべきでないと示唆している。プレイセラピーにより"家族の薬物乱用の問題を扱う"よりも，どのようにして子どもの不安，抑うつ，怒り，または内気を支援できるかについて，両親

が理解するのをスクールカウンセラーが手助けすることで，これらの親に関心を高め，子どもの継続的な参加への容認を得ることができるだろう。

計画

スクールカウンセラーはまた，介入のスケジュールについて慎重に考慮しなければならない。多くの学校は，子どもたちが教室を空けないですむように介入を学校時間帯のあとに計画することを望むが，これはいつも実行できるわけではない。子どもたち，特にCOAsの送迎が困難な場合は放課後の介入では交通手段に制限が出るだろう。親機能を果たしているCOAsは放課後の活動に参加することを喜ばないし，家庭で責任があるので時間をとることができないだろう。COAsをターゲットにした介入に適切に参加することを保障するため，学校は時間帯の中でこれらの活動が行なえるように考慮しなければならない。学校時間内に行なわれる介入は，子どもたちが介入の日と時間のローテーションにより，勉強の面で悩むことに注意を払うことができる。子どもたちが1つか1つ以上のクラスや授業科目を継続して空けなくてもよいようにするために，学校職員は学校が子どもの勉強面や社会的，情緒的ニーズに適切に取り組むことができる。

スタッフ

COAsを対象とする学校ベースの介入はまた，スタッフの問題で注意深く考慮されなければならない。介入は，COAsの問題についての訓練期間や専門知識などで異なるさまざまな職種の学校職員でなされる。学校ではプレイセラピーのテクニックを使う介入が望まれるが，プログラムのスタッフに適切な人を選ぶ際に，特別なプログラムの特色を注意深く考慮しなければならない。高度に構造化され，事前に計画されたプログラムに頼る介入であるため，人間関係の問題を扱う介入ほどには，スタッフの特殊な訓練やスーパビジョンとあまり関係ないだろう。高度に構造化された介入は，プログラムのスタッフと生徒の関係やラポートと関連することが少ない。

学校ベースの介入で，教師を利用することには特別な問題が生じる。学校では，生徒たちは正規の教師たちがスタッフとなる介入を受けることを望まない。つまり，教師は教師の役割と"セラピスト"の役割を分ける時間をもつことがたいへんむずかしいからである。

終結

カウンセラーはまた，COAsに終結のプロセスを示す困難さについての認識をもっ

ておくべきである。子どもたちの両親が不安定な基盤のもとに彼らを養育するので，これらの子どもたちはカウンセリング終結時の，放棄される感情に特に傷つきやすくなっている。

　セラピストはカウンセリングのプロセスについて子どもの感情をよく調べ，終結の可能性があることに対して恐れや半信半疑の気持ちを表現することを許すべきである。Mongoven（1997）は，終結のプロセスはしばしばプレイセラピールームから何か触れることのできるものを家庭に持って帰ることを許すことで，より容易になることを示唆している。カウンセラーと子どもたちはしばしば，子どものために所有権を保持するためのおもちゃやゲームをつくりだす。この記念物により子どもたちはプレイセラピーを経験する過程で成し遂げた変化に気づくだけでなく，セッションが終結したあともプレイのプロセスを維持するメカニズムを保ち続けることができる。

　学校ベースのプレイセラピーによる介入はまた，学校のカレンダーがプレイセラピーの過程の終結に強力に影響を及ぼすことを考慮に入れるべきである。子どもたちはセラピーの過程が進展し始めたときでさえ，学年の終わりにはプレイセラピーを終了することを強制される。同じように，学校ベースの介入では学年単位で子どもたちが対象にされるので，セラピーの過程が続いていても，学年の終わりでこれらの介入に参加する資格がなくなるだろう。学校で働いているカウンセラーは，これらの問題を慎重に考慮し，セッションが終結することについて子どもたちにしっかりと予告すべきである。もし必要なら，カウンセラーは学校での援助が利用できない場合，その期間の援助に限り外部の機関に子どもたちを紹介することを考慮すべきである。

★　プレイセラピーがどのようにはたらくかについての例　★

　グループプレイセラピーで使われている多数のプレイセラピーのテクニックを，学校ベースのプレイセラピーグループで使うことができる。学校で適用できるプレイセラピーのテクニックの種類に制限はないが，さらに以下に提示するいくつかのテクニックが学校でよく使われ，COAsがしばしば直面するいくつかの問題に特別に取り組むことができる。

　まず1つのテクニックは感情のゲームで，年齢範囲がある。このテクニックはプレイセラピーの文献では最もポピュラーで，非常にたくさんのゲームのバージョンがある。ゲームの目的は，典型的には子どもたちが明確にアルコールと関連する問題について，自分の感情をよりよく理解する助けとなることである。ゲームの単純なバージョンは，子どもたちが経験しそうないろいろな情緒を描写した一連の顔型か絵を制作することである。子どもたちは，命名した多くの異なった情緒を絵入りで表現するこ

とを励まされる。描くことが完成すれば，彼らが描いた絵について，自分自身の情緒を表現することを奨励される。また，彼らが選んだ情緒を映しだす表情をまねることも求められる。このゲームは，子どもたちがそのような情緒を表現するより複雑な語彙を身につける手助けをするとともに，彼らが経験する複雑な感情を理解することを目的に計画される。

　もう1つのテクニックは，COAsが現実の生活の問題を扱うことを手助けし，アルコール中毒の家族で起こる状況を子どもが劇にする単純なカードゲームである。カウンセラーと子どもたちは，COAsが経験する一連の状況をつくりだすためにいっしょに作業をする。状況は一般的なもの（たとえば，両親のけんか）からより重大なもの（たとえば，子どもの性的虐待）までの全領域に及ぶだろう。これらの状況はそれからカードに移され，グループのさまざまなメンバーに配られる。子どもたちは，彼らのカードに描かれた状況をグループの他のメンバーと劇にすることを求められる。劇の終わりに，カウンセラーはグループに対して状況に反応することを求める。描かれた困難さのそれぞれに多くの可能性のある解決法を子どもたちが出すことにより状況の問題解決が増加することと，各場面で誘発される複雑な情緒に反応することが，特に強調されている。

　プレイセラピーのテクニックは，構造が広範囲に変化する。前の2つのテクニックは比較的構造化され，年齢の高い子どもたちや青年たちに使うのに最も適しているが，幼児に使うのに適した構造化が少ないテクニックが数多くある。これらのテクニックの多くは，しばしばパペット，サンドボックス，それに美術の材料があり，子どもたちの恥や不安のはけ口としてプレイセラピーを使うことを強調している。プレイをとおして自分自身を表現するめったにない機会を幼児のCOAsに与えることにより，セラピストは子どもたちを苦しめている困難さによりよい洞察を与えるだけでなく，COAsであることのストレスをある程度軽減してやることができる。

★　家族プレイセラピー　★

　COAsへの学校ベースの介入のほとんどがグループ方式をとるが，場合によっては介入で家族全体を取り扱うことが可能であるし，治療のために家族をどこかへ紹介することもできる。カウンセラーは，アルコール中毒が家族全体に影響を及ぼす疾患であり，家族のアルコール中毒が及ぼすさまざまな影響は家族システム全体を調査することで正しく理解される，という事実を広く受け入れている（Robinson, 1989）。家族プレイセラピーはCOAsにかかわる魅力的なセラピーであり，親と子どもの関係を強くすることに焦点がおかれる（Van Fleet, 1994）。COAsはしばしば親と遠くて

危険をはらんだ関係を発展させている。家族がスーパーバイザーのいる健康的な環境で楽しめる治療的なゲームをすることで，薬物乱用でつくりだされた多くの困難な関係が家族プレイセラピーで改善する。

家族プレイセラピーではまた，両親の中毒による行動が家族に与える結果を観察し理解するのに好都合である。カウンセラーは，子どもの発達にプレイが重要であることや家庭環境でプレイを促進する方法などを親に教えることができる。プレイセラピーのプロセスに親を入れることで，カウンセラーは彼らが大いに必要としているこれらのスキルが家庭環境に転移する可能性を増すことができる。

しかし，家族プレイセラピーはすべての家族に適合するわけではない。Hammond-Newman（1994）は，家族プレイセラピーを積極的にアルコールを飲む親に使うのは不適切であると述べている。親は回復するまでの少なくとも6か月間は，しばしばアルコール常用の影響を否定する（Hammond-Newman, 1994）。このように，プレイセラピーのプロセスに親を巻き込むことは，そのプロセスを助けるよりもむしろ妨害となることもある。カウンセラーは，家族プレイセラピーのテクニックを使うことを考える際に，家族の特別なダイナミックスや彼らにこのテクニックを使えるかを考慮すべきである。アルコールを常用し，その影響にまだ否定的な親は，このタイプのセラピーには理想的な志望者とはいえない。しかしながら，彼らの子どもたちは依然としてプレイセラピーのプロセスから恩恵を受けている。Black（1982）は，積極的にアルコールを常用する両親と生活している子どもたちは，プレイセラピーを最も必要とし，避難場所になると述べている。この困難さに対する1つの可能性のある解決法として，可能ならアルコールを常用していない親に家族プレイセラピーへの参加を限定的に実施してみることである。

要約のコメント

この章では，COAsにプレイセラピーを使うことで，可能性のある恩恵が生まれることを強調している。COAsは薬物中毒の家庭で生活し，その影響を強く受けているので，他の子どもがするような楽しいことをする機会が概して少ない。プレイセラピーにより，これらの子どもたちはCOAsであることのプレッシャーから解放されるだけでなく，子どもたちが経験する多くの危険因子を取り扱うように計画された活動に参加することができる。

アルコールを常用している家庭で生活することに関連する否定や恥の結果として，COAsは最初に言語的に自分自身を表現することに不愉快さを感じるが，そのうちプ

レイセラピー場面をより近づきやすく,快適で,発達的に適切な話し合いの場所と見るようになり,結果的に子どもたちが経験する多くの異なった痛みが癒される。

　学校は,カウンセラーがプレイセラピーのテクニックを使う優れた環境にある。学校はCOAsに介入する理にかなった場所で,親のアルコール中毒と関連する困難さの多くが学校で容易に観察できる。さらに,学校には,子どもたちに一貫した,非難をすることのない立場で接するカウンセラーがいて,学校で多くの機会を生かしながら,この複雑な問題をもつ人々に恩恵をもたらす介入を計画し実施することができる。

第12章

プレイを通じて悲しみを語らせる方法：学校における死別プログラム

Ruthellen Griffin

　現在，学校における死別プログラムに関する文献はあまりない。そしてすでに出版されている文献のほとんどは，悲嘆に暮れる子どもたちが危機に直面した場合に行なう短期的なサポートや，子どもたちがどのような行動や感情を見せるかにだけ焦点を当てたものが多い。

　そのような中で，グループで行なわれるサポートは高い評価を受けている。子どもたちは，グループに参加しながら，自分たちの生活の中に起こる死に対しどのように悲しみを感じるか表現したり，仲間どうしでその悲しみを共有したり，サポートを受けながら意見交換などをする。子どもたちがもつ死や病気に対する考えや質問，そして悩みに対して誠実に対応することのできるこれらのセッションの意義は大きい。子どもどうしで行なわれる間違った情報交換ではなく，正しい形で死や病気に対する情報が与えられるため，子どもたちの恐怖心は薄れていく。そして，グループ参加を通じ子どもたちの中に変化が見られるようになる。それは，死別を経験したことで発病した，目に見える身体的症状が回復に向かうというような良い形で表われ始める。親も子どもたちの行動や人間関係が改善されていることに気づき始める。

　これらのプログラムは直接問題を解決する即効薬ではなく，むしろ予防薬のような性質をもっている。なぜなら，子どもたちが他人からサポートを受けていると感じ，自分の気持ちを表現してみようと感じない限り，彼らを救うことはできないからである。プログラムに参加しながら，子どもたちは自分たちの死別に対する反応や感情が貴重なものであり，人に聞いてもらえることを学ぶ。そして，他人の意見を尊重し，聞くスキルを身につけ，必要とされるときに他人を助けることを学ぶようになる。グ

ループに参加するメンバーは，共感すること，理解すること，そしてお互いを育てる力を身につけ始める。

このようなグループ活動を通じて，大人は子どもたちの傷つきやすさを認識しサポートする方法を学び，死別を経験することによって感じる孤独感を減少しながらすべての者がいっしょになって死の普遍性を探求する。

この章では，学校でできるプレイセラピーや創造アートセラピー（creative arts therapy）を使った子どもの死別プログラムのグループ活動を紹介する。このような活動を行なうには，グループ開発の重要性を探求し，ファシリテイターに内容を提供し，親や学校スタッフに対して参加とコミュニケーションを呼びかけることが大切である。以下に私自身が経験し成功を収めたテクニックもいくつか引用する。

グループの哲学

間接的に，死や死に対する感情をもつことは子どもの成長段階にとって大切なことである。プレイや美術の中で象徴や比喩を使うと，距離をおきながら脅迫的観念に襲われることなく死について探求することができる。こうすることにより，子どもたちは少しずつ個人的にも普遍的にも死について経験することができる。おもしろい材料やプレイを通じ他の子どもたちと交流し，生活の中で何が可能で何が不可能であるのかを認識し，願望や現実を認識しながら死に対する恐怖感を軽減していく。子どもたちは死に対する正しい情報と，彼らのもつ質問に対し正しい答えを供給するこれらのグループに積極的に参加することをすすめられる。

ウォームアップ・テクニック，または'アイスブレーカー（氷割）'とよばれるテクニックはグループを設けるうえでの基本となる。たとえば，身長，足や手のサイズ，髪の長さでグループ分けをすると子どもたちは自分が思っていたよりももっと多くの点で他人と共通点があることに気づく。白い服を着ている人は教室のこちら側に，黒い服を着ている人は反対側に，または飼っているペットが死んでしまった経験のある人は向こう側にというように，グループ分けはさまざまな形で行なうことができる。「ペットの名前は何でしたか」「いつ，どのようにして死んでしまったのですか」といった，ペットに関した質問もできる。ある男の子は，母親がペットとして飼っていた魚をトイレに流してしまった際にどれだけ落ち込んだか思いだす。数人の子どもたちがうなずきながら理解と共感を示す。次に「家族の誰かが死んだという経験がある人はここに来てください」と指示すると，クラス全員が支持された地点に移動する。これは，子どもたちが死を経験し，悲嘆しているのは自分だけではないと感じ

ることができるたいへん重要な一瞬である。ある子どもは,「私は,ほかの人に自分が経験したような悲しみは味わってほしくないけれど,私がどれだけ悲しかったか人に知ってもらえたのは嬉しかった」と話している。

　直接的に死に直面したことがある子どもたちは,具体的な材料を使い,象徴や比喩をうまく使いながら彼らがもつ死の世界を処理し始める。彼らは体内にあった経験や感情を表現するために体を動かす。そしてそれは時として名状しがたい感動的なものとなる。彼らは無意識に,しかし急激に話を共有し始める。子どもたちは言葉につまる事があるが,それは大切なことである。言葉はその子どもの発達段階や話そうとする意志によって異なり,時には誇張され,また時には最小限にとどめられる場合もある。

　このようなグループ活動は個人にもグループ全体にも有効である。セラピストの役割は,個人やグループ全体を尊重し阻害することなくグループ活動を展開していくことである。しかし時には何が起こっているかわからなくなるときもある。私たちは子どもたちを,あえて不透明で,不快で,空虚で,物事が見えにくい状態に置くことを心がけなければならない。なぜならば,死に対する問題や感情,そして想像は時間をかけて解決していかなければならないからである。私たちが勝手に比喩や言葉を使ってグループ内の空虚さを埋めてはいけないのである。グループが1つとなり,グループ全体で不快感を共有し,その不快感を維持できるような状態をつくりだしてやるのが私たちの役目である。次のような例がある。子どもたちがグループになって部屋の中を歩き回っている。彼らはあらゆる方向に,体を自由に伸ばしながらそれぞれの速度で動き回る。私は何かが起こるまでじっと待ちながら観察を続けた。すると1人の男の子が手を叩いて「殺してしまった」と叫んだ。そしてほかの子どもが「そうだ！蟻を殺してしまった！」と言いながら床を足踏みした。そこで私はグループ全体に「蟻が死んでしまいました。どうしましょう」と問いかけた。誰かが「蟻のお葬式をしましょう」と言いだした。子どもたちは,どうやったら蟻のお葬式ができるのだろうかと想像しながら架空の穴を掘り蟻を箱の中に入れた。そして,シャベルですくった目に見えない砂で穴の中に箱を埋めた。ある者はお墓に捧げるための花を摘んだ。「ほら。蟻が埋められた」と1人の男の子が言い,「今度は墓石が必要だね」と指で空中に墓石を描き蟻の葬式をあげた。子どもたちは動き回るのをやめ,輪になって床に座った。私は子どもたちに蟻の墓場について,そして葬式でどんなことを感じたか尋ねた。子どもたちは,積極的に意見を述べ,質問をし,そこでさまざまな話が交わされた。私はグループや個人を自主性に任せ優しく導くことにより子ども一人ひとり,そしてグループ全体としても意味のある活動を展開することができた。

死について説明する際には，具体的な言葉を使う必要がある。「遠くに行ってしまった」「逝ってしまった」というような婉曲な表現は子どもたちを混乱させるだけである。祖母を亡くした五歳の子どもの叔母に当たる人から聞いた話である。セッションに現われたその幼い女の子は，叔母が到着するまで口を閉ざし話そうとしなかった。叔母は到着すると苦悩に満ちた女の子の隣に座り，どうしたのかと尋ねた。女の子は「みんな，おばあちゃんは遠くに行ってしまったけれど，本当はいつもここにいるって言うの」と話し始めた。大人が選んだ死を表現する婉曲なこの言葉は，何が起こったのか明確にすることなく，むしろこの子どもを混乱させてしまったのである。セッション中，子どもたちにはわからないことを常に質問し，自分の感情を表現することが許されている。サポートに当たる大人は，感情や悲しみを正直に，そしてオープンに表現する模範とならなければならない。セッションは死別した人々を思いだし，死別に関する経験を人と共有する機会であることを認識させなければならない。創造し，参加し，話し，そして他人の意見を聞くことによって子どもたちは感情を整理し，自分ではどうすることもできなかった経験をコントロールする力を獲得し始めるのである。

グループ編成：どのように始めるか

　学校における悲嘆グループの基本になる準備作業は，たいへん重要な役割を果たす。地域と学校のカウンセラーが互いにサポートし合いながらプロジェクトを計画していく。さらに，行政からのサポートと承認が必要である。そして継続してグループ活動を行なえるスタッフを見つけることが重要になる。
　初期の会合では，文書化されたグループセッションに関する理論，哲学，目標，照会過程，予想される参加人数，方法，そして概要などをもとに話し合いがもたれ，ディスカッションを通じ内容が構成されていく。そして従事するスタッフとセッション計画が提示される。このようなグループ活動を開始するにあたって最も大切なことは教育である。従事するスタッフは，子どもたちの悲しみがどのような形で学校での問題に発展するか明確に認識しなければならない。死が子どもたちの学業や行動に影響を与えるということを，教師だけでなく学校職員も理解する必要がある。問題行動の見られる子どもたちは全員，スクールカウンセラー（またはソーシャルワーカー）に識別照会をしてもらうようすすめられる。スタッフの役割とは，セッションに直接携わるグループリーダーの質問に答え，情報やアイデアを提供することである。必要であれば，グループリーダーとともにサポートを提供することもできる。もし，死を経

験してから時間がたっており子どもに顕著な問題行動が見られないのであれば，そっとしておくことが望ましい。

そして，グループの活動内容を紹介する手紙と参加許可書が親に送られる。手紙が郵送されたあと，1～2週間して確認の電話がかけられる。グループ開始前には親のための会合が設けられ，質問やセッションに関する心配事などを話し合う。

グループに参加する子どものスクリーニング，そして子どもの簡単な生活史を収集するのはスクールカウンセラーの責任であり，その方法を記した文献などを参考に作成することができる (Fitzgerald, 1995)。これには簡単な家族関係や家族内で起こった死に関する情報が含まれる（誰がいつどのように死に，誰がその死を子どもに伝えたか，子どもが通夜や葬式に出席したか，故人と子どもの関係など）。複雑な形で表わされる悲しみの種類を識別するために，子どもの生活の変化を短期間ごとにまとめて整理しておくと便利である。生活には，過去に子どもが経験した死別，離別，親の離婚，引越し，火災，盗難，親の転職，そしてペットの死などをわかりやすく整理することにより，子どもの行動と比較参照することができ (Fitzgerald, 1995)，心配される領域や死後に起きた変化を明確にすることができる。最初のグループ会合をする前に，子どもと親とカウンセラー全員が参加してこれらのデータを収約しておくと，より正確で情報量に富んだ資料ができあがる。そして，8回にわたって行なわれるセッションのあとにまとめられる事後記録の1つとしてもその役割を果たす。

スクリーニング

カウンセラーは，グループをつくるにあたって綿密な照会をしなければならない。カウンセラーは，子どもがこの時点でグループに参加できる状態であるか，個別カウンセリングが必要であるかを熟慮しなければならない。また，過活動や行動問題があるかどうかを確認しなければならない。ほかの子どもを危険にさらし，グループ内が混乱しないように，すべての事柄が考慮されなければならない。なぜなら，参加メンバーがセッションに集中できなくなる可能性があるからである。子どもの問題行動は死に関係しているのか，それともまた別の場で解決されなければならない長期的な問題なのか，死別はこの子どもの中でどれほどの割合を占めているのか，そして子どもの成熟度も同時に考慮されなければならない。時には5歳の子どもがグループに参加することもあるが，実際には6歳か7歳まで待ったほうがよい場合もある。子どもが1対1のサポートを必要としているのであれば，グループにもう1人スタッフかボランティアを加えることも考えなければならない。グループを少人数に分け，いくつか

のセッションを設けることも可能である。グループリーダーは柔軟に，そして臨機応変に可能性を追求することが求められる。

必要事項

　学校内に設けられる死別グループは，放課後か最後の授業時間に設けられるのが望ましい。子どもたちがセッション後クラスにもどって勉強に集中しなくてもいいように計らうためである。しかし，その他の時間帯に設けることも可能である。なぜならば，グループ過程には切り替えが簡単にできるような，まとめの時間が含まれているからである。45～60分のセッションが継続して8回設けられるが，子どもたちはスタッフの判断次第で何度でもグループに繰り返し参加することができる（時には子どもたちのほうがグループを辞めたがらないこともある）。参加者の年齢はさまざまである。学校側は，小学生，中学生というように年齢に応じてグループを分ける。最近死別を経験した子どもも，以前に経験した子どももいっしょにグループに振り分けられる。グループの人数は，5～8人で2人のスタッフがつく。こうすると，行動や特別作業をさせる場合，または予期せぬ状況に陥った際に1対1で対処することができる。1人が継続的にグループを観察することもでき，また，子どもに対処する場合でも2人のスタッフから2通りの考え方を取り入れることができる。これらを行なう部屋は，グループが専属で使用できる専用の部屋であることが望ましい。

　部屋にはおもちゃや道具などをできるだけ置かず，落ち着いた雰囲気をつくる。こうすると混乱を起こしたり，子どもたちが集中力を失い始めたときに，彼らをまとめることに時間を費やさなくてもすむ。ファシリテイターは必要であれば部屋の模様替えをしてもよい。

　グループワークに必要とされる基本的な材料は，さまざまな大きさのボール，生地，重り，スカーフ，ゴムバンド，カーペットを小さく四角に切ったもの，ラジカセ，テープ，CDなどで，動きやゲームを行なうときに効果的である。工作用の紙，のり，はさみ，クレヨン，ペン，絵の具，毛糸，装飾用の飾りなどは工作に使うことができる。そのほかには，カーペットを小さく四角に切ったもの，パペット，小さなおもちゃ，ぬいぐるみ，クッション，本，死をテーマにしたお話のテープ，靴箱，大きな封筒，粘土とそれをこねる道具，風船，梱包に使われる緩衝用のビニールなどがある。特別なプロジェクトを計画する場合は，これ以外の材料が必要になるかもしれない。

知っていなければならないこと

　これらのグループを最も効果的な方法で展開していくためには，すぐに連絡の取れるセラピストが何人か必要になる。ファシリテイターは子どもたちの成長段階に応じ，年少の子どもと青年ではどのように死別に対する感じ方が違うのか，子どもたちの成長過程を把握していなければならない。セラピストは，動きやダンス，美術，詩，劇，そしてプレイといった言葉を使わずにできるセラピーを開発させる力をもっていなければならない。セッションでは，子どもたちは象徴や比喩を使い，死別に対する感情を間接的な言葉で表現する。その際，カウンセラーにその比喩や象徴の意味するところを理解できる力があると，子どもたちの癒されてゆく過程をより明確に把握することができる。カウンセラーはこれらがどのように理論と関連し，そしてどのように癒してやれるか，その方法を知らなければならない。また，ファシリテイターはグループ過程理論と，それを実行することに精通していなければならない。子どもたちから引き出される感情も，大人がすぐにサポートできるような受け入れの姿勢が大切である。個人個人がもつ死に関する経験や，ホスピスプログラムの体験などを利用して，人が死にいたるまでの過程を体験させる形で死に慣れさせる。グループ参加中に問題行動を起こすであろうと予想される子どもには，グループを開始する前に対処し問題を解決しておくことが望ましい。そして，常にスーパーバイザーやセラピスト，そして他の同僚の客観的な目をとおして物事を分析し，基礎となる初期段階を準備していく。

　グループに携わる者は死について熟知しており，死への過程や死の種類，そして死にいたる方法に関する質問に答えられなければならない（たとえば殺人，自殺，癌，発作，エイズ，バイパス手術，点滴，放射線など）。もしその知識がないのであれば，質問に答えてくれる知識をもった人を探しておかなければならない。セラピストは，通夜，葬式，火葬，埋葬といった死に関連する慣習や信仰について話し合う必要性が出てくる。子どもたちは，よく葬儀屋によってとり行なわれる儀式的プロセスについて聞きたがる。棺おけ，納骨所，火葬，埋葬，墓石，死体というような死に関する言葉に慣れておくと，子どもたちが質問する際にすぐに説明することができる。ファシリテイターは，死別グループを運営するためにさまざまな材料や本，おもちゃ，そして活動に慣れておかねばならない。材料をうまく使い即興で活動ができると，自由に創造的にそして的確に子どもたちを指導することができる。

　最後に，私たちには，子どもたちの痛みを完璧に取り除くことはできないというこ

とを忘れてはならない。

乗り越えるための困難

　学校での死別グループを運営するにあたっては多くの問題があり，時にそれらの問題がグループ運営を妨げる可能性がある。長時間労働やストレスが続くと，スタッフは責任をもってプロジェクトを継続できないと感じ始める。中には長期的な視野をもってプロジェクトに参加せず，興味本位にこの仕事に惹かれるスタッフもいる。初めは熱心そうに見えるスタッフが，電話連絡を怠るようになったり，打ち合わせの時間に現われなくなったり曖昧な態度を見せるようになる。

　また，学校には外部からの援助を拒否し，"独自に対処したがる"傾向がある。死別によって悲しみにくれる子どもたちやそれに伴う諸問題を放置し，あえて死について子どもたちに教える必要はないといった態度を示す。これは，死に関する経験や教養がなく，死に関して自分では解決できない問題や恐れをもっているスタッフにありがちな態度である。

　外部の仲介者やカウンセラーに事務の経験が乏しいと，グループ運営に支障をきたす場合がある。補助金を申請する際に必要な文書の作成，地域からのサポートなどグループを開設する場所や補助金を得るためにさまざまな問題が出てくることが予想される。時にはグループに参加することを親が拒んだり，逆にグループに子どもを押し付けたり，親自身も自分たちがもつ悲しみに気づいていないため，子どもをグループに参加させたがらないケースもある。これらの拒否反応は，前述の理由から起こるのである。

グループ内容

　グループ内容は，子どものニーズに応じて異なる（表12参照）。セッションは45分から60分かけて行なわれ，最初の2セッションは死について，そして死んだ人の話題にふれることから絆や信頼関係を築くために設けられる。セッション2から6では死別を経験したことから起こる問題や死に対する感情，そして死や死んだ人に関連する話，死に関する教育に焦点を当てる。最後にセッション7と8では死に立ち向かうスキルを現在と将来に分けて考える。死んだ人の記念碑がつくられ，参加者たちはそれに別れを告げる。たとえば，ピンやつまようじ，毛糸，羽，またはその他の装飾材料を使って子どものもつ心配事を表現する人形を作る。その人形には特別な名前をつけ

表12−1　8週間の死別グループ

小学校，7名
午後3時−4時（放課後）
スクールカウンセラー，地域の死別の専門家　2名

セッション1

3:00 – 3:15	おやつ（親によって毎週持ち寄られる）。自分たちがなぜこの場にいるのか話し合う。グループの所要時間。グループ内の規則（子どもたちによってつくられる）。
3:15 – 3:30	アイスブレーカー（ウォーミングアップ）：名前を覚える。好きな食べ物，色。その他：ボール投げ，死んだ人の名前，グループに参加することへの感想を聞く。
3:30 – 3:50	美術プロジェクト：自分について何か描きグループ内で見せ合う。
3:50 – 4:00	グループの輪；動き；グループのみんなにさようならを言うにはどのような体の動きで表現できるか？　鏡を使ったグループワーク。

親に『子どもと悲しみ』（Carroll & Griffin，2000）の読み物を渡す。

セッション2

3:00 – 3:15	おやつ，ディスカッション：どんな一週間をすごしたか？　人々はどんなことをしたか？
3:15 – 3:30	動きを使ったウォーミングアップ：人々の動き，またはお気に入りのエクササイズ；仲間の名前を覚えているかを確認（死に関するテーマを引き出すことができるか探す）。
3:30 – 3:40	美術：好きな活動と食べ物は何か？　死んだ人の好きだった活動と食べ物は何か？これらを描写する絵を2枚描く，グループ内で見せ合う。
3:40 – 4:00	椅子とりゲームをしながら，さようならを言う準備に入る。

宿題：次の週に，死んだ人の写真か形見を持ってくる。迎えにくる親にも宿題が出ていることを伝える。

セッション3

3:00 – 3:15	おやつ，写真や形見の見せ合い。
3:15 – 3:30	今日の天気をどのように感じるか？　手と体を使って表現し，グループでその人がどう感じているか当てっこをする。
3:30 – 3:50	ディスカッションか作文：家族内で誰かが死んだときの感情をたくさん書きだす，それを読みながらどんな意味なのか顔の表情で表現する，家族内の誰かが死んだときに感じた気持ちを天気にたとえるなら，どのような天気か絵に描きグループで見せ合う。
3:50 – 4:00	グループでの動き：動き回ったり静止したりしながらさようならを言う準備に入る。

親の宿題：次のセッションに亡くなった人が着ていた衣類を着てくる。衣類がなければ形見を持ってくる。

セッション4

3:00 – 3:15	おやつ，衣類や形見の見せ合い。
3:15 – 3:30	物語：Margarete M. Holmes の『恐ろしい出来事』

第12章　プレイを通じて悲しみを語らせる方法：学校における死別プログラム

3:30 - 3:50	死を経験したあとに体に見られた症状のディスカッション，体の絵を描きそれに感じた症状を描き入れる，グループ内で見せ合う，症状はまだあるか？　どの症状が良くなっているか？
3:50 - 4:00	スカーフと音楽を使った動き。

　　親の宿題：お気に入りのぬいぐるみ，毛布，またはクッションを持ってくる。
セッション5

3:00 - 3:15	おやつ，ぬいぐるみの見せ合い。
3:15 - 3:30	物語：『王様の耳はロバの耳』（秘密について）
3:30 - 3:50	あなたには死に関する秘密があるか？　怖くて言えないことがあるか？　紙に文章で書くか絵を描く，紙を集め混ぜる，セラピストは秘密が書かれた紙をあちこちに隠し，子どもたちたちは3つ数えてから目を開け，紙を捜しだし，それをみんなのところに持ち寄り重ねてゆく。セラピストは名前を明かさずに1つひとつ読み上げる。誰かこのように感じたことがありますか？　手をあげてください。ディスカッション
3:50 - 4:00	体の一部分をできるだけ早く動かし，徐々にその速度を落とす。

　　親の読み物：『On Children and Grief』（インターネットより）
セッション6

3:00 - 3:15	おやつ，今週死んだ人について考えましたか？　誰かみんなに伝えたい好きなお話がありますか？
3:15 - 3:30	即興の動き：テーマが引き出せるか探す。
3:30 - 3:50	粘土を使い，死んだ人がいるという感覚を経験させる，見せ合う。
3:50 - 4:00	風船で遊ぶ，グループで風船を使って動く。

　　親と子どもの宿題：感情をコントロールするための救急箱を作る，親と子どもに説明し例を見せる。
セッション7

3:00 - 3:15	おやつ，救急箱の見せ合い。
3:15 - 3:30	部屋の中に安全な場所をつくる。
3:30 - 3:50	リラックスした気分で何かしたり，食べたり，物を使ったりできる安心できる場所の絵を描き見せ合う。
3:50 - 4:00	次が最後のセッションであることを告げる。"記念探し"で何をしたいか？　サンドイッチを配る。

　　親と子どもの宿題：スクラップブック作りに使う故人の写真を持ってくる。
セッション8

3:00 - 3:15	おやつ，これが最後のセッションだということを告げる。
3:15 - 3:30	さよならダンス：輪になってダンスをする。仲間と気持ちを伝え合う。順番にリーダーの役を交代する。ペアになる。みんなで手をつなぐ。
3:30 - 3:50	死んだ人を思いだしながら写真や飾りを使ってスクラップブックを作る。仲間どうし見せ合う。
3:50 - 4:00	さようならを言いながら輪をつくる。手を握り合う。このグループで行なった活動の中でどんなことを覚えているか？　何が一番好きだったか？　何が一番嫌いだったか？

てもよい。人々のもつ死に対するさまざまな心配事があげられていく。いま生きている親が突然死んでしまうのではないか，暗所恐怖症，または誰かが家の中に侵入してくるのではないかといった心配を，深い悲しみに陥っている子どもたちはよく口にする。子どもたちが作りだすそれらの人形は，原始的な風貌をしている。テレビに登場する英雄に似せて作られている人形もある。すべての人形は驚くほど独特なものである。

　Corr（1995）と Schonfield（1993）によると，死に関する話題は限りなく存在する。死は普遍的で避けることができない。そして死がいつやってくるか予測することは不可能である。死を取り消すことはできない。私たちは死を認め，故人の生前の生活を回顧しながら自分はどう生きていくべきかを考えながら生き続け，故人を愛し続けるのである。

★　死のコンセプト　★

　グループ全体や一人ひとりの子どもを観察しながら発達段階を考慮し，死のどのコンセプトについてふれるのかを考えなければならない。死について語られた物語やおとぎ話を読んだあとは，グループで美術プロジェクトやパペットショーなどを行なうとよい。ある子どもは，突然死した故人の死が，家族にどのように伝えられ，家族がそれにどう反応し，どのように通夜が行なわれ埋葬されたのかをもとに話をつくった。それぞれのパペットに名前をつけ，パペットがそれぞれの立場にたって架空の話をするのである。なぜ死が存在するのか，または死の性質そのものを説明するたくさんの話ができあがる。これらの話を利用しながらグループ全体で死に対するイメージを引き出し創造的な過程を始める。こうした活動を通じ子どもたちからたくさんの感情を引き出すことができるであろう。

　創造し動き回りながら，子どもたちは死んでいることと生きていることの意味を探求するであろう。

　子どもたちはコンセプトを表わす何色ものスカーフを使って，生と死の苦悩を劇で表現した。白は"生"，または"神"を，赤や黒は"悪魔"と"死"を表わした。彼らは比喩を用い生と死の性質を演じながら，生と死がどのようにかかわりあっているかを演じた。多くの大人は子どもが死について考えることはないと信じている。セッション中カウンセラーは，寝ているということは死んでいるのと同じことだろうか？といったディスカッションをとおして，子どもたちにさまざまな死の種類を紹介することができる。そしてカウンセラーは，遊びと談話の両方を使うことによって死と生をより深く理解させることに留意しなければならない。

第12章 プレイを通じて悲しみを語らせる方法：学校における死別プログラム

　子どもたちに死の意味を理解させるには長い時間がかかる。何度も同じ話を繰り返し聞かせること，実際に起きたことを体で表現すること，そしてさまざまな経験を1つにまとめることは，セラピーのうえでたいへん重要である。グループ全体で話を聞き，子どもたちは自分の経験を思いだす。私たちの仕事は，これらの理解しにくい経験を子どもたちが消化できる大きさに砕いてやることである。頭の中にこびりついている死と直面した経験や，その後の経験について聞いてやる。そして6コマ漫画が描けるように紙を六等分に折ってやり，各場面で何について覚えているか，または何についてよく覚えていないかを描かせる。話と絵をグループに見せながら，それぞれのコマに描かれた過程や絵について1つだけコメントをすると，子どもたちに，痛みや，思い出，強い感情を感じさせることができる。

★　**感情表現**　★

　その人が死んだ日の自分の体調を絵に描かせることによって，子どもたちがどのように死を感じたか確認することができる。体は私たちが気づかないことも語ることができる。体に現われる症状は，内面にこもる感情の表われともいえる。子どもたちがどんな状態であるのか話し合うのはこの過程の中で重要なことである。これらの症状はどのような形で現われるのか。もしあなたがその症状になったとしたら，それを表現するためにどんなダンスで表現するだろう。それはどんな音がするのだろう。もしそれを取りだすことができるのなら，それはどのくらいの大きさなのか。どうやったら体から取りだせるだろうか。どうやってグループのみんなに見せられるだろうか。それはどんな匂いがしてどんな味がするのだろう。あなたはそれをどうしたい。どんな色をしている。手の中に入れたらどんな感じがする。頭の中だけではなくさまざまな感覚を使いながら探求し，その症状とふれ合うよう指導する。その症状はあなたに何を語りかけているのだろう。何かいいアドバイスはあるだろうか。この活動をとおして内在する症状が次々と体の中から引き出される。症状はおなかや心臓や，頭や喉から溢れ出る。悲しみは時にベタベタした暗い灰色をしている。それは一度触るとペタリと手にくっつき，そして体のほかの部分にも次々とくっついていく。気づかぬうちに体全体が覆われ，拭っても拭いきれない状態になる。その物体がもつ冷たさが徐々に体中に伝わっていく。グループ全員でそれを剥がしていかねばならない。中には，それをトイレに流したり，燃やしたり，クローゼットの中に仕舞い込んだり，敷物の下に隠したり，嫌いな人に押し付けたいという子どももいる。また，気が向いたときに眺めてみたいという子どももいる。これらの比喩は感情や，その感情が何を意味するか表わすうえでたいへん表現力に富んだものとなる。

"1000個の心臓を持った男の人"というようなたとえを使って表現されるように，子どもたちの表現力には目を見張るものがある。子どもたちは，頭痛，腹痛，神経過敏な感情，破れた心臓などを，大きく描かれた人間の体の絵に描き入れていく。破れた心臓は実に多く描かれる。突然の心臓発作で父親を亡くした男の子たちは膨大な量の心臓を描き入れ，「この男の人には1000個の心臓がある。だから1つが止まってしまっても毎年次の心臓を使って1000年間生き続ける」と，父親のことを思いだす。

　故人が長期の病気を患って死んだ場合は，その人の生前を思いだすことはむずかしい。故人の健康的な日々を思いだすことがむずかしいのである。その人との日々はどんなものであったか？　彼らの生前を思いだすには，グループセッションで厚紙を利用してレンガを作り，それを死んだ人にたとえながら色を塗るような活動がよいだろう。それらのレンガに死んだ人の名前，誕生日，そして死んだ日を記入し，レンガの壁を積み上げる。花で飾られた壁ができあがり，それは後にグループが終了する際に行なう大きなセレモニーの背景として使うことができる。

　子どもたちはどう対応するのだろうか。たくさんの子どもたちが独自の対処方法を見いだすだろう。子どもたちに感情表現する機会を与え，グループでテクニックを共有することには大きな意義がある。グループでサポートし合いながら新しいアイディアを試みると，子どもたちに健康的に感情表現をさせることができる。家や他の場所で心を落ち着く場所を話し合い，想像し，描いていくこともできる。子どもたちはベッドの中やベッドの下，クローゼットの中，森の中につくったお城にいる自分たちを絵に描く。困難を感じたときには，これらの静かな場所で自分に集中するよう指導する。何を用いて，どんな活動を行なったら楽になれるか？　グループ全体の子どもたちに実際に物を持ってこさせ，共有するとよい。ドリームキャッチャーや人形を作らせるのもよい。大人にやめてほしいことと，やってもいいことのリストを作るのもよい。（子どもたちがよくリストにあげるのは，「しょっちゅう私たちにキスしないで！」である。）

信頼関係と安心感

　グループ内に信頼関係と安心感を築き上げるうちに，創造的な雰囲気を表現する言葉が生まれる。グループ全体で決めたルールのもとに，自由に表現できる環境がつくられる。新しくグループに参加する子どもたちは，第2セッションまでに参加させる。子どもたちは絆を築き互いの意見を聞き，質問し，尊重し始める。この年齢のきょうだい間では常に見られることであるが，腕力や言葉で暴力を振るうことは許され

第12章 プレイを通じて悲しみを語らせる方法：学校における死別プログラム

ていない。決められたルールを守らねばならない。

子どもたちから継続的に信頼を得ることは，グループを進めていくことと同様に価値がある。セッション開始当初は特に時間をかけて子どもたちにグループの絆をつくらせる。そして，グループ内の大人も含めるすべてのメンバーと慣れさせる。ルールをつくってグループの目的，グループがどんな内容であるか，そして全般的な形式を明確にしていく。質問することはよいことで，必ず正直に答えることを約束する。

大きさの違うボールや重り，または意表をつくような物（スカーフ，ゴムでできた鳥，ぬいぐるみ）をグループに参加する子どもたちの名前を呼び，目を見ながら投げてやると絆ができる。音やアイコンタクトや動きを使うとよい。私たちは子どもたちに，顔でどんな動きができるか聞いてみた。子どもたちは目を寄り目にし，舌を鼻に伸ばした。子どもたちはクスクス笑い始め，やがて大笑いしだした。私たちは全員でこのおかしな顔をつくり大笑いし，親密度を高めた。

最初，子どもたちにはグループへの参加は自由であると告げられる。もし彼らが参加したくないのであればそれでもよい。子どもがグループに参加したがっているか否かはすぐにわかる。父親を亡くした2人のきょうだいがグループにやってきたが，「お父さんが死んだことは極秘情報だから」と質問に答えたがらなかった。彼らがオープンに痛みを表現できるようになるまでにはかなりの時間を要した。

グループ内で子どもたちが互いに信用し，心を開くことができるかは信頼関係を築く活動中に確認することができる。子どもたちが言葉を使わずに交流する姿を観察しながら，互いが信頼し合っているか確認する。もし，子どもたちが互いに押し合うなどしてグループ活動を崩壊するようなときには信頼関係を取りもどせるように注意をうながす。たとえば，信頼関係を築くための活動の1つに，みんなで輪になり目隠しをした子どもを順番に次の人に手渡していくゲームがあるが，中には目隠しをした子どもが自分に手渡されると，乱暴に輪の中に押す子どもがいる。また自分が渡される番になると抵抗し，それを拒もうとする子どももいる。ひどいケースでは目隠しをした子どもが自分の前を通ると足掛けをして床に転ばせる子どももいる。このような行為が見られる場合には子どもたちの中に信頼関係が築かれていない証拠であり，大人が積極的にグループに参加し自ら模範を示すことが望ましい。こうした活動を通じ，人の意見に耳を傾け，他人を尊重し，グループ内の一人ひとりを結びつける基本的なルールを学ばせる。なぜなら，グループに参加する子ども全員が他のメンバーからサポートを得なければならないからである。子ども1人でこの過程を乗り越えるわけではないからである。なぜグループを始める前になぜこのように慎重に基礎を固めなければならないのか。なぜ信頼関係が必要なのか。信頼関係が築けるという保障がない

場合はどうなるのか。子どもたちは引きこもり，ディスカッションやグループ活動に集中しなくなるかもしれないからだ。時には，グループ内で争いが起きるかもしれない。このような状態ではグループ全体で話し合いがもてなくなる。反対に，あまりに速いスピードで多くのことが引き出されると，グループ内に不安が生じメンバーが心を閉ざしてしまいグループ運営がむずかしくなる。7歳の女の子が，最初のセッションで，つい最近死んだ祖父のことをすべて話した。彼女は2回目のセッションでも同じように全部話し，そして3回目のセッションでは心を閉ざしてしまい，グループ参加をやめてしまった。グループはあとに残され，私は脅えきった子どもたちを抱えながらグループ活動を初めからやり直さねばならなかった。

　グループ全体にとっても，そして個人にとっても，できるだけ多く苦痛に感じていることを話し合うことが望ましい。そして子どもたちがあまりに苦痛を感じるときには心が休まる場所に移動したり，一度にあまり多くを語らず少しずつ語るよう指導したり，恐怖を感じない活動をするなどして子どもたちに安堵感を感じさせる。7歳の女の子が，癌で母親が死んだことを告げられたときの絵を描くように言われた。彼女は短い言葉で母親の死について話すことはできたが，母親の死をどう伝えられ，自分がどうそれに反応したかを絵に描くことには躊躇した。しかしながら，死を告げられたあと父親と何をしたかは描くことができた。2人でトランプやチェッカー，バスケットをした。グループ内に不安感が漂っていると協調性を失い，心を閉ざす結果になる。子どもたちが帰宅，または授業にもどるときには感情を正常な状態にもどしていなければならない。特に不安が残るセッションを終了する際には，気持ちを楽にする活動を使い，高ぶった気持ちを抑える。ビニール製の梱包用資材の上で飛び跳ね，手やこぶしを使ってパチパチとつぶしていく作業は楽しく，子どもたちも集中する。また体全体を使うこともできるのでストレス解消になる。子どもたちはこの活動を好み，気持ちを帰る準備に切り替える。

　ファシリテイターは，グループが安心感に満ちた状態で機能しているか確認しなければならない。そして常に安心感がグループ内に保たれているか留意しなければならない。適切に養護するような，かつ，脅威を感じさせないような活動を導入することが必要な場合もある。グループがより困難な話題を続けたくないという意思を感じるかもしれない。直接問題にふれずに，体全体を使って緊張感をほぐすことによってグループ内の不安を解きほぐす。このようにグループ運営は臨機応変に行なうべきで，時に遠まわしな方法を用いることで子どもたちに安心感を与えることが効果的な場合もある。

抵　抗

　必要であれば，グループ参加を拒否する子どもを迅速にサポートする必要がある。子どもたちに直接グループに来ることについてどう感じているか聞いてみるのもよいし，紙に無記名で書かせてもよい。それぞれ書いたものを折りたたみ，輪になって座り，書いた紙を真ん中に放り込んでいく。読みたいと希望する子どもが紙を読み上げ，その気持ちに賛同する者は手をあげるようグループ全体をうながす。しばしば子どもたちはグループに参加したくないと言う。ある２人の兄弟も顕著に参加したくない気持ちを示した。彼らは部屋から抜けだし，廊下で壁にもたれていた。部屋に入ってもグループに参加することを拒否し，すみのほうに立っていた。そして頭痛や腹痛がすると訴えた。このほかにも，苦痛な経験を話し合いたがらず，グループが要求するどのようなことも拒否する子どもたちがいるだろう。ある２人のきょうだいの場合は，彼女たち独自の"痛みを共有したくない"ことを表現する比喩を探し当てるまでほとんど何もできなかった。そして自分たちを守る城をつくりたいと言った。彼女たちは部屋の中にある家具と毛布で城をつくり上げた。それはバリケードで固められ，中にいる彼女たちにしか，のぞき穴をとおして外を見ることはできなかった。誰も中を見ることはできなかった。自分たちを守っていたのである。人がバリケードに近づくと，"攻撃者たち"に丸めた紙を投げつけた。

　参加することへの拒否は，崩壊的な行動，筋の合わないディスカッション，話題のすり替え，断続して「パス」と答える，共有したり参加することへの拒否，引きこもり，または倦怠，聞いていないふり，誰かと組んでグループ内で争いを起こす，または，グループ内の大人は敵として見る，というようなさまざまな形で見られる。

グループ内のコントロールを維持すること

　子どもたちは自由に感情を表現してよいとわかると幸福感に満ち足りる。しかしながら，幸福感がエスカレートすると，むずかしい問題に取り組むことや，答えることに集中することがしにくくなる。また，ほかの子どもが傷ついたり，引きこもったり，不安な雰囲気をかもしだすこともある。これはよい雰囲気とはいえない。このような場合には，グループをコントロールするための環境を整える活動を使うことができる。子どもたちに，じゅうたんの切れ端を使って自分の"場所"を選ばせたり，テープを張って自分の縄張りを作ってやると，グループがエスカレートした際に，カウ

ンセラーは子どもたちに自分の場所にもどるよう指導できる。子どもたちに，フリーズした像，地面に立っている像，そして自分で決めた"自分の場所"に立っている像になるよう指示できると便利である。これらの表現は家族内で起きた死に対する感情と置き換えることができる。家族の誰かが死んだとき，とても重く疲れた感じがした人はいますか？　そのときの像はどんなふうに見えますか？　どんなふうに動きますか？　重くてゆっくりした感情はどんなふうに感じられますか？　今日そんな感じがする人はいますか？　重く疲れたグループ像をつくらせる。そして，ファシリテイターが「止まれ」と言ったら固まった像になるようにする。感情はいろいろな形で表現できることを学ぶため，グループの一部は動きに参加せずに観察する。

　床の上で行なう活動や，ハイハイや幼少期の転がるような動きをさせると子どもたちを落ち着かせることができる。床の上で大きな動きから小さな動きへ体を動かすことは，死を経験したときの自分がどれだけ小さな存在であったかという比喩を探求できる。包まれることができるようなクッションやぬいぐるみ，そして毛布を使うと，安全にしっかりと大切にされていると感じる場所をつくることができる。子どもたちは，指をしゃぶったり，赤ちゃん言葉を話したり，癇癪を起こしたり，妙な場所にもぐりこんだりというような赤ちゃん遊びが好きである。これらは，困難にぶつかった際に自分たちの場所にもどることによって感情を表現するという，許される範囲の退行である。グループをまとめるために罰を与えるようなことはしてはならない。しかし，特定のルールは必ず決められていなければならない。グループにもどる許可が出るまで，じっと座って待つよう強制することも必要である。

強い感情表現

　子どもたちが指示に従い聞く耳をもつと，安心した雰囲気がつくられる。すると激しい感情を扱うことができる。怒りにふれるような活動を行なう場合は，グループからの援助や明確なガイドラインが必要である。私たちは，子どもたちに建設的で安全な方法で強い感情を表現する機会を与えてやらなければならない。その表現は的確で，焦点の合ったしっかりしたものでなければならない。たとえば，家族内に起きた死の，どんな事に怒りを覚えたのかを紙に書かせる。そして，その紙を風船の中に入れて，感情を吹き込めるようにする。風船が膨らんだあとは結んで感情が逃げないようにする。この活動で使う比喩は明確である。子どもたちたちにその風船でしばし遊ばせ，自分たちが何に怒りを感じたのかを考えさせながら1人ずつ風船を割っていく。そして順番に紙に書かれた怒りを読みあげる。話題に関するディスカッションで

は，同じ意見をもつ子どもに挙手によって表現させると，自分から話したがらない子どもたちも自然に参加できる。これらの紙に書かれた文章の例としては，「彼が体を大切にしなかったことに腹が立った」「彼が死んでしまったことに怒りを覚える」「お医者さんがちゃんと仕事をしなかったから彼を救えなかった。だからお医者さんに怒りを感じる」「誰かほかの人だったらよかったのに」などがあげられる。

教室にもどること

　カウンセラーは，グループ終了後，子どもたちがスムーズに教室や家にもどるために気持ちの切り替えを手伝ってやらなければならない。こうすることで，子どもたちは感情をコントロールする方法を学ぶ。セッションの終わりに，グループ全体で考えたクールダウンや，習慣的に行なっている終了を意味する活動を行なうと，自分は大切にされ歓迎されていると感じ落ち着く。'ハンドサンドイッチ'や，お互いの手の上に自分の手を重ねる活動が良い例だ。重ね合わせた手を中に浮かせ，その手をそのままさようならと振ることができる。グループで深呼吸をしたり，2人組になって互いの背を合わせて座ったりすると，カウンセラーは子どもたちが集中して深呼吸し，落ち着いていく様子が確認できる。言葉を使ってさようならを言ったり，または，言葉を使わず音や創造的な動きを使っておもしろそうにさようならを告げると，この場を去るという印象付けになる。グループの終わりに，今日のグループ活動を描写できる言葉を一言で言わせる。子どもたちは，どんな感情をもったか，そして行なった活動や，グループの過程などを表現する。私たちはそれらの意見をすばやく理解してやる。音を使って子どもたちにどのように感じたかを表現させてもよい。グループ全体で考えた特別な方法で手を振り合うことや，握手をすることでさようならを表現することもできる。子どもたちは集中させていた感情を内から外へと向けていく。手を握る間，互いを見つめ，ぎゅっと手を握り返すよう子どもたちに言う。これはセッションの終了を意味する。全員に今夜は何をするか，またはこの1時間後には何をする予定か，などを聞いてもよい。

親と学校スタッフ間のコミュニケーション

　グループ内で起こる子どもたちに関する事柄は秘密厳守であり，これは常に大きな課題である。どのような形で親と連絡を取り，役立つアイディアや情報を提供できるだろうか？　親と初めて連絡を取る場合には，なるべくたくさんの情報を明確に伝え

なければならない。そして，これが安全で子どもたちにトラウマを与えないサポートである確証を与えられねばならない。親には，グループ活動の説明やプラン，そしてグループの哲学などが書かれた書類が渡される。親からの質問は大いに歓迎され，正直な回答がなされる。役立つ情報を記載したパンフレットを作ってもよい。親には，これらのグループは秘密厳守であり心配するような理由がない限り，グループに参加した子どもがそこで何を言ったかは報告されない旨が伝えられる。同時に，子どもにはファシリテーターが親と連絡を取ること，または連絡を取ってもよいか相談する。グループ開始前と終了後に行なう評価は，親と子どもが参加する形で作成される。

　また，"宿題"がグループメンバーに出される。そして，親はこの過程に参加することを奨励される。感情の救急箱づくりなどが宿題になる（M.L. Carroll, 1995 ; Camp Jonathan によって開発されたもの）。家族の誰かが死んだ場合，どんなものが慰めになるだろうか？　子どもたちは，ハリーポッターの本，家族が作った手作りのパッチワークの掛け布団，自分の毛布，コンピューターゲーム，家族の写真，そして愛する人から与えられた特別なものなどをあげる。子どもたちには，故人の衣類を着たり，故人の写真や持ち物を持ってくるよう指導してもよい。ある男の子は父親の大きなTシャツを持ってきた。彼は，毎晩それを着て眠り，その匂いをかぐと父親を思いだすといった。手に触れられる具体的な品々は，どの子どもにも感情や故人にまつわる話を再び引き出すことができる。

　親にはグループで行なわれた活動の短い説明がされる。家で子どもと話し合うことは大いに奨励される。親が参加することが大切なのである。自分自身も悲しんでいる親にとって，これはたいへんむずかしいことである。

　家や学校で，子どもたちは自由に行動し，オープンに感情を表現し，継続的に話し合いを続けるよう指導される。大人は，子どもたちを観察し感じたことを報告するよう指導される。カウンセラーは，親が子どもの成長や子どもがもつ悲しみを報告する際に，なぜこのようなことが起こるのか説明し，サポートすることができる。そして，グループ終了時に親といっしょに行なうウォームアップミーティングでは，質問や心配事について答える。ファシリテイターは，その際にさらなる推薦や参照を行なうことができる。これらのグループはたんに始まりであり，子どもたちの悲しみとの戦いは成長と見合わせ，さまざまな形で続けていかねばならないことを親とスタッフが認識していなければならない。

その他学校で実践できること

　死や悲嘆は，学校や，私たちの文化において人気のある話題ではない。しかしながら，話し合いはもっとオープンにもたれるべきである。スタッフに子どもの悲嘆について教育することは，子どもたちとその親が人生を生きるうえで役立つ。死によって影響を受けていない子どもたちも，いつの日か経験することであると学ぶことができる。死にまつわる神話が現実ではないと理解することにより死に対する恐れは軽減される。時に子どもたちに与えられる情報と事実には大きなギャップがある。たとえば，ある7歳の男の子は，父親が目を見開いたまま死んだ状態でその少年に発見されたため，生き埋めにされたと確信していた。彼は友達から聞いた情報と私たち与える情報が違うので，私たちの言うことをなかなか信じることができなかった。死別を経験し，悲しみにくれる子どもたちについて報告する学校スタッフの役割は大きい。彼らと交わる方法や，彼らのクラスメートたちにどのような形で協力してもらうかは大きな問題である。教師どうし，各学校で実施されたことを報告し合い，共有するのもよいだろう。学校でできるサポートには，スタッフ自身が死に対しどう感じているか確認したり，スタッフのもつ能力に関してサポートしたり，どのような形で子どもたちをサポートしていけるかといった，スタッフをサポートする内容も含まれている。

　死別サポートグループになじめない子どもたちは，前もって個人カウンセリングサービスを受けることができる。カウンセラーは，カウンセリングを担当するスタッフに過程を説明しながら，継続してサポートを続けてもよい。サポートの方法には，PTAの集まりで講演するなどして，普段は避けられがちな個人的な話題をオープンに行なう方法もある。

まとめと結論

　学校では，正直であること，オープンであること，そして死に関する話題に秘密がないことが奨励される。死が普遍であることが認識され，話し合われることが必要である。私たちは子どもの代弁者であり，人生におけるこの重要な事柄について教育するのが任務である。これらの困難な話題を学校と話し合うときには，徐々にアプローチすることが必要である。

　模範を示すことができる大人のサポートはたいへん重要である。大人は，情報を提供しながら，子どもたちの悲しみと死別した経験を消化するのを手伝わねばならな

い。子どもたちは友達からのサポートや情報に頼るべきではない。見本となる大人は必ずしも親でなくてもよい。なぜならば，親自身も悲しみ，子どもたちを助けてやれる状態ではないかもしれないからだ。

　子どもたちはたくさんの困難を抱えることにより，自己を顧みることを学び始める。そして困難は創造的に表現されるかもしれない。子どもたちを守るのは助けにならない。ほとんどの場合，子どもたちは混乱し現実をゆがめてしまう。私たちは，子どもたちが死について学ぶことを妨げられるだろうか？　実際に，死について話し合う，適した時期があるのだろうか？

　ある幼い少年は，父親が自殺したことを母親から伝えられなかった。何年かが過ぎ，彼は父親の死について作り話をするようになった。彼の話はかなり痛烈だった。すべての大人が狼狽したが，誰として現実に何が起きたかを伝える者はなかった。その子どもは，大人が説明しなかったことを非難した。この少年はどのような影響を受け続けるのであろうか？　長期的に見た場合，真実を伝えることは良いことなのではないだろうか？　子どもたちは，すでにテレビやニュース，コンピューターゲームを通じて死について慣れている。死は幼い頭に理解できないことではないのである。

　死別による子どもたちの悲しみは，死に関する教育，死に対する感情表現の奨励，そしてサポートなどにより防ぐことができる。子どもたちは，表現しにくいむずかしい感情を，安全な方法で表現することを学び始める。子どもたちは，死に関する事実を学ぶ結果，死を恐れなくなるのである。つまり，親もスタッフも子どもも学びながら成長し続けるのである。

第13章

怒りマネジメントのための
　　　　　　　プレイセラピー

Barbara A. Fischetti

　怒りをコントロールすることのむずかしさは，近年メディアのニュースでますます主流になってきている。アーカンサス，コロラド，ケンタッキー，ミシガン，ミシシッピー，オレゴン，ペンシルベニアなどで起きた子どもや青年による発砲は，学校でのコントロールできない怒りが影響していることを証明している。怒りをもつ若者から被った生命の喪失は，子どもや青年に将来の暴力への流れの根を摘むことを要求する気運へと発展し，暴力の原因と効果的な介入のために全国的なレベルでの研究が行なわれている。

　文献では，アメリカ合衆国のほぼ600万から900万の若者が重大なメンタルヘルスの問題をもつことが示唆されている（Friedman et al., 1996；Lavigne et al., 1996）。Brandenburgら（1990）は，若者の情緒障害の現在の罹患率は，ほぼ14～22％の範囲にあることに注目している。

　1999年の国立公衆衛生局のレポートでは，児童期が子どもに対する防止的なサービスを提供するのに重要な時期であることを強調している（Surgeon General, 1999）。Roberts（1994）は，心理学的サービスの必要な子どものほとんどが治療を受けていないことに注目した。Burnsら（1995）は，重大なメンタルヘルスの問題をもつ5人の子どものうち1人だけが治療されたことに注目した。疾病のコントロールおよび防止のセンターによって行なわれた1997年の若者の危険行動監視システムでは，自殺，自殺企図，それに学校での武器または脅迫の流行をハイライトで取り上げた。この調査は，国内の16,262名の生徒について行なわれ，20.5％の生徒が自殺を深刻に考え，15.7％はその計画をもち，7.7％は自殺を企てた，という結果であった。国立公

衆衛生局（Surgeon General, 1999）は，自殺は青年の死の3番目の主要な原因であることに注目した。学校暴力の調査では，4％の生徒が学校を安全でないと感じて休み，8.5％の生徒は学校に武器を持っていき，7.4％の生徒は学校で脅かされたか危害を加えられ，14.8％の生徒は学校で身体的なけんかに巻き込まれ，32.9％は学校で物を盗まれたか物を壊された，という結果であった。Mott財団（Mott Foundation, 1996）では，殺人が15〜24歳の死の2番目の主要な原因であることに注目している。これらの統計のすべては，子どもと青年の怒りマネジメントの能力のなさやその困難について，国が関心をもつ理由を例示している。

加えて，3〜5％の子どもが注意欠陥多動性障害（ADHD；Wolraich et al., 1996）の診断を受けている。この行動障害は，衝動性と多動で特徴づけられ，これらは子どもと青年の怒りマネジメントを困難にしている。最後には，反抗挑戦性障害（Oppositional Defiant Disorder；ODD）と行為障害（Conduct Disorder；CD）のような分裂的な障害を経験する子どもは，不従順，挑戦，けんか，癇癪などの攻撃的な行動を示す。ODDの発生率は1〜6％の間にあり，CDは1〜4％の間にある（Shaffer et al., 1996）。

子どもと青年の怒りを改善するための早期の効果的な治療のニーズがあるにもかかわらず，ThomasとHolzer（1999）は，この需要に見合う訓練された臨床家が不足していることを強調している。また，Burnsら（1995）は，70％の子どもが学校での情緒的な困難さについての治療を受けていることを見いだしている。CatronとWeiss（1994）は，学校で治療を提供することにより，治療への取り組みが改善されることを発見した。

学校におけるメンタルヘルスサービスを支持する研究と怒りマネジメントを含むメンタルヘルスの問題の流行の観点から，学校臨床家と子どもたちは怒りを改善するために，プレイセラピーにより実行可能なサービスの配給システムを与えられている。Landreth（1991）は，小学生の子どもたちにプレイセラピーを利用する学校職員（学校心理士，スクールカウンセラー，それに学校ソーシャルワーカー）の役割が重要であることを強調した。彼はプレイセラピーを，子どもの学習に役立つ援助という言葉で記述した。

学校心理士，スクールカウンセラー，学校ソーシャルワーカーによる学校の中での生徒の個人とグループのカウンセリングでは，怒りマネジメントにプレイセラピーのテクニックが使われ，怒りマネジメントの問題に取り組み，新しいスキルを学習し，より大きな学業的な成功に達するための機会が子どもたちに用意されている。

学校臨床家はまた，家庭環境で子どもと家族を援助できる家族治療も行なってい

る。治療は学校のスタッフの関係で短期間になり，それがまた学業的学習を妨げる困難さに直接関係している。子どもたちや青年のセラピープロセスに役立つプレイセラピーのテクニックとして，子ども中心プレイセラピー，解放プレイセラピー，ゲームプレイセラピー，認知行動プレイセラピー，ロールプレイング，リラクゼーショントレーニング，それに絵の具，粘土，ボールなどの媒介物を使ったプレイ，ソーシャルスキルトレーニング，特定の怒りマネジメント活動などがある。

学校のカウンセリングへの紹介

　怒りマネジメントの問題をもつ子どもたちは，ふつう学校で容易に見分けがつく。照会は親，訓練の記録，教師，本人，それに子どもの研究または特別な教育のチームなどから発生する。一般に怒りマネジメントに問題がある行動は，身体的攻撃，衝動性，仲間関係の困難，貧弱なソーシャルスキル，それに，時々学業成績の低さなどがある。これらの困難を表わしている子どもたちは，しばしば校長の事務所か，休み時間や楽しい活動にいないことで発見される。教師は，怒りの行動に介入するために，行動マネジメントのテクニック，学校関係者のコンサルテーション，教室での教示の変化，それに親のカンファレンスなどをよく利用する。もしこれらの介入が行動的，学業的変化をもたらさないなら，スクールカウンセラーに紹介される。

　学校臨床家は，彼らに会うのに先立ってしばしば教室や他の場面で生徒を観察し，学校やカウンセリングの介入に先立って，ベースラインを確立するために不適切な行動を記録する。そして，それから学校で現われる怒りについての困難に関するあらゆる役立つ情報を得る。家庭での行動を評価し発達的な情報を得るために，親がインタビューを受ける。学校臨床家はまた，家庭でのプログラムを発展させるために親と連携して取り組む。子どもは，その後学校で困難を感じていることについてインタビューを受ける。すべての適切な情報が集められたあと，学校臨床家は学校のチームの助けを得て，生徒のための介入計画を策定する。このプランは，常に両親と照会された子どもとで共有される。もしその計画にカウンセリングが入っていれば，子どもの言葉による同意はもとより親の書面による同意も得られることになる。

　プレイセラピーのテクニックが小学校の子どもたちに用いられるときはいつでも，『プレイセラピーについての子どもの入門書』(Nemiroff & Annunziata, 1990) または『特別なプレイルーム：幼児用プレイセラピーの案内』(Gilfix & Heller Kahn, 1999) を生徒へ聞かせたり，いっしょに読んだりする。これはセラピープロセスへのスムーズな移行を助け，生徒にセラピーを経験するうえで生じる疑問について尋ねる

ことを奨励する。次に，参加を奨励しカウンセリングへの移行を容易にするために，治療過程についての話し合いが行なわれる。

学校でのカウンセリング

　学校臨床家がプレイテクニックを使って子どもにかかわるので，多くの学校にはプレイルームがある。この部屋は，たいてい臨床家の事務所になり，子どものプレイを育成する治療的な代理の役割をしている。学校では，子どもたちに対する1つの標準的なプレイセラピーによるアプローチは効果的ではない。なぜなら時間の要因，クライエントの問題，それに学校の構造などが，学校で生徒にプレイセラピーを行なう臨床家の能力に顕著に影響を及ぼすからである。学校臨床家が子どもの情緒的問題に焦点を当てて介入する際に，これまでに認められているアプローチを使うことが有効であり，Schaeferは広く認められているプレイセラピーのアプローチを使うことを主張している（Oliver James, 1997）。子どもたちの怒りマネジメントの問題を扱う治療計画に，プレイセラピーによる以下のアプローチが実際に行なわれている。

★　子ども中心プレイセラピー　★

　子どもたちに対し自分の問題と個人的な成長を追跡する機会を与える臨床家にとって，子ども中心プレイセラピーを選択することは，その治療に成功を収めるようなものである。Axline（1969）は，非指示的プレイセラピーを学校で使う際に，基本的な原理が大切であることを強調した。子どもたちは，毎週約45分間セラピーを受ける。このアプローチは，グループカウンセリングや親カウンセリングのテクニックと結びつけて使うこともできる。

　子ども中心プレイセラピーは，子どもたちが自己実現の内的可能性をもつという信念が根底にある。セラピストは，子どもが情緒的発達を模索するのを助長し支持する関係を発展させる。この治療的アプローチは，もともとCarl Rogers（1951）によって紹介され，Axline（1947）とDorfman（1951）が子どものためにさらに発展させたものである。プレイセラピストは，安全でしっかりとした子どもとの強い関係をつくりだす必要がある。これは，子どもが否定的な情動を経験し，成長を追求できる治療関係を育成する。このアプローチの3つの鍵となる特色は，制限，おもちゃ，それにセラピストの役割である。Perry（1993）はこのアプローチについての完成した記述をしている。

> **事例**
>
> 　性的に苦しめられている1人の少年は，学校で攻撃的な行動を示していた。教室のマネジメントテクニックでは，教室や学校全体で起きている攻撃を改善し減少させることに成功しなかった。外部のセラピストと調整しながら，学校臨床家は子どもが学校で自分の怒りを抑えることができるように計画し，毎週プレイセラピーのセッションを行なった。この生徒は自分の怒りを犯罪者に置き換えるためにボボ人形，描画，その他のおもちゃをよく使った。最初の数セッションのあと，彼は攻撃者を爆破している場面の絵を描き始めた。その後，攻撃的な行動が教室や他の学校環境で著しく減少したことが注目された。この子どもはその学年の残りの間，プレイセッションに参加することを続けた。学年が進むにつれて，彼はより肯定的なテーマを表現し，自分自身のすべての部分を経験しているように思われた。以前に注目された攻撃的行動は，その後の学年では見られなくなった。

★ 解放プレイセラピー ★

　このタイプのプレイセラピーは，もともとLevy（1938）が発展させ，Hambidge（1955）が構造的プレイセラピーに拡大したものである。このセラピーの目標は，子どもがストレスに満ちた出来事を自分のやり方で再定義するのを支援することである。これは，子どもがその出来事に取り組み，そのことと関連する怒りや痛みを解放する能力を育成するものである。Landreth（1991）は，解放プレイセラピーの活動の3つの形態に注目した。それらは，①物を投げたり風船を壊したりすることで攻撃的行動を解放すること，または哺乳びんを吸うことで幼児的な快感を解放すること，②母親の胸に赤ちゃんの人形をプレゼントすることによりきょうだいの競争の感情を刺激するような，標準化された状況で感情を解放すること，③プレイの中で，子どもの生活で特にストレスに満ちた経験をつくりだすことで感情を解放すること，などである。

　このタイプのプレイセラピーは，学校や家庭で怒りを示すことにつながるストレスに満ちた出来事を経験する子どもたちに使われる。セッションの回数は，治療過程から少年が恩恵を受ける能力が育つまでである。セッションは毎週約45分間行なわれ，必要に応じて回数を増やすことができる。

> **事例**
>
> 　小学校のスクールバスが，学校へ来る途中事故に巻き込まれた。運転手は死亡し，ほとんどの生徒が救急車で病院に運ばれた。少年たちは，最初にグループで集まり，経験

> を統合するプロセスを始めるために，描画が媒介物として用いられた。個人的なプレイセッションは，各生徒の必要に応じて計画された。
> 　1人の生徒は事故のあと，仲間やきょうだいに攻撃的行動を示し，悪夢を経験し始めた。この生徒にとって，バスの事故を再度整理し事故についての感情を話し合うことが，学校で示す怒りや家庭での悪夢を減少させることに顕著に役立った。

★　認知行動プレイセラピー　★

　このタイプのプレイセラピーは，情緒的発達の認知行動理論に基づいている(Knell, 1993)。行動療法は先行事象，強化子，随伴性などの概念と社会的学習理論などを使っている。認知療法は子どもが自分の行動を変え，認知を変え，自分自身の治療の一部分となることを学習するのを手助けする。セラピストと子どもは治療の目標を発展させる。セラピストは，治療目標を満たすことを促進するプレイの材料や活動を選ぶ。また，BraswellとKendall (1988) はモデリング，ロールプレイング，それに行動的テクニックなどのアプローチの利用方法について述べている。

　破壊的な行動をもつ学生の個人カウンセリングで，Bodiford-McNeil, Hembree-Kigin, それにEybergら (1996) は，短期の認知行動プレイセラピーの12セッションのモデルを発展させた。このアプローチでは，系統的脱感作，正の強化，シェイピング，他の行動の分化強化，モデリング，セルフモニタリング，機能不全思考の記録，不合理な信念への直面，それに書簡療法などを含む行動的，認知的アプローチが使われている。破壊的行動を調整する戦略のみならず，プレイセラピーを進行するスキルもこの治療的アプローチの一部である。セラピーの構造の一部として，子どもの作業とプレイ活動が12セッションのフォーマットになっている。さらに，宿題が各セラピーセッションのあとに割り当てられる。最後に，両親はプレイのスキルを教えられ，日常生活で子どもと特別なプレイのセッションを行なう。

事例

　1人の子どもが，教室と運動場で示した衝動的な行動のためにカウンセリングに照会された。子どもの衝動性は，仲間との不一致，運動場で子どもが自分の方法でやれないときの癇癪，攻撃的行動，すすり泣き，仲間への無駄口などに表われていた。その子どもの両親は，きょうだいや近所の子どもたちに対する身体的攻撃，家族のルールをよく破ること，それに睡眠の困難さなど，彼の家庭での否定的な行動に注目していた。
　その子どもは，1回約45分のセッションを12回受けた。短期治療アプローチがとら

れ，各セッションは子どもの作業と子どものプレイ部分とがある。子どもと親の進展を支援するため，親にプレイのスキルを教え，コーチングを用意するプロセスを始めるために，追加の4セッションが実施された。表13－1は各セッションの記述である。

追加のセッションでは両親に家庭でのプレイセッションのスキルを教えた（表13－2参照）。Louise Guerney（1978）によれば，スキルの発達には反射的な聞き方，親のメッセージ，構造化，制限，ルールの設定，それに必然の結果などが必要であることが強調されている。ホームワークのエクササイズは，『子育て：スキル訓練マニュアル』（Guerney, 1978）から選択された。

表13－1　プレイセラピーセッションの例

セッション1	子どもと治療目標の話し合い。 『プレイセラピーについての子どもの入門書』を読ませる。
セッション2	週の復習：感情を明確にすることを始めなさい。 '話し，感じ，活動するゲーム'を行なう。
セッション3	週の復習：「私は，……と感じる」という言い方を実践する。 どんなときに怒り，そのとき何が起こるかをはっきりし始める。
セッション4	週の復習：『時々私は戦うことを好む，しかしこれ以上それをしない』という本を読ませる。感情ゲームをする。
セッション5	週の復習：感情の温度を測らせる。 怒りの出来事やきっかけをはっきりする。
セッション6	週の復習："10数える"ことと他の怒りマネジメントのテクニックを学習する。 '怒りコントロールゲーム'を行なう。
セッション7	週の復習：'感情に責任があるのは誰か？'という活動を終える。 『アミーはすごく怒った日はなかったか』という本を読む。
セッション8	週の復習：決定の段階を学習すること。 '怒りの鎖を壊す'ゲームをする。
セッション9	週の復習：怒りマネジメントが困難になるきっかけや出来事のロールプレイングをする。
セッション10	週の復習：生徒が感情を理解することとこれらの感情について適切な反応を表わすプレイの媒介物を選ぶこと。 終結を話し始める。
セッション11	週の復習：漸進的弛緩法を生徒に教える。 家庭で怒りマネジメントのむずかしさを共有するためにおもちゃの家を使い，むずかしさを解決すること。
セッション12	週の復習：前のセッションでの強調点を復習すること，つまり意志決定の段階，感情や怒りのきっかけの見極め，怒りマネジメント状況で使えるテクニックなど 『プレイセラピーについての子どもの入門書』の終結部分を読む。

第Ⅳ部　グループプレイセラピーと特別な子どもたち

表13-2　追加のプレイセラピーの治療セッションの例

セッション13	親と発達課題の概念や反射的な聞き方の復習。親と子どものプレイのセッションを10分間観察し，フィードバックを親に与える。宿題：毎日10分間子どもとプレイを行ない，マニュアルをもとにセッション2と3を完全に実施すること。
セッション14	強化，親のメッセージ，構造化の概念を親と復習すること。10分間のプレイセッションを観察し，フィードバックを親に与える。宿題：プレイのセッションを毎日続け，セッション4，5，6を完全に実施すること。
セッション15	制限を設けること，結果，ルールを設けることなどのプレイセラピーのテクニックを親と復習すること。親と子どものプレイのセッションを10分間観察し，フィードバックを親に与える。宿題：子どもとプレイを毎日10分間続け，本質的な反応を選びながら，セッション8を完全に実施すること。終結の話し合いを続けること。
セッション16	前に教えたプレイのテクニックを復習すること。親と子どものプレイのセッションを10分間観察し，フィードバックを親に与えること。終結を祝福する。宿題：子どもとプレイを毎日10分間続けること。

★　**個人プレイセラピーのテクニックの要約**　★

　怒りマネジメントの困難で照会された各例では，照会された疑問について特別に計画された治療的アプローチを進展させることが必要である。

　治療的介入を計画する際，治療過程に助けとなるプレイセラピーのテクニックがあまりにも多く存在する。怒りマネジメントの困難に使えるプレイセラピーのテクニックは，『101のお気に入りプレイセラピーテクニック』の中に存在する（Kaduson & Schaefer, 1997）。この中に，'バラの木''鐘を打て''紙を破る''怒りの盾と怒りの壁を打ち倒す'などのプレイセラピーのテクニックの例が述べられている。各テクニックは，その子の発達にとって特別な怒りマネジメントの問題に焦点を当て取り組む機会を与える。セラピストは，治療過程を促進するプレイの活動を選択する。

　前に述べたプレイセラピーのテクニックの多くは，グループカウンセリングだけでなく個人的なカウンセリングに使うことができる。学校臨床家はその子どもや他の子どもたちの治療目標に関連した適切なテクニックを選択し，教師は，子どもが新しい行動を般化するのを手助けしている。止まって考えるという段階や決定の段階はよく教室に掲示され，子どもたちは教室，食堂，それに運動場で怒りの困難を起こす状況で，これらの段階を使うことをうながされる。

学校でのグループカウンセリング

　多くの学校のシステムでは，怒りマネジメントの困難を示す生徒にグループカウンセリングが提供されている。これらのグループは，おもにスキルを教えることをベースにしたもので，プレイセラピーは治療プロセスの付属物かその一部分として利用さ

れる。子どもたちは，教師，両親，それに彼ら自身によってグループに紹介される。グループの大きさは，6～8名である。グループは，45～50分間，約12～20週にわたり毎週集まる。Gumaer（1984）は，子どもたちにとって効果的であるためには，グループは少なくとも10回集まる必要があると述べている。またグループカウンセリングのセッションには，親の許可が必要である。生徒は個人カウンセリングとグループカウンセリングの両方に参加するだろう。親訓練と教室でのソーシャルスキルの訓練も，グループカウンセリングで行なうことができる。

★　認知行動グループプレイセラピー　★

多くのカリキュラムをベースとしたカウンセリングプログラムが，怒りマネジメントの問題をもつ子どもたちに使われている。これらのプログラムの多くは，プレイセラピーのテクニックを含み，もしそうでなければこれらのグループの付属物として使われる。

刺激コントロールの問題を示す子どもたちに対して，『刺激に反応しやすい子どもたちの認知行動療法』（Kendall, 1992a）が，刺激を受けやすい行動を改善するのに効果的であることを証明している本である。この治療方法は元来個人的な治療的介入を計画したものであるが，グループ形式でも合わせられる。治療アプローチは，20セッションで構成され，セッションに組み入れられたプレイセラピーのテクニックには，ロールプレイング，読書療法，ゲーム，パズル，描画，モデリング，読み聴かせ，模倣，自己宣伝などがある。生徒は『止まって考えるワークブック』（Kendall, 1992b）をそれぞれ受け取る。グループのリーダーは，そのコンセプトを教える適切なセッションを決める。さらにセッションを必要とするグループもあるだろうし，20セッションのフォーマット以上は必要としないグループもあるだろう。

このプログラムは，以下のような問題解決の特別な段階を教えている。

1．私は何をすべきだと考えられていますか。
2．すべての可能性を見なさい。
3．答えを選びなさい。
4．あなたの答えを調べなさい。
5．あなた自身に「私は良い仕事をした！」と言いなさい。(Kendall, 1992a, p.3)

これらの段階は，カウンセリングのセッションをとおして使われる。カウンセリングの場面以外で般化を改善するために，これらの段階は各教室に掲示され，生徒は毎日それらの段階を使うことを奨励される。プログラムには，コンセプトを強化するた

めクラス全体で使える付加のレッスン（Kendall & Bartel, 1990）がある。学校臨床家と教師は，教室で問題解決方法を教えるのに，これらの付加のレッスンを共同して教えることを選ぶ。このアプローチは，生徒たちが問題解決のテクニックを他の場面に般化させることを助けている。プレイのテクニックには，ロールプレイングやパズル，ゲームなどがあり，教室でのレッスンにも使われている。特別な怒りコントロールの困難を示す子どもたちのために，グループカウンセリングは特別なスキルを学習する機会と他の場面でそれを使う前に仲間にこれらのスキルを使う機会を提供している。10～17歳の子どもたちのために，『攻撃的な子どもたちのための認知行動療法：セラピストのマニュアル』（Nelson & Finch, 1996a）は，怒りマネジメントスキルを生徒に教えるために計画された17～27セッションのグループカウンセリングのシリーズを提供している。生徒は，それぞれ"冷静さを保つこと"を課題として与えられ，『怒りマネジメントワークブック』（Nelson & Finch, 1996b）が使われる。追加の教示と介入が必要な生徒には，"冷静さを保つこと"のパート2『怒りマネジメントワークブック・追加セッション』（Nelson & Finch, 1996c）が役立つ。

　このプログラムは認知行動療法を統合し，その考えを補強するのにプレイテクニックが使われている。

　NelsonとFinch（1996b）は，プログラムには怒りの訓練のために，6つの基本的な要因があることに注目している。それらは，認知的な変化，覚醒度の低下，行動スキルの発達，適切な怒りの表現，道徳的な推理の発達，ユーモアの使用などである。プログラムで使用されるテクニックは，自己陳述，リラクゼーション訓練，ロールプレイング，問題解決，主張訓練，それにユーモアなどである。個人や集団で必要な場合，追加のプレイテクニックがプログラムに柔軟に統合できることが強調されている。たとえば，'オーバーヒーティング'や'怒りの鎖を壊す'などの怒りマネジメントゲームは，治療の経過でグループのプレイとしてよく使われる。

　次に，問題解決の順番がグループの生徒に教えられる。

1．止まれ：何が問題か。
2．私は何ができるか。ブレインストーミングによる解決。
3．評価しなさい：何がベストな解決か。
4．行動しなさい：それをやりぬきなさい。
5．やり直しなさい：それはうまくいっているか。

(Nelson & Finch, 1996a, pp.42-43)

問題解決の段階は，他の場面へ新しい行動が般化するのを支援するために教室に掲示される。このプログラムは特に小学生，中学生，高校生に使われる。怒りコーピングプログラム（Lochman et al., 1993）は，学校でのグループカウンセリングに使える追加の認知行動プログラムで，たとえばロールプレイング，話し合い，ビデオテープの視聴，それにプレイ活動などのプレイセラピーのテクニックなどがある。

事 例

　5人の生徒が怒りマネジメントの問題，衝動性，短い注意時間などのために，グループカウンセリングに照会された。学校心理士はグループのために'止まって考える'プログラムと，教室の教師のためにそのプログラムの教師バージョンを使うことを選択した。追加で，カウンセリングプロセスの一部として読書療法，ロールプレイング，それにゲームを治療的に使用した。ゲームは，'オーバーヒーティング''怒り解決ゲーム'，それに'話し，感じ，活動するゲーム'などであった。

　生徒は約20週間，毎週45分のセッションにグループで集まった。教室でのレッスンは，15週間学校心理士と教師が実施した。生徒は，問題解決のテクニックは，即時的な満足の要求を遅らせることに役に立ったと報告した。彼らは学校だけでなく家庭でもそのテクニックをよく用いた。次の学年のはじめに，3人の生徒が追加のグループを自分で志願し，学校でうまくいくための問題解決のプロセスを復習した。これらの生徒には，スキルを復習するプログラムに参加することを許され，怒りマネジメントの介入を実践するために治療的なゲームが使われた。

★　子ども中心グループプレイセラピー　★

以前述べたように，子ども中心プレイセラピーは照会された問題より，子どもとの治療的関係に焦点を当てている。Landreth（1991）は，子ども中心プレイセラピーの目的を明確にした。

1．より肯定的な自己概念をのばすこと。
2．より大きな自己責任を想定すること。
3．より自己志向的になること。
4．より自己受容的になること。
5．より自己信頼的になること。
6．自分で決める決定につとめること。
7．コントロールの感情を経験すること

8．コーピングのプロセスに敏感になること。
9．評価の内的資源を伸ばすこと。
10．自己をより信頼するようになること。(Landreth, 1991, p.80)

そのため，子どもたちには，プレイセラピーのセッション中に彼らが取り組むことについて選択する自由がある。子どもには自己実現の欲求があり，プレイセラピストは子どもが自分の進路を描けることを信頼する。制限を設けること，おもちゃ，セラピストの役割などは治療プロセスに一貫して大切なことになる。

LandrethとSweeney（1999）は，グループの大きさ，グループの選択，グループのプレイルーム，プレイの材料など，プレイセラピーのアプローチについて話し合った。さらに，彼らはセッションの時間，間隔，回数などが，年齢と子どもたちのニーズに基づいていることを強調した。一般的に，セッションは週に1ないし2回で，約45分間行なわれる。このアプローチは学校で使えるが，教師と職員からそれについて疑問が出されている。というのは，セラピストが計画的なプログラムで怒りのコントロールを直接教えないように受け止められているからである。セラピーセッションは，適切な行動の強化子として使われないし，学校や教室での不適切行動のリスポンスコストとしても使われないことが大切である。生徒は，彼らの行動いかんにかかわらず，カウンセリングを実施されるのである。

事例

プレスクールのプログラムにコンサルタントとして割り当てられた学校心理士は，行為の問題，逃避的行動，それに学校への恐怖反応などでカウンセリングに照会された3人の子どもたちにかかわることを求められた。

これらの子どもたちはグループになり，15週間にわたり30分間のセッションで週2回集まった。子ども中心プレイセラピーのアプローチが学校心理士によって使われた。加えて，学校ソーシャルワーカーが，家庭で子どもを育てることとしつけの問題について話し合うために両親と会った。

30セッションのあと，学校心理士は不適切に示されていた怒りが明らかに減少したことに注目した。つまり，不安が減少していることが証明され，肯定的なソーシャルスキルが教室で見られた。両親は家庭でのしつけの問題が減少し，より肯定的なきょうだい関係が生まれたことを報告した。

★　学校でのソーシャルプレイ　★

　教室では，生徒の怒りマネジメントのテクニックや社会化を適切に使うことを励ます活動の舞台が用意されている。ソーシャルプレイでは，生徒が社会的な行動をコントロールし，スーパーバイズされた方法で実践する。ソーシャルプレイは"一連のゲームでグループの人々をリードするテクニックで，個々人が肯定的，社会的な態度とスキルを経験し，学習し，発展させる"と定義されている（Aycox, 1985）。ソーシャルプレイでは，生徒たちが注目の中心になり，他人と知り合いになり，協力することを学習し，怒りや攻撃性を解決することが手助けされる。

　Aycox（1985）は，50以上のゲームの概略を述べて，それらは教室で生徒たちにソーシャルスキルを使うことを奨励し，怒りと敵意を減少させ，自分自身に注意を向け，協同することを奨励し，生徒たちに劇のスキルを使うことを認めている。Aycoxは，ソーシャルプレイは生徒たちが次のことをするのを手助けすることに注目している。

1．ポジティブな社会的行動を学習する。
2．セルフコントロールを強めることを学習する。
3．より社会的に統合されていること。
4．満足を発展させ，衝動のコントロールを学習する。
5．いまここでの状態を楽しみ，楽しいという価値を感じることを学習する。
6．言語的，非言語的コミュニケーションを進歩させる。
7．行動化の代わりに感情を表出する良い方法として，書くことと話すことに対する肯定的な態度を養成する。
8．共同体である教室で，協同し仲間を援助することを学習する。
9．ほうびより本質的な価値に頼ることを学習する。
10．頭の中でイメージを描くことを多くする。
11．ストレスに満ちた達成不安から自由になり，身体的な協同を学習する。
12．社会的な問題解決の経験を得る。
13．活動状態と平穏な状態との間の変化を調節できる。
14．学校についてより幸せでいっそう尊敬できる見方を適用し，悪口を言ったり，けんかをしたりという蛮行を排除する。

　学校臨床家は，クラスに紹介する適切なソーシャルゲームを選択する。早期のゲームの目標は，お互いを知るようになることであり，その後のゲームでは，グループの

凝集性を確立することを進めるのが目標となる。ゲームは個々の生徒たちにも焦点を当てることができる。最後に，怒りの解決に焦点を当てるゲームがクラスに紹介される。これらのゲームは生徒が怒りを解決するのを支援し，その後の怒りの問題をマネジメントすることを手助けする。Aycox (1985) は，"怒りの適切な解決は，社会的な現実場面で発生し，個人や1対1の関係の中では発生しない，そして……文化的，社会的活動（プレイ，ダンス，それに劇）は人間の怒りをコントロールする最も効果的な形態である"と述べている。

怒りマネジメントを手助けするソーシャルゲームが多くある。それらは，'アルファベットバレーボール''ほうきを使ったホッケー''競技場の中の雄牛''車掌室でのドッジボール''椅子を守ろう''隣りの人を好きになる方法''綱引き'などである。学校臨床家は教室を週に2回訪問し，ソーシャルゲームに導く。それは休み時間に行なわれるので，生徒たちは教育の時間を失うことがないだろう。多くの場合，ソーシャルゲームは個人と集団のカウンセリングの付属物として使うことができるし，クラス全体の情緒的な成長を助長する。

事例

　学校心理士は，教室で多くの訓練の問題を抱える教師の支援を依頼される。照会の時点で，このクラスの3人の生徒が注意の問題でグループカウンセリングを受け，1人の生徒が怒りマネジメントの問題で個人カウンセリングを受けた。学校心理士は教師がクラスのマネジメントプランを実施するのを助け，集団の凝集性と協同を高めるために，そのクラスにはソーシャルゲームが有効であることを示唆した。以前に照会された生徒がソーシャルスキルを改善する際にこれらのゲームが役立ち，彼らの怒り解決のスキルにも役立っている。

　教師は新しいマネジメントプランと，隔週のソーシャルゲームのセッションを紹介することに同意した。学校心理士は，子どもたちをソーシャルゲームに導き，教師とクラス全員がそのゲームに参加した。クラスを知り合いにさせるのを助けるためにデザインされたゲームが最初に紹介された。これらのゲームは集団の凝集性，親密さ，注目の中心になること，それに怒りの解決などを助長するものである。ゲームはその年度をとおしてクラスで行なわれ，教師はその年度が進むにつれゲームをリードし始めた。

　教師は，生徒がソーシャルゲームに導入されたあと，照会された訓練の問題がなくなり，グループの結びつきがより強くなり，お互いの共感性がすばらしく良くなったことを報告した。生徒たちは，他者と親密になることがむずかしいことではなく，怒りの解決がむずかしいことでないことに気づいた。校長と運動委員は生徒たちが運動場で言語的，身体的な争いをほとんど示さず，他のクラスの生徒たちにすばらしい共感性を示し，フラストレーションへのすばらしい耐性も示したことを強調した。

★　グループプレイセラピーのテクニックの要約　★

　プレイセラピーのテクニックを統合したグループカウンセリングでは，生徒に新しいスキルの学習，自己実現，情緒的な成長，それに怒りマネジメントの困難に取り組むことなどの機会が用意されている。学校でのグループカウンセリングではしばしば特殊なスキルの発達がもたらされ，そのためにセラピーセッションでスキルを強化するためにプレイセラピーのテクニックが使われる。学校臨床家は，個人カウンセリングと同様に，治療目標に対して明確なカウンセリングによる介入を選択する。子どもたちは適切であれば個人の，あるいは家族のカウンセリングにも参加する。

★　追加のプレイセラピーによる介入　★

　怒りマネジメント問題に取り組む際に，多くのプログラムとゲームがプレイと結合して使われている。読者は，プログラムとゲームを学校で使えるものとして，そして子どもたちにとっての治療的な代理者として再吟味することを奨励される。'怒りコントロールのツールキット'（Shapiro et al., 1994）と'私は自分の怒りをコントロールできるキット'（Pinkus & Rolland, 1995）は，子どもの怒りマネジメントの問題に取り組むための多面的なアプローチと組み合わせて使われる2つのプログラムである。前者のプログラムは38通りのテクニックがあり，学校臨床家が怒りの問題をもつ子どもに取り組む際に選択して使う。セラピストは6つの異なった様式をカバーするようなテクニックを選択することを推薦される。それは，感情的，行動的，認知的，発達的，教育的，それに社会的な様式である。プレイと組み合わせるテクニックには，物語を聴かせること，カメのテクニック，自分で静かになるテクニック，感情のジェスチャー，ホットシート，怒りに代わる行動，ロールプレイング，それにカタルシスなどがある。プログラムには，怒りコントロールの8つのテクニックを収録したビデオテープも入っている。後者のプログラムは，臨床家が6つの治療様式から介入を選択することを推薦している。それらは，感情的，行動的，認知的，発達的，教育的，それに社会的な様式である。プレイによる活動には，怒りの目標をコーピングするゲーム，怒りに向き合うカードゲーム，問題解決カード，2つの物語の本，それに聞き取りカードゲームなどがある。学校臨床家は，6つの様式から少なくとも1つの治療目標を選択し，個々の子どもに治療プログラムをデザインする。

第Ⅳ部　グループプレイセラピーと特別な子どもたち

事　例

　9歳の少年が，怒りマネジメントの問題で学校心理士に照会された。活動は6つの治療様式を意図している'怒りコントロールキット'から選ばれた。これらの活動には，感情のジェスチャー，カメのテクニック，自分で静かになるテクニック，物語を聴かせること，ロールプレイング，読書療法，感情の温度計，描画，粘土のプレイなどがある。その子どもには15セッション行なわれた。教師はその子どもが衝動的な行動を示すことが少なくなったと報告した。その子どもは仲間から排除されることが少なくなり，運動場でのプレイ活動の仲間に入ることがより多くなった。

要　約

　この章は怒りマネジメントの問題に使われるプレイセラピーのテクニックを概観した。治療的な介入に示唆を与える個人カウンセリングのテクニックには，子ども中心プレイセラピー，解放プレイセラピー，認知行動プレイセラピーがあり，生徒の個人的な治療目標に基づくプレイセラピーのテクニックと協同させながら個人的な治療のアプローチを発展させている。グループカウンセリングのテクニックは，子ども中心プレイセラピー，認知行動プレイセラピー，ソーシャルプレイ，治療的ゲームがあり，怒りマネジメントの困難を改善するために計画された特別なプログラムが，プレイのテクニックと協同して使われている。

　怒りマネジメントの困難に明確なニーズをもつ生徒のために，プレイセラピーに対する前述のアプローチが推薦されている。介入には，個人プレイセラピー，グループプレイセラピー，それに家族カウンセリングがある。さらに，家庭での怒りマネジメントの困難を支援するために，両親と子どもの間の特別なプレイセッションが議論された。プレイのテクニックを例示するために，特別なケースの事例が示された。最後に，治療プログラムに含まれる可能性のある特別なプレイセラピーのテクニックが明確にされている。

第14章

注意欠陥多動性障害（ADHD）児の
グループトレーニングプログラム

Linda A. Reddy, Priscilla Spencer,
Tara M. Hall, and Elizabeth Rubel

　注意欠陥多動性障害（Attention-Defict/Hyperactivity Disorder；ADHD）の子どもたちは，教室や運動場でよく混乱して，自分を調整することがむずかしい。教室での不適切な行動に共通する項目は多く，彼らは，よく大きな声を出したり，許可なく席を離れたり，他の子どもを怒らせてしまったり，手が汚れていたり，宿題をきちんとしなかったり，役割をきちんと果たせなかったりする。また，彼らは仲間，きょうだいや大人と親しくなり仲間関係を維持することがむずかしい。

　最近の推計では，学齢期の子どもたちの3〜5％がADHD児で，少なくともクラスに1人はいることが示唆されている（DuPaul & Stoner, 1994）。ADHD児のほとんどが学業不振を示し（Anastopoulos et al., 1992），およそ20〜30％の子どもが，学習が困難な状態である（Anastopoulos & Barkley, 1992）。もし，治療をしなければ，今後の展望は乏しいといえる。ADHDの障害をもち，治療を受けなかった子どもの最高で30％の者が，高校を卒業していない。また，より高い確率で，薬物乱用に陥ったり，少年で有罪判決を受けたり，交通事故に遭ったり，人間関係に問題を抱えていたりする。これらの子どもたちのために，学校職員は特有の学業的，行動的な挑戦を必要とし，しばしば特別に計画された社会的介入を行なう必要がある。

ADHD児と学校ベースの社会的介入

　ADHD児の学校ベースの治療は，ほとんどが個人ベースのもので，学校職員が特別な子どものニーズに彼らのカリキュラムを合わせることを認めるテクニックに焦点

を当てたものである。専門家が自然な状況で社会的，学業的な欠陥をターゲットにするグループによる介入プログラム（たとえば，発達的に適切なゲームなど）は少ない（DuPaul & Eckert, 1997）。

　ADHD児への学校ベースの社会的介入で，学校がとるADHD児への対処方法は，2つの一般的なカテゴリーにまとめられる。それらは，随伴性マネジメントと認知行動治療である。随伴性マネジメントプログラムでは，ターゲット行動に対する肯定的な結果と否定的な結果が出される。教師と親は，学校での行動について活動と結果の連鎖をつくりだしながら，報酬と罰を与える。1つの随伴性マネジメントプログラムは注意訓練システム（Attention Training System；ATS, DuPaul et al., 1992）で，これは子どもが自分の行動に基づいてポイントを獲得したり失ったりする個人的なリスポンスコストによる介入である。ATS装置は子どもの机の上に置かれ，獲得して貯まったポイントがそれに示される。ポイントは一定の間隔で加えられ，担任はリモートコントロール装置でポイントを差し引くことができる。ATSは，小学生の課題とする行動や学業成績を改善することがわかった。

　もう1つの一般的で効果的なテクニックは，毎日のレポートカードで，家庭で両親が学校行動の肯定的な結果と否定的な結果を見るようになっている。親と教師が，毎日のレポートカードで子どもの学業や行動の目標の進度について系統的に連絡し合うことで，協力関係が育つ。このアプローチは社会的行動，多動，注意力，セルフコントロールなどの改善につながっている（たとえば，McCain & Kelley, 1993；Pfiffner & O'Leary, 1993）。また，教室の教師用のいくつかの随伴性マネジメントの手引書が利用できる（Barkley, 1990；DuPaul & Stoner, 1994；Pfiffner, 1996）。全体的に，随伴性マネジメントプログラムは，教室での個々の行動を改善するのに効果的ではあるが，ひとたび治療が実施されなくなれば，改善されたものが消失する傾向にある（Anastopoulos & Barkley, 1992；DuPaul et al., 1992）。

　認知行動的介入は，ADHD児が活動につながる考えを試し修正することで，セルフコントロールと問題解決スキルを伸ばすのを援助する（Kendall, 2000）。このような介入は，衝動性，社会的スキル，でしゃばり，怒りマネジメントなどを含む広範囲の行動を扱い，個人的にも集団的にも使うことができる。

　ADHD児に使われる一般的な認知行動的介入は，セルフモニタリング（Self-monitoring），自己教示（self-instruction），自己強化（self-reinforcement）などである（Anastopoulos & Barkley, 1992）。セルフモニタリングでは，子どもに課題実行中の行動とそうでないときの行動を見失うことのないように教え，教室でそれができれば報酬を出す。正確な自己評価であるかは，教師の評価とマッチングしてから決められ

る。セルフモニタリング法は典型的に個人ベースのもので，課題実行中の行動と学業成績を改善し，1人で勉強をするために机に着いておくスキルを見につけさせる。

自己教示，または自己陳述修正法（self-statement modification）は，声に出して計画した戦略を述べながら，課題の遂行のモデリングを示すことで適切な問題解決スキルを子どもに教える。それから，子どもは同様な言語化を行ない，課題を遂行する。

自己強化のテクニックは，目標または目標到達へのワンステップを完成したあと，顕在的か潜在的な報酬で自分自身を強化するように子どもたちに教える（Anastopoulos & Barkley, 1992）。

認知行動的介入の有効性に関する研究は混同されている。初期の研究では，この子どもたちについて有効性を報告しているが（Douglas, 1980；Kendall & Braswell, 1985），その後の文献の大多数は，教室で般化することにほとんど失敗していることを報告している（Barkley, 1998；Pfiffner & O'Leary, 1993）。PfiffnerとO'Learyは，この般化することの失敗は用意されたトレーニングの短さもあるが，治療の目標と教室での期待との間の違いによると推測している。仲間の受け入れや社会的スキルのような，子どもたちに適した治療目標は，モチベーションと治療の成功をより一層生みだすだろう。他の研究者は，ADHD児は厳格な治療的管理に忠実であろうとするモチベーションに欠けると主張している（Anastopoulos & Barkley, 1992；Barkley, 1998）。おそらく認知行動的介入は，ADHD児にもともとアピールしたりモチベーションをもたせたりはしないだろうし，治療の成功を妨害する可能性がある。

発達的に適切なゲーム（Developmentally Appropriate Games；DAGs）のような治療テクニックは，幼児に対して効果的で，適切で，楽しく，モチベーションを高め，スキルの発達を促進する。Barkley（1998）は，治療は，"自然な環境でそのような行動が達成される必要のある場所と時間に，特定の行動が達成されること"に焦点を当てることをすすめている。つまり，治療は，子どもが取り組みプレイをする流れの中でスキルが教えられるとき，最も効果的であろう。グループで行なうDAGsは，学校，家庭，運動場など自然な状況で大切なスキルを教えるとき，ADHD児の興味やモチベーションを捕らえるのに効果的な方法である。DAGsは，子どもたちに仲間と自然に交わり，それらが使われる流れの中で適切な行動を学習する機会になる。DAGsでは，学校関係者に社会的問題が子どもたちにいつどのように起こるのかについて価値のある情報が提供される。自然なプレイのなかで子どもたちを治療することは，治療で得られたことをその後も維持し般化する可能性を増大させる（Hoag & Burlingame, 1997）。

ADHD 児と発達的に適切なゲーム

　学校ベースの DAGs は，グループでのやりとりをとおして，子どもが社会性を高め，グループを受容することで自信を増すので，レクレーションやレジャー活動にも使われる（Reed et al., 1978）。ADHD 児のために，DAGs は子どもたちが仲間や大人たちといっしょに新しい技能を身につけ，前に学習した情報を練習し，刺激のある環境を経験するための重要な手段になる。

　DAGs は，以下の 3 つの原理に基づく全身の身体運動である。①子どもは，それぞれの能力レベルで参加する機会がある，②ゲームをするにつれ，参加する機会は増えていく，③能力の異なる子どもたちがお互いに肯定的にふれ合うことができる（Torbert, 1994）。

　DAGs では，子どもたちに取り組むことやプレイをすることにとって大事な生活のスキルが教えられ，達成，創造性，自己や他者への積極的関心などの感覚を形成することができる（Torbert & Schneider, 1993）。グループのゲームに参加する子どもたちは親密な関係を共有し，肯定的な社会的相互作用の中で他者の成長を励ますことができる（Torbert, 1994）。DAGs ではまた，子どもたちが代わりの解決を粘り強く試みる挑戦の機会を得ることができる（Bunker, 1991）。

★　DAGs についての学校ベースの研究　★

　研究により，DAGs は伝統的な学校ベースのゲームに比べ，普通の教育では，参加，協同，社会的スキル，セルフエスティーム，それに視覚運動スキルなどが改善し，情緒的に障害を受けている子どもたちや，知覚に損傷のある子どもたちなどにも意義のある変化をもたらすことが明らかになった（Ferland, 1997）。たとえば，Bay-Hinitz ら（1994）は，70名のプレスクールの子どもを対象に，DAGs と競争ゲームが参加と協同的グループ行動にどんな影響を及ぼすかを研究した。ゲームは 1 日に30分間，週 5 日，50日間行なわれた。DAGs に参加した子どもたちは，伝統的な競争ゲームに参加した子どもたちより，参加率が非常に高く，他者に対し積極的に交わる行動（prosocial behavior）を示した。同じく，Orlick（1988）は87名の幼稚園児の教室で，DAGs と伝統的なグループゲームが教室での指示や自由時間での協同行動に及ぼす効果について調査した。子どもたちは18週間，週30分のゲームに参加した。クラスでの自由時間中の協同行動が，DAGs に参加した子どもには有意に増加し，伝統的なグループゲームに参加した子どもには見られなかった。

GaraigordobilとEchbarria（1995）は，178名の子どもたち（6～7歳）の社会的行動や自己概念について，協同的なゲームプログラムの効果を試した。治療としてその年度，22回のプレイセッションが行なわれた。ゲームは，子どもたちの協同，共有，象徴的プレイ，それに自分の価値についての感情などを増進させるように計画された。有意であった改善点は，リーダーシップをとるスキル，元気よさ，他者への感受性や尊敬などが，教室での行動に見られたことである。攻撃性や無感動，不安などが減少したことも報告されている。

Schneider（1989）は，36名の幼稚園児に対して，DAGsのプレイが自尊心に及ぼす影響について評価した。それは，教師の評定と子ども自己報告によって測定された。同様に，教室の教師はそれぞれの子どもたちを同じ測度で評定した。サンプルの半数は17セッションの自由なプレイに15～20分間参加し，残りの半数は同じ回数のセッションに同じ時間，DAGsに参加した。教師と子どもの自己報告によれば，DAGsに参加した生徒は，自由なプレイに参加した生徒たちより自尊心の評定が改善していた。

また，情緒的に障害されていると診断された子どもたちの社会的行動に及ぼすゲームプレイの影響が調査された（Hand, 1986）。10～12歳までの2つのグループは，休憩時間中，系統的に観察された。1つのグループは伝統的なゲームに参加し，成功は他者を負かすことか排除することだと定義された。他のグループはDAGsに参加した。ゲームは，週に3回，16週間実施された。DAGsに参加した子どもたちは，伝統的なゲームに参加した子どもたちより，言語的，身体的に攻撃性が低く，グループ活動を嫌がる傾向も少なかった。

また，知覚的に損傷を受けた子どもたちがDAGsから利益を得ることを示す研究もある。たとえば，リードら（Reed et al., 1978）は，6～12歳の知覚的能力の低い子どもの，親子のグループ訓練プログラムの有効性について調査した。子どもたちはグループに友達ができずに仲間のグループ活動にめったに参加せず，言語的にも身体的にも攻撃的であった。ゲームは社会的スキルと知覚運動能力（たとえば，視覚運動スキル，視覚的鋭さ，それに身体的気づき）などを強めるように計画された。1時間のセッションからなるプログラムが，週2回16週間にわたって行なわれた。親の評定では，ゲームにたくさん参加した子どもは，家庭や学校での仲間との相互作用の改善，ルールを守ることの喜び，言語的身体的に不適切な行動の減少などを示した。

子どもたちの社会的，情緒的な発達についてDAGsの潜在的な恩恵があるにもかかわらず，それらの効果がADHD児にとっても同様に認められるとする研究結果はほとんどない。最近になって，研究者たちは，ADHD児に対する多様な治療プログ

ラムの一部となっている DAGs の恩恵について研究し始めた（Files et al., 1999；Reddy, 2000；Reddy et al., 1999）。DAGs は，ADHD 児にとって心理的，身体的な挑戦である構造化された仲間集団活動への参加をとおして，新しいスキルを学習する機会となる。これらのゲームは柔軟性があり，最小限の準備が必要なだけで，特別な子どもたちや教室のニーズに合わせて簡単に修正できる。DAGs は，幼児の子どもたちの社会的スキル，セルフコントロール，それにストレスと怒りのマネジメントを強めるために計画される。

★　ADHD 児への学校ベースの DAGs の計画　★

　DAGs は，学校，家庭，運動場で簡単に計画できる。私たちはゲームを計画するとき，9 段階のアプローチを提案している。

1．各子どもや全体としての集団の社会的，認知的，情緒的ニーズの確認。
2．各ゲームにうまく参加するために，各子どもに必要とされるスキルの評価。
3．各子どもが自分の能力レベルで参加することができるゲームの計画と選択。
4．スキルレベルが異なる子どもたちがお互い肯定的に交互作用を経験できるゲームの計画と選択。
5．子どもたちがプレイをする機会が増えるためのゲームの計画と選択。
6．各ゲームに必要な空間と設備の評価，教室や学校で利用できる資源の確認。
7．各ゲームに，効果的に安全に参加できる大人と子どもの数の確認。
8．ゲームをうまく実行するために大人に要求されるスキルと知識の評価。
9．必要なら大人を訓練のためのセラピストの用意。

　ADHD 児に対しグループや教室などでゲームを計画するとき，子どもたちのニーズや能力が注意深く考慮されなければならない。一般的に，子どもたちのニーズは，社会的，認知的，情緒的なニーズの 3 つの領域に概念化できる。社会的なニーズの例として，自分自身や他者の性質を共有し，順番を守り，プレイを協同して行ない，助けを依頼し，それに他者を助ける，などの子どもの能力があげられる。認知的なニーズは，指示を理解してそれに従い，個人的な空間を明確にし，空間を共有し細部に注意する，などの子どもの能力がある。情緒的なニーズは，自分自身や他者の感情を明確にし，感情を表現する言葉を使い，それにストレスと怒りを調整する，などの子どもの能力を含む。
　個々の子どもやグループのニーズを明確にするのに使われるアセスメントの戦略は

多くある。たとえば，標準化されたアセスメント尺度（子ども用行動チェックリスト；Child Behavior Checklist, ソーシャルスキル評定システム；Social Skills Rating System, Kaufman早期学業学習スクリーニングテスト；Kaufman Screening of Early Academic Learning），構造的，非構造的なプレイ活動の直接的観察，それにそれぞれの子どもと親しい学校職員との協議などが特に役立つ。

★　音楽に合わせた椅子とりゲーム　★

　学校では，DAGsとして容易に再計画できる多くの伝統的なゲームが使われる。たとえば，音楽に合わせた椅子とりゲームは，プレスクールや小学生の子どもたちによく知られた伝統的なゲームである。椅子とりゲームの目標とするものを見てみると，①このゲームは，勝者が空席を得て，他の子どもを椅子から追い出す，②能力レベルの異なる子どもたちの間で，限定的にしか相互作用が起こらない，③参加者は他者を助けたり，パーソナルスペースを分かち合ったり，いっしょに遊ぶことを奨められない，それに，④ゲームが展開するにつれ参加する機会が減り，ひとたび椅子に座ることを失敗すれば，椅子と子どもは排除される，となっている。

　前に述べたDAGsの3つの原理と9段階のアプローチにのっとり，子どもの協同訓練活動として，音楽に合わせた椅子とりゲームを新たに計画することができる。たとえば，椅子の代わりにタオルか四角のカーペットでもよく，それを床に無作為に置く。子ども1人につき1枚のタオルの割り当てでゲームが始まる。音楽が止むときはその度に，タオルの上にいなければならない。タオルは"島"にたとえられ，空間は"水"にたとえられる。ゲームが始まると"潮"がゆっくり来て，島の領域をより小さくする。音楽が始まると，すべての子どもは水中で"ゆっくり泳が"なければならない。音楽が止むと，島に登らなければならない。音楽が止む度に，タオルが1つ除けられ，島が狭くなる。島は，安全な限り，多くの子どもたちが乗れる。これらの指示は，空間をうまく分かち合うこと，他者を助けること，セルフコントロールをすること，などについて子どもを奨励する。

　DAGsの第1原理は，自分の能力レベルで参加を選択する機会があることである。島の上に立つ場所を手に入れる能力に自信を感じている子どもたちは，島からさらに離れて動いていることが観察される。逆に，自信の少ない子どもたちは，島の側にいるだろう。どちらの選択権も受け入れられる。さらに，各子どもは音楽が始まったとき，どのように動くかを選択する。たとえば，1人の子どもはスキップし，もう1人の子どもはゆっくりと這い，そしてもう1人の子どもは水に浮くふりをするだろう。セルフコントロールを示しているすべての動きが許容される。

DAGsの第2原理は，ゲームの進行につれて，プレイとスキルを実践する機会が増加することである。ゲームでは，参加者の排除はなされないので，子どもたちはいつまでも参加する機会を与えられる。排除される可能性がなくなったとき，子どもたちはグループの活発なメンバーとなり，よりすばらしい協同，凝集性，それに問題解決などを示す。

　DAGsの最後の原理は，能力の異なる子どもたちが，お互いに積極的に相互作用ができることである。島の例で，1人以上の子どもが安全に島にいることができるようにゲームが計画されてきた。個人的な子どものニーズや集団のニーズを知ることで，学校職員はどれだけ多くの子どもが気持ちよく1つの島を分かち合えるかを決定できる。子どもたちは，誰でも水から上がり1人以上の人が島に乗らなければならないことをすばやく学習する。子どもたちは島に他の子どもたちを招き，子どもたちを仲間に入れる異なった方法をつくりだし，より少ない島を役立てるという目標を達成しようと熱狂的に試みるようになるだろう。すべての子どもたちが事前に決められた数の島に乗ったら，ゲームは修了である。

　DAGsはふつう子どもたちには新鮮で，これらを提示している大人にも同様である。島のようなDAGsは，子どもたちのニーズが注意深く考慮されれば，価値のある成功の学習経験になる。最初にこのゲームをするとき，ADHD児は，貧弱なセルフコントロールと他者への積極的にはたらきかける行動を示すことがある。このことは，何人かの子どもたちが他者と島を安全に分かち合えないときに，観察される。もしこのことが起きれば，ゲームが始まるときに使用する島の数を増やすようにすればよいだろう。子どもたちがゲームに入りやすいのは，1つの島に2人の子どもの割り合いである。子どもたちがゲームのルールとプロセスに慣れてくると，ゲームに参加する彼らの能力が旺盛になるだろう。多くのADHD児にとって，このことは他の仲間と経験するいかなるものとも似ておらず，これらの新しい感情と行動に慣れるまでには時間が必要である。

ADHD児訓練のグループカリキュラム

　ADHD児（つまり，4歳半〜8歳）の訓練で，部分的にDAGsを使った子どもの特別なグループ訓練を短く紹介する。

　ADHD児の訓練グループ（Reddy, 2000）は，多様な方法による心理教育的介入で，部分的にこの基礎になっているのが，Bandura（1973）の社会的学習理論と行動欠陥モデル，Torbert（1994）の協同ゲーム，Goldstein（1988）のスキルストリーミング

アプローチなどである。

★　カリキュラムの焦点　★

　グループカリキュラムは，社会的スキル，セルフコントロール，怒りとストレスのマネジメントの3つの特別なニーズをめざしている。DAGsへの参加やスキルの順序を教えることや，子どもたちの社会的コンピテンスを高めるように計画された一連の行動的な手続きをとおして，スキルの発達が促進される（McGinnis & Goldstein, 1997；Reddy & Goldstein, 印刷中）。各スキルはその行動ステップに分解され，そのステップはグループセッションで大人がモデルを示し子どもたちがロールプレイを行なう。行動ステップは，集合的にスキルの遂行を例示している（たとえば，じょうずな話し方：a.気さくな方法でその人に近づく，b.気さくに見る，c.気さくな声で話す）。教えられるスキルは，じょうずな話し方を使うこと，指示に従うこと，他者と共有すること，他者を助けること，助けを求めること，自分自身や他者のおびえ，悲しみ，怒りなどの感情を明確にしてコーピングすること，衝動をコントロールすること，刺激を無視すること，ストレスと怒りをマネジメントすること，退屈な時間の過ごし方，勇ましい話し方をすること，結果を受け入れること，無視されることを受け入れること，望ましいスポーツマンシップを発揮すること，などである。

★　戦略の教示　★

　教えられる戦略は，①モデリング；大人のセラピストが行動とスキルをしてみせること，②ロールプレイング；設定された場面で役割を実践する機会が導入される，③パフォーマンスフィードバック；子どもたちはよく褒められ，セラピストのスキルや行動をモデルにするにはどのように良くしたらよいかについてフィードバックする，などが用意されている。スキルの転移と維持-増強の手続きは，以下のことが含まれていると特に役立つ。すなわち，①過剰学習；時間中に学習されたスキルを正確にリハーサルし実践する，②同一の要因；子どもたちは実際の生活の場で（たとえば，学校，運動場，仲間グループ），相互作用をする子どもたちや大人たちから毎日訓練される，③媒介となる一般化；自己評価，自己強化，それに自己教示のような一連の自己調整のスキルを子どもたちに教えること，などである。子どものグループ訓練カリキュラムの詳細は，Reddy（2000）を参照してほしい。

★　トレーニングセッション　★

　週1回の10セッション，1セッション90分間で行なわれる。各グループ6〜8名の

ADHD児が，グループごとに訓練を受ける。2名の子どもに1名のセラピストがつくことが助けになることがわかった。新しいスキルをマスターすること，指示に従うこと，自信を深めることなどを励ますためにトークンエコノミーシステムが使用される。

グループには，指示に従うこと，自分の考えや気持ちを表わすために自分の言葉を使うこと，手足を自分自身に集中すること，の3つの目標がある。子どもたちは，各セッションの終了後に，3つの目標のそれぞれについて1ポイントにつきスタンプ1枚がもらえる。"タイムアウト（中断の時間）"がセラピストよりモデリングされ，肯定的なセルフコントロール技法として使われる。

DAGsを行なうことは子どものモチベーションやスキルの発達を高める点できわめて重要である。次のDAGsは社会的スキルや刺激コントロール，それに怒りやストレスマネジメントに重大な欠陥を示すADHD児にデザインされたものである。

★　ソーシャルスキルのテクニック――新しい友達に出会い，友人になること　★
拍手ゲーム
　子どもが輪になって，自分の名前の音節を叩くことでゲームが始まる。音が止むと，子どもや大人はそれぞれ名前の終わりの時点で瞬間的に凍らなければならない。そして，再びゲームが始まる。グループは，いっしょに各子どもの名前に合わせて手を叩く。大人は活動のモデルを示し，勇気づけをしなければならない。
　次に，同じシラブルの数をもつ子どもが，グループをつくる。どのグループに属するかを識別することが困難な子どもには，自分がどのグループに属するかを決めるのを手伝うために，グループ全体で子どもの名前の手を叩いて援助する。それから，各グループは"グループの手叩き"をするが，これは子どもたちが自分の名前を一致して他のグループへ大声で言いながら，特別な手叩き（シラブルの数で決定される）で表現する。このゲームは，能力の異なる子どもが排除されることなく，参加し相互交流をすることができる。すべてのグループメンバーが各参加者の名前の手叩きをすることは，自分自身を紹介したり他者の名前を思いだしたりする多くの機会を子どもたちに与える。

出会いボールゲーム
　グループは床に丸くなって座る。各子どもはゆっくりとボールを他のプレイヤーに回す。各受け手は，自分の名前を言う。このゲームは各人が回す役と受ける役の両方をするまで続く。いったんいろいろの名前が思いだされるようになれば，各受け手は

1つの選択をする。つまり，ボールを受け取るときボールを回した相手の名前を言うか，もしくはグループで"大声で名前を叫ぶ"かである。グループが大声で名前を叫ぶことは，受け手がボールを所持するときに起こるが，黙ったままでいることもある。グループのほかの人は，ボールが再びパスされる前に，受け手の名前を大声で叫ばなければならない。子どもはどの子どもにボールを回すかを選ぶことにより，自分の能力レベルで参加することを選ぶ機会をもっている。他者の名前を言いながら，それにグループが大声で名前を叫ぶことで，ボールを回すことに参加する機会は非常に多い。もし子どもが名前を思いだすのが困難なときは，グループでの叫びを行ない，特定の子どもを選り抜かないようにこのスキルを強化する。

お猿さん当てっこゲーム

ゲームは2つのチームをつくることから始まる。各子どもは，自分のチームで内密に1つの数を教えられる。もし子どもが自分の数を思いだせないときは，片方の掌に書いてもらうことができる。それらの数は相手方のチームにばれないようにする。Aチームは，Bチームを背にして立つ。Bチームの各子どもは，壁として毛布をかかげる。この毛布の背後で，Bチームのある子どもが数字の1を割り当てられる。合図で，AチームはBチームと向き合い，"毛布の中の猿"は誰かを当てる。当てる際に、大人の助けでチームのコンセンサスに基づいて決められる。各子どもが自分の最初の推測に基づいた答えを大声で叫ばないことを学習するとき，衝動コントロールがなされ，次の指示が行なわれる。大人は子どもに決めてから声を出すまで3まで数えるよう指示して子どもを助ける。もし彼らの答えが正解でなければ，正解するまでチームのコンセンサスのあと再び推測することが許される。それぞれのチームが正確に言い当てられたら，別のチームが毛布を受け取り，同じ手続きを続ける。各子どもが全員毛布の中の猿になったとき，ゲームが終わる。

★　**セルフコントロールのテクニック**　★

フリーズゲーム

グループの各人が数フィートの間隔で立って円をつくり，ゲームが始まる。音楽がスタートすると，子どもたちは部屋の中をゆっくりと動く。音楽が止まると，子どもは影像のように凍らなければならない。コントロールした状態に留まることを強調するために，音楽を異なったスピードに変えることができる。人にぶつかることなく一定のスペースで動けた子どもは，ほめられる。子どもがこれらのスキルを重ねて経験するようになるにつれ，グループの挑戦が導入される。たとえば，グループは音楽に

合わせて動き，2分後にお互いが触れないようにフリーズすることに挑戦できる。もし，この時間中に3つの接触があれば，そのグループは3ポイント受け取る。チャレンジは再び2分間動き，接触の数もしくはポイントを減らすように試みる。

フリーズゲームは，異なった能力の子どもがお互いに相互作用をする多くの機会を与える。私たちの経験では，子どもたちはポイントを受け取ることを避けるために，お互いに励まし合うことを始めるだろう。コントロールして動くことが可能になったグループは，付加的なグループの挑戦として，全般的なスペースのサイズを狭める課題を行なう。

綿ボールゲーム

グループの各人が数フィートの間隔でテーブルの回りに立って，ゲームが始まる。大人のセラピストが，人の呼吸がその人のまわりにどのようなインパクトを与えられるかのデモンストレーションを見せる。大人はストローをとおして，ゆっくりした呼吸と早い呼吸を示す。子どもはストローと綿のボールを受け取り，ストローをとおして呼吸で綿のボールを動かすことをやってみる。次に，グループは2つのチームに分かれ，テーブルを挟んで向かい合って立つ。テーブルの中央にラインが引かれる。指示により，各子どもは相手チームの領域（線の反対側）の中に自分の綿のボールを入れようと試みる。綿のボールが連続的に後ろや前に動いているので，常に自分の側の綿のボールを反対側に入れようと試みている。時折，子どもたちは呼吸が苦しくなるので，短い休憩を要求する。グループの挑戦もまた表現できる。たとえば，チームは一方の側にすべての綿のボールを集めたり，両サイドにちょうど同じ量の綿のボールを置いたり，または特定の時間内にすべての綿のボールをテーブルの上にキープすることなどを試みることができる。子どもは，心地よい状態で多くの，もしくは数個の綿のボールを吹きながら，自分の能力レベルで参加できる。チームとグループのチャレンジは，異なった能力の子どもが積極的に相互交流をする多くの機会を提供している。

島ゲーム

前に述べたように，島は人の心を捕らえるグループゲームであり，他者を助けたり，助けを求めたり，他者のパーソナルスペースを共有して尊重し，順番を守り，自分の手や足をコントロールするような多くの重要な生活スキルを育てる。

★　セルフコントロールとストレスマネジメントのテクニック　★

バルーンゲーム

　大人のセラピストがリラックスした考え方について紹介し，"堅い足と手と柔らかい足と手"についてデモンストレーションを行なう。子どもたちは，学校と家庭でリラックスする方法が同じであることを確認するように求められる。子どもたちは，プレイエリアで別々になって立つように求められる。そして自分が空気の入っていないバルーンであり，解き放たれているように揺らし，倒れるように言われる。1人の大人が子どもたちにそのスキルのモデルを示す。その大人は，各自がエアポンプを持っていて，各バルーンを膨らますことができるとアナウンスする。その大人は空気がバルーンの中に入っていく様子を示すため，「ススフフフフ」という音を出す。各バルーン（子ども）の空気を満たす十分な時間が与えられる。そして各子どもが異なった形を選ぶ方法や膨らます方法を指摘する。グループにポーズをとらせる質問として，「あなたは完全に空気を満たしましたか？」や「どのようにしてバルーンを満たしたか私に見せてください」などがあるが，動き回ることを許してはいけない。突然，大人が，各バルーンに小さな漏れ口があり，「スススススス」という音を使いながら，バルーンから空気が抜けていることをアナウンスする。バルーン（子ども）が地面にゆっくりとしぼんで倒れるように，大人が空気が抜けていくことをモデルで示す。イメージをまたいろいろと取り入れることができ，たとえば各バルーンにつぎはぎをつけ再び空気を入れて膨らましたり，バルーンがお互いに鏡になったり，子どもがエアポンプのまねをしたり，などが考えられる。

おやすみゲーム

　子どもが眠りにつくことについての話をグループに話して聞かせる。「ぐーぐーぐーぐーぐー」という音は大人がつくり，グループに眠りに入る時間であることを示す。各子どもは地面で安全なスペースを選ぶ。ポーズをとるための質問として，「あなたが眠っているとき身体はどのように感じますか？」「腕や足はどのように感じますか？」などがある。子どもたちが短い時間，眠りを刺激できたあと，1人の大人が時計のアラームがオンになったまねをする（リリリリーン）。アラームが鳴ったとき，子どもたちは安全に動くことをうながされる。子どもたちは飛び上がり，部屋のほかの場所へ移動するが，彼らは再び「ぐーぐーぐーぐーぐー」という音に対してゆっくり眠るためのほかの安全な場所を選ぶ。彼らが眠るまねをしているときやアラームを聞くとき，彼らの身体がどのように異なる感じ方をするかが話し合われる。ゲー

ム中は，すべての子どもが参加する。

飛び上がりゲーム

　ゲームは2つのチームに分けて行なわれ，ウサギとクマというチームになる。各チームは彼らの動物の動きをまねて表現するように求められる。それから2つのグループは床に座り，1人の大人が子どもの前に作り物のウサギとクマを置き，そのグループの前に立つ。チームの動物が持ち上げられたとき，そのチームは"飛び上がり"その動物の動きをしなければならない。たとえば，ウサギが持ち上げられたとき，ウサギチームはその場で飛び上がり，ウサギの動きをする。クマが持ち上げられたとき，クマチームは足で引っ掻く動作をする。動物の動きに替えて，動物の音（鳴き声）が使われてもよい。さらに，動物の名前の言語化が，作り物の動物と組み合わせるか，単独で行なわれてもよい。グループの挑戦が行なわれてもよく，たとえば動物の1つについて謎がグループに告げられ，述べられている動物をチームが突き止める，などがある。謎の例として，「私はにんじんを食べるのが好きです」「私は冬中眠るのが好きです」「私ははちみつを食べるのが好きです」などがある。謎が読まれると，各チームは自分たちのチームのことが述べられているかどうかを決定し，飛び上がり，彼らの動物の行動ないしは音をデモンストレーションしなければならない。

結果の評価

　ADHD児のグループカリキュラムの有効性について，2つの予備的な研究がなされている。第1の研究は，家と学校における子どもの社会的行動についての10週間の子どものグループ訓練の効果が試されている（Reddy et al., 1999）。第2の研究は，家庭における子どもの社会的行動と親のストレスに関する子どもと親のグループ訓練の影響が試されている（Files et al., 1999）。両方の研究の対象の子どもは，4歳半～8歳で，プレスクールや小学校に入学し，小児神経科医，精神科医，心理士によりADHDと診断され，DSM-IVのADHDの診断基準（American Psychiatric Association, 1994）に合致している。トレーニングは，Fairleigh Dickinson大学の子どもと青年期のADHDクリニックで行なわれた。

　第1の評価は，19名の子ども（男10名，女9名）で，平均年齢75か月（つまり，6.3歳）でなされた。4名は保育園，4名は幼稚園，5名は1年，6名は2年である。17名はコーカサス人で，アフリカ系アメリカ人とアジア系が1名ずつ。親の教育レベルは，次のようである。3名はハイスクール卒業，4名はいくつかの専門学

校，17名は文学士や理学士（BA/BS），11名は文学修士や経営管理修士（MA/MBA），3名は博士号を有する。

　親には家庭での子どもの行動を評価する4つの検査が与えられた。すなわち，子どもの行動チェックリスト（Child Behavior Checklist；CBCL, Achenbach & Edelbrock 1991a），改訂Connersの親評定尺度（Conners Parent Rating Scale-Revised；CPRS-R, Conners et al., 1998），改訂家庭状況質問票（Home Situations Questionnaire-Revised；HSQ-R, Barkley, 1998），親版ソーシャルスキル評定システム（Social Skills Rating System-Parent Form；SSRS, Gresham & Elliot, 1990）である。

　付加で，親のストレスを評価するものとして，親ストレス指標-Ⅲ（Parent Stress Index-Ⅲ；PSI-Ⅲ, Abidin, 1990）がある。

　教師には子どもの教室行動について3つの検査が与えられた。すなわち，教師版報告書（Teacher Report Form；TRF, Achenbach & Edelbrock, 1991），改訂Connersの教師評定尺度（CTRS-R, Conners, 1989；Conners et al., 1998），教師版ソーシャルスキル評定システム（Social Skills Rating System-Teacher Form；SSRS, Gresham & Elliot, 1990）などで，プログラムの前後に，家庭と学校で実施された。

　私たちは，2つのアプローチを使って，2つの研究の有効性を評価した。第1のアプローチは，統計的な変化を評価した（分散分析）。第2のアプローチは，家庭と学校において，子どものグループトレーニングの臨床的に意味のある効果を評価した。治療の経過で観察された変化が実際的に意味があるかどうかのD指数（効果の大きさ）が，コンピュータで計算された。.20，.50，.75というD指数は，小さい，中くらい，大きいという効果を意味するが，これらの指数がトレーニングによって生じていた（Cohen, 1988）。

　第1の研究に参加した親は，子どものトレーニンググループでは，家庭での子どもの行動は統計的に，臨床的に有意な改善をしていると報告した。たとえば，衝動性，不注意，多動，不安や内気な行動，攻撃性などの減少，ソーシャルスキルと服従場面とレジャー場面の両方での集中力などの改善を親が報告した。これはHSQ-Rで測定され，プログラム終了後に，要因1と2で見られている。

　教師が3名の評価を行なったが，学校でも同様な改善が見られた。たとえば，多動，休みのないこと，引っ込み思案の行動などの減少，他者に対して積極的に交わる行動，協調行動などの増加を教師が報告している。

　第2の研究で，子どもの社会的行動に及ぼす子どもと親のグループトレーニングと，家庭における親のストレスとの組み合わせの効果を見た。8家族（5名の父親，8名の母親）が，子どもと親のグループトレーニングに参加した。両親は90分間

のセッションに，連続的に10回のトレーニンググループ（子どものトレーニンググループと同時に行なわれる）のセッションに参加した。そこではBarkley (1997) の改訂版親トレーニングカリキュラムが使われた。親のトレーニンググループには5つの目標がある。すなわち，①自分の子どもの障害について広範な理解をする，②子どもたちの強さや挑戦を見極める，③家や公共の場で行動的な技法を使う，④健康的な家族の相互作用をつくり上げる，⑤親の怒りとストレスマネジメントを改善する，などである。そして毎週，宿題が出された。

サンプルは8名の子ども（6名が男児，2名が女児）で，平均年齢68か月（5.7歳）である。3名がプレスクール，2名が幼稚園，1名が1年，2名が2年である。親の教育レベルは，次のようである。1名はハイスクール卒業，5名は文学士と理学士，6名は文学修士と経営管理修士，1名は博士号を有する。

評価アプローチは，第1の研究と同じである。親の評定は，服従する状況での子どもの集中力，攻撃性，対立的行動，内面化された悩みなどについて，有意な改善を示している。また，親は，全般的なストレス，親としてのコンピテンスやプログラム完了時の子どもの気分を調整する能力に関連するストレスが有意に減少したことを報告している。第1の研究と比べて，親訓練グループの追加は，子どもの攻撃性や分裂的な行動（CBCLによる）や親のストレス（PSI-Ⅲによる）などを減少させている。これらの知見は，他の研究とも一致している。

要　約

ADHD児は，特異な社会的，行動的，認知的なニーズをもっていて，それらは家庭や社会で実施できる特別にあつらえた介入を必要としている。DAGsは教室や運動場で容易に計画され，子どもたちを夢中にする可能性のある治療的な体験である。DAGsを行動的なスキル訓練に組み込んだグループトレーニングカリキュラムは，特別なニーズをもつ子どもたちにとって，効果的で，柔軟性に富み，得るものが多い学習経験となる。

さまざまな問題と新しい試み

★第Ⅴ部★

第15章

早期メンタルヘルスプロジェクト：
学校ベースの早期防止プログラム

Nancy Wohl and A.Dirk Hightower

　早期メンタルヘルスプロジェクト（Primary Mental Health Project；PMHP）とは，学校でできる，子どもが学校に適応するための早期問題発見防止プログラムである。PMHPは，学校環境（集団行動・生活）においてストレスや，著しい不適応を見せ始める幼稚園入園前の子どもたちに焦点を当てる。問題があると判断された子どもは，親の了承を得ることを前提に，週1回30分間から40分間，トレーニングを受けた準専門家とチャイルド・アソシエイトとともに，個別または2，3人のグループで学校に設置されたプレイルームで行なわれるセッションに参加する。これらの準専門家とチャイルド・アソシエイトは，定期的に学校に在籍するメンタルヘルスの専門家に指導を受ける。このような専門家とチャイルド・アソシエイトで編成されるチームは，教育機関から落ちこぼれてしまうと思われる子どもを早期発見する役割を果たしている。プレイルームにいる間，子どもたちは遊びを通じて温かく共感してくれるチャイルド・アソシエイトと強い絆をつくり上げる。そして，ストレスをコントロールすること，対人関係や感情をコントロールすること，望ましくない行動を減らす方法を学んでゆく。これらのトレーニングプログラムに関する相談，臨床コンサルテーション，そしてプログラムの評価が学校在籍のチームに与える影響は大きい。
　PMHPは，1957年に提唱した以下の5つの定義に基づき活動を続けている。

・年齢の低い児童に焦点を当てること。
・子どもたちの問題行動の早期発見と保護。
・慎重に選出されたサービス提供者としてのチャイルド・アソシエイト活用。

・学校に在籍するメンタルヘルスの専門家と，チームコーディネーター，トレーナー，スーパーバイザーの役割交代。
・進行中のプログラム評価。

　PMHPは，1つの学校で試験的に行なわれた小規模の実験プログラムとしてその活動を開始した。このプログラムは，現場に立つ教師からの報告をもとに設立された。その報告は，クラス全体が3，4人の小人数の問題を抱える子どもによって振り回され収拾がつかなくなる，そしてメンタルヘルス上の問題をもつ子どもは小学校から高校までの段階でしか発見されないという2点を指摘していた。しかし多くの報告書をまとめると，現状ではメンタルヘルス上の問題があると指摘された子どもには，たいてい幼稚園から小学校低学年にかけてすでにその症状が見られる。これらの子どもたちは，救いの手が差し伸べられずに，周囲の大人に放っておいてもいずれ治ると判断されるため，放置されているのが現状である。しかし治るどころか，放置された子どもたちの抱える問題は，薬物使用，犯罪，または重大なメンタルヘルスの問題へと悪化の道をたどることが多い（Cowen et al., 1973；Ensminger et al., 1983；Hawkins et al., 1987；Kellam et al., 1983；Mrazek & Haggerty, 1994）。

　これらの事実は，迅速かつ効果的な"二次的な"予防的仲介，または"表示された"予防プログラムの必要性を示唆している（Durlak, 1997）。PMHPの目的は年少の子どもたちがもつ不適応問題を早期に発見し，それを軽減することである。それによって後に起こり得るかもしれない大きな問題を予防できるのである。問題が悪化し収拾がつかなくなってから対処するのではなく，幼少期の子どもに何らかの変化が起きた時点で治療を開始することに大きな意義がある。

　PMHPの活動は40年にわたり，有効性を証明する研究報告をもとに継続されている（Cowen et al., 1975, 1996；Nafpaktitis & Perlmutter, 1998）。同活動を調べた調査団が，PMHPは模範的な予防プログラムであると賞賛しているとおり（Dwyer & Bernstein, 1998；Elias et al., 1997；Nastasi, 1998；Weissberg et al., 1997），PMHPはナショナルメンタルアソシエーションが1984年に授与したレラ・ローランド賞をはじめとする数々の予防プログラムに関する賞を受賞している。PMHPの基本的な枠組みは前述した5つの定義からできているが，このプログラムは柔軟性があり現場で起こるさまざまな状況に対応できるようになっている。プログラムの基本的なモデルは変わることはないが，次にあげる5つの点に関して臨機応変に対応している。それらは，①早期発見とスクリーニングの段階で使われる特定の手法，②チャイルド・アソシエイトの種類（ボランティアであるか，または有料で働く非専門家，学生，退職

者，そして彼らの教育レベルや性別の違いなど），③専門スタッフの種類，④どのような形でチャイルド・アソシエイトが子どもたちとかかわるのか（個人，グループ，直説的か間接的か，精神力動的か行動的かなど），⑤親がどれだけ関与するか，などである。

　また，効果的に予防プログラムを実施するためには，どのような設備が整っているか，どのような考えに基づいてプログラムを活用していくのか，そしてどのような実践法が流行しているのかなどという点に関する現状をよく把握しなければならない（Hightower et al., 1995）。PMHPはこれまでに，さまざまな環境において発生した学校不適応を減少させている（Cowen et al., 1983, 1996；Thomas, 1989；Weissberg et al., 1983）。そしてカリフォルニアをはじめ，コネチカット，ハワイ，イリノイ，メイン，ミシガン，ニューヨーク，オハイオ，オクラホマ，ワシントンといった多くの州で効率的な成果を収めている。同時にニューヨーク市やロサンジェルス市のような大都市，そして児童数400人というような小都市でも成功を収めている。このプログラムの対象になる子どもたちは性別を問わず，人種に関してもアフリカ系アメリカ人・アジア系アメリカ人・白人・ヒスパニック系アメリカ人・アメリカ原住民と多岐にわたる（Cowen et al., 1996）。前記のように柔軟性をもったプログラムであるため，一例をあげてその特性を述べることはむずかしいが，次にあげる項目からその全体像がつかめるであろう。

プログラムの基本的構成要素

　このセクションでは，PMHPの基本的構成とそれがどのように活用されるかについて述べたい。まずは，どのような状況でプレイルームを設け，どのような設備を使ってPMHPを活用していくのかという基本的な手順を紹介する。次に，PMHPに参加する子どものタイプ，スタッフの選出とその役割，学校で行なわれる典型的なPMHPに従事するスタッフなど，PMHPプログラムの核心的要素について紹介する。特に強調したい点は，チャイルド・アソシエイトの特徴とそのトレーニング方法，そしてスーパービジョンである。これらの詳細を説明したあと，プログラムの技術的援助とトレーニングセンター，地域ごとに設けられたセンターの構成と用途について述べたい。

★　PMHPの開設：計画と準備　★

　教育委員会，事務長，事務官，メンタルヘルスの専門家，教師，親を含むすべての

学校職員がプログラムの計画と準備に参加する必要がある。これにより，関係者全員がプログラムについて学習し，同時にそれを実施する際に自分に何ができるのかを確認することができる。また，プログラム開始以前から全員が参加することによって連帯感，責任感が育まれ，効率的なプログラム運営につながる。プログラムが成功を収めるには職員が次の3点に留意することが大切である。それらは，①メンタルヘルスの問題をもつ子どもたちを早期に発見し，救おうと思うこと，②PMHPがどのような形や理由で開設され，活用されるのか理解すること，③PMHPが将来的に学校という教育機関の中で継続的に活用されることによって子どもたちが救われるように計画すること，などである。

学校によって，準備期間や過程が違ってくることが予想される。PMHPプログラムを開始するまでに所要する時間は短い場合で6か月，長い場合で10年かかるといわれているが，平均して2年ほどの準備期間が必要であろう。

まず始めに，子どもたちが何を必要としているのかをまとめた書類作成から作業が始まる。書類作成に当たっては，教師と親で編成したグループセッションや，子どもたちの問題行動を検討した職員会議の内容，子どもたちの4年生から8年生までの成績表，そして学校不適応またはメンタルヘルスに関する就学前から3年生までの記録などを収集することが適切と思われる。

これらすべての情報が収集されたあと，関係者はPMHPについて学び，このプログラムが自分の属する学校に適応できる仕組みであるか理解することが必要である。この段階では，学校側が行なう内容を説明するプレゼンテーションやビデオ鑑賞会，実際にPMHPを導入している学校への学校訪問，3日間にわたる集中体験学習会への参加，プログラムの利用法や研究をまとめたPMHPに関する書物を読むことなどが準備として行なわれる。

実際にPMHPがどのような形で学校教育の中に組み込まれるべきかを考えることはたいへん重要である。予算や人事，目標とするポリシー，年間計画，スクリーニングと評価，危険を前にしている子どもにも実施可能なプログラム，スタッフの責任，スタッフと親との間のコミュニケーションといった細かい内容を考察しPMHPが学校のシステムにどのような形で調和していくのかを考えていく。加えて，学校内に既存するシステムや教育過程とPMHPがどう補完し合えるかを考えることも大切である。これらの慎重な計画をなくしてPMHPプログラムはけっして成功を収めることはできない。

★ プレイルームと設備 ★

　通常は，学校長がどこにプレイルームを設置するかを決定する。その際，プレイルームは子どもたちが積極的に行きたいと思うような，安全で居心地のよい場所でなければならない。部屋は，チャイルド・アソシエイトと子どもたちが自分たちの居場所とよべるようなプライバシーを守れるように，個室的なしきりを設置できる大きな部屋であることが望ましい。このようなプライベートな環境が整えられると効果的に指導を進めることができる。使用していない教室などに，本棚や仕切りを設けることによっても同じような環境をつくることができる。どのような状況下にあっても目的は，子どもたちが居心地よくいられることである。

　プレイルームはいわば人間の性格のようなもので，どれを取っても2つと同じ物は存在しない。しかしながら，子どもたちを遊びに惹きつけ，集中させ，行動的に表現させる材料というものは，どのプレイルームでも同じようなものが用意されている。例としては，小さな人形とその人形たちが住む家具類をそろえた人形の家，パペット，紙，のり，はさみ，クレヨン，絵の具，粘土，人形，ぬいぐるみ，砂場とそこで使う道具，劇遊びの道具，ゲーム類などである。重要な点は，専門家とチャイルド・アソシエイトが材料とプレイルームを使いやすく快適と感じることである。

★ スクリーニングと照会プロセス ★

　最も早い時期に問題のある子どもを発見し治療することを重視するPMHPでは，早期発見，スクリーニング，そしてプログラムを受けるようにすすめる"指導"に大きな比重を置く。概念的にはPMHPのスクリーニングは，常に継続するプロセスである。スクリーニングには，長い時間をかけ，多くのテクニックと資源を用いる正式な方法と，簡略化された方法の2つがある。

　通常，学校関係者は子どもたちの日常的な行動を見ており，たいていの場合，問題行動が目に余るようになると子どもたちはメンタルヘルスの専門医に照会される。PMHPを導入した学校でも同じような問題は起こるが，職員やスタッフが即座に専門家に子どもを照会するケースはあまりない。なぜなら，すでにPMHPプログラムが導入されており，問題が生じた場合，職員全体でその問題に取り組む体制が完備しているからである。話し合いを設け，問題の内容を話し合うことにより意見交換ができ，次に何をしたらよいのか対処方法を検討することができる。このため，簡略化したスクリーニングを常時行ない，問題があると判定された場合は即時に対処することができるのである。

スクリーニング

　より効果的な方法でPMHPプログラムを利用できるように，子どもたちが早期の学校生活にどのように適応しているかを検討したうえでスクリーニングが行なわれる。このプログラムでは，携わるスタッフ全員が，子どもたちが受けた教育に一貫して（たとえば幼稚園から3年生までなど）目を通すことができるようなメカニズムになっている。しかしながら，初期のスクリーニングの段階で感情面や社会的面から見た適応性を見るのはむずかしい。コンテストに出品する1つの写真を撮影し上げるまでに，さまざまなテクニックやレンズを駆使し，あらゆるアングルから何枚ものスナップ写真を撮る必要があるように，子どもの適応性を見る場合も同様にさまざまな角度から検討してこそ，その子どもの全体像が見えてくるのである。

　PMHPにおけるスクリーニング過程は学校開始と同時に情報を収集することから始まる。教師と他のPMHPメンバーは教室や廊下，カフェテリア，そして遊び場などさまざまな環境で生徒を観察する。チャイルド・アソシエイトは，何度も教師と時間を打ち合わせて教室での子どもたちを観察する。チームメンバーは子どもたちの学校での記録を調べ，可能なら以前のスクリーニングの記録もチェックする。標準化されて評価基準に従って観察する方法と，問題行動の見られる子どもの親と面接を行なう方法がある。

　多くの学校でPMHPが開発した尺度を採用している。例をあげるなら，小学校では12項目のAML-R行動評価尺度がよく使われる。この尺度を使うと，子どもたちがどの程度頻繁に暴れたり，情緒不安定になったり，学習に問題をもつのかを測ることができる（PMHP，1995）。ほかには，少し長めに作成されている"教師-子ども尺度"を使い，問題行動と能力を測る学校もある。2年生以上の子どもには教師-子ども尺度，自己申告制尺度を使うことができる。この尺度を使うと，内面化した行動，外面化した行動の両者，及び社会行動を評価し，学校に興味をもっているかも調べることができる（Hightower et al., 1987；PMHP，1995）。

　これらの過程は，学校や地域によって正式な形で行なわれたり，略式された方法で行なわれたりするが，PMHPにおけるスクリーニング過程は一般的に組織的で多面性があり優れている。そして，学校生活の早い時期に問題を見つけだすことを目標にしている。

照会

　ほとんどの子どもはスクリーニング過程で照会を受けてPMHPに参加するが，照

会は年間を通じていつ行なわれてもよい。その場ではたいした問題には見えなくても，後に大きな問題へと発展することがある。教師はそのときになって照会することになる。また，問題をもった子どもたちが転校してくることもある。時には，問題なく過ごしていた子どもが虐待やトラウマを経験したことから問題行動を起こす場合もある。PMHPは学校内でよく知られるようになり，親が何度も照会を依頼するのである。

　PMHPの照会は多くの情報とさまざまな理由からできあがった。そして提供されるサービス内容は豊富である。本来，子どもたちは正式なスクリーニングを受けたうえでプログラムに参加するのだが，時と場合に応じ，どんな子どもでも，どんな方法でもPMHPに参加することができる。

★　カンファレンス　★

　初期のスクリーニングが終了したら，その子どもに関連する情報を収集しカンファレンスが行なわれる。PMHPのメンバーはその情報に目を通し，子どもたちがどのように学校に適応しているかを調査した書類を作成し，どの子どもがPMHPの提供するサービスに向いているか検討し，親から子どもを参加させるための承諾書をもらう。親が照会に同意したら付加的な情報が収集され，計画が練られる。

★　PMHPによって救われた子どもたち　★

　PMHPは，子どもたちに学校生活を送るうえで問題となる行動が見られた場合，できるだけ早く，そして効果的に仲介に入り予防するアプローチを取っている。ゆえに，PMHPは専門家の助けが必要な重度の問題を抱えた子どもではなく，軽度の問題を抱えた年齢の低い子どもたちを対称にしている。PMHPプログラムに適しているとされる子どもたちには次のような特徴が見られる。それは，①恥ずかしがり，引きこもり，参加したがらない，緊張している，悲しんでいる，時として学校にいることに恐怖心を感じる，または無感動，②ストレスを感じやすく常に暴れる，怒りやすい，けんかをする，異常なまでに注意を引きたがる，常に大人に逆らう，③仲間とうまくやれない，孤独で友達がほとんどいない，ゲームをするときにいつも最後まで仲間に入れてもらえない，④学校での勉強についていけない，集中力に欠ける，整理整頓ができない，常に大人の注意が必要，勉強に身が入らない，⑤親の離婚など大きな問題を抱えている，親やきょうだい，または親戚が病気か，逝去したことによりトラウマをもっている，などである。PMHPは，すでに大きな問題を抱え身動きできなくなっている子どもたちにではなく，上記のような，軽度の兆候を見せる子どもたち

に焦点を当てて活動する。

学校ベースのPMHPチーム

　PMHPの中心となるのは，学校に勤務する心理学者，ソーシャルワーカー，常勤または非常勤のカウンセラー，そして校長と教師から推薦されたチャイルド・アソシエイトなど，学校ベースのメンタルヘルスの専門家である。校長が積極的に参加するとPMHPプログラムは効果的に起動する。年齢の低い子どもたちの照会を行なうため，初等教育に携わる教師のPMHPにおける存在は大きい。さらに，チームの一部として活動する彼らの存在は，教室で子どもたちに良い印象を与える。中には，コンサルタントや保健師，作業療法士，理学療法士などが重要な役割を務める学校もある。PMHPプログラムをつくり上げるために，チームはいかなることにも責任をもって当たらねばならない。そして週に1度か，2週に1度ミーティングを設け，プログラムの成果や将来的にどんな展開になるのか検討する。

★　専門家の役割と活動　★

　学校ベースのメンタルヘルスの専門家は，プログラム全体にかかわり一日一日の活動に責任をもって携わらなければならない。彼らは問題を早期発見し，スクリーニングを行ない親や地域とコミュニケーションをもつ。また従事するスタッフを選び，トレーニングを行ない，病理学的見解を述べ，チャイルド・アソシエイトを監督する。教師や他のスタッフと相談し評価基準を設定する。プロジェクトの記録を手伝い，継続的に行なわれるスタッフトレーニングに参加する。このように，メンタルヘルスの専門家はPMHPにおいて，従来行なわれてきた役割と違った，さまざまな役割を果たす。一番の違いは，学校でも手に負えなくなった，重度の問題を抱えた子どもを少人数で診療治療するのではなく，軽度の問題をもつ子どもたちをできるだけ多く早期発見し，低い年齢のうちに予防することである。

★　チャイルド・アソシエイト　★

　長年にわたって，準専門家がPMHPプログラムにおいて収めた功績は大きなものである（Cowen et al., 1996）。しかしながら成功の秘訣は，子どもたちに携わることに喜びを感じ，子どもに接することがじょうずな人をスタッフに選ぶことにある。
　チャイルド・アソシエイトには，年少の子どもたちに携わる長い経験，柔軟性，コミュニケーション能力，メンタルヘルスに関するあらゆる分野について学ぼうという

向学心，責任感，指導力，適応性，ユーモアのセンス，そして特に養成しようという姿勢，直感的な才能などさまざまな要素が必要とされる。

　上にあげた要素は，ほとんどの場合チャイルド・アソシエイト自身の性格に関係してくる。最も適した人材を選出することはたいへん重要なことである。なぜならば後にどのようなトレーニングを行なっても，誤った人選によって選出された人間のもつ人格，性格を変えることはできないからである。このように適した人材をチャイルド・アソシエイトとして選出することがプログラムの成功を大きく左右するため，プログラムに携わるすべての人が人選にかかわることが望ましい。1人でもその人選に疑問を感じる者がいる場合には，採用しないほうがよいであろう。

チャイルド・アソシエイトのトレーニング

　チャイルド・アソシエイトのトレーニングはPMHPプログラムの実施に大きな役割を果たす。実際にプログラムで何年も働いたことのある経験者でも，いま自分が携わっているプログラム内容にそったトレーニングを受けることが求められる。トレーニングは大きく分けて入門トレーニングと継続トレーニングの2つに分けられる。入門トレーニングにおいては，プログラムを実施するにあたって基本的に必要とされる内容，継続トレーニングにおいては，チャイルド・アソシエイトが実際にプレイルームで子どもたちと接する際に遭遇するさまざまな状況を想定した具体的な対処法を組み込む。

　入門トレーニングの平均所要時間は2時間で6～8回のセッションが設けられる。そして雇用に関する契約内容とその確認，プログラムの内容とその歴史，指導方法，プログラムの構成といった内容から始まる。年間をとおして，チャイルド・アソシエイトも事務的な処理に携わる関係上，さまざまな形で行なわれるスクリーニングや，プログラムの開始，終了時に行なわれる評価に関するオリエンテーションにも参加する。この段階で，外部に公開されることのない個人情報や倫理的な問題点，子どもの虐待についても話し合われる。そして学校内におけるメンタルヘルス教育の役割についても検討される。学校職員はプロジェクトに携わるスタッフを同僚として迎え，適した人材であるかを査察する。トレーニングを担当するトレーナーは，すべての過程で重要視されるのは子どもとその家族，そしてそれを助けるスタッフであること，このプログラムが地域における政治とは何のかかわりもないことを指導する。これらの内容が3回のセッション使ってチャイルド・アソシエイトに教授される。

　セッション4と5ではチャイルド・アソシエイトと子どもの関係について検討される。子どもとの関係を深めるための積極的な子どもへの関与の方法，子どもの意見を

聞く姿勢，言葉を使う場合と使わない場合の信頼関係の築き方といった基本的なことが指導される。思春期の成長段階を考慮した，段階ごとのアウトラインも提示される。子どもと接触を開始するうえで効果的な活動なども紹介される。この際に気をつけなければならない最も大切なことは，子どもたちに"あなたたちは問題があるからこのプログラムに参加している"という観念を与えないことである。この手の多くのプログラムは，プレイルームに来た際にどのような形で積極的に参加できるかについて子どもの立場から書いた，子どもたちにも簡単に読める短い絵本を使って説明している。これらの絵本によって，アソシエイトとはどんな人たちであるか，そしてプレイルームという所はチャイルド・アソシエイトと子どもたちがプレイをとおして気持ちを伝えながら新しいことを学んでいく場所であるということを説明する。また他のプログラムでは，子どもと初めて接触する第1セッションで家族の絵を描かせ，家族構成を話させるところもある。これによって後に重要な役割を果たすかもしれない家族関係が明らかになる場合が多々ある。

　次の2回目のセッションでは，プレイルームの定義が指導される。子どもがプレイをとおして何を訴えているのか，そしてプレイを観察することによって何を読み取ることができるのかといったディスカッションが行なわれる。そしてプレイの内容とその過程の違い，年齢に応じたプレイ，または"ふつうのプレイ"なども交えて指導される。子ども中心のプレイ，8つのルール，ガイドライン，そして定められるべき規則についても話し合われる。このセッションで必要とされるのは子どもを中心に物事を考え進める姿勢とテクニックである。ゆえにたくさんのロールプレイが組み込まれている。多くのチャイルド・アソシエイトたちは，当初このような形で行なわれるセッションを，むずかしく慣れない作業だと感じると報告している。しかしながら時間がたつにつれ自然になじみ，卓越した技術を身につけると私たちは信じている。この際，すでに経験をもつチャイルド・アソシエイトが参加するとたいへん有益なセッションになる。

　ここからは，子ども中心のプレイからいくつかのバリエーションを紹介していきたい。Joop Hellendoorn（1988）の想像プレイテクニックはさまざまなトレーニングに組み込まれ，良い成果をあげている。子どもをプレイの中に登場する人物になりきるよう想像させ，その際にその登場人物たちがどのような関係にあり，どのような感情をもち，どのような相互関係をもっているのか子どもに話させる形で観察する。そして，そこから子どもの実生活につながることは何かをより深く探求する方法をとっている。このような形で行なわれるセラピーでは，話し方を通じて子どもがプレイセラピーをどう把握しているかを理解することもできる。そしてプレイが有効に活用でき

るかどうかは，チャイルド・アソシエイトのもつ直観力と能力，子どもとの関係，知識，そして子どもの置かれている状況によって変わってくる。入門トレーニングをしめくくる活動は，セラピーをどう終了するかである。

　セラピーを終了する際には，子どももチャイルド・アソシエイトも感傷的になりやすいものである。ゆえにこれに備える準備は非常に重要である。さまざまな終了の形に備えるため，チャイルド・アソシエイトはロールプレイをとおして準備をする。多くのプログラムが，セラピー終了を迎えるに当たって多くの活動を用意している。私たちのプログラムでは小冊子とともに各種の小物を用意している。たとえば小さなおもちゃの星を使い，「この星はあなたがいつまでも輝きながらがんばれるシンボルです」とセラピー参加の思い出の品としてプレゼントする。ほかにも写真や歌を使う形から，親といっしょにセラピー終了のお祝いパーティーを行なうケースもある。このように親といっしょに祝うと，ポジティブで明るい雰囲気の中で終了することができ，さらにはプログラムを正式な形で行なっていることの証にもなる。

　継続トレーニングは，プレイセラピーでトピックとよばれるものは何であるかをチャイルド・アソシエイトにじかに体験させることを目的とする (Schaefer & O'Connor, 1983)。実際には"セラピー"という専門用語が表に出ないように配慮されてはいるものの，学校管理者にはプログラムの内容を心配する傾向がある。いつどのように直接的テクニックが使われるかは，この時点で報告される。しかし，もし子どもたちが間接的なテクニックを好み，それによって得られる情報が多い場合は，あえて直接的テクニックを行使する必要はない。逆に間接的テクニックでは子どもの抱える問題（たとえば親のアルコール中毒や離婚）に踏み入ることができないと判断された場合は，直接問題解決に結びつくテクニックを使用することもある。担当者が臨機応変にどの方法を使うかを選択することが望ましい。継続トレーニングでは，離婚や虐待を経験した子ども向けに，ゲームプレイ，人形を使ったプレイ（Irwinが開発したものが多く使用される），怒りをコントロールできない子ども向けの材料と指導法，物語，問題解決志向アプローチ，社会的問題解決，社会的能力の発達，離婚家庭の子ども，薬物中毒の子どもなど，いくつかの共通問題領域が紹介される (Irwin & Shapiro, 1975)。これらのトレーニングは学校のメンタルヘルスの専門家が行なう。ゆえに，スーパーバイザーが，チャイルド・アソシエイトのプレイセラピーの勉強の流れを監督することが大切である。PMHPプログラムを経験した人々は，これらのむずかしい内容を繰り返して学ぶことにより，多くの専門知識を得ることができたと報告している。多くの学校のメンタルヘルスの専門家たちは，PMHPのメンバーになったことで，専門的にも個人的にも多くのことを学んだと報告している。

チャイルド・アソシエイトのスーパービジョン

　チャイルド・アソシエイトには，前述のトレーニングのほかにも定期的にスーパービジョンが行なわれる。メンタルヘルスの専門家も臨床的責任性から指導にあたる。MijangosとFarie（1992）は，学校教育機関において専門家と準専門家が協力して子どもたちの指導にあたることは，たいへん有益なことであると述べている。相互に協力することにより，現場で実際に子どもたちに接するチャイルド・アソシエイトはさまざまなケースを専門家に問うことができ，専門家たちもまた現場の声を聞くことができる。スーパービジョンは各々のプログラムのもつ材料，哲学，スタイルによって性質が異なる。しかし多くのプログラムが，個人的に行なうスーパービジョンとグループで行なうスーパービジョンの両方を設けている。スーパービジョンはさまざまな形で行なわれる。セラピー結果をまとめた記録ノートやビデオを使い，時にはスーパーバイザーが観察するセッションに参加する。そしてこれらのスーパービジョンは，チャイルド・アソシエイトたちの大きな支えとなっている。

　学校内のメンタルヘルスの専門家たちは，臨床的なスーパービジョンの経験が異なる。スーパービジョンの経験の少ない専門家たちは，プログラムの過程を拒否するかもしれない。現実にこの分野の文献はどれも，子どもを相手に行なうセラピーは，本を読んで習得できるものでないと強調する。従来たとえ専門家が経験を有している場合でも，それは研究者どうし，またはインターンとして同分野に属する者同士の学術的情報交換にすぎなかった。対照的にチャイルド・アソシエイトは子どもと接することに卓越しているという理由で選ばれた人間である。中には彼らの能力を疑う専門家がいることも否定できない。また，チャイルド・アソシエイトが築き上げる子どもとの関係を現実離れした空想の世界の出来事のように扱い，彼らの限界を超えた指導を強要したりする場合もある。言い換えれば，スーパーバイザーはこれらの矛盾を感じる立場にあるともいえる。しかしスーパーバイザーが心得ていなければならない一番重要なことは，PMHPがどのような方法で子どもたちの問題と取り組むのか，随時スタッフ全員で一歩一歩着実に進んでいくプログラムであるということを自覚することである。そして，幼児を理解し，治療的な方法で関係をもち，子どもに対応していくことである。

　チャイルド・アソシエイトのスーパービジョンで留意しなければならないことは，文献にある理論をそのまま使うのではなく，子どもとチャイルド・アソシエイトとが関係を築きながら，子どもを助けるという目的である。時にスーパーバイザーはセラピーをとおして新しい理論を探しだそうとする。また自分の信じる理論を確認するた

めにそれをセラピーに応用する場合がある。スーパーバイザーは臨機応変に指導方法をかえなければならないが，常に子どもの抱える問題を解決するためにこのプログラムは設けられているという点を忘れてはならない。

　子どもを対象としたメンタルヘルスの仕事に関しては，すでに多くの理論が提唱されている。MijangosとFarie（1992）は，スーパーバイザーに必要な理念として，ロジャースの理論，認知行動理論，システム理論（systems theory），精神分析的自己心理学の4つの基本的な理論を提唱する。これらの多岐にわたった理論を学ぶことにより，チャイルド・アソシエイトもスーパーバイザーも質の高い仕事ができると示唆している。これら理論の詳細は，臨床的スーパービジョンをマニュアル的にまとめ，整理してあると使いやすい。

　スーパーバイザーは，指導する際に感情に対して敏感でなければならない。継続的に続けられるスーパービジョンゆえに自分の担当するアソシエイトに対し柔軟な対応をし，彼らが物事に対してどのように感じるか，どのような感受性の持ち主であるのかを知っておくことはたいへん重要なことである。たとえば，スーパーバイザーという立場から1つのアプローチに偏ると，それを受けるチャイルド・アソシエイトは，それが問題解決に残されたただ1つのアプローチと理解してしまう可能性もあるからである。

　一方，ConoleyとConoley（1989）は，スーパーバイザーが常に留意する事柄として，教える能力，カウンセリング能力，コンサルティング能力の3つをあげている。このように分野を分けて指導にあたることにより，得意とする分野，また不得意とする分野が明確化され，良いものは伸ばし，努力が必要なところはさらに努力を続けることが可能になるのである。

　最後にチャイルド・アソシエイトを評価する際に留意しなければならない点について述べたい。評価をする際には，チャイルド・アソシエイトが，子どもと治療的関係にあるか，新しいストラテジーを取り入れる姿勢にあるか，理想的なセラピーを行なうためにプレイルームを活用する力があるかというチャイルド・アソシエイトの仕事のすべてを評価しなければならない。さらに，チャイルド・アソシエイトが子どもたちに対し，どのような気持ちをいだいており，どのような知識をもって接しているのかという点についても評価しなければならない。すべての分野で良い評価を得ることはたいへんむずかしいことであるが，時間をかけて経験を積んだチャイルド・アソシエイトが，専門家のもつ知識レベルにまで達するケースは数多く報告されている。

　このようにPMHPはスーパーバイザーに特に力を入れ，数々のトレーニングセッションを設けている。PMHPが賞賛を受ける理由はここにあり，これらのトレーニ

ングなくしてはプログラムが成り立たないといっても過言ではない。

> **事 例**
>
> 　マギーは2年生のとき，教師とメンタルヘルスの専門家であるソーシャルワーカーによってPMHPプログラムに参加するようすすめられた。参加にあたっては行動評定尺度（ALM behavior rating scale）が用いられ，マギーの場合，感情をコントロールすることと，突発的に乱暴な行動に出る項目で"危険がある"と判定された。ほかには，クラスメートと暴力を伴うけんかや，口げんかを頻繁にする，満たされていない，クラスで決められた規則を守らない，注意をされると傷つく，感情がコントロールできないという項目において"やや危険がある"と判定された。これらのデータと授業観察，またプログラムに参加することにより彼女が得るものは大きいであろうという教師の判断から，教師－子ども尺度を使って再度マギーの状態が調査された。結果，マギーには行動をコントロールする力，物事に取り組む姿勢，仲間との社会的能力が欠けていることが判明した。そして，実際には，教えられたことを瞬時に学ぶたいへん優秀な子どもで，時に主張が強すぎ，他の子どもたちのボス的存在になり，教師にも不平不満をもち込むような，自分の意見をはっきり主張する子どもであることも判明した。彼女自身が答えた子ども評定尺度には，学校がつまらない，勉強をしたくないといった学校に対する不満，友達が意地悪をするといった友達に対する不満なども明らかになった。
>
> 　これらの情報をもとにソーシャルワーカーは，マギーの親にPMHPへの参加をうながした。マギーの現状況を報告するとともに，プログラムの内容を説明したところ，1年生の終わりごろからこのような傾向が見られたということが母親から伝えられ，積極的に参加を希望した。母親は，まず，家に送られてくるプログラムの内容を理解し，1週間後に行なわれる会合に参加することから始まった。他の事例では，この時点で初めて親からの同意を得る場合もある。マギーの場合は，チャイルド・アソシエイトとのセッションをすぐに開始し，3週間以内にスケジュールを組むという条件で親からプログラム参加への同意を得た。
>
> 　マギーと"マギーの特別なお友達"という名称で呼ばれることになったチャイルド・アソシエイトは，プレイルームを使ってセッションを始めた。当初マギーは学校に対し，そして友達に関しては特に消極的な姿勢を見せた。友達がいつも彼女に意地悪をすることに不満を述べた。マギーはたいへん喜び熱心にPMHPプログラムに参加したが，"特別なお友達"であるチャイルド・アソシエイトに対し，「そんな遊び方じゃダメ」「そんなやり方じゃパズルはできないじゃない」というような，自分が上位に立って指図する強い態度をとる傾向が見られた。
>
> 　マギーのこのような言い方は，マギーに常に指図されているようでチャイルド・アソシエイトは戸惑った。ゆえに方針を少し変え，マギーがそのように指図を始める場合は「マギーはどうしても私にちゃんとしたやり方でやってほしいのね」または「マギーのやり方でやらないといやなのね」と返答するようにした。こうすることによってマギー

の意見も受け入れ，後に実際に友達とかかわっていくうえで必要になるであろう話し方の指導につなげることができた。マギーがプログラムに参加し始めて3週間後，家庭における彼女の情報が寄せられた。このプログラムでは3〜4セッション後に親との会合が設けられる。会合ではすでに収集されているデータを分析し，再度プログラムの内容が説明される。そしてどのようなことに目標を置いているかが話し合われる。参加する子どもと親の家庭での状況が報告され，何を実現したいか目標を立てたところで会合を終える。マギーの母親が報告するところによると，家庭内で規則を決めてそれを守らせるということはたいへん困難な状況にあるという。マギーには3歳年上の兄がおり，重症の呼吸器系の病気にかかっており，病院通いをしていることも報告された。母子家庭であったが最近母親が男性と付き合い始め，マギーはそれにやきもちを焼いているのではないか，とも母親は語った。いっしょに暮らしていない父親とは定期的に会っており，父親とはうまくやっている。ほとんど毎朝のように学校に行きたくないと駄々をこね，母親に怒られながら登校しているという。前年に比べるとそれほど学校を嫌がらなくなり登校するのだが，たびたび保健室を訪れ早退して家に帰りたいと頼んでいる。これといった病気は診断されておらず，発育状態も良好である。

　母親はこれまでと同じく強い姿勢で学校に送りだすように指導された。同時に家庭内の手伝いをすることに小遣いを与え，マギーに責任感と自立することを学ばせるようにも指導した。そして，①クラスの中では自分の感情をコントロールすること，②成績を上げること，③友達をつくること，という3つの目標をマギーに立てさせた。

　プレイルームでは，まずはじめにプレイドー（色粘土），砂，人形といった遊び材料が使われた。ここでのマギーは「勉強はきらいなの」とか，時にはチャイルド・アソシエイトに怒鳴られるのではないかとおびえることがあるといった気持ちを素直に表わした。非支持的，子ども中心アプローチがうまく作用した。問題はマギーがプレイルームから帰りたがらないという点だけであった。セッションが5回目に入ったとき，チャイルド・アソシエイトは，学校に適応できるように，データをもとにいくつかの直接的な材料を取り入れた。これにマギーは積極的に反応した。7回目のセッションでは，マギーの等身大の人形を用い，マギーに可能なすべてのことを表現させた。8回目のセッションでマギーは，「プレイルームに来るのは大好き。だって勉強させられると思ったけど遊ぶだけでいいんだもん」と語っている。9回目のセッションまでにマギーは柔軟性を身につけ，誇りをもってプレイルームにやってくるようになり，セッションのあとは自主的に教室にもどっていくようになり，自分をコントロールすることを学んだ。2月の中旬にはチャイルド・アソシエイトとソーシャルワーカーはマギーの担任と話し合いを設け，成績が上がっていると報告を受けた。マギーは聞くことに集中できるようになり，一生懸命がんばっている様子が見受けられた。友達関係にはまだ心配される部分が残る。まだ友達に指図する傾向があり，自分の取った行動を正当化する場面が見られた。

　次の話し合いの場では，ソーシャルワーカーから友達と接することがじょうずになるような，短い読み物や問題集，そしてゲームといった新しい材料を導入したらどうかと

提案された。マギーはすでに行なわれていた人形を使った遊びの中で，何度となく人形どうしがけんかをする場面をつくり上げていたため，このような遊びをとおして友達づくりの方法を学ばせてみようとしたのである。

　セッション終了に近づくにつれ，マギーの学習成果にいくつかの退行が見られ始めた。しつこく答えを強要するような質問を繰り返し，以前に増して人に指図し，めそめそするようになった。再び子ども中心アプローチが取られるようになったが，何が許され何が許されないかという規則が決められ，指導する側が感情に流されないように留意した。マギーには，何をしたいか選ぶ権利が与えられた。彼女は「物事が私の思い通りにならないとすごくイライラするの。そういうときは自分の部屋に入って叫ぶの」というように自分の行動について語ることができた。チャイルド・アソシエイトは，人は誰でもイライラすることがあり，マギーの場合，すでにそのイライラを叫ぶ形で自己処理し，他人を傷つけない方法を見いだしていると判断した。この段階で，プレイルーム内で練習でき実生活でも活用できるような，怒りをコントロールするテクニックをゲームを使って学習できるように，新しい方法が導入された。そしてこの新しいセッション中，マギーは「私，時々お兄ちゃんのことが嫌いになるの。もっと健康だったらって思うの」と話し始めた。このような発話が引き出されたのは，良い治療的進展を示す。マギーは，信頼できる大人に自分の思うこと，感じることを伝え，共感を求めることはとても大切なことだと教えられた。20回行なわれたセッションの最終段階までにマギーは人との接し方を学習した。積極的に，そして協力的に学習に取り組み，その年度の終わりに計画された終了パーティーを楽しみにしていた。セッション終了を意味するこのパーティーでは，袋いっぱいに詰まった思い出の品が渡された。袋の中には，マギーの特別なお友達であったチャイルド・アソシエイトと2人で写った写真や，2人の手形をラミネートコートして作ったランチョンマットなどが入っていた。

　その後のマギーは人との接し方もじょうずになり，家庭内でも落ち着きを増し，成績も上がったと母親から報告があった。母親はプログラムで習得したことをマギーに持続させようと努力した。結果，マギーの行動は著しく改善された。マギーの担任教師も，自分に自信をもつようになり学校にも興味を示し成績も上がり，学校における彼女の行動は全般的に著しく変化したと語る。人との接し方についてはまだ学ぶ余地があるとされ，翌年まで様子を見ようということになった。そして必要であれば接し方を集中して訓練するグループへの参加をうながすことも可能であると報告された。

技術的な支援とトレーニング

　学校ベースの予防プログラムを開発，実行，継続していくためには技術的なサポートが必要である（Hightower et al., 1995）。PMHPはプログラムを開発した拠点であるニューヨーク，ロチェスターから常に技術支援とサポートを受けている。PMHP

が開発されたニューヨークとカリフォルニアには数多くの関係機関が集まっている。世界中に技術と材料を提供しているPMHPはプログラムの立ち上げから開発マニュアル，ビデオ，教材用のテキスト，出資者，チームメンバーのトレーニング，スクリーニング，早期予防方法，スタッフの研修と専門家とチャイルド・アソシエイトの指導と多岐にわたったサポート提供をしている。

まとめ

　PMHPに類似したプログラムは多くあるかもしれないが，40年にわたる歴史をもったプログラムは少ない。PMHPは予防プログラムがどのような理由から始まり展開し，人々のニーズに応えてきたかを実証できる。各種の研究を繰り返し，実際に問題を抱える子どもたちを調査した研究データをもとにプログラムを立ち上げたことが，その成功の理由ではないだろうか。また，プログラムはしっかりと構成されているが，現場で働く人々の生の声を臨機応変に取り入れる柔軟な姿勢をとっている。さらに費用をかけた分，みかえりが大きいこともその特徴であり，つまり子どもたちが助けを必要とするときに適した人材が救済に携わり，子どもたちの問題は改善されていくのである。子どもたちの行動が改善されることから，後に問題が犯罪に結びつくことがなくなるのである。専門家による広い視野と，確たる研究をもとに設計されたプログラムは人々のニーズにあったサービスを提供する。私たちはPMHPが早期予防プログラムの中で最もすばらしいものと信じている。

第16章

トラウマをもつ子どもたちの発達段階を考慮したプレイとプレイセラピー

Athena A. Drewes

　プレイセラピスト，スクールカウンセラー，心理学者，ソーシャルワーカー，メンタルヘルスの専門家，チャイルド・アソシエイト，そして教師のすべては，子どもの病理的行動にだけ注意するのではなく，子どもの行動が発達段階に見合ったふつうの現象であるかどうかに留意することを忘れてはいけない。特別な行動は，たぶん虐待を受けているのではないだろうかと推測することも可能だが，発達段階において自然に起こる行動の1つかもしれないと考えてみる必要もある。

　この章では，読者にふつうのプレイの発達と子どもの行動について考えてもらいたい。専門家がトラウマをもつ子どもたちと接する際に経験する，プレイの段階とそれに伴う子どもたちの行動，トラウマが与える発達への影響，プレイの種類，攻撃的な子どもへの配慮，言語とコミュニケーション，トラウマをもつ子どもともたない子どもの性行動の実例などを紹介する。著者の経験とセラピーテクニックを例にあげながらトラウマをもつ子どもたちの実例をいくつか紹介する。

　経験のあるセラピストも経験の浅いセラピストも，トラウマをもつ子どもと接触する際には，子どもの発達段階と問題がどのような形で表現されているのかに留意することが大切である。子どもの発達段階に関する知識を有することは，正常な行動と異常な行動を見極める際にたいへん役に立つ。医療関係者は，外来患者を診察する場合も，入院患者を診察する場合も，初めから患者はトラウマをもっているという先入観をもちやすい。実際には，その子どもは成長段階に見合った正常な行動をしているのだが，つい先入観にかられ，誤った診断をしてしまう場合がある。特に性的行動と遊びに関してはそれが発達段階において起こる正常な行動なのかトラウマから起こる行

動なのか判断しにくい。

　プレイセラピーは子どもたちの抱える問題を，たいへん有効な形で引き出し治療することが可能であるが，同時に複雑で把握しくい，高性能な道具ともいえる。プレイセラピストは正常な子どもとトラウマをもつ子どもの両方の考え方，人との交わり方，コミュニケーション能力，変化の仕方を知らなければならない（Donovan & McIntyre, 1990）。子どもの発達段階に合ったテクニックを使い，一定の発達段階に達してから使用したほうがよいテクニックは，子どもが発達するまで待ったうえで使わなければならない。治療の効果を見る場合も，発達に合わせて長い目で見て，正しい時期に達してから効果を見なければならない。セラピストは，症状をなくすために治療にあたるのではなく，子どもがその年齢に見合った行動ができるように治療しなければならない。Fraiberg（1951, p.179）は，子どもの治療にあたる際に私たちが留意しなければならないのは，その子どもが発達に見合った行動ができるようにすることであり，子どもに関する精神性的発達の知識を得ることであると述べる。そして発達段階に子どもたちがぶつかるさまざまな葛藤は，この分野で働く者すべてが避けて通れぬ事柄であるとも述べている。同様に Mordock（1993）も，セラピストは子どもが年齢に見合った行動をしているかを確認し，年齢と行動が一致しない場合はどのような行動が年齢とかけ離れているのか，そして退行や後退が発達段階において必要であるか慎重に検討しなければならないと力説する。さらに，トラウマによってバランスよく発達できない子どもを指摘し，描写することは，たんに1つの病気の症状を指摘し描写するに等しいとも言う。ゆえに，トラウマをもつ子どもの症状を軽減してやるだけの治療には意味がない。むしろその子どもが，年齢に見合った行動を取れるように指導してやるのが好ましい治療法ではないだろうか。

　トラウマはどんな子どもにも，知能の発育，身体の成長，感情のコントロール，学業成績，社会性などの面において大きな影響を与える。親とのかかわり方，愛情への応え方，自己と他人を分けて考える力，比喩を使って表現する力，友達関係，学校への適応性などが影響を受ける。また発達が進むにつれ，トラウマの質も変わってくる。子どもは違った形で現われるトラウマと向き合うために，セラピーにもどってくることになる。治療には，随時発達にあった療法を選ばねばならない（James, 1989）。

　この章では，Piaget によって定義された発達段階をもとに認知の発育に関する理論について述べる。攻撃的な行動，言語とコミュニケーション，そして性的行動の3つの発達段階を，正常な子どもとトラウマをもつ子どもを比較しながら考える。紹介されるいくつかの実例が読者の参考になることを願う。

　Piaget（1962）の研究はプレイを使った治療法に頻繁に引用されている。彼は同化

（assimilation）と調節（accommodation）という2つの段階をとおして人間の発達段階を説明する。同化の段階では，子どもは新しい情報をすでに学習されている学習内容と照らし合わせる形で処理していく。また調節の段階では，その情報が既存の情報の型に当てはまらない場合，新しい形の情報処理を行ない，当てはまる型をつくり上げる。Piagetによると，プレイは外部から与えられる要素を型にはめ込もうとする作業の表われであるという。そしてプレイは子どもの発達段階での知的レベルを知るための重要な役割を果たしているという（Bergen, 1988）。

Piagetのプレイの段階

　Piaget（1962）は，正常な子どもがプレイをとおして行なう行動のモデルをつくり上げた。プレイには基本的に，感覚運動プレイ，表象プレイまたは模倣プレイ，そして規則のあるゲームの3つの段階があるという。

★　第1段階：感覚運動段階　★

トラウマをもたない子どもの場合

　感覚運動プレイは生後すぐに始まり，18か月から24か月間続く。これはPiagetが定義する認知発達の時期と一致する。感覚運動プレイを行なう時期には言語は存在しない。子どもは周囲に起こることを観察し，物まねをすることで物事を学んでいく。次の段階ではすぐに物まねをすることから，少し待つということができるようになる。子どもは情報を受信し，認知レベルで処理しているのである。動かないものよりは動くものに反応しやすい。プレイは，物をつかんだり，音や他の形で与えられる刺激に反応したり，それらに興味をもちコントロールしようする形で始まる（Schaefer & O'Connor, 1983）。感覚運動プレイは，何度も繰り返し試すことによって習得する"繰り返し"である（Rubin et al., 1983, p.700）。Piagetは繰り返し行なわれる習性をとって，感覚運動プレイを"練習プレイ"とよぶ（Bergen, 1988）。

　感覚運動段階では子どもは対象の永続性と対象の恒常性を形成する。つまり，彼らは人々，彼ら自身，そして他者について記憶システムの種類の中に精神的な表現を保有することができる（Piaget, 1962）。そして，子どもは非常に原始的な感覚でではあるが社会を認識することができるようになる（Schaefer & O'Connor, 1983）。

　8か月から12か月に入ると，プレイの目的は楽しむことに変わってくる。奇抜な状況に興味をもち，探求しながら楽しむ。自由にいろいろなことを経験し，試すことによって人間界のルールを学んでいく（Haworth, 1964）。触ることによって物事を学

習していくことは大切なことである。トラウマをもたない子どもたちは自分の興味を満たすために新しい世界に積極的に出ていく。結果，彼らは自分の周囲の環境にどんどん慣れていき，そうすることによって安心感を得る。これらの子どもたちは自分の体を動かしながら距離感を身につけ，自分がどのような力をもっているかを試す。

トラウマをもった子どもたちの場合

一方，同年齢のトラウマをもった子どもは柔軟性，流動性，そして自由奔放性に欠ける（Haworth, 1964）。ふつうに発育している子どもなら経験することや，物と触れ合うことや，それを受け止めることは発達過程に良い影響として受け入れられ安心感を身につける。しかし間違った形で受け入れられた場合，安心感を身につけることができない（Schaefer & O'Connor, 1983）。

幼少期に与えられる強い愛情は，人に共感する力，同情する力，問題を解決する力，自制心，想像力，そして人と接する力につながる（Curry & Bergen, 1988）。幼少期に拒絶を経験し，悪環境で育った子どもたちは，自立心に欠け，挑戦するという姿勢をもたない。そして社会は醜く，厳しく，冷たく，危険な場所であると認識する（Gil, 1991）。このような子どもたちは常に執拗に助けを求め，不平不満の多い子どもに発達する傾向がある。結果，手が空いたとき，または少々時間をおいてから助けてあげると大人に言われても，それを信用することができなくなる。そして攻撃的で乱暴な，愛情を受け入れることのできない子どもに育つ。さらには人を寄せ付けず，常に引きこもり，自分と他人の間に距離をおきたがるようになり，知らない友達とは接触をもちたがらず，人に指図しコントロールするタイプの子どもになる（James, 1989）。

プレイセラピーテクニック

「セラプレイ」は感覚運動段階でトラウマをもつ子どもたちにたいへん有効なテクニックである。「セラプレイ」は安心して大人と関係を築き上げられように，子どもたちをサポートすることに焦点を当てる。「セラプレイ」は親子間の楽しく親密な関係を模写するために開発された（Jernberg, 1983, p.136）。養育活動に必要な内容は，幼少期に行なうと望ましいと考えられる，抱っこした状態で優しく揺り動かす，子守唄を歌う，子どもの体にローションやパウダーを塗ってやる，髪を梳いてやるというような親子のスキンシップである。このように幼少期を再現することにより，子どもは妨げになっている感情を乗り越え，他人と社会を信用するようなる。

★ 第2段階：象徴的な模倣プレイ（前操作段階） ★

トラウマをもたない子どもの場合

　Piaget の定義する第2段階は子どもの象徴的な，模倣プレイに基づいている。これは2～6歳ぐらいの子どもたちがする典型的なプレイである。この段階は，子どもたちがより現実的な形で社会とかかわっていく，認知発達の前操作段階とよぶ時期と一致する。この年齢の子どもたちは，物事に対する好奇心に満ちている。急速に言葉を覚え始める時期ではあるが，言語運用能力にはまだ限界がある。言葉を発して表現するよりも頭の中で考える傾向がある。子どもたちの思考力は論理的な大人の思考力と違って，直感的で想像力にあふれる"魔法の思考力"である。子どもは物事を象徴的に考え始め，想像の世界に入り込む。この年齢の子どもたちにとって，社会は魅力にあふれる場所である。何にでも触って，匂いをかぎ，試し，聞き，行動を通じて学んでいく。じっと座っていることを嫌がり，騒がしく常にしゃべりたがる傾向にある。何をするにも自分が先頭に立ってやらないと気がすまず，自己中心的である。子どもはその場の状況を読み取って自分の意志を通そうとする。たとえばキャンディーが欲しい場合，けっして自分が欲しいのではなく，ぬいぐるみが欲しがっていると言う。そして，自分の体を使って，ライオンや木といった象徴的なものになることもある。後に子どもたちは，ドラマチックなプレイをとおして現実と空想の出来事を再生することができるようになる（Schaefer & O'Connor, 1983）。この時期の子どもたちは，たくさんある情報を整理し，できることとできないことを区別しながら，"もしも～"と仮定することができる（Nicolich, 1977）。そして実際に存在するものと自分の行動が伴い，予想することも習得する（Schaefer & O'Connor, 1983）。

　この第2段階では，考えのまとまった子どもたちは自主性を身につける。問題を解決することに喜びを感じ，問題が解けない場合はいろいろな方法を考えるため，困惑した表情をしながら一生懸命解決法を見いだす努力を続ける（Farber & Egeland, 1987）。プレスクールの子どもたちは自己調整をして，衝動的な感情を抑え，自分とは何かということに気づき，友達との関係を築き上げる。親から抑制される形にせよ，自分で抑制するにせよ，何らかの形で自分をコントロールする力を身につけることは，この年齢の子どもたちにたいへん重要なことである。後に退行を見せる子どもたちは，この時期に何らかのトラウマをもっている（Curry & Bergen, 1988）。

　Gould（1972）は，この年齢の子どもたちはロールプレイの中で，育ててくれる人，侵略者，被害者といった観念を学びとる。自分が常に大切に育てられていると感じることが発達に良い影響を与える。たとえ，スーパーマン，警察官，医者といった

攻撃的な要素を含む役をロールプレイの中で演じることがあっても，その経験が後に人を思いやる観念へと結びつくのである。

トラウマをもつ子どもたちの場合

　幼少期に大切に育てられたという経験に乏しい子どもは，攻撃的な性格の子どもに成長し，被害者意識をもった子どもに成長する。そしてその攻撃性や被害者意識をもったまま，自分を守ろうと頑なな態度を見せる（Gould, 1972）。そのような子どもたちは，現実と想像の世界の区別ができず，プレイの中でも登場人物になりきってしまう。また象徴的に，何かを仮定して遊ぶということができないため，じょうずにプレイを続けることができない。さらには大人から強要されない限り，継続してプレイをすることができず，たとえプレイを続けることができたとしてもストレスや怒りを感じながらプレイを続ける。問題解決がじょうずにできないこと，考える力に乏しいこと，衝動的な感情を抑えることができないことが原因で失望を感じ，人と接触することを避けるようになる（Curry & Bergen, 1988）。新しいことに挑戦し，人とかかわることに脅威を感じるようになる。自分に自信がもてなくなり，常に失敗することを恐れるようになる（James, 1989）。

　模倣プレイができない子どもは不利である。なぜならば模倣プレイの中では，想像の世界でさまざまな会話をすることが可能であり，その会話の中で，分析する力を養うことができるからである（Schaefer & O'Connor, 1983）。

プレイセラピーのテクニック

　模倣プレイでは，小さな人形や動物を使ったサンドプレイが使われる。このサンドプレイをとおして，セラピストはその子どもに何が起こっているのか推察する。指人形を使ったり，劇を演じさせたり，ジェスチャーゲームをさせることは子どものもつ想像力を刺激するのに役立つ。

★　第3段階：ゲームとルール（具体的操作段階）　★

トラウマをもたない子どもの場合

　Piaget（1962）の定義する発達過程の最終段階では，ルールのあるゲームのプレイを紹介している。6歳ごろから始まるこの時期には，それ以前の段階に比べ，子どもたちはより現実的に物事を考え始める。つまり子どもたちは，物事に対し道理をわきまえた考え方をもつようになる。この時点ではまだ瞬間的な"ここ""いま"という観念が強いが，その先には何があるか，または何が起こるかを予想して計画性をもっ

て物事に取り組むようになる。そして，以前経験し学んだことを生かせるようになる（Phillips, 1969）。この年齢の子どもたちは，プレイの過程と，人と協力しながらプレイすることを楽しみ，年齢が上がって青年期に近づくにしたがって競争心をもつようになる。この段階で子どもたちは常に対人関係を学ぶ（Schaefer & O'Connor, 1983）。多くの学者はPiagetの説く，ルールのあるゲームプレイがこの時期の特徴であることに同意する。しかし，中には"～ごっこ"プレイを続ける子どももいる（Curry & Bergen, 1988）。プレイであるという安心感を感じさまざまな恐ろしい登場人物を演じてみたり，プレイであるがゆえに役になりきってみたりする（Arnaud, 1971）。

　加えて子どもたちは，グループで人とプレイをすることによって，対自分から対他人という人間関係について学んでいく。他人と確たる関係がもてるということは，状況を把握し，家族以外の人々と協力関係を築くことができるということである（Bergen, 1988）。

トラウマをもつ子どもたち

　この第3段階のプレイを損なった子どもは，仲間と協力してプレイを行なうことができず，"失う"という観念にも耐えることができない。仲間どうし，グループで遊んでいるうちに生まれる感情が引き金となり，自分の感情をコントロールできなくなくなることがある。仲間よりも注目されたい，褒めてもらいたいという競争心が芽生えると，協力やグループのまとまりといった，落ち着いた学習環境に必要なムードを崩してしまう。そのような子どもは敵意に満ち，批判的な態度で他人と接することになる（Schaefer & O'Connor, 1983）。

プレイセラピーテクニック

　子どもたちから話題や感情を引き出すことができる治療上のゲームがある。代表的なものは，Richard Gardner（1973）によって作られた，'話し，感じ，行なうゲーム（The Talking, Feeling and Doing Game）'などである。しかし，セラピストは'チェッカーズ（Checkers）'や'ソーリィ（Sorry）'というような，すごろくゲームを創造的に利用しながら，治療を行ない，感情を引き出してもよい（Nickerson & O'Laughlin, 1983）。これらのゲームは，何枚ものカードを使ってゲームを行なうが，"ババ"に当たる2種類のカードがある。これらを引いた子どもたちは，セラピストによって問われる感情に関する質問に答え，感情に関する話題について話すルールを作る。このようにゲーム感覚で子どもたちから感情を引き出すのである。

★ 発達におけるトラウマの影響 ★

　正常な発達を続ける子どもは，発達に見合ったプレイをする。しかし，重度の慢性的なトラウマをもつ子どもは，発達が進んでも，それに見合ったプレイができず，いつまでも同じようなプレイを繰り返す。また，幼少期のプレイに逆もどりしてしまう。火事や死，親の離婚や虐待によってトラウマをもつ子どもは，均整の取れた発達ができず，さまざまな領域で問題が見られる。心理的機能，生理学的機能，認知機能，社会機能といった各機能はそれぞれ違う機能ではあるが，相互に関連しており，1つがうまく機能しないと他の機能も影響を受ける（Farber & Egeland, 1987）。トラウマは子どもの発達を止めてしまうため，発達を早急に活性化し，促進させることがセラピーの目的となる（Haworth, 1964）。なぜならば，トラウマにより発達が止まってしまうと，感情をコントロールすること，育ててくれる人に対するアタッチメント，自己の認識，象徴的，具体的な考え方，友達関係，学校への適応性など，すべての面で影響を受けるからである。子どもの発達段階を少しずつ幼少期にもどしてやり，その子どもが最もリラックスできる発達段階を探す（Haworth, 1964）。こうして，それぞれの発達段階で欠如している内容を補充するのである。

★ 認知発達段階の評価 ★

　子どもは発達とともに感情を増し，時には感情が発達の妨げになることもあるので，子どもたちを相手にして働く大人は，その点に十分留意しなければならない。プレイは子どもたちの感情を表現する窓となり，診察するときや，学術的な研究をする際にも良い道具となる。ドラマチックプレイのスタイルや内容で，その子どもがどの発達段階にあるのか，どのような感情と闘っているのか，そしてどのような面で感情が妨げになっているのかを知ることができる。また，子どもとコミュニケーションを取ることにより，さらに深く感情の発達を知ることができる（Curry & Bergen, 1988）。セラピストは，子どもが遊ぶ様子を観察することで認知レベルがどの程度発達しているか，そして感情に関する問題を評価することができる。

　虐待は発達過程に大きな影響を及ぼすという研究結果が出ている（Farber & Egeland, 1987）。多くの研究が，虐待を受けた子どもたちの知能は，ほとんどの場合平均以下であると証明している（Morse et al., 1970；Sandgrund et al., 1974）。また，トラウマや精神病の経験は，発達している有機体に，強く長期的に，または永久的に影響を与えるという研究結果も多く出ている（Van der Kolk, 1987）。

プレイのスタイルの違い

★ トラウマをもたない子どもたち ★

　子どもたちの気性や性格は，トラウマをもつ場合ももたない場合も必ず考慮されなければならない。たとえば，プレイの中で見られる社会的適応は認知学習法と関連がある（Bergen, 1988）。人から情報を得る，場依存型（field-dependent）の子どもと，状況から物事を判断する，場独立型（field-independent）の子どもでは，プレイに違いがある。Saracho（1985）は，プレイと認知スタイルに強い関係があり，場依存型の子どもたちは団結して協力しながらプレイをするが，場独立型の子どもたちは1人でプレイをすることを好むと論述する。また，"プレイの仕方"にも個人差が出てくる（Lieberman, 1965）。知能の高さや家庭環境などによってもプレイに違いが出てくる（Barnett & Kleiber, 1984）。そして，プレスクールの男の子は活動的なプレイを好み，女の子は落ち着いたプレイを好むというように，性別による違いも生じる（Maccoby & Jacklin, 1974）。プレイの中に言語が加わるため，個性や文化にも違いが出てくる。模倣プレイでは言語が重要な役割を務める。物や人が言葉を発すると仮定して遊ぶので，それらがどのように表現されるかによって違いが出てくる。このような想像の世界の遊びは3歳くらいまでに個々の差が出てくる（Singer, 1973）。性別による違いはあまり関係しないが，想像力や知能があるかないか，そして満足度や創造力には大きく関係してくる。5歳児の場合，想像力のある子どもには独創性，自発性，言語運用能力，観念的な柔軟性がある（Pulaski, 1970）。

　トラウマをもたない子どもたちは，実際にその空想の世界が存在するかのように会話が弾む。彼らは，初めのうちは恥ずかしがり，話し始めるタイミングがつかめないことがある。しかし，すぐに友達や先生のこと，そして生活の中のあらゆる事柄をなんでも自由奔放に直接的な表現を使って話しだす。自由に感情を表現しながら遊ぶうちに，否定的な感情を直接的に表現することもある（Moustakos, 1959）。

★ トラウマをもつ子どもたち ★

　トラウマをもつ子どもたちは，ふつうにコーピングすることができない。彼らはまったくプレイをしないし，プレイを楽しいと感じない。初めの何セッションかは沈黙を続け，たいへん苦痛に満ちた状態で，セラピストとだけ話をする。しかし，中には最初のセッションで，次々と質問を投げかけてくる子どもたちもいる。彼らはセラピストを攻撃したり，攻撃すると脅迫したりする。そして，セラピストが近づこうとす

ると物理的にも精神的にもバリケードを築こうとする。これは自発性と柔軟性の欠如からくるものと推察される（Moustakos, 1959）。

トラウマをもった子どもに対する特別な配慮

★ 攻撃 ★

　正常な子どもたちの中にも、鋭い爪や牙をもった動物などをたとえにした、攻撃的なイメージは存在する（Curry & Bergen, 1988）。小学校低学年を含むこの時期の子どもたちは、走り回る、追いかけっこ、レスリング、跳ぶ、転ぶ、叩くというような荒いプレイをする。しかし、これらの行動は、笑いや誇張した表現を伴う"プレイ"である（Bateson, 1956）。この手のプレイは歯止めが利かなくなるほどエスカレートしてしまうのではないか、どこまでがプレイなのかと大人には理解しにくい（Aldis, 1975）。

　他者に対して積極的で攻撃的な行動は、プレスクールの子どもたちにも見られる（Radke-Yarrow & Zahn-Waxler, 1976）。これらの子どもたちは、相手がプレイの中で攻撃的な態度をとっていても、それをプレイとして受け入れられない（Curry & Bergen, 1988）。プレイに極度の攻撃性を見せる子どもはテレビに影響されている可能性が高い（Friedrich & Stein, 1975）。

　小学生の子どもは、劇のようなプレイの中で恐ろしい空想の世界をつくり上げて遊ぶ。Arnaud（1971, p.11）は、正常な子どもたちはこの手のプレイを多くすると説く。血と雷、滴る血の塊、待ち伏せ、攻撃、殺人、死などがテーマになる。そのほかにドラキュラ、幽霊といった存在しない人物なども例としてあげられる。HoweとSilvern（1981）は、プレイセラピーにおける引きこもりの子どもと、正常に発育している子どもとの違いを述べる。攻撃的な子どもは、プレイを途中で止めてしまったり、争い事が起こるようなプレイをしたり、独り言を言ったり、セラピストやおもちゃに対して乱暴である。常に不安感を感じ、奇怪な遊びを好む傾向がある。また、セラピストの介入を拒否するような男の子は引きこもりやすい。正常な子どもは感情的にはならず、人との接し方もうまく、それほど空想的なプレイをしない。しかしながら、引きこもりの女の子に関しては正常な子どもと区別がしにくい。

★ 言語とコミュニケーション ★

　トラウマをもつ子どもは感情が混乱しているため、落ち着いて話せるように指導することが必要である。彼らは話すことによって感情を表現することに困難をきたす

が，困難であること自体に気づいていない子どももいる。親が子どもに対して無関心だったり，ほかにも会話能力を低下させる原因はある（James, 1989）。感情を込めて話すことを奨励しない家庭ではこのような子どもが育つ。また，恥ずかしがりの性格から引きこもる子どももいる。親やきょうだいとの死別，離婚，そして虐待からの保護など，子どもが必要としているときに依存できる大人がいないことも原因になる。このようなトラウマをもつ子どもたちは，セラピストや教師の注意を執拗に引きたがる（James, 1989）。

　正常な発達を続ける子どもたちは，においや音，動きに反応する。言葉を習得すると外部からの刺激と調和しようとする。5～6歳までには体験に基づいてではなく，言葉を使って物事を理解するようになる（Athey, 1988）。

　しかしながら，トラウマは子どもの言語と認知能力に強いインパクトを与えているので，セラピストが接する際には，言葉の意味だけに頼らず，その子どもと接触した感覚から理解することも大切である（Schaefer & O'Connor, 1983）。それでもやはり，子どもたちの感情や，社会的立場を理解するうえで言葉を無視することはできない。短い文章や簡単な言葉を選んで使うように心がけることが必要である。様子を見ながら言葉を利用することで，トラウマをもった子どもの考えていることを理解することが重要なのである（Schaefer & O'Connor, 1983）。親との死別を経験した子どもは，死という観念を理解しないまま成長し，どの発達段階に達してもその観念を理解できない場合がある。しかしセラピー開始と同時に言葉をじょうずに利用し，明確に問題を提示することにより，後に同じ状況を再現して理解させるような形をとらずとも，子どもは曖昧であった観念を理解できるようになる（Schaefer & O'Connor, 1983）。直接的な言葉や観念を教えるということはトラウマをもつ子どもたちのコミュニケーション能力を高め，彼らの感情を理解する上で役立つ（Gil, 1991）。

　子どもたちの多くは，言葉に限りがあるので自分の感情についてうまく表現することができない。また，自分がどんな感情をもっているのか知らない子どもたちもいる。感情表現の言葉は400語近くあるが，たいていの場合子どもたちは，うれしい，悲しい，怒っているというような言葉でしか感情を表現しない。次にあげるマリアの実例をもとに，トラウマをもつ子どもがどのような形で言語能力を高め，感情を表現していくか紹介したい。

事　例

　以下にあげる事例は，著者がトラウマをもつ子どもの治療を行なった際に記録したも

のである。

Maria

Mariaは5歳の女の子で，どんな気持ちか聞かれても，うれしい，怒っているしか表現できない子どもだった。彼女は周囲で何が起こってもそれを顔に表わすことはなく，終始無表情のままだった。セラピーには'感情ゲーム（The Feeling Game）'が用いられた。感情が書かれた100枚のカードを袋の中から引き，セラピストと順番にその感情を顔に表わしたり，行動で示したりするものである。セラピストはまずカードに書かれた感情を説明し，それをどうやって表現したらよいかMariaに問いかける。Mariaは鏡を使って表情をつくってみる。3ヶ月間でMariaの表情と語彙が著しく増えた。

発達段階において，子どもがどのような感情を理解できるかを知ることはたいへん重要である。発達が進むと，感情はコントロールできるものであり，否定的な感情は心にとどめて表に出さないこともできると理解できるが，特に年少の子どもは感情が隠せるものだということが理解できない。また，青年期に入るまで感謝という観念も理解できない（Schaefer & O'Connor, 1983）。

"うれしい""悲しい"という異なる感情が同時に存在するということが理解できない発達段階もある。まず，そのような感情が共存することを拒否し，次に2つの感情が順番に現われると理解する。そして最終的に2つの感情が同時に起こることを理解する。子どもにとって最も理解に苦しむのは，"愛"と"憎しみ"といった異なった感情を同時に1人の人にいだくという観念である（Schaefer & O'Connor, 1983）。子どもはまずその矛盾を理解したうえで表現できるようになる。絵を描くことを通じて，さまざまな感情が起こり得ることを学ぶ過程を次の実例で紹介する。

Nick

Nickはいつも満面に笑みをたたえる10歳の男の子だ。しかし，友達からちょっとでもからかわれるようなことがあると突然怒りだし，けんかを始めた。セラピーセッション中，Nickは自分の母親が麻薬をやめ，自分を守ってくれる優しい母親になってくれることを常に望んでいると話した。彼の中には，母親に対する愛情と憎悪という，相反する気持ちが存在するのだが，それをうまく言い表わすことができなかった。ジンジャーブレッド（お菓子の人形）の絵を使ってセラピーが行なわれた。人形が描かれた紙が彼に渡され，自分が思いつく感情を，すべて言葉で書き入れるよう指導された。次に，その感情に合った色を言葉の横に塗るように指導された。そして，一度にたくさんの感情が沸き上がった場合，それはどんな色で，体のどの部分で感じるか尋ねられた。こうすることにより，Nickはたくさんの感情が一度に存在することに気づいた。そして，絵の中の人形がにっこり笑いながらたくさんの感情を隠しもつように，Nickもたくさんの感情を笑顔の下に隠しもっているということがわかった。

性的行動

　セラピストにとって性的行動と性的虐待とを区別することがたいへんむずかしい。なぜならば，正常な子どもたちの発達段階を調べた性的行動に関するデータが少ないからである。子どもの性的行動は大人の行動と照らし合わせ，いくつかのカテゴリーに分けられている。Friedrichら（1998）は，自分と他とを隔てる境界に対する固執，露出性，性別による役割行動，自慰，性に関する不安，性に関する関心，依存度，性に関する知識，窃視といったカテゴリーに分類している。2〜12歳までの1,114人を対象に行なった調査では，性的虐待を受けていない子どもたちも性的行動を行なうことが判明した。よく見られる性的行動は，自慰，露出，他との境界に関するものであった。また，10〜12歳の子どもよりも，2歳児のほうがより性に敏感で，その期間は5歳ごろまで続き，その後性的行動は落ち着くこともわかった。9歳ごろにはさらに落ち着き始めるが，11歳の女の子は異性に対する興味から，性に対してやや敏感になる。12歳の男の子も同じような理由で敏感になる。次にあげる研究報告はたいへん注目すべき内容である。性的虐待を受けていない子どもでも，幼稚園や保育園に長い時間預けられると性的行為を行なう確率が高い。また，添い寝をしたり，いっしょに入浴したり，家族同士裸で過ごしたり，テレビで大人の性交のシーンを見せる家庭では，2〜12歳までの子どもが性的行為に走りやすい。子どもの性的行動と家庭環境に関係があるようだ。Friedrichらは，教養があり，子どもの性的行動に対して寛容な母親をもつ子どもも性的行動に走りやすいという。

　これらの研究結果は，性別と年齢を比較した正常な子どもの性的行動データとしてたいへん貴重である。セラピストを始めとする，この分野で子どもの治療にあたるすべての者は，母親から，5歳児の息子が別居している父親の家から帰ってきたあと性器をいじって遊んでいたと報告されても，それを父親から性的虐待を受けた影響と決め付けてはいけないのだ。むしろ，それは5歳児の男の子の3分の2が行なう正常な行為なのである。

　性的虐待を受けた子どもたちは，過度の性的行動への前兆として，執拗で異常なまでに性に関心を示す（Gil, 1991）。Sgroiら（1988）は治療をとおして子どもの発達段階を調査し報告している。マスタベーションや，他人の体をジロジロ見るというような行為は生後から5歳ごろまで続く。6歳から10歳までの子どもたちには，マスタベーション，他人の体をジロジロ見る，そして遊びの中で友達や自分より小さい子どもを愛撫する，といった行為が見られる。10歳から18歳までの青年期を迎えると，マ

スタベーション，性的な露出，窃視，キス，性的な愛撫，性交のまね，性交を行なう。青年期にある子どもたちは，性に関することを話題にしたり，性に対し好奇心をもち，友達と性器を比べてみたり，異性への性的関心を見せたりする（Crenshaw, 1993）。

Berlinerら（1986）は，病理学的な子どもの性的行動は，その激しさを見ることによって，発達段階に必要な正常な行動と区別することができるという。望ましくない性的行動には，しつこさが見られ，公共の場で性的行為を行なったり，痛みを伴うマスタベーションを行なったり，自分で愛撫したり他人に愛撫を強要したりする。そして極端なまでに性への興味を示したり，大人の性的行動をまねた行動をとったりする。また，性的虐待を受けた子どもは，性的行動を隠そうとしない。正常な子どもの場合，部屋でマスタベーションを行なっている際に誰かが入ってくると即座に行為を中止する。しかし性的虐待を受けている子どもたちはその行為を隠そうとせず，そのまま続けるのである。

Gil（1991）は，ほとんどの重度の性的行動は，極端なまでに執拗で，力づくで行なわれ，怪我にいたるケースがあると報告する。これらの行動は心理的な要因から起こると推測され，時間とともに悪化する。また，未成年の性的行動は，実際の性体験と性行為を目撃することによって行なわれるという。ゆえにセラピストは，その子どもが大人や年長の子どもと性的行為をもった経験があるか，そしてそれをまねているかどうかに留意しなければならない。

セラピストはその子どもの発達段階に見合った治療法を考慮しなければならない。段階に見合った治療をしなければならない理由は，過去に起こったトラウマを与えるような出来事が，子どもの発達と深く関連しているからである。当初混乱や不快感を与えるそれらの出来事は，後に恥ずかしい，または利用された，という感情に変化するからである。性的虐待を受けた子どもたちは，まず大人と秘密めいたことを共有できたという興奮と満足感をもつ。しかし，後に発達段階でその性行為を楽しんでしまったこと，または拒否できなかったことへの罪悪感を感じるようになる。さらに子どもは羞恥心を覚え，（虐待したのが親であり，何らかの形で）親が家からいなくなったことに対して責任を感じる。思春期に入ると，性に関して恐れを感じ，加害者になってしまったことに対し心を悩ませるようになる。セラピストはこれらの過程を想定し，後に再度セラピーが必要になる可能性も念頭に置かなければならない。

第16章　トラウマをもつ子どもたちの発達段階を考慮したプレイとプレイセラピー

まとめ

　プレイセラピーを使って治療にあたるセラピストは，常に子どもたちの性発達段階を考慮しながら治療にあたることが大切である。セラピストは，実際には正常な発達を続けている子どもでもトラウマをもっていると誤診しがちである。発達段階について広い見識をもち，プレイの特性を考え，正常な子どもとトラウマをもつ子どもとをしっかりと区別し，彼らの言語とコミュニケーション，そして性的行動を常に頭に入れながら治療にあたらなければならない。プレイセラピーは，トラウマをもつ子どもたちが見せる退行や攻撃性を治療する有効な手段である。

第17章

統合的プレイセラピー

Marijane Fall

　小学5年生担任のBrown先生は，学校のラウンジでカウンセラーに，Adamという生徒に関して質問している。Adamは教室での行動に特に問題のある生徒ではないものの，授業には注意を向けずボーッとしていることが多く，作業をするのも遅く，その質も低い。またAdamには親友とよべる友達がクラスにまったくいない。Brown先生がAdamのことを気にかけるには，特に2つの事情があった。まず，学校の職員は，Adamの授業中の集中力の欠如や作業の稚拙さの原因になる要因を見つけることができなかった。Adamは平均程度の知的能力をもっており，標準テストにおいても特にめだった知的な問題は見当たらない。第二に，Brown先生は時折Adamから発しているように思われる異臭に気づいていた。Brown先生は，このにおいは便のにおいだと思っているのだが，Adamは外見から判断すればいつも清潔にしており，なぜそのような異臭が出るのか理解できない。また，Brown先生は他の生徒もこのにおいにとまどっているのに気づいていた。Brown先生は，カウンセラーに「彼を何とかしてください。私の教室でこんなことを許すわけにはいきません。もう5年生なんですから」と言う。

　スクールカウンセラーは，生徒のあらゆる種類の学習と行動問題（においのある生徒も含めて）を"解決"するように要求されるが，実際には，即効性のある対処法の方程式があるわけではない。カウンセラーは，どのようにAdamに接すればいいのだろうか。彼に，異臭のことを問いただし，清潔さを保つ方法を教えるべきなのか。保健師に異臭のことを告げるべきなのか。授業中に集中する方法についてAdamと話すべきか。彼の意見を聞き，彼の言わんとすることや感情を推し量り，彼が対処できる

ようになったときに指導するべきなのか。暖かい励ましの言葉と「自分に自信をもとう！」と書かれたきれいな鉛筆を渡してAdamをサポートするのか。家庭や学校での彼の生活について話を聞き，問題を探るべきなのか。おそらく私たちは，以上のような質問をすべて思い浮かべるであろう。時にはある対処法が効果を発揮するし，またある時には別の対処法が効果的な場合もある。時にはまったく解決策の見当たらないこともある。

　本章では，カウンセラーが生徒とかかわる方法を紹介する。この方法は統合的アプローチとよばれ，子どものニーズや子どもの抱える問題によってどの理論を使うかを決定し，その子どもが学校における自己を見直し，学業に集中し，社会的に成功できるよう導く方法である。各理論にはそれに対応するテクニックがある。ここでは統合的アプローチを3種類のプレイセラピーとともに紹介する。多くの研究者によれば，ふつうのコミュニケーションがうまくとれない子どもでも，プレイを使うとコミュニケーションを取ることができ（Hughes, 1999），プレイを通じて，ほとんどの子どもが自己表現することができる（Henniger, 1995）。各種研究がこの考えを証明しており，さまざまな種類のプレイセラピーが子どもをサポートするのに効果的であることを示している（Landerth et al., 1996）。このような理由から，本章ではプレイセラピーに関する理論のみを説明する。また読者が，プレイに関する理論をどのような形で学校環境に応用することができるか，具体的事例も提示する。さらに，3つの理論を説明したあとで，それらを利用した統合的アプローチを説明する。

子ども中心理論

　子どもは，カウンセラーとある一定の関係を築くことができると，自己を改善しようと努力すると子ども中心理論は説く（Axline, 1969；Landreth, 1991）。カウンセラーはまず，子どもに暖かい愛情を示し，誠実に，ありのままに子どもの存在を受け入れる姿勢を見せるべきである（Landreth, 1991）。子どもたちは，カウンセラーと信頼関係を築き上げ，安全な雰囲気の中で，それまで妨げとなっていた防衛的行動を軽減し，学習に集中し，教室で行儀よくふるまい，他の生徒から受け入れられるようになる。子どもは変化する自由を得るのである。この変化とは，防衛的行動を軽減することであり，子どもが本来もっている，成長に見合った行動を意味する。

　スクールカウンセラーは，この理論を応用する際には，子どもの防衛心を和らげるために，個人的関係をとおして子どもに安心感を与えるよう心がける。子どものありのままの姿を受け入れ，批判せずに子どもの意見や行動に反応し，一貫して適度な制

限を設定し、また子どもとの関係において真摯であることが重要である。子どもが話しているかプレイをしているかはあまり重要ではない。なぜならば、プレイルームに来る子どもたちは、何らかの形で必ず問題を表現するからである。カウンセラーは子どもの遊びや言葉に伴う行動、意味、感情を熟慮して、やさしく反応するべきである。カウンセラーの態度で、子どもは自分が受け入れられたと感じることができ、そう感じた子どもは自分を認識し、自己の成長に向かっていくのである。

子ども中心プレイセラピーを用いるスクールカウンセラーは、常に子どもにリードされることになる。この関係を例をあげて描写するなら、カウンセラーと子どもを結んだロープが、常に子どもによって引っ張られ、カウンセラーは子どもに引かれるままに、すべてをゆだねることになる。カウンセラーは子どもの感情や言葉、そしてプレイの意味や行動を推し量り、子どもに質問しないようにする。なぜならば、質問するということは子どもより先に回って、子どもをリードすることになるからである。

子ども中心プレイセラピーは、子どもにあれこれ指示しない手法であるが、やっていいことと悪いことの制限は、プレイルームにおける活動に絶対不可欠である。しかし、制限を設定するにあたって、子どもにしてはいけないことを命令するべきではない。むしろ Landreth（1991）が説明しているように、制限を設定するために3つの段階を踏むべきである。まず子どもの感情を受け入れ、制限を述べ、そして子どもにもう一度指針を与えるのである。次の2つの例はこの手法を使った制限の設定の仕方を示している。

例　1

子どもが、今にもクレヨンを踏みつぶしそうにしているとき。

カウンセラー　君は私に腹を立てているからクレヨンを踏みつぶしたいんだね。でもクレヨンは、つぶすためにあるのではないんだよ。代わりにパンチ用のバッグをパンチしなさい。

例　2

性意識に基づく行動をとる子どもがカウンセラーの足を撫で始めた。

カウンセラー　君はいま、私に親近感を感じているんでしょ。私の足は撫でるためにあるんじゃないよ。それより、私の隣へ来て座りなさい。

このように制限を設定することで容易に行動の変化をうながすことができる。というのも，その制限は子どもに対して設定されてはいないのである。つまり，子どもが悪いことをしているのではなく，ほかの物や人のせいにすることで，子どもの感情は傷つけられることはない。子どもがありのままでいることが認められるのである。

子ども中心理論を使うセラピストは，前述のアダムのような子どもに対し，このような子どもは力がものをいう世界では無防備な存在で，身体的な問題は何もないのだが，緊張の結果脱糞してしまう，と解釈するかもしれない。また Adam は，世界を遮断してしまうために人間関係を築くことができないのかもしれない。なぜなら，世界は自分にとって安全な場所ではないので，遮断することで自分を守っているのかもしれない。そのような防衛的行動は Adam の緊張感を和らげるかもしれないが，学校のような学習の場や，自分と同世代の仲間社会の中で生活するにはマイナスにしかならない。スクールカウンセラーは，Adam の感情や意見，そして行動を推し量りながら，以下のような方法で彼に接するべきである。カウンセラーは，Adam に質問して問題を引き出すのではなく，問題が表面化するのを待つようにする。例3と例4は，この理論が学校内で2人の子どもに対してどのように作用するかを示している。

例 3

1年生の Yolanda が学校内のカウンセラー室にむくれた顔をして入ってきた。彼女は言葉も交わさず，おもちゃの置いてある棚まで行き，おもちゃを3つ叩き落とした。そしてカウンセラーの方をふり返ったが，そのときはまったく違う表情をしていた。

カウンセラー あなたは今日とっても怒っているようだね。そんなふうにおもちゃを落としてしまって。どうしよう？ この部屋では，子どもは自由におもちゃを使っていいんだけど……。
Yolanda （また2つ，おもちゃを床に叩き落とし，またカウンセラーを見る。）
カウンセラー まだそんな風に感じているんだね。
Yolanda （大きなクッションのところに行き，それを蹴る。蹴ったあとはクッションを力づくでほかの場所へ押していった。）
カウンセラー クッションを蹴って，自分が物事をコントロールしているって感じているの？ ここではあなたがすべてのことを決めるんだね。
Yolanda （カウンセラーをふり返り，近づいて蹴ろうとする。）
カウンセラー まだ怒っているの。私は蹴るためにいるのではないよ。クッションなら蹴ってもいいよ。
Yolanda いくら校長先生に言われたって，私は放課後居残りなんかしないから！
カウンセラー 本気で居残りしたくないんだね。

> Yolanda　校長先生でも，そんなこと強制できないんだから。
> カウンセラー　あなたは，人にああしなさい，こうしなさいと言われるのがいやなんだね。

　この会話では，Yolanda が言葉で会話するか，行動をとおして会話するかはまったく重要ではない。このカウンセラーは，彼女の言おうとすることや感情，行動を反映しているのである。子ども中心アプローチを用いた結果，Yolanda は，カウンセラーが自分のすることに口出しをせず，彼女の行動を受け入れてくれる存在であることを知る。こうして Yolanda は自分の行動に対し自ら判断を下し，最終的に自分のもつ防衛的行動を軽減していくのである。

例　4

> 3年生の Greely は遊び場でけんかをしたために学校のカウンセラーと面談をした。
>
> Greely　不公平だよ。あいつは，いつもこういうことからうまく逃げるんだ。つかまるのはいつも僕さ。
> カウンセラー　いつか彼がつかまればいいと思ってるんだね。
> Greely　そうさ。あいつが原因なんだ。おかげで僕は居残りさ。
> カウンセラー　確かに不公平だよね。
> Greely　あいつなんか嫌いだ。本当に嫌いだよ。みんな，あいつは特別な存在だと思って友達になりたがるんだ。
> カウンセラー　みんなが君にも気づいてくれればと思ってるんだろう。友達になりたいんだね。
> Greely　えっと，みんなというわけではないよ，でも Robbie と Steve は友達になりたいよ。でも 2 人とも，あいつがとってもすごいと思ってるんだ。
> カウンセラー　仲間はずれにされたのかい？
> Greely　お母さんは無視すればいいと言うんだけど，でも僕だって遊びたいんだよ。僕が遊ばせてもらえなかったら，あなたはどう思う？
> カウンセラー　2 人が，彼ではなく君と遊んでくれたらと思っているんだね。

　この例でも，カウンセラーは，価値判断を下さず，彼がやったことは間違っているとはけっして言わない。そのかわり，カウンセラーは Greely の言葉の背後にある意味を考えながらじっくり話を聞き，彼の言い分を聞いたうえで，ありのままの Greely を受け入れていることを，彼に認識させている。しばらくすれば，Greely は防衛的な態度を解き，友達をつくるための行動をとるようになるであろう。

第17章　統合的プレイセラピー

アドラー理論

　アドラー理論は，子どもというものは，目的意識をもつがその欲求が満たされなかったときに落胆すると説く（Dreikurs & Soltz, 1964；Kottman, 1995）。そして，注意を引き，力や復讐，不適応といった不適切な行動を通じて，自らの欲求を達成しようとする。子どもの目的意識に基づいた行動は，大人にもそれに対応した感情的反応を引き起こす傾向がある。そのため，大人は大人の感情を認識することによって子どもの目的を見極めるようになることが可能である。大人の反応を変化させれば，それに対応する子どもの行動も変化させることができる。このような知識は，学校において生徒と接する教師や他の大人にとってたいへん有用である。
　アドラープレイセラピーには4つの段階がある。第1に，人間関係を築く段階，第2に生活様式を分析する段階，第3に一時的仮説を立てる段階，そして第4に再び適応し教育する段階である（Kottman, 1995）。第1段階では，子ども中心セラピーで人間関係を築くのと同様，スクールカウンセラーが，生徒を自分と同等の存在として受け入れ，力関係の格差を極力排除した平等な関係を築く。たとえばカウンセリングの過程を明らかにしたり，子どもの行動や感情を把握したり，子どもの言いたいことを言い換えてやる。また，質問に答えてやり，カウンセラーも子どもに質問し，子どもと接し，そして子どもといっしょにプレイルームを清掃する。ただし，子ども中心理論に基づいて築く関係では"あなた（子どもを指す）"を重視するのに対し，アドラープレイセラピーでは"私たち（子どもとカウンセラーを指す）"を重視することが望まれる。第2段階の生活様式の分析では，カウンセラーは子どもが世界をどのように見ているか，子どもの見地からその世界を見いだすことに焦点を当てる。また，カウンセラーは子どもの両親や教師の見地にも関心を示すべきだが，彼らがその子どもについてどう感じているかの議論は避け，ありのままを受け入れるべきである。そしてカウンセラーが子どものもつ世界観，自我意識について理解し，一時的仮説を立てながら子どもとその考え方を探求するという第3段階に移行する。そこでは，生徒の認識を確認するために「それは〜ということかしら」「〜なのかな？」といった言い回しがよく用いられる。生徒がそのような一次的仮説に同意した場合，カウンセラーは，生徒がその仮設に対処する新しい方法を学ぶことに興味があるか尋ねる。そして生徒が興味を示すのであれば，2人で第4段階に移行し，新しい行動を見いだし，それを小さなステップから実践していく。これら4つの段階を実践する際にはかなりの時間が必要な場合もあるし，1回のセッションでできる場合もある。スクールカウ

ンセリングの有利な点は，カウンセラーがあらかじめほとんどの子どもと人間関係を築いており，子どもの生活様式に関する一定の情報をもっているため，カウンセリングにかかる時間が少なくてすむという点である。

アドラープレイセラピーで使われる対話式手法には，いっしょにゲームをしたり，何をするか考えたり，子どもと読書セラピーをするなど，さまざまな手法がある。ゲームを利用すると，友達との接し方，ストレスへの反応，危険な行動への志向性，選択能力，新しい物への反応などに対し，仮説を立てることができる。これらはすべて，学習過程に影響を及ぼす要因である。家族の紹介，きょうだいの中で何番目に生まれたか，3つの願いごと，子どものころの思い出などをゲーム感覚で語らせる活動を行なうと，子どもたちは，ありのままの自分を受け入れられたと感じる。そしてカウンセラーも，子どもたちからさまざまな情報を得ることができる。

アドラープレイセラピストは，粘土，塗り絵，絵画きなどの美術の媒体を使うことが多い。よく使われる課題としては，子どもに家族で何かをやっている絵を描かせるものがある。他の手法としては，たとえば「粘土の玉を使って，遊び場であなたに何が起こるのかを見せてください。あなたは，この赤い粘土球です。そして遊びに行きます。次には何が起こるの？」というように，遊び道具を使って子どもの直面する問題を表現させるというやり方もある。カウンセラーは，子ども中心セラピーで用いる反射技法に加えて，子どもの見地を慮る質問や手段を使い，子どもがクラス，家族，社会環境などの関係の中でどのように機能しているかを理解しようとする。最も重要なのは，子どもが他人や外界との接触を，どのように認識しているかである。この分析は，カウンセラーと子どもが平等な関係を築いているときにのみ可能である。なぜならば，カウンセラーは仮説を立て，子どもを新しい行動へと導くことができるからだ。アダムの例を用いて以下で説明する。

例　5

カウンセラー　Adam, Brown 先生は僕たちが話したほうがいいと思っているようだよ。先生は，君が教室や遊び場で，友達関係で苦労しているようだと言っていた。何かあるのかい？

Adam　何もないよ。

カウンセラー　昨日君が休み時間に外にいるのを見かけたけど，1人で歩いてたよね。

Adam　誰も僕と遊びたくないんだもの。

カウンセラー　なにかとっても寂しそうだね。

Adam　いいんだよ。父さんはほかの奴を無視すればいいって言っているし。

> **カウンセラー**　君はほかの子を無視しようとしてるけど，寂しいってこと？
> **Adam**　うん。
> **カウンセラー**　じゃあ，学校では結構寂しいんだね。家ではどうなんだい，Adam。
> **Adam**　大丈夫だよ。ええと，でも同じかな。僕はお母さんと住んでるんだけど，お母さんはとても忙しいんだ。週末にはお父さんの家に行くよ。でも，そこではいつも赤ちゃんが泣いてて，バタバタしているんだ。僕はできるだけ邪魔しないように，気をつけているんだ。迷惑をかけたくないし。
> **カウンセラー**　君のやろうとしていることは正しいことだよ，でも，それがいつもうまくいくとは限らないんだ。ところで君の家族がみんなで何かをやっている様子を絵に描いてくれないかな。マジックと紙はあそこにあるよ。

　上記のセッションでは，カウンセラーは Adam の世界観を見定めようとしている。その際，カウンセラーは Adam が明確に感情を表現できるように，対話と表現媒体を組み合わせて使っている。Adam は彼の世界の中でどのように機能しているのか？カウンセラーは，Adam から得る情報を評価し，仮説を立てそれを彼と共有できるように努力する。そして合意が得られれば，目標を定めそれに向かって小さなステップを踏み出していくことができる。カウンセラーは，Adam の社会的欲求が満たされなければ，彼が学習過程において潜在能力を発揮できないことを認識しているのである。

　スクールカウンセラーは，Adam がたいへん寂しがっており，なんらかの助けが必要なことはすぐに察知したが，便のにおいに関しては未解決のままである。そこでカウンセラーは，Adam の両親や校医に相談し，Brown 先生の懸念を共有するべきである。異臭の原因を突き止めるために医者に診てもらうのもよいだろう。もし原因が衛生上の問題であれば，校医は両親に対して衛生面での指導ができる。もし問題が脱糞であれば，次の対処としてはその原因が医学的なものか，心理的なものか突き止め，相応の処置をとる。これは，学校のカウンセラーが，子どもと接している他の大人に対して相談役の役割をも果たすことを示す例である。

　次に，アドラープレイセラピーで，対話を利用する2つ目の例を紹介する。

例　6

> 5歳の男児が，教室や遊び場で友達関係に問題をもっている。
>
> **Dominic**　よし。ままごとをやろう。あなたはお手伝いさんで，僕は一家を支えるために外で仕事をする人。

第Ⅴ部　さまざまな問題と新しい試み

> カウンセラー　（ささやき声で）私はどうすればいいの？
> Dominic　あなたは私の言うことを何でもやって，「はい，ご主人様」とか「いいえ，ご主人様」とか答えるの。
> カウンセラー　はい，ご主人様。
> Dominic　じゃあ，きちんと掃除しなさい。それから僕の昼ご飯を用意して。さっさとしないと首だよ。僕も忙しいんだから。
> カウンセラー　（昼ご飯をとってきて）何でもあなたのために用意します。あなたはご主人ですから。
> Dominic　その通り。そして，昼ご飯はおいしくないから，あなたには給料をあげないよ。時間どおりにご飯を作れなかったから，僕遅れちゃうよ。早く帽子を取ってきて。早く！
> カウンセラー　私がやることはすべて間違っているんですね。
> Dominic　その帽子じゃない，ばか，消防用の帽子だ。
> カウンセラー　とっても混乱しますよ。あなたは，私がいつも間違っているって言うんですから。

　この例では，子どもの単純な遊びが，通常言葉で表現するのとは比較にならないほど巧みにその子どもの世界を描きだしている。お手伝いさんを演じながら，カウンセラーは普段Dominicがどのように感じているか体感する。子どもは，混乱した心境をもつ一個人として受け入れられたことを認識する。そして，自分以外の役割を演じることで，自分には物事をどうすることもできない無力さを認識する。カウンセラーの受容する姿勢と，状況を仮説する姿勢は正しい。「君は，時々このお手伝いさんのような気持ちになるんだね。皆がああしろ，こうしろと命令するけれど，何をやっても間違っていると否定されてしまうんだね」という質問に子どもが合意するようであれば，カウンセラーは「お父さんやお母さんが，矛盾することを君に言いつけたときに，混乱しないですむような方法を考えてみようか？」といった提案をすることもできる。

認知行動プレイセラピー

　認知行動プレイセラピーでは，アドラープレイセラピーで用いる表現媒体の手法を多く使う（Knell, 1995）。しかし，この2つの理論の最も顕著な違いは感情の果たす役割である。アドラープレイセラピーは，感情の表現や認知は行動の変化のために不可欠なものとして推進するのに対し，認知行動学者は考え方や行動が変化すればそれに伴って感情も変わると考えるため，感情を重視せず，基本的に無視する。スクール

カウンセラーは，問題を発見し，解決法を決定する必要があるのである。そしてカウンセラーは，生徒が必要とするテクニックを指導したり，思考変化をうながす小さなステップをデザインするのである。時には，学校カウンセラーがプレイ媒体を使って，重要なことを明確に説明したり，問題の定義をしたりする。また時には，子どもに指示する形でプレイ媒体を使うこともあるが，その使い方はカウンセラーが決定する。次の例は，スクールカウンセラーがAdamに人との接し方について学ぶ手助けをしている様子を説明する。

例 7

カウンセラー　君の持っている人形は遊び場にいる君で，私が持っている人形はJohnといいます。Johnが通りかかったら，普段どんなことが起こるんだい？（カウンセラーはJohn役の人形をAdamの人形のそばに歩かせる。）

Adam　何も。ええと，彼の姿を見ないように僕があっちを向いて，Johnも僕を見ないよ。

カウンセラー　なるほど，じゃあ君の人形を，君がいつもするようにあっちを向かせて。では君があっちを向いたら，僕の人形（John）はどう思うだろう。（John役の人形をAdamの人形の後ろに動かして，John役の人形が困ってそのまま歩き去るようにする。）

Adam　わからないよ。きっと僕が忙しいか，彼のことに気づかなかったと思うんじゃないかな。

カウンセラー　そうだね。彼は，君がいっしょに遊びたいと思っているなんて気づかないかもしれないね。もう一度，人形を使って同じことをやってみよう。ただ今度は，君がJohnに，いっしょに遊びたいってことを気づかせる方法を見つけることができるか考えてみよう。（John役の人形を少し歩き回らせてから，Adamの人形の近くを歩かせる。）

Adam　どうすればいいの。

カウンセラー　Johnに，君がいつかいっしょに遊びたいと思っていることを伝えるためには，どうしたらいいか考えてごらん。（Johnの人形をAdamの人形の近くで歩かせ続ける。）

Adam　ばかばかしい。

カウンセラー　（微笑して）こんなやり方をするのはまぬけに見えるかもしれないけど，君は友達が欲しいでしょ。どんなことができるかやってみようじゃないか，Adam。こうしていれば，何か考えが浮かぶかもしれないよ。

Adam　わかったよ。まあ，「やあ」とか言えると思うよ。

カウンセラー　その調子だよ。それは，確かに君ができることだね。人形を使ってやって見せてよ。

第Ⅴ部　さまざまな問題と新しい試み

> **Adam**　「やあ」
> **カウンセラー**　（人形を持って）「やあ」。よし，それは君が思いついた方法のひとつだね。John に，君がいっしょに遊びたいと思っていることを知らせるには，ほかにどんな方法があるだろう。

　ここでは，カウンセラーは Adam に，現実にあるような状況の中で自分がとれる反応を考えさせるようにしている。Adam が若干戸惑っているため，うまくこの方法が進み始めるには時間がかかるかもしれないが，人形を使って状況を演じて，さらにロールプレイを使うなど，Adam にとってもたいへん役に立つ。小さなステップをとることで，Adam が新しい行動や認識を試みようとする際に，必要なアドバイスを得ることができるのである。

子どもとのかかわり方に関する統合的アプローチ

　スクールカウンセラーにとって理論は大切である。理論は，生徒が考え，行動を起こす際に，一歩前に踏み出すことができるように助けることができる。スクールカウンセラーの多くは，1つの理論を信じ，それをさまざまな問題をもつすべての生徒に当てはめようとする。しかし，統合的アプローチでは，特定のタイミングで子どものもつ特定のニーズに対応しながら，多種のプレイセラピー理論を使い分けることを推奨する。プレイセラピーは効果的であるという研究結果が出されている（Landreth et al, 1996）。学校におけるカウンセリングの目的は，学習上の潜在能力を発揮する妨げとなっている問題を抱えている子どもを援助することであり，統合的アプローチは，そのような学校環境では特に効果的に機能する（Baker, 2000）。問題には些細なものもあり，そのような場合には，問題解決のための手助けをデザインするスクールカウンセラーにとっては，認知行動理論が有用である。また，家族，友人，そしてクラスに適応するのに問題がある子どももいる。そのような場合，子どもの家族や教師に相談することや，子ども本人と接しているカウンセラーにはアドラープレイセラピー理論が役に立つ。さらに，子どもの自我意識や感情面に関する問題もあるが，それには子ども中心プレイセラピーが効果的である。子どもとの接し方に関する統合的アプローチとは単純なものであり，子どもの問題自体に対処方法を選ばせるのである。表17－1は，学校のカウンセラーがよく相談を受ける，子どものもつ問題の代表的なものである。この表では，特定の問題には1つの理論しか有効でないように分類されているが，あくまでも一分類法を例にとったもので，ほかにも分類法は存在する。

表17－1　学校における共通の問題点

子ども中心プレイ理論が役立つ子どものタイプ	・怒りっぽい，または落ち込みやすい子ども ・自意識の欠如した子ども ・深い（精神的）傷を負った子ども，傷ついた子ども ・言語能力の低い子ども ・不安感に苛まれ，会話を恐れる子ども
アドラープレイ理論が役立つ子どものタイプ	・社会性に問題のある子ども ・家族に問題がある子ども ・権力欲，注意力，復讐心，不適応などの問題行動を示す子ども
認知行動プレイ理論が役立つ子どものタイプ	・集中する方法を学ぶ必要のある，注意力に問題のある子ども ・ソーシャルスキルを身につける必要のある子ども ・学習スキルの欠けている子ども ・落ち込んでいる子ども ・特定の行動を学びたいと思っている子ども ・特別な教育を受けている子ども

　プレイセラピーをいつ導入するか決定するために，子どもの抱える問題を把握することは重要である。スクールカウンセラーは数百人の生徒を相手にしており，個々の生徒に十分な時間を割くことはできないという声をしばしば聞く。しかし，過去の研究は，学校におけるカウンセリングは，子どもの学習に大きな影響を与えることを示しており（Borders & Drury, 1992；Fall et al., 1999），個別カウンセリングはスクールカウンセラーの果たす役割であり（Campbell & Dahir, 1997），個別カウンセリングに費やす時間の効果を最大化することが重要である。Osterweil（1986）は，カウンセラーが子どもに，セッションに来る回数とその時間を伝えることの重要性を強調している。そうすることによって，子どもはカウンセリングを終了することに容易に適応できるからである。

　統合的プレイセラピーのアプローチには，学校カウンセラーに要求される重要な要素が2点ある。生徒に率先的にはたらきかけることと，生徒からのはたらきかけに対応するこの2点である（Baker, 2000；Campbell & Dahir, 1997）。たとえば，学校カウンセラーが，怒っている生徒を扱うとする。子どもが怒りを率直に表現するためには，新しい行動を学ぶ必要がある（反応型）。また，怒りそのものはしっかり分析され，何かの症状として扱われる（積極型）。この事例では，対応型の部分に関しては認知行動プレイを，積極型の部分に関してはアドラープレイ，または子ども中心プレイを使うのが最善であろう。これらの理論を活用することにより，学校カウンセラーは生徒に対して最善の技法を使って対処することができるのである。

　積極型と対応型要素をわかりやすく説明するために，以下では友達をつくるための

社会的能力と，深刻な悲しみを乗り越えるための援助を同時に必要としている子どもの例をあげる。統合的アプローチを使うことによって，カウンセラーはその子どもをありのまま受け入れ，温かく，愛情に満ちた関係を築き，そしてアドラープレイセラピーを使い，子どもが悲しみを表現できるようにしている。同時に，カウンセラーは認知行動プレイのテクニックを使い，子どもが社会の中で友達をつくるための小さなステップをつくり出す。例8では上記に述べた2つの理論が別個に使われており，例9では明確に区別されずに使われている。

例 8

カウンセラー　Joey，君には2つの問題があって，私に会いにきたようだね。君はとても悲しそうだから，ここに来ておもちゃで遊んでもいいし，気分が良くなるまで何度か私のところに話しにきてもいいよ。

Joey　はい，そうしたいです。

カウンセラー　それから，君は友達が欲しいようだね。そこで君に友達ができるように，私といっしょにがんばってみたいと思うかい？

Joey　本当に友達が欲しいんです。特に，スクールバスに乗るときや，休み時間に遊べる友達が欲しいんです。

カウンセラー　よし，じゃあこうしよう。2つのことに関して私たちでいっしょにがんばってみよう。いいアイデアがあるんだ。これからの4週間，毎週火曜日にここにきて30分ほど遊んだり話したりするっていうのはどうかな。それから，毎週月曜日には10分ほどここで，どうやったら友達ができるか，いっしょに考えてみよう。そんな計画でいきたいんだが，君の都合はどうかな？

Joey　はい。友達は欲しいし，おじいちゃんが病院から家にもどってくれば，僕もたぶん寂しくなくなると思う。でも，お母さんは，おじいちゃんはたぶん死んじゃうって言うんだ。おじいちゃんは，僕が赤ちゃんのころにうちに来て以来，僕の最高の友達なのに。おじいちゃんはいつも僕の面倒を見てくれたんだ。

例 9

カウンセラー　（目標を設定しながら）Joey，君は友達のことについて何か変化を求めているようだし，いつも悲しい思いをしたくないと思っているようだね。それなら，これから6週間，毎週月曜日の10時にここに来て，君が望むように物事を変えることができるかいっしょにがんばらないか。そうできるかな？

上記の例では，スクールカウンセラーは子どもが抱えるそれぞれの問題について異なった回数のセッションをもつよう求めている。これは，問題の性質の違いと，カウ

ンセラーがその子どもに費やすことのできる時間という2つの理由から異なる。子どもに自分たちの状況に対処するための新しいアイデアを考え出すよう援助するために，1回のセッションだけで解決できる問題も多くあるが，問題によっては短期間では解決できないものもある。スクールカウンセラーは外部カウンセリングをすすめて，外部セラピストと教師間の連絡係として機能することもできる。もちろん家庭上の理由で外部カウンセリングが不可能な子どももいるので，そのような子どもに対しては，学習への効果をあげるために，通常より多くのセッションを提供するようにすることも必要かもしれない。一般的に言えば，ほとんどの場合は4～6回のセッションをもてば，教室での子どもの言動に目に見える効果が表われる。

要約と結論

　小学校では，カウンセラーは多くの子どもと個別カウンセリングをすることになる。多くの場合カウンセラーは，子どもの行動の改善を願う両親や教師から，子どもと面会するよう求められる。子どもと接する際に，統合的アプローチを用いると，カウンセラーは理論的ガイドラインの枠内で，問題への対処法をより多く増やすことができる。どの理論を使うか，そしてその理論に対応するどの技法を使うかを選択するにあたって鍵となるのは，子どもの抱える問題である。今日のように，カウンセリングの内容を明確に説明することが義務づけられている時代においては，スクールカウンセラーは理論が提示する枠を堅持し，理論に基づいて技法を選ばなければならない。当然子どもの治療対策は，学校という枠の中でつくらざるを得ないが，最良の説策は，理論と研究，そして実践に基づく指針のコンビネーションから生まれてくるはずである。

第18章

小学校のグループサンドプレイ

Theresa Kestly

「僕たちにただ遊びをさせるっていうこと？」と，学校のサンドトレイを用いた友情グループ（friendship group）で初めてのセッションを始めようとしている5年生の男の子が質問する。彼とほかの5人の男の子は，砂とミニチュアが入った小さなトレイを使って，1時間いっしょにプレイする予定になっている。もし，彼らが選択すれば，サンドトレイの中に場面を作成し，それらの世界の話をするために，12週間会うことになる。男の子たちには，彼らが学校の時間帯の中で，実際にプレイに行くことは信じがたいことであった。

休み時間以外の学校時間帯にほかの子どもたちとプレイをするという考えは，多くの子どもと同様に大人にとっても驚くべきことである。なぜ，そして，どのように，このサンドトレイを用いた友情グループが機能するかが，この章の焦点になっている。

★　サンドトレイを用いた友情グループの説明　★

サンドトレイを用いたグループカウンセリングの機会のある学校では，子どもはグループサンドトレイのセッションのために，定期的に，通常では毎週集まることになっている。これらのサンドトレイを用いた友情グループとよばれているものは，子どもたちに自然な枠を与え，グループの過程へ集中させ，スクールカウンセラーの事務所に行くということによって起こる恥ずかしさを減少させるのを助ける。

サンドトレイを用いた友情グループは，小学生の子どもたちやグループ過程の立会人や進行役として動くスクールカウンセラーとのプレイと並行したり，いっしょに使われたりする（章の全体にわたって，カウンセラーという用語は，スクールカウンセ

ラー，スクールソーシャルワーカー，および他のメンタルヘルスワーカーを意味して使われている)。Margaret Lowenfeld（1979，1993）と Dora Kalff（1980）の考えによれば，カウンセラーは，子どもが自由にプレイし，自分たちの生活に関連した物語をつくることができる保護された空間をつくることになる。プレイと物語のための総時間は，子どもの年齢によって，通常，グループは10～20セッションであり，毎週集まる。

初めに，それぞれの子どもには個々にサンドトレイを行なう。もし予算が許せば，共有のプレイの要求と必要が出てきたときに，大きなグループによる共同のプレイが役立つ。何百ものミニチュアの中から，子どもたちは砂の中に彼らの世界をつくるために必要なものを選択するだろう。子どもは，彼らがつくった世界について話すかもしれないが，何も話すことなしにその過程に参加することも自由である。話さない子どもたちや言葉を使う技量に制限がある子どもたちには，この選択はまさに解放的である。象徴的思考の過程をとおして，これらの子どもたちは，どうコミュニケーションを確立するかを学び，より効果的に単語を使えるようになる。

カウンセラーは，子どもたちが自分たちに個人的に関連している状況で十分にプレイすることで，問題を扱うことのできる"自由にして保護された空間"（Kalff, 1980）をつくる。保護されたプレイの空間は，子どもに，彼らの発達を伸ばすためのプレイをするために安全や自由を提供する。カウンセラーは，プレイやそこから起こる仲間の相互作用のための心理学的な器の役目を務める。

学校でのグループサンドプレイの合理性

サンドトレイを用いたグループプレイは，小学校の子どもにとても適していると思われる。それは積極的な方向の行動変化に影響し，年齢グループに発達的に適切であり，カウンセラーの制限された時間での子どもとの徹底した作業に効率的である，という証拠が多くなっている。さらに，それは仲間とのプレイをとおして，子どもたちの友情のニーズを利用し，そして左右の両方の脳の思考過程に没頭させることで，社会的，感情的なニーズに的を絞ったユニークな形式を提供する。

★ 行動の変化 ★

あるサンドトレイを用いた友情グループが終わった数か月後に，学校の校長は，グループに参加していた少年たちが，それ以後，校長室に呼ばれていないことに気がついた。彼女は驚いた。この5年生グループの男の子たちは，運動場でけんかをしたり

教室で破壊行動をしたりしたために，サンドトレイでのグループプレイを始める前は校長室へ頻回に呼ばれていた。さらに驚くべきことは，グループが終わった数カ月後も，行動の変化が持続する彼らの能力についてであった。すべての子どもがそのような著しい行動の変化を経験する訳ではないが，校長は次の年もサンドトレイを用いたグループに参加した子どもが，再び校長室に呼ばれる回数が劇的に減少したことに注目した。

教師たちは，子どもがサンドトレイを用いたカウンセリングに参加したあとに，教室にもどるとき，落ち着いた行動をしていると報告することが多い。1人の教師が，生徒はサンドトレイを用いたグループに参加したあとは学業的なグループワークがよくできると言った。そしてグループプレイが，学業的な場面で，生徒たちがより効果的に協力するのを助けていると感じた。学業と行動の改善が，多くのケースで起こるようである。1人の特別な教育を受けた少年が，自分自身の行動の改善に気がついた。カウンセラーから求められた訳ではなく，彼は自分から，「このグループに入ってから，問題を起こすことはなくなった」と言った。彼がこの意見を述べてまもなく，教師は，彼は学業面ですべての勉強の遅れを取りもどした，と報告した。このような変化をより組織的な方法で詳しく調査し記録するために，ニューメキシコの公立アルバカーキ学校で現在研究が進行中である。

★　発達上の適切さ　★

発達上の観点から，グループサンドトレイを用いたカウンセリングでは，子どもたちは自分の年齢グループに適切な問題に自然な状況で取り組むことができる。小学校の子どもたちにとって，友情の発達は最も重要なものである。たくさんの社会的，情緒的な発達は，6～12歳の間に起き，その多くが仲間グループの中で起きる。社会的行動のルール，他者への配慮についての考え，そして正義感やセルフエスティームの意識は，子どもたちが仲間から直接学ぶことのいくつかに入っている。しかし，家族や教師など周囲の大人は，社会的，論理的価値を教えるために不可欠であるが，子どもたちがこれらのスキルの交渉の仕方や実践の仕方を学ぶのは，仲間とである。子どもたちの感じている生得的で不平等な大人との関係とは異なり，子どもが仲間との間で感じる平等さは，社会的な行動をじっくり試す自由を与える。仲間という言葉は"等しい立場"を意味する。この平等さは，たとえ彼らの初めての試みが成功しないときでも，否定的な結果への恐怖なしに，どのようにその世界に住むかを詳しく探ってもよい互角のプレイの場所を子どもたちに与えている。彼らは公平なプレイを学び，攻撃性を統制し，相互関係と平等を実践し，他者への共感を発達させる機会をも

つ。

　しかし，子どもたちは"仲間の中での平等"について暗黙の理解をもち，"プレイはただ楽しむためのもの"と理解しているため，プレイは別のとても大切な発達の機能としても役に立つ。他者からのあざけりへの恐怖なしに，どんな段階でも，子どもたちに発達上の課題に取り組ませている。たとえば，5年生の少女が，サンドトレイの世界で，赤ちゃんが癲癇を起こしているまねをしていると，それは"まさにプレイ"であるので，仲間から受け入れられ，しかもそれで満足することができるし，もし彼女がこの問題について未解決な初期の発達上の課題をもっている場合，彼女にとても適切である。

　Erikson（1963, 1968）によると，6～12歳の間の子どもは典型的に，勤勉対劣等（仲間との社会的な相互作用と学業の達成）に関連した発達上の課題を取り扱っている。しかしながら，カウンセリングサービスに紹介されてくる子どもたちは，しばしば基本的な信頼感覚対不信感覚，自律性の感覚対恥と疑惑の感覚，自発性の感覚対罪の感覚などの，より早期の段階を扱うことが多い。これらの早期の発達上の課題は，どんな年齢のグループのサンドプレイでも取り扱われるだろう。前に引用した5年生の少女は，まだ自律性などのごく初期の問題に取り組んでいるのかもしれないが，それはまさにプレイであるので，彼女の仲間は，彼女が表わしている初期の癲癇行動を受け入れている。子どもたちは彼ら自身の成長している縁のような所でプレイをするので，ファシリテーターは彼らが現在いる段階で，子どもたちを正確にサポートするたくさんの機会をもつのである。

★　サンドプレイのグループの過程の効率と有効性　★

　学校でサンドプレイのグループの過程を発展させる1つの起動力は，少ない時間の中で多くの子どもたちを見る必要性である。サンドトレイでのプレイにはかたづけの時間が必要であるが，それ以上に，多くの子どもたちといっしょに徹底的な作業をするという点で効率的である。たとえば，表18－1は，個別とグループとで子どもたちと作業をするのにどのくらいの時間がかかるかを示している。

　カウンセリングで個別に6人の子どもを見るのに，7.5時間かかる（それぞれのセッションの間の15分のかたづけ時間を含んでいる）。グループで同じ6人の子どもを見るのは，2.5時間かかる。

　時間を節約することに加えて，多くの例で，グループの過程はより生産的になる。なぜなら①変化のための仲間のモチベーションを含み，②邪魔をしない肯定的な大人の注意があり，③後年の，より慢性的な問題行動を防止することに役立ち，④脳の機

表18-1　4人か6人の子どもについてのグループの効率と有効性

	必要とした時間		
	セッション時間	片付け時間	トータル時間
4人の個別	4	1	5
4人のグループ	1	1	2
6人の個別	6	1.5	7.5
6人のグループ	1	1.5	2.5

＜質の増進＞
1. 変化のための仲間のモチベーション
2. 訓練を受けたカウンセラーによる肯定的な大人からの注目
3. 包み込むことをとおしての防止
4. 脳機能の増進
5. 同時に起こる参加者と観察者の能力

能を高め，そして⑤子どもが参加者と観察者に同時になれる。サンドトレイを用いた友情グループでは，特別に訓練されたカウンセラーは，プレイをとおして仲間関係を発展させるために，仲間の本来備わっているモチベーションを利用する。同時にカウンセラーは，肯定的で生産的な相互関係にとってグループの可能性を保ちながら，否定的な対人関係のコミュニケーションのまわりにやさしいが固い制限を設けることで，子どもたちが学校と家族の価値を適用し統合するのを助ける。カウンセラーは特別な訓練により，仲間のプレイに侵入することなく，この社会的，情緒的に保護された空間の中にグループのメンバーを入れることを可能にする。カウンセラーは子どもたちを肯定的あるいは否定的に強化したり，グループの問題解決をすることなどを控える。子どもはいったん必要とするものを社会的に適切なやり方で手に入れる方法を知ると，進んでそうするようになる。人生の早期に有効なソーシャルスキルを発達させることは，社会的，情緒的に満たされていない要求のために，後の人生で現われてくるかもしれない多くの慢性的な問題を防止することを助けるのである。

　脳の処理過程は左右の半球の複雑な統合を含んでいるが，ほとんどの人々は，右脳が空間的思考，芸術的で非言語的な処理，および感情的な気づきのような特定の課題を専門に扱う。右脳は世の中を全部一度に見るのである。子どもたちがサンドトレイの方法を使うとき，象徴的な考えをとおして右脳をはたらかせ，最初にプレイを始めるとき，認知的な気づきをしばしば飛び越えている。彼らはミニチュアを選んで活動的にプレイをするが，その活動は達成する必要がある発達上の課題が中心である。しかし，彼らの抽象的な推理や言語はまだ十分に発達していないので，彼らは大人よりもより多く象徴的な右脳の思考処理に頼り，彼らにとって重要な問題を扱うのに経験

に基づく学習を用いる。たとえば，心的外傷のストレスをもつ子どもたちは，その状況を克服することを獲得するために，トラウマの出来事を繰り返し納得するまで演じる。何度もプレイをし，何らかの満足できる方法で，一場面一場面がつなぎ合わされるまで，その出来事を再体験することができるのである。

参加者であり観察者であるという現象は，サンドトレイを使った方法のもう1つのユニークで大切な側面である。サンドトレイでは，子どもは参加者と観察者の両方になる。彼らは，自分の"プレイ"のディレクターであると同時に，俳優でもある。プレイに没頭する従来のプレイセラピーとは異なり，ミニチュアを用いたサンドトレイは，子どもにプレイの"中"にいさせ，プレイの"外"にいることを同時にさせる。この二重の役割は，同時に子どもに具体的な形で内的世界を観察させ，目の前で再構築させる。子どもはミニチュアのコンテナの中に世界観を投影し，そこではトレイの境界によって物理的に，訓練を受けたカウンセラーによって心理学的に守られているのである。このコンテナの中で，子どもは客観的な形式で彼らの経験を見て，感じて，プレイをする。特に，まだ言葉による抽象的な推理のための能力を発達させる過程にある子どもたちには，言葉はこの課題を達成するためには適当ではない。

学校でのグループサンドプレイの組織化

サンドトレイを用いた友情グループの成功は，良い準備と組織化があれば大いに改善できる。適切な空間とミニチュアのコレクション，グループ構成，そしてグループプレイのために子どもに準備させることが，成功のために重要である。

★ 適切な空間をつくること ★

学校でカウンセリングのサービスのために利用できる空間は大きく異なり，大きくて魅力的な部屋から，小さく窓がなく薄暗い物置きのような空間まである。サンドトレイを用いたグループは，少なくとも2人の子どもか，グループの中のまとめ役の数や子どものタイプの数しだいでは6人かそれ以上になるかもしれない。最小限には，それぞれの子どもに1つのミニチュアのサンドトレイと，ミニチュアを集収している小さな棚またはテーブル，そしてカウンセラーが近くに座れるスペースがある空間が必要である。教室サイズの空間では，2人のカウンセラーがいて，それぞれのグループのために保護された空間の感覚をつくり出せるような物理的なつい立てがあれば，2つのグループを同時に収容することは可能である。

適切な物理的な空間に加えて，子どもたちを引きつけて，彼らの想像力と創造性を

使い,ミニチュアの世界をつくりたくなるように,魅力的に部屋を装飾することは大切である。窓のない小さい部屋でも,部屋に入ったとき喜びを刺激する方法でミニチュアとサンドトレイを配列するのは可能である。教師と両親さえ,その環境が自分たちを招いているのに気がつく。つまり,その部屋はまさに「ここは遊ぶのに良い場所です」と語りかける雰囲気をもっている。

★ グループ経験について子どもたちに準備すること ★

子どもたちがサンドトレイを用いた友情グループに参加することに抵抗をもたないように,グループを紹介することは大切である。グループ経験はほとんどの子どもたちが友情を形成し育む方法であるため,彼らにはほかの人といっしょにプレイを行なうサンドトレイを用いた友情グループの機会があると言えば十分である。親かカウンセラー以外の誰かが話さない限り,通常,子どもはなぜここへ連れてこられたのかを知らない。カウンセラーは,照会した人にサンドトレイの過程の本質について教えることで,子どもの疑問に答えることができる。カウンセラーが子どもの抵抗を減少させるためにすることなら何でも,サンドトレイのプレイに不可欠な安全と保護を増加させるだろう。子どもが照会された状況について知る必要があるならば,カウンセラーはサンドトレイから離れて,それについて話し合うことができる。子どもは照会された問題をしばしば否定的にとらえているので,話し合うことでサンドトレイのプレイでは頭ごなしに判断されないことを理解できる。サンドトレイのプレイを取り囲んでいる特別な安全と保護について,子どもたちと話し合うことが不可欠である。

グループカウンセリングについての学校の方針により,許可用紙が両親に送られる。許可用紙には,友情グループの過程に関する記述と目標,目的が書かれている。

★ サンドトレイとミニチュアのコレクションを獲得すること ★

サンドトレイの価格は,プラスチックの保管容器が5ドルのものから,耐水の木製で美しく作られている200ドルまである。Kalffの伝統に従っているセラピストは,内側の基準寸法が28.5インチ(約73cm),幅19.5インチ(約50cm),深さ3インチ(約8cm)のサンドトレイを用いる(Mitchell & Friedman, 1994)。非常に活発な子どもたちには,活発でダイナミックなプレイの間,砂をトレイの中に収めておくために,より深い(4インチか5インチ;約10cmか13cm)トレイが望ましい。そして,水に見せかけるために,底が青色のトレイを提供するのは重要である。

通常,学校のミニチュアのコレクションには,子どもが日常生活で遭遇するさまざまな小物が含まれている。グループで使用するためのコレクションの費用は,およそ

500ドルから2,000ドルまでに及ぶ。一般に，子どもが彼らの世界をつくっている間に，制限を与える必要性を減らす方針で，ミニチュアを集めたり，それらを系統だてたりすることは重要である。人形を壊すかもしれない，濡らしたらだめにするかもしれないなどと心配する必要がないようにすれば，子どもの世界を目撃するという重大な務めに，カウンセラーはよりリラックスして集中しやすくなる。制限は，子どもとのセラピーのセッションでは必要で適切であるが，サンドトレイのプレイのねらいは，箱とミニチュアのコレクションという規制の中で，できるだけたくさんの自由を提供することである。この自由さは，子どもが自分たちの困難な状況を最後まで演じるために，想像や創造性を使うことを勇気づけている。

　子どものために適切なコレクションをつくり上げることは，多数のサンドトレイの本や記事で話題となっている。多くのカタログが特にサンドプレイセラピストの心に存在しており，そしてサンドトレイを行なうほとんどの教師は，セッションに各種のミニチュアのリストを入れている。

　ミニチュアのコレクションの適切な量については時々討論される。コレクションの数が多すぎると子どもを圧倒するのではないかと心配するセラピストもいくらかいるが，多くのセラピストは，子どもは大人に使用されるものと同様に多数のコレクションで心地よく，聡明につくることができると信じている。コレクションが少なすぎると，子どもが自己表現しにくいだろう。サンドトレイ様式の創始者であるLowenfeld (1979／1993) は，子どもが圧倒されるのを防ぐために，ラベルの付いた引き出しがあるキャビネットを使用した。かごは種類によってミニチュアを分別するのに便利で，子どもが集中しやすく，カウンセラーが再び棚に収納するのを助ける。棚とかごを組み合わせて使用することは，よく整理され人を引き付けるコレクションをつくるために良い。もしコレクションが多すぎて子どもが大混乱になるなら，通常，それは治療上の問題点となる。

★　グループ構成　★

　グループサンドプレイの有効性を広げるのは，グループのメンバー構成にかかっている。たとえば，3，4人の注意欠陥タイプの子どもたちからなるグループは，非常にむずかしく，あまり生産的ではないことが多い。また，あまりに多くの内気な子どもたちからなるグループも等しく非生産的である。可能ならば，内気な子どもと社交的な子どもをいっしょにすると，バランスを取りやすい。彼らがいっしょにプレイをすると，互いに代わりになる行動を教え合うだろう。そして時々，何を使用するかについてお互いを映しだす。たとえば，サンドトレイのグループを4週間したあとに，

非常に内気な子どもが，同じグループの社交的な子どものお気に入りであった大きいしま模様の虎を選択し始めた。すぐあとに，担任の教師は，その内気な子どもが仲間といっしょでもおびえなくなったし，初めて彼が休憩時間に他の子どもと喜んで外へ出ていった，と報告した。

Ginott (1961) は，グループ構成として，次の方策を推薦している。それは，①異なるパーソナリティ症候群を組み合わせること，②年少の子どもには異性グループを，年長の子どもには同性グループを用いること，③年齢差が12か月以内の範囲の歳で子どもを選ぶこと，④グループが5人以上にならないこと，⑤きょうだいやクラスメートを同じグループに組み合わせないこと，そして⑥反社会的な子どもが，グループの中で支配的になることを許容しないこと，などである。また，Ginott は，子どもたちが外の生活の破壊的な影響を再体験しないグループの中にいるべきだ，と述べている。たとえば，従順な少年は他のものが支配するグループの中ではうまくやれず，自分で自己主張することをおしとどめる状況を引き伸ばしてしまうだろう。

グループをつくるための事前のスクリーニングは，子どもとのプレイ面接と教師，両親，および他のかかわった大人からの標準的な照会情報があり，時間をかける価値のあるものである。幸い，学校では，グループがその子どもや他の子どもにとって明らかに機能することができないのであれば，事前スクリーニングの結果にかかわらず，子どもはそのグループから別のグループへ，また個別のカウンセリングにさえ移動できるという柔軟性がある。

グループ活動の管理

グループカウンセリングでは，個々の子どもと活動するのとは異なった構造と管理のスタイルが必要である。グループを始める前には，より多くの計画と準備があり，そして，子どもの中で創造的な想像力が発達するために必要とされる寛大さと制限のバランスをとることが必要である。カウンセラーの態度は，有効なサンドプレイを用いたグループには最も重要であり，そしてグループをする時間構成やあとかたづけ，そして秘密を守ることなどの実際的な要素のすべてによって，いかにうまくグループが進んでいくかが違ってくるのである。

★ 学校でのカウンセラーの役割と教師の役割 ★

スクールカウンセラーが他の役割（運動場の管理者，訓練をする人，ガイダンスの教師，および時には校長の管理のアシスタントさえ）を頻繁にしなければならないと

き，治療的な立場を持続するのはむずかしい。カウンセラーがこれらの多様な役割を避けることができないならば，子どもたちがカウンセラーと，カウンセラーとして関係がもてる時間と場所を子どもたちに伝えることは非常に重要である。子どもたちは，サンドプレイのグループのカウンセラーは，訓練の失敗を問題にしたり，内密の情報を教師や両親と共有したり，評価を与えたり，プレイに指示を与えたり，または自分たちが作成した世界に良い，悪いの評価をしたりしないということを知る必要がある。そして，子どもは自由にトレイを作成することができる，ということを知る必要がある。

★　グループの創造性を最大にする制限の設定　★

　カウンセリングの場で子どもの数が増えるのにしたがって，構造化の必要性も増加する。その場合にも，評価をしない方法で構造化することができる。グループのサンドトレイによるプレイの始めで，できるだけ多くの規則を排除するのが重要であり，それによって子どもたちの創造的な力は，グループの中で早くその力を表現する機会が生じる。次に，カウンセラーは必要に応じてルールをつくることができる。たとえば，カウンセラーは子どもがトレイの外に砂をこぼすならば，「この中に。砂はトレイの中に入れなさい」と言える。

子どもが境界を尊重するのを助けること
　プレイを始めるときに，創造的な過程をサポートすると思われる1つのルールは，他の子どもの世界にふれないこと，また他の子どもが自分の世界にふれることを許さないことである。このようにして，子どもたちはまさに自分だけの空間，すなわち物理的なコンテナをもっているのを認識する。それは，カウンセリングにくる多くの子どもに欠けている具体的な境界を提供する。その後，子どもが大きいグループでトレイのプレイを選択するならば，これらの境界は再調整されるだろうが，最初は，その規則が彼ら独自の保護された空間の中で，見て，感じて，作業することを助けるのである。

水やおもちゃがあふれること
　時々，子どもたちは，非常に無秩序に混乱した方法で，多くのミニチュアを使うことを決める。彼らは腕で棚全体を掃くかのように，かごかシャツにミニチュアを入れ，それからさっとトレイがいっぱいになるまで入れる。この出来事は通常，かたづけを考えるとカウンセラーの悩みの種である。めったにないが，これが起こると

き，通常，それは重要な治療上の問題点である。この状況を取り扱う1つの方法は，子どもに好きなだけ多くのミニチュアを使用するのを奨励することである。カウンセラーは次のように言うことができる。「あなたは今日，すべての車が必要なのですね」「私は，あなたが多くのものを必要としているのがわかります」または，「もっと必要ですか？」。このような声かけから，子どもはカウンセラーが，彼らの無秩序なエネルギーを心理学的に"収容している"が，何の評価もしないことを知る。「やめなさい，もういっぱいです」と誰も言わないというのは，初めてであるかもしれない。一部の子どもたちは，欲しいものが際限なくあるように心から感じているため，大人がもっと必要かどうか聞いてくれることは驚きであり，そのことは彼らが自分たちの観点を変えることを助ける。

　子どもたちにこの種類の混乱したプレイを許す時間があるなら，彼ら自身の心の底から，どのようにして自由意志によって物をまとめるか，しばしば学習するだろう。4回のセッションを連続してミニチュアのおもちゃで彼のトレイを溢れさせた1人の2年生は，最終的に自分自身で混乱したプレイから抜け出した。いったん彼はトレイの中でまとめを達成すると，混乱したプレイにけっしてもどらなかった。そして，彼の担任の教師は，彼が教室での学業的な活動をまとめる能力が大いに改善したと報告した。彼は心の底で"整頓"を学び，そこでは，本当の行動の変化が起こる。

故意にミニチュアを壊すこと

　たいてい，子どもはミニチュアを故意には壊さないが，時々故意に物を壊すという意図を明確に示す。この意図的な破壊は，活動の中に制限や取り替えを必要とする。「ここのおもちゃは壊すためのものではない」と，カウンセラーは非難や否定のない中立な声で言ってもよい。子どもたちはどこに境界があるかを知るし，どこにどのように心理学的に保護されているかを知るとき安全を感じられるので，明確で中立なトーンでこれらの制限を受けることを十分理解する。

協同を支えることとコミュニティによる共有を形成すること

　もしサンドトレイの部屋に大きい集団用のトレイがあるなら，通常，子どもは4週目から8週目くらいでそれに気づくだろう。それが何のためにあるか，それを使用できるのかどうか，尋ね始めるだろう。この好奇心は通常，コミュニティでの共有プレイへの喜びと挑戦の準備ができているという良い兆候である。ついたて棒が，大きいトレイ空間を区切るために役立つのを助ける。ついたて棒が利用できない，もしくは子どもが使用しないと決めるならば，カウンセラーは「あなたはどのようにこの空間

を共有したいか？」と簡単に尋ねる。カウンセラーは，明白にまたはそれとなくグループが協同の空間でプレイするためのルールを取り決める手助けをする。これは，家族と学校で教わった価値を探りながら，空間を共有する，社会にいっしょに住む，戦争を始める，葛藤を処理する，交渉する，平和に過ごす，といったことの意味とは何かを子どもたちが直接に経験できる絶好の場所である。すべては何を意味するか。仲間のプレイから，彼らはそれを行動で見る機会を得る。

　コミュニティによる共有でのプレイは子どもたちにとって非常に効力がある。カウンセラーにとっては追加の挑戦が示されたことになるが，子どもたちがお互いにどう交渉するかを学習する実際的な経験のための重要な手段である。教師たちは，時々子どもたちがいっしょにプレイをする機会があったあとに，学業的な課題でより効果的に協力する能力が増加したのに気がつく。

盗むこと
　個々のサンドトレイのカウンセリングでは，盗みは通常問題とはならないが，グループカウンセリングでは，部屋を出るときミニチュアを隠すことがはるかに簡単な状況になる。サンドトレイの環境の誠実さと安全を保護するために，制限がこの問題をめぐって設定される必要がある。考慮に入れるべきいくつかの要素は，子どもの年齢，意図，そして治療をしている内容である。もし子どもが非常に幼いなら，カウンセラーがたんに「今日あなたが使っていた小さい赤い車を知っている？　その車が見つからないから，見つけるのを手伝ってくれる？」と，尋ねる。たいてい，すぐに遊び場でそれを「見つけた」と言って返すだろう。子どもたちは，カウンセラーがコレクションについての誠実さを大切にしているということと，欲しいと思っていても自分のものではないミニチュアとの関係で，どう行動するのかについての期待があることなどを学習する。

　挑発的な態度で意図的に事を運ぶ年長の子どもに対しては，向かい合うことが重要である。ある5年生の少年たちのグループが，サンドトレイの部屋を出て，ポケットから取りだし，「家からそれらを持ってきたんだ」と言い張った。数個の特別なアイテムがコレクションからなくなったあとに，カウンセラーは少年たちに「コレクションからなくなったものがあり，すべてが返されるまで，サンドトレイを用いたグループを続行することができない」と言った。彼らはグループの時間をとれないことに対する不満や怒りを述べた。彼らがその問題について彼らのプライバシーを保持することができるように，カウンセラーはおもちゃをどう匿名で返すかについての提案を彼らに与え，彼女は自分の方針を固守した。およそ3週間後，その問題について数回の

会合で話し合い，少年たちは最終的にすべてを返した。非常に率直で正直な会話の中で，彼らが地域全体で盗み続けていて，誰も気づいてさえいなかったとカウンセラーに言った。このグループの少年たちは，どう彼らのサンドトレイを用いたグループを再開するかという問題を解決しなければならない。それは彼らにとって重要なステップであり，彼らがその年の残りの月日をカウンセラーと非常に生産的に作業をする関係を確立するのを助けた。

グループの過程を混乱させること

数人の子どもは否定的な行動によって，グループにおける注意の中心になろうとし，そして，通常これはグループ過程の混乱を引き起こす。もしこれが慎重なスクリーニングと慎重な集団構成計画のあとに起こると，カウンセラーは，明確な制限を設定する必要があるだろう。たとえば，1人の少年がミニチュアを選ぶ時間が終わったあと，大きい乗り物の雑音を出し続けて，別の子の話が始まったあとに，もっと多くのミニチュアを棚にもどすと主張した。グループの別の少年は話をしており，仲間たちに自分のことをはっきりと聞いてほしかった。カウンセラーが，この邪魔をする少年に，話の間は自分の横で静かにプレイをするように言っても，まだ邪魔をし続けようとしたので，カウンセラーはこう言った。「Michael，私たちは Daniel の物語を聞きたいので，このグループでは話の時間，大きな音を出したり，棚に行くのは許しません。それを続けるならば，あなたがここで私たちといっしょのプレイの時間を終了してクラスにもどると決めた，というふうに受け止めます。私たちが聞いている間，自分のトレイで静かにプレイをするのはよいですよ」。これは非難することなしに明確な状態の制限を伝えたまさに1つの例である。その提示は，子どもが許容できないことをしていること，その行動が続けばどうなるか，そしてその代わりの許される行動は何か，ということを含んでいる。

サンドトレイを用いたグループカウンセリングの成功には，制限設定のスキルは不可欠である。多くのプレイセラピーのテキスト，プレイセラピーのビデオ，およびワークショップでのトレーニングは，カウンセラーのためのこの領域でのスキル発達の機会を与えている。これらのスキルがなければ，サンドトレイのグループカウンセリングに必要な，自由にして保護された空間をつくることはむずかしい。

★ サンドトレイのプレイと物語のためのグループの時間をつくること ★

サンドトレイのグループのためのセッションの数は，目標，治療的な内容，および他の抑制する要因しだいである。8～10セッションより少ないセッションで，適度の

表18−2　グループ過程の時間の構造化

	1時間のグループ （2〜6年生）	45分のグループ （幼稚園〜1年生）
製作時間	（午後）1：00	（午後）1：00
製作終了の5分の通知	1：35	1：25
製作終了の1分の通知	1：39	1：29
話の時間	1：40	1：30
終わりのセッション	2：00	1：45

変化に気づくのはむずかしい。厳しい情緒的な問題をもっている子どもにとって，通常，10セッションでは不十分である。臨床に関係のない人々には，1セッションでさえ治療である。通常，グループが10〜12週，セッションのために設けられる。

　サンドプレイセラピーは本質的には非言語的な過程であるが，言葉は子どもたちが創造的な過程の中で洞察力を獲得するのを助け，そして意識しているレベルで自分たちの経験を主張するのを助ける。通常，年長の子どものためのサンドプレイグループは1時間である。通常，幼稚園から1年生の幼い子どもは，およそ45分間で，最後の15分か20分は話の時間である。表18−2は，セッションの時間をどう構造化するかを示した例である。

　物語を話す時間が近づくと，子どもはカウンセラーから5分前の知らせを受ける。「つくる時間はあと5分です」。そして再び話の時間の1分前を知らせる。つくる時間が終わったとき，子どもは人形を探しにミニチュアのコレクションの所に行くかもしれない。しかしほかの子どもが話をしている間，トレイの中に静かにプレイし続けるかもしれない。子どもたちにとって，ほかの子どもの話を聞いている間，トレイの中で遊ばないのはほとんど不可能である。子どもは彼らの世界について話したくないのかもしれないが，通常，最初の2週間か3週間後に，子どもたちは話をしたくなり，通常2回目か3回目に話を始める。時々，それぞれの子どもが話をする時間を制限する必要がある。子どもたちが全体のグループの過程をとおしてあらゆるセッションでパスすることを選んでも，話の時間に話さないことを選ぶことを許容するのは非常に重要である。話す，話さないというこの選択は，自由にして保護された空間という定義の特徴の1つである。

　話の時間の間，良い聞き手になることをつかむために，各子どもに数回のセッションが必要である。話の時間に，明確な関心と良い反射的な聴くスキルを示すカウンセラーのモデリングを示すことは，子どもたちが他人の話を聞くことを学ぶ最も重要な方法である。

カウンセラーは，押し付けるような質問を避けて，話に関心を示し，反射的な聞き方をとおして詳しく調べることを求め，そして，時々「私はわかる」「私は聞いている」または「私はそう感じる」と言うことで，自由にして保護された空間を保持するという考えを高めることができる。可能な限り，カウンセラーが子どもの創作の過程や話の過程へ全体的な注意を与えることは重要である。他者が聴くとき，彼らの内的世界で本当に重要なことを表現する機会を彼らに与えている。

★　かたづけの問題　★

　かたづけは，良いサンドトレイのグループの過程をつくったり壊したりすることができる。カウンセラーにとってグループの間でかたづけのための十分な時間をとることが不可欠であり，たとえ，かたづけの時間がその過程に追加されたときも，個人よりもグループの子どもといっしょの作業がより効率的であると記憶している。グループを終えたあとにかたづけの十分な時間がないならば，自由にして保護された器として子どものための空間を保持することは，カウンセラーにとって非常にむずかしい。
　適切な必需品をもっていることはかたづけを助ける。以下の項目は役に立つ。

1. トレイの砂のくずや透明のガラスの石や宝物をふるい分けるためのふるい。
2. 配管が砂で詰まるかもしれないので彼らの手を洗う前に手をすすぐ水の容器。
3. 物をきれいにするために水にさっとつけてから排出させる濾過器。
4. 物から水を排出させる濾過器を保護する容器。
5. 紙か木綿地のタオル。
6. いくつかの小さいブラシとちり取りセット。
7. 砂をかき集めて，整えるための掃くもの。
8. カーペットの敷かれた領域を保護し砂がこぼれるのを抑える小さな防水シート。

　De Domenico（1999）は，クライエントが自らのトレイをきれいにするのが適切なときがあることを報告しているが，おそらく形式的か儀式的な感覚でそれをしていることに注目している。チベット人の僧には，彼らが人生の非永続性を思いださせるものとして，何時間も何日もかけて作成する複雑な砂の曼荼羅（mandalas）をきれいにし元にもどすための特別な儀式がある。また，ヴァホインディアン（Navajo Indians）の儀式にも，砂絵をきれいにすることが治療の儀式に使われる，というものがある。子どもたちが自分自身のトレイをきれいにするのを助けるならば，彼らはカウンセラーの監督のもとで，尊重と配慮をもってそれをすべきである。

カウンセラーの何人かは，子どもたちのサンドトレイのイメージをそのままにしておくのが大切であると信じている。子どもたちは彼らのトレイについて考えて，今週から次週までに次に何をするかを計画する。彼らにとって，自分たちがつくりだした世界をカウンセラーが保存し，それから世話をするのを知りながら去ることは，大切なことである。

★ 学校の中でグループメンバーの秘密を保護すること ★

子どもたちは彼らがカウンセラーのオフィスで話すことやつくることに関して，秘密性に関する方針を知る必要がある。一般に，秘密性の法的な制限を除いて彼らのプレイや言葉で表現されることは秘密である。カウンセラーは明確で発達上の適切な言語で方針を説明する必要がある。カウンセラーが教師や親と情報を共有するつもりであるならば，子どもはあらかじめそれを知る必要がある。カウンセラーが子どもたちにカウンセリングでは述べられた制限の中に秘密性があることを伝えるなら，子どもたちが説明するのに言葉を使用しなくても，サンドトレイの世界にも秘密性がある。

結果の評価計画

教師，校長，および両親は，サンドトレイを用いたプレイセラピーが，どう作用するのかをいつも理解しているというわけではない。Lowenfeld（1979／1993）は，正常な発達はプレイが欠けては不可能であると信じたが，世間では，しばしばプレイを子どもにとって時間の浪費，最も意味のない時間の使用とみなす。そのため，カウンセラーは，特に社会的，情緒的な問題をもつ子どもたちにとって，発達にはプレイが不可欠である理由をはっきり述べることによって，多くの挑戦に直面している。通常，「このプログラムの科学的な根拠は何であるか？」と，背景にある情報が問われる。学校のメンタルヘルスのワーカーは，過程が始まるときに結果の評価計画を立てることによって，サンドトレイのプレイの科学的根拠をつくり上げることができる。教師評価スケールなどの最も簡単な尺度でさえ，幼年期のプレイに決定的な必要性について説明するのに役立つデータとしての中心的な貢献をする。このセクションの焦点は，結果を評価するためにデータを集めるところにある。

★ 研究の必要性 ★

歴史的に，サンドプレイセラピーに関連する実証的研究の欠乏がある。MitchellとFriedman（1994）は，サンドプレイセラピーによる研究の現状の好都合な要約を提

供している。彼らは，研究のいかなる量的，統制的方法もなしに，Kalffと彼女の追随者による長期のサンドプレイの発達について報告している。しかしながら，最近，学校で伝統的なサンドプレイセラピーやサンドトレイを用いたグループカウンセリングに関する研究にも関心が増えている。直接サンドトレイのプレイに関連しないが，小学校でのメンタルヘルスプロジェクト（PMHP；Cowen et al., 1996）からの研究で，学校でプレイセラピーの効力を支持するために大規模，小規模，そして，長期と短期の評価についての研究から，印象的で重要なデータが得られている。これらの研究は，学校でプレイの方法を含んだ科学的根拠を追求する始まりであることを示している。しかし，サンドトレイを用いたグループカウンセリングという特定の文脈で，評価に関するデータを集めることは不可欠である。さまざまな研究方法を使用することで，サンドトレイを用いたカウンセリングの科学的根拠を確立する手助けとなり，責任あるプログラムの発展のための方向性を与えるだろう。よりデータ収集に向かったこの動きは，もしメンタルヘルスのワーカーが学校でプレイの方法を入れることを望むならば重要であり，限られた資金源のために，非常に多くの競争が生じる。

★　質的なデータ　★

　サンドトレイの写真は質的なデータの良い情報源である。ほぼ毎週の各子どものトレイの写真は，質的な分析のために，個人とグループの過程を追跡するのに役立つ。カウンセラーは何度も，連続した写真から，実際にトレイで作り物語を話す過程で，明らかとなっていない進歩に気づく。時間がたつにつれて，写真はしばしば一貫して現われているテーマを明らかにする。最初の投資をするだけで，デジタルカメラとコンピュータのプリントアウトの結果は，個人とグループの進歩を追跡する安価な方法である。すべての写真のセッションに関する名札と日付は，写真データの管理に役立つ。サンドトレイを用いたカウンセリングのセッションのあとに，子どもの進歩に関して，教師や親のコメント，および観察した結果を記録するのは役立つ。また，非公式の事例報告と客観的な観察も重要である。それらは，サンドトレイを用いたグループカウンセリングの効力をより正式に調査するための基礎資料を提供する。十分な数であるときに，それらはより正式で量的な資料を集めるための疑問や戦略の研究の基礎になる。

★　量的なデータ　★

　実証研究のための量的なデータを得るのは，教育的な目標とプライバシーの保護が最優先される学校で設定するのはむずかしい。しかしながら，教師評価スケールは公

平に受け入れられ，そのいくつかは比較のために全国的な基準の良く標準化されたデータを用意している。PMHP（Cowen et al., 1996）と子どもたちのための行動アセスメントシステム（Behavior Assessment System for Children ; BASC, Reynolds & Kamphaus, 1998）は，ともに全国的な基準に従ったさまざまな評価スケールを提供している（引用文献参照）。BASC は教師の認識によるもので，子どもたちの進度を追跡している臨床的，適応的な尺度の両方がある。そして，予備テストや事後テストの尺度として，PMHP と BASC の両方の評価用紙が使用されるだろう。

グループ経験のための空間の保持：学校のメンタルヘルスワーカーの挑戦

　グループのサンドプレイの過程の最も課題とされる部分は，グループ経験のためにどう空間を保持するかを学ぶことである。グループが円滑になることを助ける組織や管理のテクニックの大部分は，比較的学びやすい。しかしながら，グループ経験のための空間を保持するためには，カウンセラーは焦点化した侵入しない姿勢でいること，サンドトレイのプレイで求められる視覚処理のため時々より深く揺り動かす転移の問題を扱うことなどが要求される。それはまた，個人的なプレイの多くの細かなことを無視して，グループの過程を追跡することをカウンセラーに求めるが，そのことは子どもたちがしていることやいっしょに遊んでいる時間を知らないことについての心配事を引き起こす可能性がある。

★　グループの過程とグループの個人の両方の追跡　★

　Kalff の伝統的なサンドプレイセラピーに従う臨床家は，グループでのサンドプレイについて警告を発している。それは，クライエントのグループ相互作用が個々の精神（psyche）の表現に先行するかもしれないということである（Mitchell & Friedman, 1994）。しかしながら，De Domenico（1999）は，個々の精神と同様に共同の精神もともに扱う適切な時期があると主張する。さらに，彼女はクライエントがサンドトレイの過程の中でいっしょに作業をしているとき，個々の過程が弱められているとは考えていない。この章の前のほうで議論したように，潜伏期年齢の子どもたちではサンドトレイによるプレイが発達的に適切であることに基づけば，グループによる過程は子どもが仲間と遊びながら個々の心理学的な成長の可能性を実際に高める可能性がある。

　それにもかかわらず，グループの過程を追跡するのは，ほとんどの学校のメンタルヘルスのワーカーにとって主要な挑戦である。全体のグループの過程を保持すれば，

個々の細かなことについてのサービスを失う。立ち会いの観察者が細かなことの多くを見失っても，子どもたちが依然として積極的な方向に発達しているのは，少し意外である。グループの過程で，おそらく特に自由で保護されたグループでのプレイでは，子どもたちの弾力性ははっきり現われる。

★ 目撃者としてのカウンセラーの役割 ★

　サンドトレイを用いたグループプレイの最も大きい挑戦の1つは，個々の子どもたちがダイナミックで活動的にグループに集中している間，カウンセラーはそこに侵入しない姿勢をとるという必要性についてである。目撃者として，カウンセラーは，まさに何が現われるかわからないが，注意集中を持続させていく必要がある。多くのカウンセラーにとってこれがむずかしいが，子ども自身の創造的なエネルギーで動く自由を与える"知らない"というまさにその感覚である。子どもたちのために世界を解釈する必要はまったくない。子どもたちはどう彼らの世界をつくるかに関して，どんな指示も必要としない。メンタルヘルスワーカーは，その過程を方向づけ管理するためのエネルギーを使うよりむしろ，その過程が表に現われるように保持するために自己の全エネルギーを使わなければならない。これはカウンセラーが環境を組織化する必要があることを意味し，創造性と想像力を育成するのに役立ち，不要な制限を設定する必要性を減少させる。

　逆転移はもう1つの重要な挑戦である。多くの例では，視覚的なイメージに立ち会うのは言語によるセラピーより影響力があり，それはカウンセラー自身の象徴的な思考過程が，子どもたちのように活発になっているからである。子どもたちのトレイは，より深くカウンセラーを動かすことができる。トレイから最大限の恩恵を引き出すことが子どもたちには認められているので，経験レベルで子どもたちと交わるカウンセラーの能力は危険である。しかしながら，このカウンセラーと子どもの交わりが起こるとき，カウンセラーは子どものイメージや話に反応して必然的に起こる逆移転の問題を扱わなければならない。さもなければ，グループの空間を保持することはむずかしい。それによって子どもたちは，思う存分プレイに必要な自分自身の経験により深く自分を開くことができるからである。ミニチュアの世界の集中した形式で苦痛な経験を演じきる子どもたちを目撃するのは，実に非常に影響力があることである。目撃者の役割を特別に訓練することが，不可欠である。

★ おすすめのトレーニングと経験 ★

　続いて，学校でサンドトレイを用いたグループカウンセリングを行なう上で，準備

とトレーニングのためにいくつか推薦することがある。

1. 能力のあるセラピストと共にあなた自身のサンドトレイをつくる過程を経験しなさい。すると，あなたを経験的な過程に導くイメージを使うことが好きになるのがわかります。
2. 集団レベルでイメージを共有し処理するのが好きになるのを学ぶために，あなた自身でサンドトレイによるグループの過程を経験しなさい。
3. 個人的なサンドプレイセラピーとサンドプレイグループカウンセリングの両方のトレーニングセミナーとワークショップに参加しなさい。
4. 生のプレゼンテーションを提供するトレーニングワークショップに参加しなさい。
5. 小学校の児童の発達上のニーズを見直しなさい。
6. サンドトレイグループを始める前に，あなたがその過程において非常に快適になるまで，多くの個々のクライエントとサンドプレイカウンセリングを練習しなさい。
7. ちょうど2人の子どもとともにあなたの最初のグループを組織しなさい。そして，次に，あなたの快適さとトレーニングのレベルに合うように，あなたの次のグループの人数を増やしなさい。
8. グループの過程，特にサンドトレイを用いたグループカウンセリングの過程を使ったことのある有資格者からスーパービジョンを受けなさい。
9. セッション後のプロセスを助けるために，訓練された同僚とあなたの最初のグループを指導してみなさい。
10. サンドプレイに関連する本と記事を読みなさい。そして，関連のあるケースを研究しなさい。

グループのサンドプレイが比較的新しいので，それが良いトレーニングの機会であることがわかるには何らかの努力を要する。個々のサンドトレイセラピーのためのトレーニングは，国内の多くの地域で利用可能である。そして利用しにくいが，サンドトレイのグループワークのためのいくつかのトレーニングの場所がある。個々のワークのためのトレーニングは，重要な第一歩である。一般的なプレイセラピーのトレーニングは，サンドトレイを用いたグループのカウンセラーのために有益だが，特定のサンドプレイセラピーには練習にいくつかの要素がある。良い準備は，カウンセラーがサンドトレイを用いたグループカウンセリングで，容易に起こる多くの落とし穴を

避けるのを助けるだろう。しかしうまくいくと，それはほかにないような過程である。彼らの最も奥深い問題を扱うのに，象徴的な言語を利用できる安全なグループに属することができるとき，それは子どもたちにとって特別な贈り物になる。彼らは非常に早く心を開き，そして彼らが自身の創造的なエネルギーにふれるとき，彼らはびっくり仰天する。子どもたちは柔軟性がある。そして，自由にして保護された空間で彼らの柔軟性が発揮され，彼らは自分たちをより十分に発達させる機会に飛びつく。

第19章

学校でのプレイセラピーの新しい試み

Cynthia Reynolds and Carol Stanley

　プレイセラピーはプレイセラピー連盟によって，次のように定義されている。"人間関係のプロセスを確立する理論モデルを体系的に使用し，訓練されたプレイセラピストがプレイの治療的なパワーを使い，クライエントが心理社会的困難さを防止または解決し，適切な成長と発達を達成するのを手助けすること"。プレイセラピーは，プレイが子どもたちに自然に起こっている現象であるという合理性に基づいている。10歳以下の子どもたちはよく発達した表出言語をあまりもっていないので，彼らはコミュニケーションをするためにおもちゃやプレイを日常的に使っている（Kottman, 1995）。プレイは子どもの正常な発達を促進するだけでなく，異常な行動を軽減する力をもっている（Schaefer, 1993）。プレイは抵抗を克服するのを手助けし，コンピテンスをつくり上げ，自己表現，問題解決，役割取得を促進し，創造性を高め，解除反応（abreaction），カタルシス，アタッチメント形成，恐怖の軽減などの機会を用意する（Schaefer, 1993）。さらにプレイ中に起こる肯定的感情は，子どもたちの中に弾力性を形成するのに役立つ。

　プレイセラピーには多くの異なった理論がある。各アプローチは，人間の本質，人々やパーソナリティーの概念化，カウンセラーの役割の定義，クライエントと両親の相互作用などについてそれぞれ特有の信念をもっている。プレイセラピーの理論が子どものパーソナリティと人々の信念に最善のはたらきをすることを発見するのはカウンセラーの責任である（Kottman, 1995）。

　ほとんどのカウンセラーは統合的なアプローチを選び，個々の子どもたちのニーズに最もよくマッチするものを発見するためにいくつかの理論を選択する。特別な理論

はそのプロセスをセラピストが指示するものから子ども自身が方向を決めるもの，構造化された材料から構造化されていない材料を使うものまである。子どもたちにプレイセラピーを使い，満足や手応えを感じるために必要な個人的な仕事をすることが個々のカウンセラーの課題である。

★ プレイセラピーの導入 ★

　小学校のスクールカウンセラーは，プレイセラピーのテクニックの実施に際して，効果的にはたらくための支援の基盤をつくり上げることが大切である。何人かのカウンセラーにとって，"セラピー"という言葉を使うことは，セラピーが一般的にスクールカウンセラーの実践の範囲を超えていることや学校の役割を超えていると信じられているため，学校で売り込むことは特に厳しい。これらのカウンセラーは，潜在的な反対を十分考慮して"プレイカウンセリング""おもちゃでカウンセリング"のような言葉を使用することを選んでいる。しかしながら，名称を変えることはプレイと関連する癒しの本質を変えるわけではないし，上述のようにプレイセラピーを受け止めている人たちの信頼を壊すわけでもない。プレイセラピーのもつ背景や合理性や発達の妥当性，それに恩恵などについて適切な説明をすることで，名称に関する抵抗は少ない。スクールカウンセラーは学校区で行動の最も良い行程を決めるため，社会文化的な環境をアセスメントする必要があるだろう。

　ほとんどの学校職員は，子どもたちを研究する新しいかまたは刷新的な方法が使える小学校のカウンセラーがいることを喜び，ただちに彼らのサポートを申し出るだろう。しかしながら，事務的に考えられなければならない1つの問題は，プレイセラピーと"遊び回ること"との違いである。多くの学校職員は遊び回るためにお金を払って雇うという観念をもっていない。プレイセラピーの結果は，学校区の任務や目的と同列であることを彼らに納得させる必要がある。小学校の主要な目的は，適切な学習の機会を用意することにより子どもたちの知的，身体的，それに社会的発達を支援することであり，子どもたちが用意された学習の経験から利益を得るための準備を手助けする手段としてプレイセラピーを利用できる（Landreth, 1983）。学校でプレイセラピーを使うことの議論を支援するために，専門家のビデオテープ，本，関連のある研究，講演会，プレイセラピーのウエブサイトのアドレスなどを用意することが手助けとなる。学校職員が子どもを助けるためにプレイセラピーを使うことの恩恵を理解するのに，事例を用意すると説得力がある。しかしながら，最も力強いセールスポイントは，プレイセラピーの介入の結果として子どもの行動的，学業的な達成が具体的に改善することを目の当たりにすることである。

教師は一般的に教室で学業的，情緒的，ないしは社会的に苦しんでいる子どもたちを助けるため，協力してくれるスクールカウンセラーがいることで安心する。しばしば，子どもを"治す"ためにスクールカウンセラーに多くのプレッシャーがかかっている。プレイは，外見上，"この子どもを速く治すこと"と同じものに見えてはいけない。

> **事例**
>
> 　Mr. Jacobsは，4年生の少女のHaleyにかかわっていた。彼女は1年間で3回，教室でほかの子どもたちから物を盗んで捕まった。Mr. Jacobsは（親の許可を取り）彼女の問題を取り扱うのを手伝ってくれるスクールカウンセラーに照会した。彼女が2回目にカウンセラーを訪問したあと，Mr. Jacobsは彼女に盗みの問題にカウンセリングが役立っているかどうかを尋ねた。彼女は「私たちは楽しいプレイをたくさんしています」と答えた。Mr. Jacobsはスクールカウンセラーが自分の仕事をしていないと感じ，盗みという重大な違反への答えにまったくなっていないとも感じた。彼は，カウンセラーの援助でHaleyが変化していることをほかの子どもたちが探すことを奨励しなかったし，指示された時間にHaleyをカウンセラーの事務所に送りだすのを"忘れる"ようになった。

　スクールカウンセラーが，プレイセラピーの合理性，恩恵，禁忌，適切な期待などを用意する際に，学校スタッフとの協調した活動が必要である。教師が，プレイセラピストになるのに必要な訓練と教育を理解することで，プレイセラピーのテクニックを使いながら子どもたちに接近するためのスキルの深さを正しく認識する手助けになるだろう。年度開始当初のスタッフミーティングで，セラピストがプレゼンテーションを行なうことが，学校で起こるごく自然な誤解を緩和するのに役立つだろう。

　子どもの問題に助けを求めている両親は，学校で提供されるプレイセラピーの考えを歓迎するだろう。両親は子どもの問題に何か月も何年も悩み，ほんの少しかまたはまったく役に立たない多くの治療を試みてきている。両親は，子どもと話をしたり，きちんとするように告げることは望ましい結果を生まないことを正しく認識できている。両親はカウンセラーのところへ行き，プレイが子どもの不安を減少する手助けとなることを理解する。一方，何人かの親はプレイが悪い行動の報酬になると見ているので，子どもをプレイセラピーに行かせることに憤慨するだろう。プレイセラピーについてこれらの親を教育することで，プレイセラピーを1つの試みとして納得させるか，または他の種類の手助けを探す決意を固めさせるだろう。

　親の会合やPTAでプレイセラピーについて説明することは，小学校のカウンセリ

ングプログラムにプレイセラピーを統合するための支援をつくり上げる基本的な要因となる。プレイセラピーについて述べているパンフレットをつくることや学校のニュースレターに記事を載せることは、スクールカウンセラーがプレイセラピーをどのように使うかについて、広く知らせる手助けとなるだろう。

★　倫理的な問題　★

　米国カウンセラー協会の"スクールカウンセラーの倫理綱領"（American School Counselor Association, 1992）は、"各個人はプライバシーをもつ権利があり、それゆえカウンセラーとクライエントの関係を期待する権利は秘密性に付随するすべての法律や政治や倫理綱領を遵守するだろう"としている。秘密性は、カウンセリング関係において本来備わっているプライバシーに関する個人の権利であることに言及している。事実、秘密性はカウンセリング関係の中心であり、子どもたちは話やプレイをすることにプライバシーが保たれると信じるなら、信頼して心を解放することをいっそう喜ぶだろう。秘密性は、スクールカウンセラーと子どもの間で助け合う関係が始まるとき、両者の間での一致が確立される。例外については、初回で話し合われる。カウンセラーは、次のように言える。「私はスクールカウンセラーです。私の仕事はあなたたちの親しい助力者となり、ストレスや不愉快な感情をコーピングすること、あるいはあなたたちを悩ませている事柄を手助けすることです。私たちは会って話をし、プレイをします。ここであなたが言ったり行なったりすることはまさに私たちの間でのことについてです。あなたが傷ついたり、他者を傷つけたりあるいはあなた自身を傷つけるようなことは、除きます。そんなときは、私は法律に従って、起こっている事をあなたの両親またはほかの手助けをしている人たちが知っているかを確かめなければならない。そうすると傷つけることを止められるからです」。

　秘密情報（privileged communication）は、公聴会や法廷で示される秘密の情報をもつことを保護されるクライエントの権利に言及している。1987年にスクールカウンセリング関係で学生に与えられたいくつかの秘密情報に関する権利が、わずか20の州で認められているだけである（Sheeley & Herlihy, 1988）。未成年の子どもたちのケースでは、多くの場合、親や保護者が秘密情報の持ち主である。それゆえ、スクールカウンセラーは、カウンセリングで進行していることについて親や保護者が知る権利と、子どものプライバシーへのニーズとのバランスをとるといった、気力がくじかれるような課題に直面しなければならない。カウンセラーは、次のように言う。「あなたの親か保護者は、あなたに責任がありあなたの世話をしているので、私たちが作業をしていることを知りたがるときがあります。私は、あなたの両親と話したいことに

について，いつも最初にあなたに同意をとるでしょう。もしあなたが自分で親と話したいなら，あるいは私といっしょに話したいなら，私たちはあなたの両親や保護者に言いたいことをいっしょに決めることができます。たとえば，あなたが両親や保護者の新しいヘアスタイルが嫌いでも，私はあなたの両親や保護者に告げないでしょう。しかし両親や保護者があなたを助けることについてあなたが本当に悩むか恐れるなら，私は彼らとそのことについて話し合ってもよいかどうかをあなたに尋ねるでしょう」。

スクールカウンセラーはしばしば，介入支援チームのメンバーとして機能し，学業的な可能性をまだ見つけ出していない生徒たちを助けるために，戦略を工夫する。生徒の達成についての情報は，しばしば，校長，スピーチセラピスト，学校心理士，特別な教育の担当教師，リーディングの専門家，チューター，クラス担任の教師とのミーティングで検討される。

生徒についての秘密性は最高に重要なことで，スクールカウンセラーは秘密に関する情報を明らかにすることなく，チームに貢献できる有益な意見とのバランスを見つけなければならない。チームまたは教師と共有する内容について，再度子どもと親や養育者の許可を求めることは重要なことである。カウンセラーは，次のように言うことができる。「あなたにたいへん関心をもっている先生たちのグループがあります。先生たちは学校であなたが可能な限りベストを尽くしてくれることを望んでいます。私たちは，あなたの手助けとなる意見をもって来週会いにきます。あなたは，私がグループで話し合うことについて何か要望がありますか。あなたが何についてどんなに脅えさせられたかを先生たちが知ることは役に立つように思われます。私がそのことを先生たちに伝えてもいいですか。私が先生たちと話し合ってほしくないことについて，私と話したり，いっしょにすることがまだ何かありますか」。

秘密性への問題は，小さなグループや教室でのガイダンス活動では，いっそう複雑になる。なぜなら，カウンセラーは生徒たちがお互いのプライバシーを尊重することを保障できないからである。これらの場合，秘密性が述べられることもあるし，秘密性が尊重されない痛ましい結果が話し合われることもある。幼児は特に，グループで共有するのに何が適切であるか，さらに1対1の状況でより適切なものは何か，などについてガイダンスを受ける必要があるだろう。秘密性が完全に保障されないことについて，幼児に警告を与えるべきである。カウンセラーは次のように言うことができる。「私たちがグループで話し合うことは，ここだけの内容とすべきです。ここであなたが言うことやすることは，他者にうわさ話をしてもらいたくないでしょう。あなたが好めば，言ったり行なったりすることについてグループで話すのは自由ですが，

ほかの人たちがグループで言ったり行なったりすることについて話すべきではありません。もしあなたがグループで話し合いたいことについてはっきりしていないなら、私にそのことについて個人的にいつでも尋ねてもよいです。あなたはほかの友達や親御さんにその人たちが何を考えているかを尋ねることもできます。あなたは、共有したいことをどれだけにするか決める前に、グループについて数週間後どのように感じるか成り行きを見守りたいでしょう」。

　一般的に，カウンセリングセッションで話されていることについて，私たちは秘密性という概念を用いている。プレイセラピーで，プレイや美術の製作について秘密性が保護されるべきである。プレイや美術の製作では，子どもがこれらの材料の中に非常に敏感な感情を表現することができる。もし他者によって，そのプレイや美術の制作が誤解され，誤って説明され，誤って使われれば，クライエントを傷つける可能性が常に存在する。

事例

　スクールカウンセラーは，プレイセラピーで子どもが書いた何枚かの絵の個人的な特質を見てきた。セッション後，カウンセラーは子どもにその絵を教室に持って帰らせるよりも，その絵をセッションの終了日に子どもに渡せるように保管しておくほうがよい。カウンセラーはまた，親に電話をし，子どもが何を期待しているかを知らせ，その絵に反応する最も良い方法について示唆を与える。このケースでスクールカウンセラーは，もし子どもがうかつにもその絵画についてクラスメートや教師に漏らす結果になるという潜在的な危険性に敏感である必要がある。親への電話には子どもの許可が必要であり，親は子どもに適切に反応する方法について電話でコーチを受ける必要がある。

事例

　Jeff の父 Bill は暴力の経歴があり，裁判所とのトラブルがある。Jeff は父親の反応が怖くて，怒りの感情を家で表出できないでいる。Bill は殺人を犯し，それが発覚して，刑務所行きを宣告された。父親が収監された数週間後，Jeff は学校で行なわれたプレイセラピーで，父親に対する怒りの感情を絵に表わした。スクールカウンセラーは母親に電話で打開策を知らせ，彼の感情の表現をサポートする方法を教えた。数か月後スクールカウンセラーは，刑務所の Bill から，彼に対する息子の反発についてカウンセラーを批判する怒りの手紙を受け取った。カウンセラーが母親に電話をしたとき，母親は Bill に絵を持っていった（Jeff の知らないところで）ことを認めた。彼女はその際に，Jeff が刑務所の Bill を訪問することを嫌うことの説明のためにその絵を持っていったのだっ

た．秘密をもつ絵画の材料が子どもの不利益に対してどのように誤って理解され，誤って使われたかを示す格好の事例である．

　スクールカウンセラーの責任性は，米国スクールカウンセラー協会（1992）の生徒に対する責任性の欄に述べられているが，もう1つの重大な責任としては，生徒の問題がプレイセラピーのセッションから教室にうまく移行するように，適切に準備をすることである．子どもたちは，プレイセラピーやカウンセリング中の制限が，教室や家庭でのものとどのように異なるかを理解するのにコーチを受ける必要があるだろう．子どもたちは，特別な情緒的表現をするセッションから出る方法，現実の自分にもどる方法，それに教室に再び入室する方法などを支援してもらう必要がある．子どもたちは，その場所ではそれなりのルールがあることを理解できるが，カウンセラーはこのような違いをどのように区別できるかについて，子どもたちを教育する責任がある．カウンセラーは，約束を数分間許すことによって，子どもたちが心を落ち着けるのに必要な時間を用意し，教室に子どもを"無理に返す"悪い結果にならないようにしている．

★　訓練とスーパービジョン　★

　プレイセラピー連盟（Association for Play Therapy；APT）は，プレイセラピーを普及することや子どもたちやその他の人たちをよりよく援助するために，メンバーの専門的なニーズを満たすことを活動の目標にしてきた（APT，2000）．APTでは，登録されたプレイセラピストになるのに必要な，特別な学問的，臨床的な基準が設けられている．それにもかかわらず，カウンセラーの中にはプレイは生まれつきの能力で，子どもたちにプレイセラピーをするのに特別な訓練はいらないと信じている人もいる．米国スクールカウンセラー協会の倫理綱領（American School Counselor Association, 1992）は，自己に対する責任性という観点からこの問題に特別に言及し，"スクールカウンセラーは個人的な専門的コンピテンスの範囲内で機能していて，子どもの行動の責任性についてそれを受容する"としている．プレイセラピストの実践という点からコンピテンスを明確に定義しているので，適切な訓練なしにプレイセラピーを実践することは非倫理的である．ガイドラインでは，スクールカウンセラーは"専門的なコンピテンスを維持し，技法が新しくなることやその動向に遅れないでついていく努力をしている．その人の専門的で個人的な成長は，カウンセラーの生涯をとおして連続的で継続するものである"と述べられている．このことは，スクールカウンセ

ラーがその領域の最新の進歩を維持するのに必要な時間や資源を得ることに義務感をもつための側面的な支援となっている。

　歴史的に，スクールカウンセラーは運営上のスーパービジョンは受けてはいるが，臨床的なスーパービジョンはあまり受けていない。特に，小学校のスクールカウンセラーは最も孤独な立場の1人で，小さな地区にふつうわずか1人で，より大きな地区ではいくつかの建物を移動し，他のカウンセラーと出会う機会がない。スクールカウンセラーが，登録したプレイセラピストになるための基準を満たすには，スーパービジョンが必要である。スクールカウンセラーは，役に立ち支援してくれるスーパービジョンの仲間のグループを見つけるだろう。

小学校のカウンセリングプログラムへのプレイセラピーの統合

★ 環境 ★

　多くの小学校のスクールカウンセラーは部屋をもち，そこは"保管所"と名づけられ，ドアは開いている。何人かは，事務所として1つの教室くらいの広さの部屋をもつ人もいれば，3つかそれ以上の建物を移動し，決まった部屋をもたない人もいる。環境の特殊性にもかかわらず，スクールカウンセラーはプレイセラピーをいくつかの形態で実施することが可能である。

1つの校舎：プレイセラピーのいろいろな場所

　あるスクールカウンセラーはいくつかのプレイセラピーのカンファレンスに出席し，自分のプログラムにプレイセラピーを実施することを望むが，伝統的なプレイセラピー室の構造に心地よく感じていない。彼女は，教師として慣れている概念にならって，自分の事務所（ふつうの教室の半分の大きさ）をモデルにし，学習の場所とよんでいる。彼女は7つの異なったプレイセラピーの場所をつくった。養育的な場所には，赤ちゃんの人形，ぬいぐるみの動物，ろうそく，毛布，ロッキングチェア，皿と模造の食物，人々の入った人形の家，それに哺乳ビンなどがある。安全と保護の場所には，パンチングバッグ，手錠，叩くベンチ，空気の入ったバット，プラスチックの盾とかぶと，ヘルメット，ロープなどがある。絵画の場所には，クレヨン，マーカー，パステル，イーゼル，ペンキ，布切れ，パイプの掃除用具，接着剤，はさみなどがある。粘土の場所には，粘土，マット，ハンマー，にんにく圧搾機，ポテトの皮むき機，バターナイフ，綿棒などがある。彼女が最初にプレイセラピーを始めるとき，子どもたちに20分のセッションで2つないしは3つの場所でのプレイを選ぶように伝

える。彼女は，子どもたちに自由にプレイをさせることは，あまりにも多くの混乱を生むだろうし，各セッション後に部屋を掃除するのにあまりにも多くの時間を費やすだろうと心配した。数週間後，彼女は制限したことで子どもたちの表現が人工的で，限界があることに気づいた。そこでプレイセラピーでの場所を使い続けながら，子どもたちにどの場所でプレイをするかを選ぶ自由を与えた。

別のスクールカウンセラーは，事務所として１つのクラス全体を割り当てられている。彼女はその部屋をたれ幕で仕切り，事務所，グループワーク，親とのカンファレンス，プレイセラピー，などの用途で４つに分けた。彼女は多くの部屋をもち大喜びであるが，声が反響し，しばしば子どもたちがいっそう抑制的になるので，部屋があまりにも広いと感じている。同時に，彼女は，実は掃除や水遊びに便利な流しが必要だと思っている。彼女には，大きな部屋が有利であったり，不利であったりすることがわかった。

２つの校舎

他のスクールカウンセラーは，２つの校舎を移動し，スピーチセラピスト，学校心理士，それに読みのチューターと部屋を分け合っている。道具を持って校舎を移動するのに疲れるが，彼が１つの事務所に道具を置いたままにしたとき，あとでそこにもどったら道具がないことを発見した。彼は，２つの大きな鍵のかかるキャビネットを校長に交渉して購入し，各校舎に１つずつ置いた。彼はキャビネットにプレイセラピーのすべての用具を入れ，校舎にいないとき鍵をかけておくようにした。

多くの校舎

もう１人のカウンセラーは，カウンセリングのプログラムを発展させるために，校区に５つの小学校の校舎を借りている。彼女はプレイセラピーをプログラムに組み込みたいので，大きな携帯用のバッグを購入し，プレイセラピーの基本的な品物を入れている。おもちゃに制限はあるが，彼女は生徒に肯定的な結果を生むためにプレイセラピーを使うことができると感じている。その校区では，２年以内に小学校のカウンセラーが追加して雇われたことがたいへん印象的であった。

★ 設備 ★

プレイセラピーで使われるおもちゃは，慎重に考慮する価値があり，おもちゃはコミュニケーションの伝達物と考えられている。異なったプレイセラピーの理論家が，基本的なものとしておもちゃの一般的なカテゴリーを推薦している。これらの中に

は，攻撃的なもの，養育的なもの，養育的なもの，創造的なもの，表現的なもの，空想的なもの，実際の生活のもの，などが含まれている。スクールカウンセラーは自分の理論的な方向性と一致するおもちゃの選択をする必要がある。

Landreth（1991）は，プレイセラピストが以下の基準によりプレイルームで使うためのおもちゃを評価することを提案している。彼によれば，おもちゃと材料は，次のように機能すべきである。

1．広範囲の創造的で情緒的な表出を促進すること。
2．子どもたちが興味をもてること。
3．プレイルームで，言語的非言語的に詳しく調べ表出することを認めること。
4．特定の定められた手続きによらずに，子どもたちに成功する経験を用意すること。
5．よくつくられ，耐久性があること。

スクールカウンセラーにとって不愉快に感じるおもちゃを避けることが大切で，それは子どもたちがカウンセラーの非言語的なコミュニケーションの部分を取り上げ，不必要な力動をつくりだすからである。

学校暴力の最近のエピソードは，学校区で容認しない方針（zero tolerance policies）を設置する結果になっている。そこでは，本物やおもちゃの武器を持つ生徒は，登校を停止させられている。スクールカウンセラーはゴムのナイフ，投げ槍の鉄砲，手錠など，これまで空想での攻撃に使われていたおもちゃを入れるかどうかの矛盾に直面している。

この問題を考えるには，両極があるように思われる。片方の極では，おもちゃが言葉でプレイが言語であれば，子どもたちはプレイルームに攻撃的なおもちゃがないことで，怒りや攻撃の感情についてコミュニケーションをする能力を奪われることになる。攻撃的なおもちゃを使うことで，子どもたちに怒りの健康的な開放を行なう手段を用意し，子どもたちは実際に日常の生活で攻撃性を減少させる，と考える。他方の極は，平和な社会の推進が望まれるなら，子どもたちを暴力の道具にさらすことは排除されるべきである。ただし，プレイルームにピストルを置くことや学校でおもちゃのピストルを使うことは，暴力を受け入れられるものに置き換えることで，子どもたちを社会化させる，とする。スクールカウンセラーがこの問題のいずれの立場に立っても，行政や両親からの支援を得るためには，確かな合理性を発展させること，プレイルームで役に立つものや，おもちゃが使われる目的に気づくことなどが大切であ

る。この問題を思慮深く扱うことが，小学校のカウンセリングプログラムの将来を決めることになるであろう。

事例

> ある小学校のカウンセラーは，数年間プレイセラピーを使っている。彼女は典型的に攻撃的なプレイの設備を用意し，投げ槍のピストル，ゴムのナイフ，ロープ，ポップバッグ，バタカス，それに手錠などを置いている。Jonesboroで発砲があったあと，彼女の校区は容認しない方針を採用した。ある日，1年生がプレイルームを去るときに，「A先生，あなたはピストルやナイフを持っているので，学校から蹴り出されるよ」と酷評した。Aカウンセラーはゴムのナイフやピストルの必要性を考え直し，それらを置かないようにした。しかしながら，彼女は他の攻撃的なおもちゃはそのままにし，サンドトレイの収蔵品にミニチュアの兵士のおもちゃを入れた。

プレイの材料に費用がかかり，その融資について予算をもっている小学校のカウンセラーはいない。カウンセラーは親の組織に必要なリストを送ることができる。多くのPTAは教室の教師に毎年品物の予算を出し，スクールカウンセラーもその予算に要求できる。暴力や薬物の防止に当てられる補助金が，小学校のカウンセラーの材料費に使われている。校区の他の予算担当者と協力して作業をすると，プレイセラピーの部屋の予算がつく。最後は，教師，両親，地域のコミュニティの企業に寄付を懇願することも助けになる。必要とされる品物のリストを分配すれば，がらくたの入ったバッグの中を選り分ける必要がなくなる。限られた予算でも，数年のうちに良い設備のプレイルームを設置することは可能である。

★　いろいろなテクニック　★

プレイセラピーによる介入とテクニックは，数百種類ある。この章の目的は，4つのテクニックを議論し，小学校のカウンセリングプログラムにうまく統合された特別な事例を述べることである。

パペット

パペットはプレイセラピーで最もよく使われる道具の1つで，自然に引きつけられて楽しいものである。パペットは指示的な方法から非指示的な方法にわたる各種の理論的なアプローチで使うことができる。Barnes（1996）は，パペットの4つの機能について述べている。すなわち，退行，投影，境界のモデリング，言語的コミュニケーションの増加へのステップ，などである。

【退行】

パペットは子どもたちを社会的に受け入れられる様式で、早期の発達段階にもどす可能性をもっている。小学校の上級生でも、"赤ちゃんぽい"といってほとんどのものを拒絶するが、パペットで劇をつくることを楽しむだろう。パペットで遊ぼうと遊ぶまいと、子どもたちの名誉を尊び、尊敬する過程の一部である。パペットで遊ぶことを望まない子どもに強いることは、治療的でない。

【投影】

子どもが自分より力のある大人に感情を表現し、個人的な問題を明らかにするのは子どもにとって恐ろしいことである。パペットで表現すれば、恐ろしいことはほとんどない。現実や空想の考えや感情が、パペットのキャラクターをとおして判断を恐れることなく表現される。子どもがスクールカウンセラーとパペットのプレイをしているとき、小声で話すテクニックが子どもの問題を表わす勇気を与えるので特に効果的である。

【モデリング】

パペットは望ましい行動のモデルをするために使うことができる。多くの子どもたちが大人よりもむしろパペットに耳を傾け提案を受ける気持ちになるように思われる。パペットでモデリングをするとき、けっして子どもに批判的か否定的な方法でそれらを使わないことが大切である。

【言語的コミュニケーションの増加】

大人と話すことが嫌いか恐れている子どもたちにとって、パペットはコミュニケーションの可能性を与え、いっそう直接的なコミュニケーションができるための最初の段階になる。

パペットを集め始めるとき、良い方と悪い方の両極を象徴するものを用意することが大切である。つまり、家族人形（魅力的でかわいい人形、たとえばイヌ、子ネコ、ウサギ、羊など）、攻撃的な人形（たとえばサメ、オオカミ、ワニ、怪獣など）、王様、王女、皇太子、皇太子妃などや、男女の魔法使い、天使と悪魔、警官、救助隊、裁判官、フクロウ、二枚貝、カメ、などである。

事例

1年のソーシャルスキルのグループで、スクールカウンセラーは「私は気づかう」という言葉を教えていた。彼女は人々が「私は気づかう」という言葉をどう使っているか示すためにあるパペットを選んだ。生徒は各自でパペットを選び、それからパペットが「私は気づかう」という言葉を使う寸劇をつくるように言われる。生徒たちは元気づ

き，それに取り組んだ。彼らは次のグループセッションまでに，家庭や学校で少なくとも3度「私は気づかう」という言葉を使うように言われた。

> **事例**
>
> Joshua は4年生の男の子で，父親が家で心臓麻痺により死ぬのを目撃したが，誰ともそのことを話し合わないのでカウンセリングに照会された。彼は家庭で落ち着かずに動揺し，学校を休んでいた。彼のお気に入りのパペットは，黒と白の斑点のあるイヌのダルメシアンで，彼を助けるための象徴を意味していた。毎週プレイセラピーの間，彼は劇をつくり，その中でほかのパペットは生活を脅かす状況で捕らえられ，ダルメシアンが助けにきた。そのような救助劇を何度もしたあと，スクールカウンセラーは，Joshua にかつてダルメシアンのようになりたかったかどうかを尋ねた。Joshua は激しく泣き出し，父の死と父親を救うために何もできなかったことをいかに悪いと感じているかについて話した。このセッションのあと，Joshua は学校や家庭で著しい改善を示した。

創造的運動

子どもたちは机にじっと座って，教育的な情報を受動的に吸収することをよく期待される。子どもたちは，このプロセスにより自分たちの自然なエネルギーや生活に対する熱意をそがれている。代わりに，動くためのこの生来的な欲求は，学習を抑えるよりもむしろ豊かにし強めるために使うことができる（Benzwie, 1987）。カウンセラーが創造的な運動を使うことで，子どもの問題解決，自尊心，協同などを促進できる。

> **事例**
>
> Louis は9歳の少年で，家庭でふつうに話すにもかかわらず，学校では話すことを拒否していた。彼が学校で話さないことの医学的，また文化的な理由は何もなかった。スクールカウンセラーと体育教師は Louis の母親が彼は体育が気に入っていると述べたので，選択科目について話し合った。体育教師は，Louis が特に動く活動が元来得意であることに気づいた。カウンセラーと体育教師は Louis と3人の友達のために運動のセッションを共同で計画した。最初の数週間，参加する際に，話す必要はなかった。各週でセッションが構造化されたので，協同してプレイすることがいっそう必要になった。やがて，Louis は学校で友達やカウンセラーにささやくようにして話すようになった。

> そして数か月で，クラスでじょうずに話すようになった。

粘土

粘土は子どもたちに使うことを理想的にする自然な治療的特性をもった媒介となっている。その柔軟性と弾力性は，何人かの子どもたちの完全主義を大いに妨げる役目をしていて，誤って作っても簡単に直せる。粘土は多くの合成の練り粉や模型製作粘土よりもはるかに清潔である。濡れたときにスポンジできれいに洗え，乾いたとき衣類やその他の表面からブラシで落とせるからである。ほとんどの子どもたちは手が汚れるのを喜ぶが，時には粘土の退行的な特質を過剰に不愉快に思う子どももいる。カウンセラーは子どもがこの媒介物を使う際に，嫌がり拒否することに注意を払うべきである。

事 例

スクールカウンセラーは，2つの教室のガイダンスの授業に粘土を使うことを取り入れた（1つは3年生で，もう1つは6年生）。3年生は，'カメのテクニック（怒りの感情をコントロールするための時間を得るために，自分の殻に退却すること）'に焦点を当てた怒りマネジメントのレッスンに粘土を使った。生徒は粘土の亀を作り，怒りに反応する前に10まで数えて呼吸をするために殻に入るという実践した。6年生は，自分自身の怒りの怪獣を作るのに粘土を使った。彼らは怒りの怪獣を教室に並べ，それが自分の生活をどのように妨害するかを話し合った。生徒はそれから怒りの怪獣を壊し，それと置き換えるためにもう1つの粘土の人形を作った。

サンドプレイ

サンドプレイは心理学的な治療に利用できる最も大切な手段の1つである。それには，世界や場面，物語などをつくりだすために，砂の入った小さなトレイと多くの小さな人形が必要である。このプロセスをとおして，子どもの情緒的な世界が実際に反映され，子どもは多くの葛藤や問題に直面し，以前にその子の成長や発達を阻害した問題を解決することを学習する。子どもがサンドプレイに参加するとき，たいへん深いレベルではたらく治療の領域へその子は入っていくことになる。理想的には，サンドプレイそれ自身は，Kalff（1980）が治療過程に対する"自由で保護された空間"による触媒作用とよぶものである。この形のセラピーを使うことに興味をもっているスクールカウンセラーは，広く参考書を読み適切な訓練の場を探し，スーパーバイズ

経験を受け,そして個人的なサンドプレイセラピーをつくりあげるべきである(Sweeney, 1999)。下記の例は,サンドプレイセラピーの力を証明している。読者は,これらの介入を行なう前に,必要な準備をすべきである。

事例

校長は,危険な状態にある5年生の男子のグループを扱うプログラムを発展させるようにスクールカウンセラーに依頼した。カウンセラーは,学校でグループサンドプレイを実施するための訓練に参加した。彼女は,文化的により敏感なアプローチが少年たちにどのように作用するかを,特に見たかった。各セッションの前に,彼女は少年たちをサンドプレイの活動に導き,ガイドラインを思い起こすように手助けをした。それから,それぞれの子どもは砂に1つの世界をつくりだした。終わってから,そのグループはそれぞれ他者の世界を見せ合った。数か月以内に,カウンセラーには両親と教師から,少年たちにしていることについて尋ねるメモや電話が寄せられた。そのグループは子どもたちの行動化に重大な影響を与えているように思われた。両親や教師は,グループでのプレイがキャンセルされたとき,少年たちがたいへん取り乱すことに気づいた。その年度の終わりに,少年たちは学校で行動が著しく改善したことを示した。

事例

Barryは8歳で,両親の離婚により心を痛め,情緒的なストレスを抱えたため,カウンセラーに照会された。継続的な裁判が彼に深刻なストレスを与えているという事実にもかかわらず,自分たちの行動を変えようとしなかった。スクールカウンセラーは,両親がBarryに完全に秘密にすることと訴訟の証拠としてカウンセリングを使わないことに同意するなら,Barryとの作業をすると伝えた。最初にカウンセラーの事務所に歩いて入り,Barryはサンドトレイに連れていかれた。彼は戦いの場面をつくることに時間を費やしていた。毎週,その場面をつくり,帰る準備ができるまで何も言わなかった。彼がドアの外に出たとき,「たいへんいい気分です」と言った。5,6セッションのあと,カウンセラーとBarryは,彼がきたいときに来て場面をつくることで合意した。彼は学期の休みの期間に数週間通い,学校でうまくいっていることを報告した。カウンセラーとBarryは,離婚について話し合うことはなかった。

要約と推薦

プレイセラピーは小学校で行なわれているカウンセリングプログラムに統合して使

うことができ，これは子どもの能力を伸ばすために教育の場で効果的に介入するための適切な手段になっている。プレイセラピーは小学校の子どもたちに使うのに役立つ，最も発達的に適したカウンセリングアプローチである。学校の校区では，スクールカウンセリングのための国の基準が実施される方向に動いているので，小学校のカウンセラーはどのようにしたらプレイセラピーが，次の2つの基準を満たす手助けができるかを証明することができる。1つは基準Aで，学業的な発達をめざすもので，"生徒は学校や生活全般をとおして，効果的な学習に役立つ態度，知識，それにスキルを必要としている"と考えるものである。もう1つは基準Bで，個人的，社会的な発達をめざし，"生徒は自己や他者を理解し尊敬する手助けとなる態度，知識，それに人間関係スキルなどを必要としている"と考えるものである。適切な訓練と経験で，小学校のスクールカウンセラーは，スクールカウンセリングを子どもたちを助ける中心的な位置にもっていくことができる。

第20章

行動的にリスクのある子どもたちへの早期介入

W. Barry Chaloner

　教師とスクールカウンセラーは，うまく介入するための時間，資源，スキルなどがない状態で，暴力的な子どもを指導するための助言を求められることがますます増えている（National Association for the Education of Young Children；NAEYC，1996）。また，学校での暴力の発生率は事件の厳しさを伴って過去30年の間で著しく増加している（NAEYC，1996）。この傾向は，根本的には保護者と子どものアタッチメントがうまくいっていないことによるだろう（Perry，1996）。

　幼児教育のための国際協会（NAEYC）が出した『アメリカの子どもたちの生活における暴力の情勢についての声明』（1996）で，6歳以下の25％もの子どもが，行動の障害，アタッチメントの障害，それに後年の暴力などを生み出す危険性の高い環境で生活していることが示されている。

　多くの研究者が，訓練に成功するには，早期に介入を始める必要があることを立証している（Shore，1997）。メンタルヘルスのシステムはこの挑戦をかなえることに失敗している。多くのこれら危険性のある子どもはけっしてメンタルヘルスの支援システムにのらないが，たいていの子どもがプレスクールや小学校に入るので，早期の学校ベースのサービスが重要である（Goleman，1995）。子どもが学校で行動問題を起こすと，教師や校長は，個人かグループでのサービスを受けさせるためにスクールカウンセラーのところに子どもを差し向ける。スクールカウンセラーと校長は，行動面からのはたらきかけを必要とする子どもたちの入学が増加するにつれ，カウンセリングや訓練の照会を行なうことにしだいに閉口してくる。多くのスクールカウンセラー，プレイセラピスト，その他の実践家は，自分たちが学校でできるだけ多くの子ど

もたちに効果的にはたらきかける方法を探している。その効果的な方法の1つは，かなりのケースでは，最初に介入する人として行動するために教師を訓練することであり，スクールカウンセラーやプレイセラピストは，プレイセラピーを含むより広い介入システムの中で，教師のコーチとして行動することである。

この章では，早期の介入モデルである『成功するためのプレイと言葉（PALS）』について説明する。PALSは，カウンセリングや訓練への紹介を減らし，暴力を防止するため，包括的な学校ベースの介入プログラムの一部で，教師，カウンセラー，プレイセラピスト，学校職員が協同的に介入するように訓練されている。

学校ベースの早期介入に関する研究の概観

アタッチメント，情動知能，弾力性は早期の学校ベースの介入のための理論的根拠を理解するための鍵となる概念である。James（1994, p.2）は，アタッチメントは"子どもと養育者との間の相互的で，永続的で，情動的なそして身体的な提携"で"子どもが，自分の世界を探求することを学ぶ基礎を用意する"と定義している。Goleman（1995）は，情動知能（EQ）を情動的に自己に気づき，衝動をコントロールし，満足感を遅らせ，社会的情緒的手がかりを読み取り，共感的になり，感情と行動の違いを知る能力である，と定義している。WernerとSmith（1992）は弾力性を，生活での逆境にもかかわらず向上させ成長させる能力であると定義している。EQと弾力性はアタッチメントに依存し，生活のいたる所で健康的に，かつ社会的情緒的に機能するために必要である（Shore, 1997）。

訓練についての研究では，早い時期での大人と子どものアタッチメントの質が，社会的な絆，弾力性，情動知能などの発達や脳の多くの側面の発達，後年の暴力の予防などの重要な要因になることを示している（Egeland, 1996；Egeland et al., 1993；Hawkins et al., 1992；Perry, 1996；Renken et al., 1989；Schaps & Battistich, 1991；Shore, 1997；Werner & Smith, 1982, 1992）。Perry（1996）は，暴力に対する個人の傾向は，養育者による無視（認知的，情動的）とアタッチメントがうまくいかないことの不快なストレスの結果であると指摘している。

これら2つの要因が持続するとき，生存，闘争，逃亡に関係する脳のある部位が過剰に発達するが，共感や衝動のコントロールに関係する脳の部位は発達が抑えられたままになる。彼は，このことはその後の介入に対して個人的な神経学的反応をいっそう悪いままにしている，と主張している。長期的な研究（Renken et al., 1989）で，早期に養育者と情動的に接することができなかった子どもたちが，青年期になりより

いっそうの攻撃性と行為の問題を示すことがわかった。Renken はまた，無反応の養育から生じる不安‐回避型のアタッチメントは，アタッチメントが研究されているすべての文化において，子どもたちが暴力的になる素因を与えるようになることに注目した。他の研究者（Hawkins et al., 1992；Werner, 1987；Werner & Smith, 1982, 1992）は，早期での年齢の肯定的な大人と子どものアタッチメントが，弾力性の発達に重要な役割を演じることを指摘している。長期的研究で，Egeland ら（1993）は，貧しくて高いリスクのある環境で成長し，弾力性の特性を示す子どもたちは，養育者と安定したアタッチメントをもつことを発見した。この研究において，無秩序な家庭または虐待をする養育者のために，アタッチメントが損なわれた子どもたちでは，社会面や学業面での成長は見られなかった。Shore（1997）は，しつけを通した脳とアタッチメントの研究について，最近の発見を概観し要約している。彼女の研究は，社会的‐情緒的能力の神経学的発達のための最も重要な時期は，生まれてから8歳までであることを強く示唆している。そのうえ，研究は，教師の安定したアタッチメントは両親の不安定なアタッチメントを部分的に補うことができることを明確に示唆している（Elicker & Fortner-Wood, 1995；Greenberg, 1997；Oppenheim et al., 1988；Shore, 1997）。

高いリスクをもつ子どもたちへの介入プログラムは非常にたくさんあるが（Barton et al., 1995；Goleman, 1995；Yale Child Study Center, 1996），その多くは行動問題を防止するために子どもの発達過程で十分早期に始めているものではなく（Chaloner, 1996；Goleman, 1995；NAEYC, 1996；Ramey & Ramey, 1998；Schaps & Battistich, 1991），また情動知能と弾力性についての神経学的な発達を促進するものでもない（Shore, 1997）。8歳以前に始めるプログラムには，Piaget の認知発達の前操作期（2〜7歳）において社会的スキルの習得に対し発達的に適切なものとして知られている原理や実践が用いられていない（Bredekamp, 1993；Chaloner, 1996；Cowen et al., 1996；Elkind, 1986, 1988；Forman & Kuschner, 1983；Piaget, 1950；Scherer, 1996；Shore, 1997）。

前操作期の子どもたちは具体性が高く，非常に自己中心的で，注意時間が短く，いつも直接的に情緒的に意味のあることだけを思いだし，反応する。彼らは教えられていることを学んで応用するのに，情緒的に意味があり，直接的できわめて具体性のある介入と教示の戦略を必要としている。彼らは，問題解決の原因と結果について考えることを自主的にそして確実に行なうことができる認知段階には，まだ達していない（Bredekamp, 1993）。しかし，多くの早期介入には，社会的‐情緒的カリキュラム，葛藤解決モデル，訓練戦略，情報志向のアプローチなどがあり，これらは成功す

るための原因と結果について考えることをたびたび求めている。研究ではまた，2歳から7歳の子どもは，大人と子どものアタッチメントをとおして，最初に社会的－情緒的なスキルを学び発達させることが示されている（Bredekamp, 1993）。それゆえ，幼い子どもたちに介入し，社会スキルを教えるいかなる試みも，養育をする大人と安全な環境で実施されるべきで，プレイのような情緒的に意味のある媒介を用いて，直接的で具体的なフィードバックを用意しなければならない。

しかし，ほとんどのリスクのある子どもたちは，入学時に小学校やプレスクールのプログラムに参加している（Shore, 1997）。研究では，子どもたちは2歳までに多面的なアタッチメントをするようにしっかり仕組まれていること，両親や教師とのアタッチメントは別々に機能することができること，安全な教師と子どものアタッチメントは養育者との安全でないアタッチメントを部分的に補償し，それによりリスクを減らすことができること，などが示された（Greenberg, 1997；NAEYC, 1996；Shore, 1997）。Pre-K－2（プレスクールと幼稚園から小学校2年まで）の教師は，一貫性をもって頻繁な接触をするので，早期に介入するためにはほとんどの専門家よりも有利な立場にあり，2～8歳の子どもたちには最も重要な機会となる。これらの理由から，行動的にリスクのある子どもたちをターゲットにしているプログラムは，大部分は学校ベースで早期に行なわれるべきである（Chaloner, 1996；Goleman, 1995；Shore, 1997）。要約すると，リスクのある子どもたちのための介入は，理想的には7歳までに始め，プレイを含む発達的に適切な方法を利用し，アタッチメントのニーズに対応し，少なくとも一部分学校ベースにすべきである。

プレイやプレイセラピーの力とプレイをベースとした介入

幼い子どもたちにとって，プレイはおそらく大人と子どもの関係を確立し，衝動をコントロールするために重要な原因と結果の思考を発達させ，ストレスの多い経験を処理し，そしてソーシャルスキルを学ぶための最も発達的に適切で，強力な媒介である（Bredekamp, 1993；Chaloner, 1996）。プレイセラピーの結果に関するRay（1998）の研究は，プレイセラピーは，さまざまな幼児期の社会的情緒的な障害に対して効果的な治療法であるという証拠を十分に示している。また，子どものセラピストは，70年以上この媒介をうまく用いてきている（Landreth, 1991）。歩き始めの幼児に対する非指示的プレイセラピーは，アタッチメントに障害のある幼児とその母親に効果的な治療であることを示している（Cohen et al., 1999）。小学校のメンタルヘルスプロジェクト（PMHP）は，学校ベースのPre-K－3（プレスクールと幼稚園から小学校

3年まで）の年齢の介入プログラムであり，鍵となる介入の要素は"特別な友達（special friends）"とよばれる訓練とスーパービジョンを受けた素人による，20分間の規則的な子ども中心プレイセラピーセッションの実施である。

PMHPは20年以上の研究があり，Pre-K－3のレベルで介入するためにプレイを使う素人の有効性と同様に，早期介入の成功モデルであることを証明している（Cowen et al., 1996）。Bernard Guerney（1964）は，親訓練に子ども中心プレイセラピーの方法を使い（親子セラピー；Filial Therapy），子どもの行動，親としての受容性，親としての行動などを有意に改善することを示している（Oxman, 1971）。また，その研究で，プレイを治療的に使用するために，両親を訓練できることも証明されている（Oxman, 1971；Stover & Guerney, 1967）。CoufalとBrock（1979）は，親への3つの介入（親スキルトレーニング，親スキルとプレイ，それに治療なし）を調べ，スキルとプレイのグループの親は，親としての行動と受容性の改善に有意な違いを示すことを発見した。Louise Guerney（1981，1992）の親訓練プログラムでは，子どもが表出している感情を反射する際に，言葉を与えることを親に教えるものである。B. GuerneyとFlumen（1970）は，引っ込み思案の子どもたちの治療的代理人として活動するのに，小学校教師を訓練するために親子セラピーをうまく適用することを証明した。2人のGuerneyの先駆的研究，PMHP，最も近年ではアタッチメントと脳の発達の研究，それに発達的に適切な実践などは，早期介入システムの一部としてプレイと言葉を使うために，教師を訓練する論理的根拠とひな型を用意している。研究と作業によるこの主要部分は，プレイをベースとした早期介入は効果的な実践であることを証明している。そのうえ，学校で素人や教師が，幼いリスクのある子どもの治療を成功させるための代理者になり得ることを証明している。PALSモデルは，包括的で，教室ベースの枠組みのための新しい論理的根拠と実践のセットをつくりだす先駆的な仕事となり，肯定的な教師と子どものアタッチメントを生みだすためのより広範囲の早期介入戦略の中心的な構成要素として，教師がプレイと言葉を使うことを訓練するものである。

成功するためのプレイと言葉（PALS）モデルの概観

早期介入モデルのPALSでは，スクールカウンセラーとプレイセラピストが教師のためのPALSパートナー（コーチ）として活動することを訓練され，次に教師が3歳から8歳のリスクのある子どもへの最初の介入者として活動することを訓練される。この訓練では，Pre-K－2のレベルの教師と補助スタッフが，リスクのある子どもを

見極め，プレイを含むさまざまな発達的に適切な実践的方法を用いて，教師と子どもの安定したアタッチメントを確立することを学習する。PALS の訓練，プログラムの調整，そして彼らの組織，学校，地域，地方での継続的な実施を引き継ぐために，家庭へ派遣する少数のスタッフが選ばれ，認証される。このアプローチは，人間関係をベースにしたものやカリキュラムまたは行動をベースにしたものがあり，問題行動と同様に社会的な絆づくりに焦点を合わせた中心的介入戦略である。

★ 絆づくり，境界，言葉 ★

安全な大人と子どものアタッチメントの確立には，3つの鍵となる要素の調和が必要である。その要素とは，絆づくり，境界，言葉である。これらがうまく結合した効果として，大人と子どものアタッチメントの確立と，結果的に生じる行動の肯定的な変化がある。

それから教師は，プレイで表出される誤った行動を操るもの（drivers）とテーマを特定し，言葉を与える。PALS では，テーマは感情，欲求，子どもが自分自身についてもつ信念，彼らの学習，それにミニチュアでのプレイや模倣プレイで象徴的に表出された彼らの世界，と定義されている。操るものとは，感情，欲求，行動的，学習的な問題の形態や機能を決める際に，子どもたちがもつ信念として定義されている。テーマや操るものが感情，欲求，信念の中にこのように崩壊するという考えは，PALS モデルの革新的な成果の1つである。

絆づくりは Pre-K−2 レベルの教師が，リスクがあると特定された子どもたちと，暖かくて養育的な関係を発展させるために，プレイと学習活動を用いるときに達成される。プレイや学習中に，テーマに言葉を与えながら暖かい人間関係を確立することは，子どもの所属に対する情緒的，神経学的欲求を叶えることになる。絆づくりと言葉だけで，この欲求に操られている多くの問題行動を減少させる。プレイの間，テーマに付き添い言葉を与えることは，特に，子どもと養育者のうまくいかないアタッチメントから生じるストレスと交流し，それを処理し解放することを手助けする (Shore, 1997)。

教師は，プレイがその子の好きなように行なわれているさまざまなところや活動領域を回りながら，それらのプレイに言葉を手短に与えることができる。つまり，教師はその子どもの近くに膝まづくか座って，子どもと同じ目線になる。たとえば，ミニチュアの恐竜でプレイをしている子どもと同じ目線になり，教師は表現されているテーマに言葉を与える。つまり，「恐竜が戦っています」（プレイの追跡)，そのあとに「T-rex が怒っています」または「T-rex を怖がらせているママの長い首が彼女や彼女

の赤ちゃんにけがをさせます！」（感情的テーマ）というようなテーマについて述べることが続く。この時点で，子どもは言語的または非言語的な反応をするようになる。教師は反応を認め，「あなたはプレイを続けることができます。私はあなたがしていることを見るために，少ししたらもどります」と付け加える。それから彼女は立ち，ほかの領域を歩き回るか，しばらく同じ領域のほかの子どものプレイに付き添う。1周したら，彼女は再び最初の子どものプレイの付き添いにもどり，言葉を与える。これをそれぞれのリスクのある子どもに30分間以上，3～6回行なう。教室でのプレイの時間は，学年，教育スタイル，日課，学業的な制限との関連により，週に2～5回を予定する。

境界は，教師が意味のあるほうびと結果，一貫した発達的に適切なルール，教示，期待などをつくるときにつくられる。プレイと言葉を与えることはまた，教室で境界をつくりソーシャルスキルを教えるための発達的に適切な媒介と方法を用意することになる。教師が回りながら，さまざまな行動的な問題を見て，積極的にかかわり，社会的スキルを教えることができる。

たとえば，教師はミニチュアの恐竜で遊んでいる子どもを観察する。その子はもう1人の子どもに恐竜を返すように叫び始める。教師はそこへ行きながら，この行動を操るものについて子どもが何を感じ，何を必要とし，あるいは何を信じているかについて自分自身に問いかける。その場所で一度，彼女は同じ目線になり，子どもの注意を向けさせ，ルールや結果を述べるか，または代わりのものを与える前に，その子の感情，欲求，または信念を操るものに言葉を与える。つまり，感情を操るもの：「あなたはTimが恐竜をあなたに返さないことに気が狂うほどに興奮しています」，欲求を操るもの：「あなたはそれを持っていったTimに，大声をあげるほど恐竜をすごくもどしてほしいのです」，信念を操るもの：「あなたは，もし大声をあげればTimが恐竜をもどすと考えています」などである。それから教師は子どもの言語的，非言語的な反応を観察するためにしばらく止まる。彼女が，操るものを正確に明確にしたかどうかを確認するためである。もし彼女が明確にしていたなら，彼女は，代わりのスキルを教えたり，ルールを述べたり，あるいはもしその行動が持続していれば子どもにその結果に気づかせるなどの標準的な戦略を使う。子どもたちが，彼女が与えた言葉や自分の感情や，その出来事に疲れたときには，教師がすぐに特別な代わりのスキルやモデルを提供することは大切である。これは前操作段階の子どもには，発達的に適切な教育実践の例であり，直接的で意味があり，それに具体的な，原因と結果を思考するモデルとなるからである。それはまた，衝動コントロールとEQの発達に重要な脳の感情中枢と思考中枢の連結を確立する。彼女はまた，Timの過った行動を操る

ものに対して言葉を与えることで,彼の行動の改善をめざしている。例として,「あなたはすごく怪獣を取りたかった」(欲求を操るもの)と言う。彼女は,子どもを操るものを正しく明確にしたかどうかを確認するため,子どもを観察するのに再びしばらく止まる。それから,彼女は代わりのスキルを教えることにより,作業を続ける。

　行動と学習の問題を操るものに最初に言葉を与えるというこの発達的に適切な実践は,代わりのソーシャルスキルを教えることと対になっていて,プレイの時間でなくても,教師のあらゆる教示や日課に自然に適用され,間に挿入することが可能である。教師がプレイのテーマ,学習のテーマ,それに行動を操るものに言葉を与えるとき,子どもに自分たちの脳の言語と原因と結果の思考中枢を子どもに貸し与えることになり,子どもの具体的な経験と象徴的な考えとの間の切れ目の橋渡しをしていることになる。このプロセスは前操作段階では発達的に適切であるため(たとえば,子ども中心であり,具体的で,意味があり,直接的である),教師は複雑で時間を消費する行動計画,葛藤解決モデル,ないしはもう1つのカリキュラムなどを必要とせず,彼らの行動をより即座に理解し,衝動をコントロールするのをよりうまく手助けできる。これは,特殊なリスクのある子どもたちの問題行動や,カウンセリングサービスや訓練へ照会するニーズなどを減少させるのみでなく,教師,カウンセラー,校長のストレスをも減少する。

PALSの構成要因と実施

　PALSモデルが発展し,過去7年間でさまざまなところで実施されるにつれ,根本的な焦点はリスクのある子どもたちやその家族に学校ベースのサービスをどのように行なうかということになっている。現在,PALSの実施が成功するのに必要な構成要因は,①教師による包括的で,教室をベースにした介入,②個人と小集団のプレイセラピー,③初期および継続的な地区全体のスタッフの向上と支援,④プログラムの計画,基金,政策,手続き,それにスタッフの向上に関して継続的な学校職員とスタッフの協同,⑤早期の,積極的な行動的スクリーニング,評定,それにアセスメント,などがある。

★　伝統的なプレイルームに対するPre-K-2の教室でのおもちゃとプレイの使用　★

　伝統的なプレイルームに対して,Pre-K-2の教室でおもちゃを使うことや象徴プレイをする時間を確保するには,成功するための異なった戦略が必要である。Pre-K-2のほとんどの教師は,教える戦略と日課の一部として,プレイの時間または自由

選択時間という形態を使っている。子どもたちがおもちゃに接するように計画された，2，3の別々のプレイの場所や領域を設定するのに，プレイの時間は日課の中で理想的な位置にある。教師はクラスを管理しながら，複数の小グループでプレイをしているところを通常自由に歩き回る。教室が混み合っている今日の学校では，代わりの教師や補助者のための基金の欠如や，学業的なプレッシャーが増しているなどで，教師は容易に子どもをプレイルームに連れていけないし，ほとんどの地域はそうするための追加のスタッフを雇用する余裕がない。教室で，教師は週に2～5回，30分間のプレイの時間で，プレイに言葉を与えながら，リスクのある子どもに少なくとも3～6回の短い接触を行なう。過去7年間の経験とPALSの結果のデータは，これらの短いがしばしばなされる接触はたいへん効果的であることを示している。第1学年と第2学年の教室でさえ，プレイは週に数回しか行なわれないが，肯定的な効果をもつことが示されている。これらの状況では，月曜と金曜がすすめられる。なぜなら子どもが，週末のストレスや月曜に教師が結びつけられることによるストレスを処理するのをプレイが手助けとなるように思えるからである。つまり金曜に，子どもがストレスの多い週末に備えるにあたり，プレイが手助けとなるからである。

1日通しのプログラムでは，プレイは1回30分間と5～10分間の自由選択またはプレイの時間が，半日プログラムには30分間のプレイがすすめられている。すべてのデイプログラムは，午前の授業の最後により長いプレイの時間をとり，午後の授業の最後により短いプレイを行なうことで恩恵を得ている。それらのプログラムは，絆づくりやストレスの処理を助けるのに使われるだけでなく，教師がソーシャルスキルを教え，適切な行動に報酬を与えるためのすばらしい媒介も用意している。その年度のより早い時期から，教師と子どものしっかりした絆が形成され，30分の時間がたいへん強力で意味のある報酬となり，子どもたちは自分の行動を信頼しながら，前向きに作業ができるようになった。カウンセラーとPALSパートナーは，教師をコーチし支援するためこれらの30分のプレイ時間を使い，プレイルームでの個人的な場面とは対照的に教室で多様な子どもたちと作業をする。

伝統的なプレイルームのある程度のおもちゃは，教室でうまく機能し，その他のおもちゃは機能していない。ピストル，ゴム製の剣，大きな車輪のトラック，軍用車，暴力のTVまたは映画のテーマのおもちゃ，兵士を含む活動的な人形は，何人かのリスクのある子どもたちを過剰に興奮させ，その他の子どもたちには葛藤の素地をつくったりして教師を不安にする傾向にある。たとえば赤ちゃんの人形のようなミニチュアのおもちゃやごっこ遊びの品物は，特に第1学年と第2学年のクラスでは，教師が提示したり，しまっておいたり，調整することが容易にできる。Pre-K-2のクラス

のキットは，根本的にはミニチュアの家族（農場，恐竜，動物，それに人間），職業的な人形（医師，警官など），車両（警察用，旅行者用，スクールバス，救急車，それに消防車），それにいくつかの模倣プレイの品物（赤ちゃん人形，ボトルなど）などからなる。ミニチュアの2つの同一のセットは，それぞれ彼ら自身のプラスチックの箱に入っていて推薦されている。それぞれが教室の別々の領域に即席のプレイを行なうためにすぐに移動することができる。2つの同一のセットをもつことで，人気の品物についての葛藤を減らすことができる。

★ 学校でのトリアージ（治療優先順位）： ★
カウンセラーベースに対する教師ベースの介入

　今日，生徒の13～30％が次の2つのレベルのうちの1つでいくつかの行動的介入の形態を求めていることが，いろいろな研究で示されている。それらは，焦点化したレベルのものと，介在的なレベルのものである。教師が教室でうまく介入の戦略を適用するとき，トリアージ（triage）はしばしば伝統的な"最も悪いケースから最初に"というものから，"最もリスクの高い教室で最も悪いケースから最初に"というものへと変化する。学校で長年仕事をしている人なら誰でも，教師の何割かは，訓練やコーチングを受けるにもかかわらず，ここで述べられているプレイやその他の方法を使わないことを知っている。これは，通常最もリスクの高い教室で約3％の生徒が最初にプレイセラピーのような"焦点化された"介入のサービスを受けていることを意味する。これらのケースでは，カウンセラーは個人プレイセラピーをとおして介入プランの絆づくりの部分を用意する。これは必要とされる大人と子どもの絆を促進し，子どもの情緒的なストレスを処理する規則的な機会となっている。効果をもたせるためには，その年度をとおして個人セッションが毎週必要である。そのプランの境界の部分は，教師が発達的に適切なルール，教示，報酬，それに結果などをつくるのを，カウンセラーやPALSパートナーが手助けすることで促進されるだろう。おおよそ22％の生徒は，絆づくり，境界，それに言葉などの介在的で包括的な介入を使うために，残りの教師をコーチするだけで教室の中でサービスを受けられる。生徒の残りの75％が，発達的に適切な方法によってソーシャルスキルを教えたり，肯定的でよくデザインされ，学校または地区全体の訓練手続きをもつ財団などがあることなどでサービスを受けることができる。このシステムでは，カウンセラーが時間をいくぶん別々に計画し，使用することが必要である。つまり，おおまかに，週に2日焦点化された介入（プレイセラピーなど）を用意すること，介在的で包括的な介入（教室のコーチングなど）による支援を2日用意すること，それに基礎的なことに1日（肯定的な訓練の

支援，早期に子どもを確定すること，チームミーティング，それにソーシャルスキルを教えること）である。事務官は，幼児と仕事をする際に，すべての教師の達成度の評価の一部として，教師と生徒の相互作用スキルについての評価を行なうことをすすめられる。不運にも，幼児の脳の発達とそれに関連する能力について教師がどれだけ影響を及ぼすことができるかについて，早期幼児教育での中心となる見解が存在しない。つまり，大人は子どものこの発達段階で，助けるか傷つけるかのどちらかをしているのである。

★ 初期および継続的なスタッフの向上と支援 ★

　教師は，次の理由で訓練を必要としている。これには，①過った行動を操るものにプレイを使い言葉を与えることについての概念が，ほとんどの教育者にとって疎いこと，②彼らはスキルを学習するために，教室で実践しコーチを受ける時間を必要としていること，③彼らはそれを受け入れるために，モデルとなる仕事を見る必要があること，④生産的な訓練が見当たらないこと，などの理由がある。スクールカウンセラーと他の行動支援スタッフは，教室でPALSパートナー（コーチ）として活動するために，18〜24時間の追加の訓練時間があり，もし必要なら子ども中心プレイセラピーについて2日間の追加の訓練が必要である。

　教師は自分のスキルを維持するために，継続的なサポートと訓練を必要としている。教師を支援するのに役立つPALSパートナーの人数以上に教師をトレーニングする必要はない。PALSパートナーが実施する30分間の焦点化されたグループに同僚のサポートが用意され，通常隔週の放課後に行なわれる。PALSパートナーはまた，観察しモデル化し，観察を記録し，あとで教師と話し合うための提案を記録するために，定期的に教室を訪問する。パートナーは月ごとに地域のPALSコーディネーターにより実施された地域全体に焦点を絞ったサポートグループで会っている。PALSコーディネーターはまた，継続的なサポートと協力を確認するために，毎年3回の事務官の会議を行なう。年に1日のリフレッシュ訓練が，各学年の始めにすべてのPALSのベテランスタッフに対して行なわれる。リスクのある生徒の事前事後のテストデータと教師の研究が集められ，PALSコーディネーターによって1年間のレポートに編集され，結果を学校の掲示板に載せ，事務官に提出するなどのことが強力に推薦されている。

★ 地区または地区全体の協同 ★

　成功させるための最も重大な要因は，すべてのレベルですべてのスタッフが協同す

ることである。最初に，研究に基づく包括的で教師が親しみやすい早期介入モデルを発展させることは，成功するための処方せんであると考えられている。とはいえ，実施に関してすべてのレベルでスタッフ間が協同しないと，どんなに効果的なものであろうと，結果的に失敗するだろう，という経験も示されている。訓練，評価，それにサービスの配達方針，手続き，実施計画，基金の問題，スタッフの発展的協同などの問題について，学校システムの中で協同するために，PALSでは学校職員，スクールカウンセラー，心理士，ソーシャルワーカー，それに鍵となる教師に2日間の訓練を始めている。理想的なことで，これは実施を始めるのに先立ち早春に行なわれている。訓練は，学校ベースの介入で，何が作用し何が作用しないかをまとめ，PALSプログラムを概観し，完全な実施に最小限3年間の時間の線を設けている。参加者は彼らの地区または地域で存在する介入の取り組みを明確にして評価し，介入のニーズと障害物を評価し，実施にかかわるかどうかを決定する。このプロセスは行政的な変化，基金の問題，リーダーシップの欠如，スタッフ間の不一致，新しいあるいは競争的なプログラムの出現，それに先見の明のない計画などから生まれる妨害要因の手助けになっている。訓練は，実施に先立ちすべてのスタッフの責任を書いた協力の同意書で決定する。地域での5年間の学校の改善とスタッフの発展計画でプログラムが実施されるため，推薦状が学校のボードに掲示される。

★　訓練，評価，それにサービスの配達方針と手続き　★

　もう1つの問題は，明確なPre-K-2の訓練と暴力への介入手続きがないことである。この問題は，過去に，プレスクールと小学校のプログラムに，彼らが今日経験している訓練や暴力の問題がなかったという事実に基づいている。よく計画され，一貫した学校や地区全体の訓練の方針と手続きは，肯定的で，活動志向的で，罰にのみ焦点を当てるのではなく，リスクのある子どもたちに成功する介入プログラムをつくり上げるためには必要なものである（Sprague & Walker, 2000）。

★　積極的な行動スクリーニング，評定，それにアセスメント　★

　地区では，初期のスクリーニング，評定，教育活動の障害をもつ個人（Individuals with Disabilities Education Act；IDEA）より出されている法律的要求に応じるデータの収集などのために，一組の手続きと手段を採用することがすすめられる。教育者は，あらゆる種類の反復的な文書業務に忙殺されている。校長に対する訓練の照会には1つのプロセスが必要で，カウンセラーへの照会にも1つのプロセスが必要であり，生徒支援チーム（Student Assistance Team；SAT）への照会ももう1つあり，学

校での心理学的評価と機能的行動評価（Functional Behavioral Assessments；FBA）のための特別な教育への照会はまださらにもう1つのプロセスが必要である。プレイをベースにした早期介入にもう1つのプロセスを加えることは，通常スタッフの抵抗にあっている。さらに，普通教育と特別な教育は独立に行なわれる傾向にあり，よりプロセスを複雑にしている。結果的に，PALSでは，一組の別々なプロセスとしてよりも，連続して行動的に挑戦している子どもたちへの介入のプロセスとして見ることを，地区の学校に伝えている。この連続性は，教室で教師がPALSを用いて最初に介入を試みることから，特別な教育での評価と配置までの範囲にわたっている。

　2日の訓練で，スタッフはさまざまな方針，手続き，それに形態を1つの作業可能なセットに統合し，固め，そして簡単にするために協同して計画を発展させる。手続きについての4層からなるセットは，教師と仲間からカウンセラーやPALSパートナー，SATや特別な教育までの範囲にわたって推薦されている。この同じセットは，PALSを含めた存在する介入プロセスのすべてのレベルに役立っている。たとえ誰が手続きを始めようとも，すべてのスタッフは，クラスの教師が環境で引き金となるものや行動を操るものを明確にする1ページの行動ワークシートと，境界と絆づくりを含む1ページの介入プランを，教室の教師が記入してから開始する。両方とも，教師または何人かのスペシャリストによって継続性をもって使用するために計画される。これらの形態は，教師が自分たちのPALS介入戦略（プレイを使うことを含む）を計画すること，あるいは仲間や彼らのPALSパートナーまたはカウンセラー，それにSATなどからの援助を得ることなどを支援している。2番目の介入手続きの一部として，教師はまた行動評定尺度を完成するために訓練される。カウンセラーと行動支援スタッフは，リスクレベルのスクリーニングについての尺度を評定すること，SATまたは個別教育計画（IEP）の行動目標を書くこと，行動変化を記録すること，などについての説明を教えられる。Conners（1989）の教師評価尺度（Conners Teacher Rating Scale；CTRS-39）が推薦されている。これらの手続きはカウンセラー，SATチーム，それに学校心理士に，教師にもう一組の手続きや手段を使うことを依頼することなしに，結果を処理し評価するのに必要な最初の記録と情報を与えている。同じ形態が，SAT，特別な教育，または訓練などへの照会にも使用される。

PALSの5年間のケーススタディ

　以下のケースはプレイセラピスト，カウンセラー間で協同的な関係がいかに効果的であるかを示すもので，教師はサービスの配達を最大限にしながら，深刻なリスクの

第V部　さまざまな問題と新しい試み

ある子どもたちの変化を促進することができている。

　4歳のJoeyはプレスクールに在籍しており，彼の教師はPALSの訓練を受けている。彼の先生とPALSパートナー（筆者）は極端に要求したり，衝動的であり，不機嫌であったり，情動的であったり，寛大であったり，けんか好きであったり，むら気であったり，予測できなかったり，暴力的であったり，それに反抗的であったりするJoeyの行動を観察した。これはしばしばプレスクールで排除される結果となる行動パターンの数々である。JoeyはCTRS-39を使って評定された。彼は，社会的－情緒的行動（行為の問題，不機嫌－情緒的，非社交的）を測る5つの尺度のうちの3つで臨床的に有意なスコアを示した。彼は最初にプレイをベースとした筆者とのアセスメントセッションを受けた。その中で，性的虐待の可能性が見つかり，母親によって確認された。一度ソーシャルサービスに報告されたが，母親はそれを否定し，ソーシャルサービスは何もなされなかったので，学校でJoeyの個人プレイセラピーをさらに行なう許可は取り消された。

　訓練やソーシャルスキルを教えることと関係のある通常の教室での義務の一部として，教室で介入するために教師をコーチすることが代わりに行なわれた。最初に，絆づくりの計画で，教師がどこで，いつ，そしてどのようにして頻繁に象徴プレイにかかわるかが工夫された。彼女はこれらのプレイを回っている間，Joeyのプレイ中に彼女ができる述べ方の例を含めて，彼女が行なうことと述べることを特別に計画した。PALSと親子セラピーの違いの1つは，教師がプレイ中にテーマに対して言葉を与えるとき一度に数分以上を消費できないので，彼女は教室を管理するだけでなく，プレイからプレイを回らなければならないことである。

　Joeyはリスクのあるほとんどの子どもたちのように，絵画か科学のプレイよりはミニチュアのブロックか，家事のプレイをいつも選んだ。教師と彼女のPALSパートナーは教室でのJoeyのプレイを観察し，犯人，犠牲者，恐れ，怒り，保護，安全，能力を与えること，それに罰などを含むさまざまなテーマを確認した。彼は，保護者の象徴物はもとより，しばしば母親，子ども，または赤ちゃんの象徴物を攻撃するために，攻撃的なおもちゃを選択した。Joeyのプレイについて，彼の教師は同じ目線になり（座っているとき，膝まづいているときなど子どもの目線で），しかもあとを追って言葉を述べることにより，相互作用に入ることをPALSパートナーによってコーチを受けた。つまり「サメは赤ちゃんイルカを傷つけようとしてます」などの言い方である。それから，彼の反応を観察するために止まり，彼女は「サメとイルカはそれぞれ何を感じ，何を必要とし，あるいは何を感じているか？」を自分自身に静かに尋ねることをコーチされる。そして，それから1つないし2つ，テーマについて述べ

ることをコーチされる。つまり「赤ちゃんイルカは，サメに傷をつけられました」と述べる。再び観察のため止まり，彼女はもう1つの言い方でこれに続けた。「サメは怒っていて，イルカを傷つけることはかまわないと考えています」と。彼女はそれから「あなたはプレイを続けられます，あなたがしていることを見るためにすぐにもどります」と言うようにコーチされた。彼女はそれから絵画や他のプレイを回り，それからJoeyの所へもどり彼のプレイに再び付き添い言葉を与えた。これは通常毎日30分間に3～6回行なわれ，行ないそしてふり返る（Do and Review）プランとよばれている。彼女のPALSパートナーは彼女の影に隠れ，示唆と賞賛を与え，いくつかのケースではスキルのモデルを示す。数週間内に，教師はJoeyと強い絆を形成し，彼の問題行動のいくつかを減少させ，プレイでテーマを明確にし，それに言葉を与えるスキルを大いに向上させた。

　境界の計画はPALSパートナーの助けを得て，教師が発展させた。それはいつどこで問題行動が起きたか，可能性のあるきっかけと，操るものの述べ方の例，代理のスキル，意味のある報酬と結果などを明確にすることなどである。Joeyは，機能しない家族の中で生活していて非常に不快であったり，存在感すらないときがあった。教師とPALSパートナーは，1つの信念を操るものは，"もし私が怒っているなら，他者を傷つけ物を壊すことは許されます"という信念があることを推論した。Joeyの多くの攻撃的で破壊的な行動は，プレイの時間と移動中に彼がフラストレーション状態になったときに起こった。Joeyが攻撃的に行動化しているのを教師が見たとき，彼女は次のようにコーチされる。①介入し，教室を安全にしなさい，②Joeyが感じていること，要求が何であるか，または彼の行動を操る信念が何であるかを静かに自分自身に尋ねなさい，③深呼吸をしなさい，④同じ目線になり，アイコンタクトにより彼の注意を引きなさい，⑤静かな声で，「あなたが怒っているとき，どこかを叩くことは許されます」（信念を操るもの）と穏やかな声で述べなさい。

　彼女はそれから操るものが正しいかどうかを観察し，「あなたは深呼吸をする（モデリング）か，またはあなたが怒っていることを誰かに告げる（代わりの行動）ことができます」と言うようにコーチされる。再び，Joeyが代わりになるものを理解するために止まり，それから「しかし学校ではあなたが怒っているとき物や人を傷つけてはいけません（ルール）。もしあなたがプレイで誰かを傷つけたときは，しばらくの間そのプレイができません（意味のある結果）。あなたはいま絵画か科学のプレイができます，そして時間がきたら私はここにもどります」と言うようにコーチされる。彼が依然として誰かを叩き何かを傷つける場合は，非常に接近して，教師は同じ目線になり，「あなたがとても怒ってTimを叩くことに，私は困っています」（怒り

を操るもの）と言うようにコーチされる。それから彼女は観察と理解のために止まり，「あなたは自分の言葉を使いTimに"僕は怒っている"と言えます」と言うようにコーチされた。短い休止のあと，彼女は「Tim，君が僕の怪獣を取ったので，僕はすごく怒っています。どうか，返してください。それか，あなたは感情のプレイをしたあとに返してと言うことができます」（積極的な代わりのスキル）と言うようにコーチされる。もしJoeyが協力しなければ，教師は「あなたがTimを傷つけるためにこのプレイをやめるなら私は悲しくなるでしょう。あなたがそのどちらも好まないことが私にはわかります」（原因と結果を思い起こさせる人）と言うようにコーチされる。それから彼女はJoeyを見続けながら歩き回るだろう。彼女はまた，必要なら自分自身や他の子どもを保護することをコーチされる。

　出現したもう1つの感情のテーマは，Joeyの虐待経験についての爆発的な怒りであった。境界の計画の部分は，彼の怒りに言葉を与えることと受容可能な代理のスキルを彼に再び指示することにより，暴力の爆発を予想することについて教師をコーチすることである。たとえば，彼の教師は彼が爆発しそうな状態になるのを見たとき，安全に近くに寄り，同じ目線になり，アイコンタクトをし，次のように言うようにコーチされた。「あなたは今日とても怒っていて，誰かがすることが気に入らないなら，叩きたいように感じています（怒りを操るもの）。あなたは怒っているなら，感情のプレイを行ない，深呼吸をするか，または誰かにそれを告げることができます。どちらか決めなさい（代わりの積極的な行動のスキル）。ここですごく怒ることは許されますが，誰かを傷つけることは許されません（ルールと行動から感情を分ける）。私はあなたがどのようにしているかを見るためにしばらくしたら帰ってきます」。それから教師はJoeyを気にしながら，他のプレイを歩き回る。Joeyは怒ったが，感情のプレイを行ない，怒りを適切に表出し，ブロックを使うプレイへもどった。教師はJoeyへのアプローチをコーチされ，「Timのことですごく怒るかもしれないが，彼を傷つけてはいけません」と言うようにコーチされる（Joeyは彼の教師にほほ笑む）。それから彼女は，「あなたが自分の怒りのボスになったら，楽しいと感じるでしょう」と言った（勇気づけ）。彼女はまた「あなたは自分の怒りをコントロールしようと一生懸命です」と言うことができた（勇気づけ）。上に述べられた境界が構築されるそれぞれの筋書きは，数分間かかっただけであった。そのような介入が可能でないかまたは安全でさえないときが，学校環境ではいつも何回もあるので，教師はこのタイプの介入をできるだけ多く挿入することを試しながら，自分たちの期待にそうようにこの筋書きをつくることを訓練される。

　その年の中ごろまでで，Joeyの攻撃行動は減少したが，彼のプレイの筋書きはま

だ怒りと保護のテーマを含んでいた。彼はまた，教師との絆を強めるもう1つの媒介を教師に与え，より広範囲の教室での活動に従事し始めた。そして，教師は教示に勇気づけるような言い方，たとえば，「あなたは，あなたが今日絵を描くことがどんなにむずかしいかを私に見せたいと思っています」とか「たとえそれがむずかしくても，あなたはそれを切ってつくることを終えました」などを挿入するようにコーチを受ける。Joey は，より幸せな子どもになり，学習にいっそう関心をもち，自分の怒りをよりよくコントロールできるようになってその年を終わった。彼の Conners の事後テストでは，臨床的に高くなっていた3つ（気ままと情緒的，非社会的）のうちの2つでリスクが有意に減少していた。彼はまた，3番目に高くなっていた尺度（行為の問題）でリスクが適切な範囲に減少させた。しかしまだ彼は攻撃的ではあり，まれに身体的な暴力を示した。

　Joey の幼稚園の教師とその補助者も PALS の訓練を受けていたが，どちらもプレイ中に言葉を与えることに慣れなかった。教師は実際に Joey と良い絆を形成していなかったが，補助者は積極的で，よりよい関係を発展させているようであった。幸運にも，彼らはどちらとも過った行動を操るものに制限を設けるときに言葉を与え，象徴的なプレイを発展させ認める PALS の境界の計画が毎日使われた。筆者や他の PALS パートナーが，毎週約30分間教室で，プレイ中に Joey や他のリスクのある子どもたちに言葉や制限を与えた。Joey は彼の教師の能力の限界にもかかわらず，幼稚園の学年をとおして，プレスクールで彼が得たものを維持していた。Joey の第1学年の教師は PALS の訓練を受けていて，絆づくりや境界を形成するのがたいへんじょうずであったが，プレイの時間は日課の一部にはなかった。そこで，境界の計画に加えて，私たちは絆づくりの計画を発展させた。そこでは，教師は学習活動中に絆を形成し，学習者の自己のイメージを高め，支配感を強めるために，接触することをコーチされる。たとえば，教師は算数を手助けしようと回っている間，同じ目線になり，Joey の学習者としてのテーマについて，たとえば「始め方が正確ではありません」とか「その問題はむずかしいと考えていますね」など，言葉を挿入するようにコーチを受ける。それから，彼女は自分がふつうしているように，Joey に教えていく。また，「試して正しい答えがわかったとき，うれしい感じがしますね」と述べて，Joey を励ますようにコーチを受ける。第1学年の終わりまでに，Joey は高くなっていた3つの尺度のすべてにおいてリスクが有意に減少し，攻撃的行動が消失し，学業的に学年レベルのものに取り組んだ。

　第2学年で，攻撃性と関連する行為の問題の尺度と，ソーシャルスキルと関連する非社会的尺度の両方でいくぶん退行した（第1学年と比較すると）。彼の教師は PALS

の訓練やどんなコーチも受けていなかった。温かくケアをする人ではあるが，非常に一貫性がなく，境界の設定が曖昧であった。Joeyのこの退行は，1年から2年への移行にしばしば伴う学業的なストレスに対する部分と曖昧な教室環境の部分によるものと思われた。Joeyの第3学年の教師はPALSの訓練やコーチのどちらも受けていなかったし，生徒たちに特別に温かくはなかった。しかし，彼女はより伝統的なやり方で適切に制限を設けた。Joeyの退行は第3学年ですべての尺度において完全に元にもどり，学業的にも行動的にも最も良い学年であった。この理由の1つとして，教師の教室の境界の設定が，この発達段階では絆づくりよりもいっそう大切であることがあげられる。なぜなら，Joeyは前に教師との肯定的なアタッチメントを2度経験していて，仲間関係により興味を示していたからである。

　これまでの研究では，次のことが示されている。もし子どもが早期に反社会的行動を示し，うまくいく介入を受けなければ，その行動が続くだろう（Conners, 1989；Sprague & Walker, 2000）。また，もし子どもが情緒的または行動的な障害のサインを示すことなく第3学年を終えるなら，その子はその後発達することはないだろう。Joeyは，Connersの尺度が彼の年齢と性別では正常範囲を示し，うまく第3学年を終えている。彼の学業的な達成は算数では上の学年レベルで，読みは同じ学年レベルで，貧困や薬物中毒などの多面的なリスク要因をもつ家族環境に住んでいるにもかかわらず，彼の予後は良かった。Joeyのケースは例外的なものではなく，フォローされた他の36名の非常にリスクのある子どもたちの68％の事後テストで示されているように，リスクの有意な減少を支持している。最初の3年のコースでのPALSパートナーの役割は，コーチや伝統的なカウンセラーの役割であった。Joeyの2年と3年の教師はPALSの訓練を受けておらず，コーチもいなかった。これは，JoeyのPre-K-1の教師たちが変化させる代理者としていかに有効であったかを例示している。PALSによるコーチングは教師の介入を持続して成功させるのに重要であり，ほとんどの教師が継続的なサポートを受けなければ，介入を成功させることはなさそうである。

要　約

　学校での暴力の発生率と激しさは，過去30年で有意に増加している。養育者と子どものアタッチメントが障害を受けると，暴力の根本的な危険要因になることが，研究によって示されている。脳，アタッチメント，それに子どもの発達などの研究は，介入を成功させるためには早期に始め，幼児にとって発達的に適切なものでなければな

らないことを示している。代理者や学校でのメンタルヘルスシステムは荷重負担で，存在する多くのプログラムは効果的なほど早くは開始されないし，発達的に適切な戦略を利用していない。Pre-K－2の教師は，リスクのある子どもたちと一貫性をもって良い接触をとるためには，早期に介入するほとんどの専門家以上によりよい位置にいるだろう。教師と子どもの安全なアタッチメントは，養育者との安全でないアタッチメントを部分的に補償することが可能で，それにより子どものリスクを減少させている。

　プレイは子どもたちに接近し社会化させる最も発達的に適切な媒介の1つである。PALSでは早期の介入のために，肯定的なアタッチメントを形成し，プレイと他の発達的に適切な実践をとおして社会的スキルを子どもたちに教えるために，絆づくり，境界，言葉という3つの鍵となる要因を使いながらスクールカウンセラー，プレイセラピスト，Pre-K－2の教師などを訓練している。

　PALSをうまく実施するために必要な構成要素は，①教師による包括的で教室をベースの介入，②個人的，小集団的なプレイセラピー，③初期の継続的な地区全体のスタッフの発展と支援，④プログラム実施に関する行政とスタッフの継続的な協同，⑤早期の積極的な行動のスクリーニング，評定，アセスメント，などである。PALSモデルの合理性と枠組みは，B. Guerneyの親子プレイセラピーに関する研究（1964），Louise Guerneyの親スキルに関する研究（1981／1992），Bredekamp（1993）が述べたようにPiagetの子ども発達理論の適用，Shore（1997）の脳とアタッチメントの研究，などに由来している。この章のケース研究は，プレイセラピスト，カウンセラー，それに教師間の協同的な関係がいかに有効であるかを例示し，サービスの配達を最大限にしながら，重大なリスクのある子どもたちの変化を促進することができることを例示している。5年間の結果の資料は，このモデルの有効性を証明しているように思われる。

　リスクのある子どもたちへの介入は，理想的には7歳までに始め，プレイを含む発達的に適切な方法を利用し，アタッチメントのニーズに焦点を当て，そして少なくとも部分的に学校ベースとすべきである。

引用文献

★第Ⅰ部★

第1章

Gardner, R. (1988). *The story telling card game*. Cresskill, NJ: Creative Therapeutics.
Schaefer, C., Gitlin, K., & Sandgrund, A. (1991). *Play diagnosis and assessment*. New York: Wiley.

第2章

Burks, H.F. (1977). *Burks' Behavior Rating Scales*. Los Angeles: Western Psychological Services.
Cirlot, J.E. (1962). *A dictionary of symbols*. New York: Philosophical Library.
Clegg, H.G. (1984). *The reparative motif*. New York: Aronson.
Hammer, E.F. (1980). The clinical applications of projective drawings. In S. Levy & R.A. Levy (Eds.), *Symbolism in animal drawings* (pp.311–343). Springfield, IL: Thomas.
Josselyn, I.M. (1995). *The happy child*. New York: Random House.
Lowenfeld, M. (1954). *The Lowenfeld Mosaic Test*. London: Newman Neame.
Mardell-Czuanowski, C., & Goldberg, D.S. (1980). *DIAL-R, Developmental Indicators for the Assessment of Learning–Revised*. Circle Pines, MN: American Guidance Service.
Metraux, R., & Able, T. (1976). *The Lowenfeld Kaleidobloc Test, A nonverbal technique* (Rev. ed.). Available: Dr. Beric Wright, Brudenell House, Quainton, Aylesbury, Bucks HP22 4 AW, United Kingdom.
Mitchell, S.A., & Black, M.J. (1995). *Freud and beyond*. New York: Basic Books.
Shapiro, S. (1995). *Talking with patients: A self psychological view*. Northern Bergen, NJ: Book-Mart Press.

★第Ⅱ部★

第3章

Alexander, E.D. (1964). School-centered play therapy program. *Personnel and Guidance Journal, 43*, 256–261.
Anastopoulos, A.D., & Barkley, R.A. (1992). Attention deficit-hyperactivity disorder. In C.E. Walker & M.C. Roberts (Eds.), *Handbook of clinical child psychology* (2nd ed., pp. 413–430). New York: Wiley.
Association for Play Therapy, Inc. (2000a). *Membership directory: 2000–2001*.

Fresno, CA: Author.

Association for Play Therapy, Inc. (2000b). *NewsLetter, 19*(2), 11.

Barkley, R.A. (1998). Attention deficit/hyperactivity disorder. In E.J. Mash & R.A. Barkley (Eds.), *Treatment of child disorders* (pp. 55–110). New York: Guilford Press.

Brandenburg, N.A., Friedman, R.M., & Silver, S.E. (1990). Epidemiology of child psychiatric disorders: Prevalence findings from recent studies. *Journal of the American Academy of Child and Adolescent Psychiatry, 29,* 76–83.

Centers for Disease Control and Prevention. (1998, August 14). Youth risk behavior surveillance–United States, 1997. *CDC surveillance summaries MMWR,* 47(No. SS-3). Atlanta, GA: Author.

Chess, S., & Thomas, A. (1986). *Temperament in clinical practice.* New York: Guilford Press.

DuPaul, G.J., & Stoner, G. (1994). *ADHD in the schools: Assessment and intervention strategies.* New York: Guilford Press.

Fagan, T.K. (1995). Trends in the history of school psychology in the United States. In A. Thomas & J. Grimes (Eds.), *Best practices in school psychology–III* (pp. 59–67). Washington, DC: National Association of School Psychologists.

Fagan, T.K. (2000). Practicing school psychology. *American Psychologist, 55,* 754–757.

Gage, N.L. (1990). Dealing with the drop-out problem. *Phi Delta Kappan, 72,* 280–285.

Ginott, H.G. (1961). *Group psychotherapy with children.* New York: McGraw-Hill.

Kantrowitz, B. (1997, Spring/Summer). Off to a good start: Your child. *Newsweek* [Special edition] 7–9.

Kottman, T. (1995). *Partners in play: An Adlerian approach to play therapy.* Alexandria, VA: American Counseling Association.

Kranz, P.L. (1972). Teachers as play therapists: An experiment in learning. *Childhood Education, 49,* 73–74.

Landreth, G., & Bratton, S. (1999). *Play therapy.* New York: Wiley.

Landreth, G.L. (1983). Play therapy in elementary school settings. In C.E. Schaefer & K.J. O'Connor (Eds.), *Handbook of play therapy* (pp. 200–212). New York: Wiley.

Maxfield, M.G., & Widom, C.S. (1996). The cycle of violence: Revisited six years later. *Archives of Pediatrics and Adolescent Medicine, 150*(4), 390–395.

National Center on Child Abuse and Neglect. (1994). *State statutes related to child abuse and neglect: 1993.* Washington, DC: U.S. Department of Health and Human Resources.

Osofsky, J. (1995). The effects of exposure to violence on young children. *American Psychologist, 50,* 782–788.

Perry, B.D. (1996). Incubated in terror: Neurodevelopmental factors in the cycle of violence. In J.D. Osofsky (Ed.), *Children, youth and violence: Searching for solutions* (pp. 124–149). New York: Guilford Press.

Perry, B.D. (1997). *Maltreated children: Experience, brain development and the next generation.* New York: Norton.

Ray, D., & Bratton, S. (1999). *Play therapy: What research says about play.* Association for Play Therapy, Inc. [Online]. Available: www.iapt.org/research.html

Safford, P.L., & Safford, E.J. (1996). *A history of childhood and disability.* New York: Teachers College Press.

Sanders, M.J., & Dyer-Friedman, J. (1997). Child abuse. In H. Steiner (Ed.), *Treating school-age children* (pp. 189–214). San Francisco: Jossey-Bass.

Schaefer, C.E. (1993). *The therapeutic powers of play.* Northvale, NJ: Aronson.

Schiffer, M. (1969). *The therapeutic play group.* New York: Grune & Stratton.

Shaw, R.J., & Feldman, S.S. (1997a). General principles and treatment. In H. Steiner (Ed.), *Treating preschool children* (pp. 1–26). San Francisco: Jossey-Bass.

Shaw, R.J., & Feldman, S.S. (1997b). General principles and treatment. In H. Steiner (Ed.), *Treating school-age children* (pp. 1–31). San Francisco: Jossey-Bass.

Slater, R. (1980). The organizational origins of public school psychology. *Educational Studies, 2,* 1–11.

Snyder, T.D., Hoffman, C.M., & Geddes, C.M. (1997). *Digest of educational statistics 1997.* Washington, DC: U.S. Department of Education, Office of Educational Research and Improvement.

Steiner, H. (Ed.). (1997). *Treating preschool children.* San Francisco: Jossey-Bass.

Surgeon General. (1999). *Mental health: A report of the surgeon general* [Online]. Available: www.surgeongeneral.gov/library/mentalhealth/chapter3/html

Thomas, C.R., & Holzer, C.E., III. (1999). National distribution of child and adolescent psychiatrists. *Journal of the American Academy of Child and Adolescent Psychiatry, 38,* 9–15.

VanFleet, R. (1998). Play therapy ideas No. 6: Family Enhancement and Play Therapy Center [Online]. Available: play-therapy.com/ideas6-html

Wright, J.D., & Devine, J.A. (1993). Housing dynamics of the homeless: Implications for a count. *American Journal of Orthopsychiatry, 65*(3), 320–329.

Zelman, A. (Ed.). (1996). *Early intervention with high-risk children.* New York: Aronson.

Zigler, E., & Lang, M. (1991). *Child care choices: Balancing the needs of children, families and society.* New York: Free Press.

第4章

Axline, V. (1947). *Play therapy: The inner dynamics of childhood.* Boston: Houghton Mifflin.

Axline, V. (1964). *Dibs: In search of self.* Boston: Houghton Mifflin.

Freud, A. (1928). *Introduction to the technique of child analysis* (L.P. Clark, Trans.). New York: Nervous and Mental Disease.

Freud, A. (1951). *The psychoanalytic treatment of children* (N. Proctor-Gregg, Trans., 3rd ed.) New York: Anglo-Books.
Ginott, H.G. (1961). *Group psychotherapy with children.* New York: McGraw-Hill.
Haworth, M.R. (1964). *Child psychotherapy: Practice and theory.* New York: Aronson.
James, O.O. (1997). *Play therapy: A comprehensive guide.* New York: Aronson.
Jung, C. (1965). *Memories, dreams, and reflections.* New York: Vintage.
Klein, M. (1955). The psychoanalytic play technique. *American Journal of Orthopsychiatry, 25,* 223–237.
Kranz, P.L. (1972). Teachers as play therapists: An experiment in learning. *Childhood Education, 49,* 73–74.
Landreth, G.L. (1983). Play therapy in elementary school settings. In C.E. Schaefer & K.J. O'Connor (Eds.), *Handbook of play therapy* (pp. 200–212). New York: Wiley.
Landreth, G.L. (1991). *Play therapy: The art of the relationship.* Muncie, IN: Accelerated Development.
Landreth, G.L., Homeyer, L., Bratton, S., & Kale, A. (1995). *The world of play therapy literature: A definitive guide to the subjects and authors in the field* (2nd ed.). Denton, TX: Center for Play Therapy.
Moustakas, C. (1959). *Psychotherapy with children: The living relationship.* New York: Ballantine Books.
Oaklander, V. (1988). *Windows to our children: A Gestalt therapy approach to children and adolescents.* Highland, NY: Gestalt Journal Press.
Schaefer, C.E. (1993). *The therapeutic powers of play.* Northvale, NJ: Aronson.
Siskind, D. (1992). *The child patient and the therapeutic process.* New York: Aronson.

第5章

Greenspan, S.I., & Wieder, S. (with Simons, R.). (1998). *The child with special needs: Encouraging intellectual and emotional growth.* Reading, MA: Addison-Wesley.

★第Ⅲ部★

第6章

Albaum, J.S. (1990). *A cost-free counseling model for high-risk elementary students* (Report No. CG023092; ERIC Document Reproduction Service No. ED 327–788). Sacramento, CA.
Andronico, M.P., & Guerney, B.G. (1967). The potential application of filial therapy to the school situation. *Journal of School Psychology, 6,* 2–7.
Axline, V. (1947). *Play therapy.* Boston: Houghton Mifflin.
Axline, V. (1964). *Dibs: In search of self.* Boston: Houghton Mifflin.
Baecher, R.E., Cicchelli, T., & Baratta, A. (1989). *Preventive strategies and effective practices for at risk children in urban elementary schools.* Paper presented at the annual meeting of the American Education Research Association, San Francisco.

Bloom, B. (1981). *All our children learning*. New York: McGraw-Hill.
Cochran, J. (1996). Using play and art therapy to help culturally diverse students overcome barriers to school success. *School Counselor, 43*, 287–298.
Edlefsen, M., & Baird, M. (1994). Making it work: Preventive mental health care for disadvantaged preschoolers. *Social Work, 39*, 566–573.
Frick-Helms, S.B. (1997). Boys cry better than girls: Play therapy behaviors of children residing in a shelter for battered women. *International Journal of Play Therapy, 6*, 73–91.
Gage, N.L. (1990). Dealing with the drop out problem. *Phi Delta Kappan, 72*(4), 280–285.
Greathouse, B., Gomez, R., & Wurster, S. (1988). An investigation of Black and Hispanic parents' locus of control, childbearing attitudes and practices and degree of involvement in Head Start. *Negro Educational Review, 39*, 4–17.
Guerney, B. (1964). Filial therapy: Description and rationale. *Journal of Consulting Psychology, 28*, 303–310.
Guerney, L. (1983). Client-centered (nondirective) play therapy. In C. Schaefer & K. O'Connor (Eds.), *Handbook of play therapy* (pp. 21–64). New York: Wiley.
Hovland, J., Smaby, M.H., & Maddux, C.D. (1996). At-risk children: Problems and interventions. *Elementary School Guidance and Counseling, 31*, 43–51.
Johnson, L., McLeod, E.H., & Fall, M. (1997). Play therapy with labeled children in the schools. *Professional School Counseling, 1*, 31–34.
Landreth, G.L. (1991). *Play therapy: The art of the relationship*. Muncie, IN: Accelerated Development.
Landreth, G.L., & Sweeney, D.S. (1997). Child-centered play therapy. In K. O'Connor & L.M. Braverman (Eds.), *Play therapy: Theory and practice* (pp. 1–45). New York: Wiley.
Levy-Warren, M.H. (1994). Child's play amidst chaos. *American Imago, 51*, 359–368.
Mann, D. (1986). Drop out prevention: Thinking about the undoable. *Teachers College Record, 87*, 308–323.
Martinez, P., & Richters, J. (1993). The NIMH community violence project 11: Children's distress symptoms associated with violence exposure. *Psychiatry, 56*, 22–34.
National Center for Education Statistics. (1997). *Social context of education 1977* (Department of Education Publication No. NCES 97–388). Washington, DC: U.S. Government Printing Office.
Poidevant, J.M., & Spruill, D.A. (1993). Play activities of at-risk and non at-risk elementary students: Is there a difference? *Child Study Journal, 23*, 173–186.
Post, P. (1999). Impact of child-centered play therapy on the self-esteem, locus of control and anxiety of at-risk 4th, 5th, and 6th grade students. *International Journal of Play Therapy, 8*, 1–18.
Post, P. (2000). Play therapy with a selective mute child. In G. Landreth (Ed.), *Innovations in play therapy: Issues, process, and special populations*. Philadelphia: Brunner/Routledge.

Rogers, C. (1951). *Client-centered therapy.* Boston: Houghton Mifflin.
Rumberger, R. (1987). High school dropouts: A review of the issues and evidence. *Review of Educational Research, 57,* 101–121.
Schaefer, C.E. (1994). Play therapy for psychic trauma in children. In K. O'Connor & C.E. Schaefer (Eds.), *Handbook of play therapy: Advances and innovations* (Vol. 2, pp. 297–318). New York: Wiley.
Silverman, W.K., La Greca, A.M., & Wasserstein, S. (1995). What do children worry about? Worries and their relation to anxiety. *Child Development, 66,* 671–686.
Trostle, S.L. (1988). The effects of child-centered group play sessions on social-emotional growth of four- and five-year-old bilingual Puerto Rican children. *Journal of Research in Childhood Education, 3,* 93–106.
VanFleet, R. (1994). *Filial therapy: Strengthening parent-child relationships through play.* Sarasota, FL: Professional Resource Press.

第7章

Boik, B., & Goodwin, E. (2000). *Sandplay therapy.* New York: Norton.
Bradway, K., Signell, K., Spare, G., Stewart, C., & Thompson, C. (1981). *Sandplay studies.* Boston: Sigo Press.
Brody, V. (1993). *The dialogue of touch: Developmental play therapy.* Treasure Island, FL: Developmental Play Training Associates.
Carey, L. (1999). *Sandplay therapy with children and families.* Northvale, NJ: Aronson.
Erdoes, R., & Ortiz, A. (1984). *American Indian myths and legends.* New York: Pantheon Bools.
Fraiberg, S. (1959). *The magic years.* New York: Charles Scribner's and Sons.
Gil, E. (1992). *Outgrowing the pain.* New York: Dell.
Kabat-Zinn, J. (1990). *Full catastrophe living.* New York: Delacorte Press.
Kalff, D. (1980). *Sandplay.* Boston: Sigo Press.
Moustakas, C. (1953). *Children in play therapy.* New York: McGraw-Hill.
Satir, V. (1964). *Conjoint family therapy.* Palo Alto, CA: Science and Behavior Books.
Schaefer, C., & Carey, L. (Eds.). (1994). *Family play therapy.* Northvale, NJ: Aronson.
Webb, N. (Ed.). (1991). *Play therapy with children in crisis: A casebook for practitioners.* New York: Guilford Press.
Webb, N. (Ed.). (1993). *Helping bereaved children: A handbook for practitioners.* New York: Guilford Press.
Wilmer, H.A. (1987). *Practical Jung.* Wilmette, IL: Chiron.

第8章

Boston, M. (1983). Technical problems in therapy. In M. Boston & R. Szur (Eds.),

Psychotherapy with severely deprived children (pp. 1–10). London: Routledge.
Crenshaw, D. (1990). An ego supportive approach to children in residential treatment. *Perceptions*, 5–7.
Crenshaw, D. (1995). The crisis of connection: Children of multiple loss and trauma. *Grief Work, 1,* 16–21.
Crenshaw, D. (in press). Party hats on monsters: Drawing strategies to enable children to master their fears. In H. Kaduson & C. Schaefer (Eds.), *101 favorite play therapy techniques.* New York: Aronson.
Crenshaw, D., Holden, A., Kittridge, J., & McGuirk, J. (1991). Jose and Pete on the mountain. In J. Mordock (Ed.), *Counseling children: Basic principles for helping the troubled and defiant child* (pp. 215–219). New York: Continuum.
Drewes, A. (in press). The gingerbread person/feelings map. In H. Kaduson & C. Schaefer (Eds.), *101 favorite play therapy techniques.* New York: Aronson.
Freud, A. (1937). Identification with the aggressor. In A. Freud (Ed.), *The ego and mechanisms of defense* (pp. 117–131). London: Hogarth Press.
Gardner, R. (1968). The mutual storytelling technique: Use in alleviating childhood Oedipal problems. *Contemporary Psychoanalysis, 4,* 161–177.
Gil, E. (1991). *The healing power of play.* New York: Guilford Press.
Gil, E. (1994). *Play in family therapy.* New York: Guilford Press.
Hardy, K. (1998). *Overcoming "Learned Voicelessness."* Workshop presentation at the Family Therapy Networker Conference, Washington, DC.
Harter, S. (1983). Cognitive-developmental considerations in the conduct of play therapy. In C. Schaefer & K. O'Connor (Eds.), *Handbook of play therapy* (pp. 95–127). New York: Wiley.
Homeyer, L., & Sweeney, D.S. (1998). *Sandtray: A practical manual.* Canyon Lake, TX: Lindan Press.
James, B. (1989). *Treating traumatized children: New insights and creative interventions.* Boston: Lexington Books.
James, B. (1994). *Handbook for treatment of attachment-trauma problems in children.* Boston: Lexington Books.
Johnson, T. (1988). Child perpetrators: Children who molest other children. *Child Abuse and Neglect, 12,* 219–229.
Kalff, D. (1980). *Sandplay: Mirror of a child's psyche.* San Francisco: C.G. Jung Institute.
Krystal, H. (1998). *Integration and self-healing: Affect, trauma, alexiathymia.* Hillsdale, NJ: Analytic Press.
Mann, E., & McDermott, J. (1983). Play therapy for victims of child abuse and neglect. In C. Schaefer & K. O'Connor (Eds.), *Handbook of play therapy* (pp. 283–307). New York: Wiley.
McDowell, B. (1994, September). The pick-up sticks game: Adapted to facilitate affective expression. *APT Newsletter, 13,* 1–2.
Mills, J., & Crowley, R. (1986). *Therapeutic metaphors for children and the child within.* New York: Brunner/Mazel.

Mordock, J. (1991). *Counseling children: Basic principles for helping the troubled and defiant child.* New York: Continuum.
Oaklander, V. (1988). *Windows to our children.* Highland, NY: Gestalt Journal Press.
O'Connor, K. (1983). The color-your-life technique. In C. Schaefer & K. O'Connor (Eds.), *Handbook of play therapy* (pp. 251–258). New York: Wiley.
O'Connor, K. (1991). *The play therapy primer.* New York: Wiley.
O'Connor, K. (1995). *Ecosystemic play therapy for victims of child abuse,* Workshop presented at summer Play Therapy Institute. Teaneck, NJ: Fairleigh Dickinson University.
Terr, L. (1981) Forbidden games: Post-traumatic child's play. *Journal of the American Academy of Child Psychiatry, 20,* 741–760.
Terr, L. (1983). Play therapy and psychic trauma: A preliminary report. In C. Schaefer & K. O'Connor (Eds.), *Handbook of play therapy* (pp. 308–319). New York: Wiley.

第9章

Ainsworth, M.D.S. (1989). Attachments beyond infancy. *American Psychologist, 44,* 709–716.
Best, R. (1980). *We've all got scars: What boys and girls learn in elementary school.* Bloomington: Indiana University Press.
Brody, V. (1993). *The dialogue of touch: Developmental play therapy.* Treasure Island, FL: Developmental Play Training Associates.
Fluegelman, A. (1981). *More new games.* Garden City, NJ: Doubleday.
Garbarino, J. (1995). *Raising children in a socially toxic environment.* San Francisco: Jossey-Bass.
Goldstein, L.S. (1997). *Teaching with love: A feminist approach to early childhood education.* New York: Peter Lang.
Greenberg, P. (1989). Learning self-esteem and discipline through play. *Young Children, 44*(4), 28–31.
Jernberg, A.M. (1979). *Theraplay: A new treatment for using structured play for problem children and their families.* Washington, DC: Jossey-Bass.
Jernberg, A.M. (1993). Attachment formation. In C.E. Schaefer (Ed.), *The therapeutic powers of play* (pp. 241–266). Northvale, NJ: Aronson.
Kami, C. (1980). *Group games in early education.* Washington, DC: National Association for the Education of Young Children.
Martin, D.M. (2000). Teacher-led Theraplay in early childhood classrooms. In E. Munns (Ed.), *Theraplay: Innovations in attachment enhancing theraplay.* Northvale, NJ: Aronson.
Martin, D.M., & Lachman, M. (1999). *Games that heal: Activities for use in Theraplay.* Unpublished manuscript, James Madison University, Harrisonburg, VA.
Merina, A. (1991). The counselor's in. *NEA Today, 10*(5), 4.

Rubin, P., & Tregay, J. (1989). *Play with them: Theraplay in groups.* Springfield, IL: Thomas.

Sinclaire, C. (1994). *Looking for home: A phenomenological study of home in the classroom.* Columbia, NY: Teachers College Press.

Sroufe, A., & Fleeson, J. (1986). Attachment and construction of relationships. In W.W. Hartup & Z. Rubin (Eds.), *Relationships and development* (pp. 51–71). Hillsdale, NJ: Erlbaum.

Tobin, L. (1991). *What do you do with a child like this? Inside the lives of troubled children.* Duluth, MN: Whole Person Associates.

★第Ⅳ部★

第10章

Bernard, B. (1997). Fostering resiliency in child and youth: Promoting protective factors in the school. In D. Saleebey (Ed.), *The strengths perspective in social work practice* (2nd ed.). New York: Longman.

Callahan, C. (1998). Crisis intervention models for teachers. *Journal of Instructional Psychology, 25*(4), 226–234.

Congress, E., & Lynn, M. (1994). Group work programs in public schools: Ethical dilemmas and cultural diversity. *Social Work in Education, 16*(2), 107–114.

Fatout, M. (1996) *Children in groups: A social work perspective.* Westport, CT: Auburn House.

Freedberg, S. (1989). Self determination: Historical perspectives and effects on current practice. *Social Work, 34*, 33–38.

Garland, J., Jones, H., & Kolodny, R. (1973). A model for stages of development in social work groups. In S. Bernstein (Ed.), *Explorations in group work* (pp. 17–71). Boston: Milford House.

Gilliland, B., & James, R. (1997). *Crisis intervention strategies* (3rd ed.). New York: Brooks/Cole.

Henry, S. (1992). *Groups skills in social work: A four-dimensional approach* (2nd ed.). Pacific Grove, CA: Brooks/Cole.

Meyer, C. (1976). *Social work practice.* New York: Free Press.

Middleman, R. (1968). *The non-verbal method in working with groups.* New York: Association Press.

Nelson, E., & Slaikeu, K. (1990). Crisis intervention in the schools. In K. Slaikeu (Ed.), *Crisis intervention: A handbook for practice and research* (2nd ed., pp. 329–347). Boston: Allyn & Bacon.

Nisivoccia, D., & Lynn, M. (1999). Helping forgotten victims: Using activity groups with children who witness violence. In N. Webb (Ed.), *Play therapy with children in crisis* (2nd ed., pp. 74–103). New York: Guilford Press.

Parad, H.J., & Parad, L.G. (1990). *Crisis intervention* (Book 2). Milwaukee, WI: New York Family Service Association of America.

Roberts, A.R. (2000). *Crisis intervention handbook: Assessment, treatment and re-*

search (2nd ed.). New York: Oxford University Press.
Schulman, L. (1999). *The skills of helping individuals, families, groups, and communities* (4th ed.). Itasca, IL: Peacock.
Slavson, S.R., & Schiffer, M. (1975). *Group psychotherapies for children: A textbook.* New York: International Universities Press.
Wainrib, B.R., & Bloch, E.L. (1998). *Crisis intervention and trauma response: Theory and practice.* New York: Springer.
Webb, N.B. (1985). A crisis intervention perspective on the termination process. *Clinical Social Work Journal, 13,* 329–340.
Webb, N.B. (1999). *Play therapy with children in crisis* (2nd ed.). New York: Guilford Press.
Yalom, I. (1985). *The theory and practice of group psychotherapy* (3rd ed.). New York: Basic Books.

第11章

Ackerman, R. (1978). *Children of alcoholics: A guidebook for educators, therapists and parents.* Homes Beach, FL: Learning Publications.
Ackerman, R. (1983). *Children of alcoholics.* Homes Beach, FL: Learning Publications.
Adger, H. (1997). *The role of primary care physicians* [On-line]. Available: http:/www.health.org/nacoa
Allen, B. (1990). *Children of alcoholics.* Springfield: Illinois Prevention Research Center.
Anderson, G. (1987). *When chemicals come to school.* Troy, MI: Performance Resource Press.
Benedict, H.E., & Mongoven, L.B. (1997). Thematic play therapy: An approach to treatment of attachment disorders in young children. In H. Kaduson, D. Cangelosi, & C.E. Schaefer (Eds.), *The playing cure: Individualized play therapy for specific childhood problems* (pp. 277–315). Northvale, NJ: Aronson.
Black, C. (1982). *It will never happen to me.* Denver, CO: MAC.
Burk, J.P., & Sher, K.J. (1990). Labeling the child of an alcoholic: Negative stereotyping by mental health professionals and peers. *Journal of Studies on Alcohol, 51,* 156–163.
Burns, D.D. (1989). *The feeling good handbook.* New York: Plume.
Cable, L.C., Noel, N.E., & Swanson, S.C. (1986). Clinical intervention with children of alcohol abusers. In D.C. Lewis & C.N. Williams (Eds.), *Providing care for children of alcoholics: Clinical and research perspectives* (pp. 64–79). Pompano Beach, FL: Health Communications.
Cork, M. (1969). *The forgotten children.* Toronto, Canada: Alcoholism and Drug Addiction Research Foundation.
Cotton, N.S. (1979). The familiar incidence of alcoholism: A review. *Journal of Studies on Alcohol, 40,* 89–116.

Dies, R.R., & Burghardt, K. (1991). Group intervention for children of alcoholics: Prevention and treatment in the schools. *Journal of Adolescent Group Therapy, 1*, 219–234.

Edwards, D.M., & Zander, T.A. (1985). Children of alcoholics: Background and strategies for the counselor. *Elementary School Guidance and Counseling, 20*(2), 121–128.

Emshoff, J.G. (1989). A preventative intervention with children of alcoholics. *Prevention in Human Services, 7*(1), 225–253.

Emshoff, J., & Anyan, L.L. (1989). From prevention to treatment: Issues for school-aged children of alcoholics. In M. Galanter (Ed.), *Recent developments in alcoholism: Children of alcoholics* (Vol. 9, pp. 327–346). New York: Plenum Press.

Ewing, J.E. (1984). Detecting alcoholism: The CAGE questionnaire. *Journal of American Medical Association, 252*, 1905–1907.

Ficaro, R.C. (1999). The many losses of children in substance-abused families: Individual and group interventions. In N. Webb (Ed.), *Play therapy with children in crisis: Individual, group and family treatment* (pp. 294–317). New York: Guilford Press.

Hammond-Newman, M. (1994). Play therapy with children of alcoholics and addicts. In K. O'Connor & C. Schaeffer (Eds.), *Handbook of play therapy: Advances and innovations* (Vol. 2, pp. 387–407). New York: Wiley.

Jones, J. (1982). *Preliminary test manual: The Children of Alcoholics Screening Test.* Chicago: Family Recovery Press.

Kendler, K.S., Walters, E.E., Neale, M.C., Kessler, R.C., Heath, A.C., & Eaves, L.J. (1995). The structure of the genetic and environmental risk factors for six major psychiatric disorders in women: Phobia, generalized anxiety disorder, panic disorder, bulimia, major depression, and alcoholism. *Archives of General Psychiatry, 52*, 374–383.

Kumpfer, K.L. (1985, October). *Prevention approaches to adolescent substance use/abuse.* Paper presented at the American Academy of Child Psychiatry Institute on Substance Abuse and Adolescence, San Antonio, TX.

Kumpfer, K.L. (1986, April). *Family-focussed prevention interventions for children of alcoholics.* Paper presented at the National Council on Alcoholism Annual Forum: Alcohol and the Family, San Francisco.

Kumpfer, K.L. (1987). Special populations: Etiology and prevention of vulnerability to chemical dependency in children of substance abusers. In B. Brown & A. Mills (Eds.), *Youth at high risk for substance abuse.* Washington, DC: U.S. Department of Health and Human Services.

Kumpfer, K.L. (1989). Promising prevention strategies for high-risk children of substance abusers. *Office for Substance Abuse Prevention High Risk Youth Update, 2*, 1–3.

Landreth, G. (1991). *Play therapy: The art of the relationship.* Muncie, IN: Accelerated Development.

引用文献

Latham, M. (1988). *Relationship patterns of female offspring of alcoholics: An examination of intimacy and individualization in marriage.* Unpublished doctoral dissertation, Georgia State University, Atlanta.

Maton, K.I. (1987). Patterns and psychological correlates of material support within a religious setting: The bidirectional support hypothesis. *American Journal of Community Psychology, 15,* 185–207.

National Association for Children of Alcoholics. (1998). *Children of alcoholics: Important facts.* Rockville, MD: National Clearinghouse for Alcohol Information.

National Institute for Alcohol Abuse and Alcoholism. (1981). *Fourth special report to the U.S. Congress on Alcohol and Health from Secretary of Health and Human Services* (DHHS Publication No. ADM 81–1080). Washington, DC: U.S. Government Printing Office.

Oliver-Diaz, P. (1988). How to help recovering families struggle to get well. *Focus, 11*(2), 20–21, 49–50.

O'Rourke, K. (1990). Recapturing hope: Elementary school support group for children of alcoholics. *Elementary School Guidance and Counseling, 25,* 107–115.

Robinson, B.E. (1989). *Working with children of alcoholics: The practitioner's handbook.* Lexington, MA: Lexington Books.

Sher, K.J. (1987, December). *What we know and do not know about COAs: A research update.* Paper presented at the MacArthur Foundation Meeting on Children of Alcoholics, Princeton, NJ.

Sher, K.J. (1991). Psychological characteristics of children of alcoholics. *Alcohol Health and Research World, 21*(3), 247–254.

Sher, K.J., & Trull, T.J. (1994). Personality and disinhibitory psychopathology: Alcoholism and antisocial personality disorder. *Journal of Abnormal Psychology, 103*(1), 92–102.

Smith, A.W. (1990). *Overcoming perfectionism: The key to a balanced recovery.* Deerfield Beach, FL: Health Communications.

Steinglass, P. (1979). The alcoholic family in the interaction laboratory. *Journal of Nervous and Mental Disease, 167,* 428–436.

Steinglass, P. (1981). The alcoholic at home: Patterns of interaction in dry, wet, and transitional stages of alcoholism. *Archives of General Psychiatry, 8*(4), 441–470.

Sweeny, D. (1997). *Counseling children through the world of play.* Wheaton, IL: Tyndale House.

Van Fleet, R. (1994). Filial therapy for adoptive children and parents. In K. O'Conner & C. Schaefer (Eds.), *Handbook of play therapy: Advances and innovations* (Vol. 4, pp. 371–385). New York: Wiley.

Wegscheider, S. (1981). *Another chance: Hope and health for the alcoholic family.* Palo Alto, CA: Science and Behavior Books.

Werner, M.J., Joffe, A., & Graham, A.V. (1999). Screening, early identification, and office-based intervention with children and youth living in substance-abusing families. *Pediatrics, 103*(5), 1099–1112.

West, M.O., & Prinz, R.J. (1987). Parental alcoholism and childhood psychopathology. *Psychological Bulletin, 102*(2), 204–218.

Wilson, C., & Orford, J. (1978). Children of alcoholics: Report of a preliminary study and comments on the literature. *Journal of Studies on Alcohol, 39*(1), 121–142.

Windle, M. (1990). Temperament and personality attributes among children of alcoholics. In M. Windle & J.S. Searles (Eds.), *Children of alcoholics: Critical perspectives* (pp. 217–238). New York: Guilford Press.

Woodside, M. (1982). *Children of alcoholics*. Albany: New York State Division of Alcoholism and Alcohol Abuse.

第12章

Carroll, J. (1995). Non-directive play therapy with bereaved children. In S. Smith & M. Pennells (Eds.). *Interventions with bereaved children*. Great Britain: Athenaeum Press.

Carroll, M.L., & Griffin, R. (1997). Reframing life's puzzle: Support for bereaved children. *American Journal of Hospice and Palliative Care, 14*, 231–238.

Carroll, M.L., & Griffin, R. (2000). *Children and grief*. Litchfield, CT: Friends of Hospice.

Corr, C.A. (1995). Children's understanding of death: Striving to understand death. In K.J. Doka (Ed.), *Children mourning, mourning children* (pp. 3–16). Washington, DC: Hospice Foundation of America.

Doka, K.J. (1999). *Living with grief at school: A practical guide for schools*. Washington DC: Hospice Foundation of America.

Doka, K.J. (2000). *Living with grief: Children adolescents and loss*. Washington DC: Hospice Foundation of America.

Fitzgerald, H. (1995). Developing and maintaining children's bereavement groups: Part Two. *Thantos, 20*(4), 20–23.

Grollman, E. (1995). Grieving children: Can we answer their questions? In K.J. Doka (Ed.), *Children mourning, mourning children*. Washington, DC: Hospice Foundation of America.

Holmes, M.M. (2000). *A terrible thing happened*. Washington, DC: Magination Press.

Nelson-Feaver, P. (1996). Be tolerant to grief in the classroom. *Thantos, 21*(2), 16–17.

Schonfield, D.J. (1993). Talking with children about death. *Journal of Pediatric Health Care*.

Seager, K., & Spencer, S. (1996). *Meeting the bereavement needs of kids in patient families: Not just playing around*. Waterlook, IA: Ceder Valley Hospice.

Silverman, P., & Worden, W. (1992). Children's reactions in the early months after the death of a parent. *American Journal of Orthopsychiatry, 2*(1).

Stevenson, R. (1995). The role of the school: Bereaved students and students facing life-threatening illness. In K. Doka (Ed.), *Children mourning, mourning children* (pp. 97–111). Washington DC: Hospice Foundation of America.

Tait, D., & Depta, J. (1993). Play therapy group for bereaved children. In N. Webb (Ed.), *Helping bereaved children: A handbook for practitioners* (pp. 169–185). New York: Guilford Press.

Ward-Zimmer, D. (1999). Grief as a metaphor for healing. Paper presented at the Dying and Grieving Horizons of Hope conference, Springfield, MA.

第13章

Axline, V.M. (1947). *Play therapy: The inner dynamics of childhood*. Boston: Houghton Mifflin.

Axline, V.M. (1969). *Play therapy*. New York: Ballantine Books.

Aycox, F. (1985). *Games we should play in school*. Byron, CA: Front Row Experience.

Bodiford-McNeil, C., Hembree-Kigin, T.L., & Eyberg, S.M. (1996). *Short-term play therapy for disruptive children*. King of Prussia, PA: Center for Applied Psychology.

Brandenburg, N.A., Friedman, R.M., & Silver, S.E. (1990). Epidemiology of childhood psychiatric disorders: Prevalence findings from recent studies. *Journal of the American Academy of Child and Adolescent Psychiatry, 29*, 76–83.

Braswell, L., & Kendall, P.C. (1988). Cognitive-behavioral methods with children. In K.S. Dobson (Ed.), *Handbook of cognitive behavior therapy* (pp. 167–213). New York: Guilford Press.

Burns, B.J., Costello, E.J., Angold, A., Tweed, D., Stangl, D., Farmer, E.M., & Erkanli, A. (1995). Children's mental health service use across service sectors. *Health Affairs, 14*, 147–159.

Catron, T., & Weiss, B. (1994). The Vanderbilt school-based counseling program. *Journal of Emotional and Behavioral Disorders, 2*, 247–253.

Centers for Disease Control and Prevention. (1998, August 14). Youth risk behavior surveillance: United States, 1997. *CDC Surveillance Summaries* MMWR, 47 (No. SS-3). Atlanta, GA: Author.

Dorfman, E. (1951). Play therapy. In C.R. Rogers (Ed.), *Client-centered therapy: Its current practice* (pp. 235–277). Boston: Houghton Mifflin.

Friedman, R., Katz-Leavy, J., Manderscheid, R., & Sondheimer, D. (1996). Prevalence of serious emotional disturbance in children and adolescents. In R.W. Manderscheid & M.A. Sonnenschein (Eds.), *Mental health United States, 1996* (pp. 77–91). Washington, DC: U.S. Government Printing Office.

Gilfix, J., & Heller Kahn, N. (1999). *The special playroom: A young child's guide to play therapy*. Unpublished manuscript.

Guerney, L.F. (1978). *Parenting: A skills training manual*. State College, PA: Institute for the Development of Emotional and Life Skills.

Gumaer, J. (1984). *Counseling and therapy for children*. New York: Free Press.

Hambidge, G. (1955). Structured play therapy. *American Journal of Orthopsychiatry, 25,* 601–657.
Hoagwood, K., & Erwin, H.D. (1997). Effectiveness of school-based mental health services for children: A 10-year research review. *Journal of Child and Family Studies, 6,* 435–454.
Kaduson, H.G., & Schaefer, C.E. (Eds.). (1997). *101 favorite play therapy techniques.* Northvale, NJ: Aronson.
Kendall, P.C. (1992a). *Cognitive-behavioral therapy for impulsive children: The manual.* Ardmore, PA: Workbook Publishing.
Kendall, P.C. (1992b). *Stop and think workbook.* Ardmore, PA: Workbook Publishing.
Kendall, P.C., & Bartel, N.R. (1990). *Teaching problem solving to students with learning and behavioral problems: A manual for teachers.* Ardmore, PA: Workbook Publishing.
Knell, S. (1993). *Cognitive-behavioral play therapy.* Northvale, NJ: Aronson.
Landreth, G.L. (1991). *Play therapy: The art of the relationship.* Muncie, IN: Accelerated Development.
Landreth, G.L., & Sweeney, D.S. (1999). The freedom to be: Child-centered group play therapy. In D.S. Sweeney & L.E. Homeyer (Eds.), *The handbook of group play therapy* (pp. 39–64). San Francisco: Jossey-Bass.
Lavigne, J.V., Gibbons, R.D., Christoffel, K.K., Arend, R., Rosenbaum, D., Binns, H., Dawson, N., Sobel, H., & Isaacs, C. (1996). Prevalence rates and correlates of psychiatric disorders among preschool children. *Journal of the American Academy of Child and Adolescent Psychiatry, 35,* 204–214.
Levy, D. (1938). Release therapy in young children. *Psychiatry, 1,* 387–389.
Lochman, J.E., Dunn, S.E., & Klimes-Dougan, B. (1993). An intervention and consultation model from a social cognitive perspective: A description of the Anger Coping Program. *School Psychology Review, 22,* 458–471.
Mott Foundation. (1996). *A fine line: Losing American youth to violence.* Flint, MI: Author.
Nelson, W.M., & Finch, A.J., Jr. (1996a). *Cognitive-behavioral therapy for aggressive children: Therapist manual.* Ardmore, PA: Workbook Publishing.
Nelson, W.M., & Finch, A.J., Jr. (1996b). *Keeping your cool: The anger management workbook.* Ardmore, PA: Workbook Publishing.
Nelson, W.M., & Finch, A.J., Jr. (1996c). *Keeping your cool, Part 2: Additional sessions for the anger management workbook.* Ardmore, PA: Workbook Publishing.
Nemiroff, M.A., & Annunziata, J. (1990). *A child's first book about play therapy.* Washington, DC: American Psychological Association.
Oliver James, O. (1997). *Play therapy: A comprehensive guide.* Northvale, NJ: Aronson.
Perry, L. (1993). Audrey, the Bois d'Arc and me: A time of becoming. In T. Kottman & C. Schaefer (Eds.), *Play therapy in action: A casebook for practitioners* (pp. 5–43). Northvale, NJ: Aronson.
Pinkus, D., & Rolland, A. (1995). *I can control my anger.* Plainview, NY: ChildsworkChildsplay.

Roberts, M.C. (1994). Models for service delivery in children's mental health: Common characteristics. *Journal of Clinical Child Psychiatry, 23,* 212–219.

Rogers, C. (1951). *Client-centered therapy.* Boston: Houghton Mifflin.

Shaffer, D., Fisher, P., Dulcan, M.K., Davies, M., Piacentini, J., Schwab-Stone, M.E., Lahey, B.B., Bourdon, K., Jensen, P.S., Bird, H.R., Canino, G., & Regier, D.A. (1996). The NIMH Diagnostic Interview Schedule for Children Version 2.3 (DISC-2.3): Description, acceptability, prevalence rates, and performance in the MECA Study. Methods for the Epidemiology of Child and Adolescent Mental Disorders Study. *Journal of the American Academy of Child and Adolescent Psychiatry, 35,* 865–877.

Shapiro, L.E., Shore, H.M., Bloemaker, M.A., Kahler, D.S., & Schroeder, J.M. (1994). *The anger control tool kit.* Plainview, NY: ChildsworkChildsplay.

Surgeon General. (1999). *Mental health: A report of the surgeon general* [On-line]. Available: http://www.surgeongeneral.gov/library/mentalhealth/chapter3/html

Thomas, C.R., & Holzer, C.E., III. (1999). National distribution of child and adolescent psychiatrists. *Journal of the American Academy of Child and Adolescent Psychiatry, 38,* 9–15.

Wolraich, M.L., Hannah, J.N., Pinnock, T.Y., Baumgaertel, A., & Brown, J. (1996). Comparison of diagnostic criteria for attention-deficit hyperactivity disorder in a county-wide sample. *Journal of the American Academy of Child and Adolescent Psychiatry, 35,* 319–324.

第14章

Abidin, R.R. (1990). *Parenting Stress Index* (3rd ed.). Charlottesville, VA: Pediatric Psychology Press.

Achenbach, T.M., & Edelbrock, C. (1991a). *Manual for the Child Behavior Checklist/4-18 and revised 1991 Child Behavior profile.* Burlington: University of Vermont, Department of Psychiatry.

Achenbach, T.M., & Edelbrock, C. (1991b). *Manual for the Teacher's Report Form and 1991 profile.* Burlington: University of Vermont, Department of Psychiatry.

American Psychiatric Association. (1994). *Diagnostic and statistical manual of mental disorders* (4th ed.). Washington, DC: Author.

Anastopoulos, A.D., & Barkley, R.A. (1992). Attention deficit-hyperactivity disorder. In C.E. Walker & M.C. Roberts (Eds.), *Handbook of clinical child psychology* (2nd ed., pp. 413–430). New York: Wiley.

Anastopoulos, A.D., Guevremont, D.C., Shelton,T.L., & DuPaul, G.J. (1992). Parenting stress among families of children with attention deficit hyperactivity disorder. *Journal of Abnormal Child Psychology, 20*(5), 503–520.

Bandura, A. (1973). *Aggression: A social learning analysis.* Englewood Cliffs, NJ: Prentice-Hall.

Barkley, R.A. (1990). *Attention deficit hyperactivity disorder: A handbook for diagnosis*

 and treatment. New York: Guilford Press.
Barkley, R.A. (1997). *ADHD and the nature of self-control.* New York: Guilford Press.
Barkley, R.A. (1998). *Defiant children: A clinician's manual for assessment and parent training.* New York: Guilford Press.
Bay-Hinitz, A., Peterson, R.F., & Quilitch, R.H. (1994). Cooperative games: A way to modify aggressive and cooperative behaviors in young children. *Journal of Applied Behavior Analysis, 27,* 435–446.
Bunker, L.K. (1991). The role of play and motor skill development in building children's self-confidence and self-esteem: Sport and physical education [Special issue]. *Elementary School Journal, 91,* 467–471.
Cohen, J. (1988). *Statistical power analyses for the behavioral sciences* (Rev. ed.). Hillsdale, NJ: Erlbaum.
Conners, C.K., (1989). *Conners Rating Scales manual.* North Tonawanda, NY: Multi-Health Systems.
Conners, C.K., Sitarenios, G., Parker, J.D., & Epstein, J.N. (1998). The revised Conners' Parent Rating Scale (CPRS-R): Factor structure, reliability, and criterion validity. *Journal of Abnormal Child Psychology, 26*(4), 257–268.
Douglas, V.I. (1980). Higher mental processes in hyperactive children: Implications for training. In R. Knights & D. Bakker (Eds.), *Treatment of hyperactive and learning disordered children* (pp. 65–92). Baltimore: University Park Press.
DuPaul, G.J., & Eckert, T.L. (1997). The effects of school-based interventions for attention deficit hyperactivity disorder: A meta-analysis. *School Psychology Review, 26*(1), 5–27.
DuPaul, G.J., Guevremont, D.C., & Barkley, R.A. (1992). Behavioral treatment of attention-deficit hyperactivity disorder in the classroom: The use of the attention training system. *Behavior Modification, 16*(2), 204–225.
DuPaul, G.J., & Stoner, G. (1994). *ADHD in the schools: Assessment and intervention strategies.* New York: Guilford Press.
Ferland, F. (1997). *Play, children with physical disabilities, and occupational therapy.* Ottowa, Canada: University of Ottawa Press.
Files, T.M., Reddy, L.A., Rubel, E., Judd, P., & Spencer, P. (1999, April). *Use of developmentally appropriate low organized games in a child and parent group training program for children with attention deficit hyperactivity disorder: A preliminary investigation.* Poster presented at the Eastern Psychological Association conference, Province, RI.
Garaigordobil, M., & Echbarria, A. (1995). Assessment of peer-helping program on children's development. *Journal of Research in Childhood Education, 10,* 63–70.
Goldstein, A.P. (1988). *The prepare curriculum: Teaching prosocial competencies.* Champaign, IL: Research Press.
Gresham, F.M., & Elliot, S.N. (1990). *Social Skills Rating System: Manual.* Circle Pines, MN: American Guidance Service.

Hand, L. (1986). *Comparison of selected developmentally oriented low organized games and traditional games on the behavior of students with emotional disturbance.* Unpublished master's thesis, Temple University, Philadelphia.

Hoag, M.J., & Burlingame, G.M. (1997). Evaluating the effectiveness of child and adolescent group treatment: A meta-analytic review. *Journal of Clinical Child Psychology, 26*(3), 234–246.

Kendall, P.C. (2000). *Child and adolescent therapy: Cognitive-behavioral procedures.* New York: Guilford Press.

Kendall, P.C., & Braswell, L. (1985). Attention-deficit hyperactivity disorder. In P.C. Kendall (Ed.), *Child and adolescent therapy: Cognitive-behavioral procedures* (pp. 98–128). New York: Guilford Press.

McCain, A.P., & Kelley, M.L. (1993). Managing the classroom behavior of an ADHD preschooler: The efficacy of a school-home note intervention. *Child and Family Behavior Therapy, 15*(3), 33–44.

McGinnis, E., & Goldstein, A.P. (1997). *Skillstreaming the elementary school child: New strategies and perspectives for teaching prosocial skills* (Rev. ed.). Champaign, IL: Research Press.

Pfiffner, L.J. (1996). *All about ADHD: The complete practical guide for classroom teachers.* New York: Scholastic Professional Books.

Pfiffner, L.J., & McBurnett, K. (1997). Social skills training with parent generalization: Treatment effects for children with ADHD. *Journal of Consulting and Clinical Psychology, 65*(5), 749–757.

Pfiffner, L.J., & O'Leary, S.G. (1993). School-based psychological treatments. In J.L. Matson (Ed.), *Handbook of hyperactivity in children* (pp. 234–255). Boston: Allyn & Bacon.

Orlick, T. (1988). Enhancing cooperative skills in games and life. In F.L. Smoll, R. Magill, & M. Ash (Eds.), *Children in sport* (pp. 149–159). Champaign, IL: Human Kinetics.

Reddy, L.A. (2000). *Early Childhood ADHD Child Training Program.* Manuscript in preparation.

Reddy, L.A., & Goldstein, A.P. (in press). Aggressive replacement training: A multimodal intervention for aggressive children. In S.I. Pfeiffer & L.A. Reddy (Eds.), *Innovative mental health prevention programs for children.* New York: Haworth Press.

Reddy, L.A., Hall, T.M., Rubel, E., Porta, N., Isler, L., Zowada, K., Rooney, J., Ricciardelli, D., & Schmelzer, B. (1999, August). *Multimodal treatment study for young children with ADHD.* Poster presented at the American Psychological Association conference, Boston.

Reed, M., Black, T., & Eastman, J. (1978). A new look at perceptual-motor therapy. *Academic Therapy, 14,* 55–65.

Schneider, L.B. (1989). *The effect of selected low organized games on the self-esteem of kindergartners.* Unpublished manuscript, Leonard Gordon Institute for Human Development through Play, Temple University, Philadelphia.

Sheridan, S.M., Dee, C.C., Morgan, J.C., McCormick, M.E., & Walker, D. (1996). A multimodal intervention for social skills deficits in children with ADHD and their parents. *School Psychology Review, 25*(1), 57–76.

Torbert, M. (1994). *Follow me: A handbook of movement activities for children.* New York: Prentice Hall.

Torbert, M., & Schneider, L. (1993). *Follow me too.* Menlo Park, CA: Addison-Wesley.

★第Ⅴ部★
第15章

Axline, V. (1947). *Play therapy.* Boston: Houghton Mifflin.

Conoley, C.W., & Conoley, J.C. (1989). *Supervision manual.* Lincoln: University of Nebraska.

Cowen, E.L., Hightower, A.D., Pedro-Carroll, J., Work, W.C., Wyman, P.A., & Haffey, W.C. (1996). *School-based prevention for children at-risk: The Primary Mental Health Project.* Washington, DC: American Psychological Association.

Cowen, E.L., Pedersen, A., Babigian, H., Izzo, L.D., & Trost, M.A. (1973). Long-term follow-up of early-detected vulnerable children. *Journal of Consulting and Clinical Psychology, 41,* 438–446.

Cowen, E.L., Trost, M.A., Lorion, R.P., Dorr, D., Izzo, L.D., & Isaacson, R.V. (1975). *New ways in school mental health: Early detection and prevention of school maladaptation.* New York: Human Sciences Press.

Cowen, E.L., Weissberg, R.P., Lotyczewski, B.S., Bromley, M.L., Gilliland-Mallo, G., DeMeis, J.L., Farago, J.P., Grassi, R.J., Haffey, W.G., Weiner, M.J., & Woods, A. (1983). Validity generalization of a school-based preventive mental health program. *Professional Psychology, 14,* 613–623.

Durlak, J.A. (1979). Comparative effectiveness of paraprofessionals and professional helpers. *Psychological Bulletin, 86,* 80–92.

Durlak, J.A. (1997). *Successful prevention programs for children and adolescents.* New York: Plenum Press.

Dwyer, K.P., & Bernstein, R. (1998). Mental health in schools: Linking islands of hope in a sea of despair. *School Psychology Review, 27,* 277–286.

Elias, M.J., Zins, J.E., Weissberg, R.P., Frey, K.S., Greenberg, M.T., Haynes, N.M., Kessler, R., Schwab-Stone, M.E., & Shriver, T.P. (1997). *Promoting social and emotional learning: Guidelines for educators.* Alexandria, VA: Association for Supervision and Curriculum Development.

Ensminger, M.E., Kellam, S.G., & Rubin, R.B. (1983). School and family origins of delinquency: Comparisons by sex. In K.T. VanDusen & S.A. Mednick (Eds.), *Prospective studies of crime and delinquency* (pp. 17–41). Boston: Kluwer Academic.

Ginott, H., & Lebo, D. (1961). Play therapy limits and theoretical orientation. *Journal of Consulting Psychology, 25,* 337–340.

Hattie, J.A., Sharpley, C.F., & Rogers, H.J. (1984). Comparative effectiveness of professional and paraprofessional helpers. *Psychological Bulletin, 95,* 534–541.

Hawkins, J.D., Jishner, D.M., Jenson, J., & Catalano, R.F. (1987). Delinquents and drugs: What evidence suggests about prevention and treatment programming. In B.S. Brown & A.R. Mills (Eds.), *Youth at high risk for substance abuse* (DHHS Publication No. ADM 87-1537, pp. 81–131). Rockville, MD: National Institute on Drug Abuse.

Hellendoorn, J. (1988). Imaginative play techniques in psychotherapy with children. In C.E. Schaefer (Ed.), *Innovative interventions in child and adolescent therapy* (pp. 43–67). New York: Wiley.

Hightower, A.D., Cowen, E.L., Spinell, A.P., Lotyczewski, B.S., Guare, J.C., Rohrbeck, C.A., & Brown, L.P. (1987). The Child Rating Scale: The development and psychometric refinement of a socioemotional self-rating scale for young school children. *School Psychology Review, 16,* 239–255.

Hightower, A.D., Johnson, D.B., & Haffey, W.G. (1995). Best practices in adopting a prevention program. In A. Thomas & J. Grimes (Eds.), *Best practices in school psychology: III* (pp. 311–323). Washington, DC: National Association of School Psychologists.

Irwin, E., & Shapiro, M.I. (1975). Puppetry as a diagnostic and therapeutic technique. In I. Jakab & I. Jacob (Eds.), *Psychiatry and art* (pp. 86–94). Basel, Switzerland: Karger.

Johnson, D.B. (2000). *Primary project program development manual.* Rochester, NY: Children's Institute.

Kellam, S.G., Simon, M.B., & Ensminger, M.E. (1983). Antecedents in first grade of teenage substance use and psychological well-being: A ten-year community-wide prospective study. In D.F. Ricks & B.S. Dohrenwend (Eds.), *Origins of psychopathology: Research and public policy* (pp. 73–97). New York: Cambridge University Press.

Mijangos, L., & Farie, A.M. (1992). *Supervision manual.* Rochester, NY: Primary Mental Health Project.

Mrazek, P.J., & Haggerty, R.J. (Eds.). (1994). *Reducing risks for mental disorders: Frontiers for preventive intervention research.* Washington, DC: National Academy Press.

Nafpaktitis, M., & Perlmutter, B.F. (1998). School-based early mental health intervention with at-risk students. *School Psychology Review, 27,* 420–432.

Nastasi, B. (1998). *Exemplary mental health programs: School psychologists as mental health providers.* Bethesda, MD: National Association of School Psychologists.

Perkins, P.E., & Hightower, A.D. (2000). *Teacher–Child Rating Scale, V21: Technical manual.* Rochester, NY: Children's Institute.

Primary Mental Health Project. (1995). *PMHP screening and evaluation measures.* Rochester, NY: Author.

Schaefer, C.E., & O'Connor, K.J. (Eds.). (1983). *Handbook of play therapy.* New York: Wiley.

Thomas, C.F. (1989). *An evaluation of the effectiveness of the Primary Intervention*

Program in improving the school and social adjustment of primary grade children: Final report. Los Alamitos, CA: Southwest Regional Education Laboratory.

Weissberg, R.P., Cowen, E.L., Lotyczewski, B.S., & Gesten, E.L. (1983). Primary Mental Health Project: Seven consecutive years of program outcome research. *Journal of Consulting and Clinical Psychology, 51,* 100–107.

Weissberg, R.P., Gullotta, T.P., Hampton, R.L., Ryan, B.A., & Adams, G.R. (1997). *Establishing preventive services* (Vol. 9). Thousand Oaks, CA: Sage.

第16章

Aldis, O. (1975). *Play fighting.* New York: Academic Press.

Arnaud, S.H. (1971). Polish for play's tarnished reputation. In G. Engstrom (Ed.), *Play: The child strives toward self-realization* (pp. 5–12). Washington, DC: National Association for the Education of Young Children.

Athey, I. (1988). The relationship of play to cognitive, language, and moral development. In D. Bergen (Ed.), *Play as a medium for learning and development: A handbook of theory and practice* (pp. 81–101). Portsmouth, NH: Heinemann.

Barnett, L., & Kleiber, D.A. (1984) Playfulness and early play environment. *Journal of Genetic Psychology, 144*(2), 153–164.

Bateson, G. (1956). A theory of play and fantasy. *American Psychiatric Association Research Reports, 2,* 39–51.

Bergen, D. (1988). *Play as a medium for learning and development: A handbook of theory and practice.* Portsmouth, NH: Heinemann.

Berliner, L., Manaois, O., & Monastersky, C. (1986). *Child sexual behavior disturbance: An assessment and treatment model.* Seattle, WA: Harborview Sexual Assault Center.

Crenshaw, D. (1993). Responding to sexual acting-out. In C.E. Schaefer & A.J. Swanson (Eds.), *Children in residential care: Critical issues in treatment* (pp. 50–76). Northvale, NJ: Aronson.

Curry, N., & Bergen, D. (1988). The relationship of play to emotional, social, and gender/sex role development. In D. Bergen (Ed.), *Play as a medium for learning and development: A handbook of theory and practice* (pp. 107–131). Portsmouth, NH: Heinemann.

Donovan, D.M., & McIntyre, D. (1990). *Healing the hurt child.* New York: Norton.

Drewes, A.A. (1999). Developmental considerations in play and play therapy with traumatized children. *Journal of the Professional Counselor, 14*(1), 37–54.

Farber, E.A., & Egeland, B. (1987). Invulnerability among abused and neglected children. In E.J. Anthony & B.J. Cohler (Eds.), *The invulnerable child* (pp. 253–288). New York: Guilford Press.

Fraiberg, S.H. (1951). Application of psychoanalytic principles in casework practice with children. *Quarterly Journal of Child Behavior, 3,* 175–197, 250–275.

Friedrich, L.K., & Stein, A.H. (1973). Aggressive and prosocial television programs and the natural behavior of preschool children. *Monographs of the Soci-*

ety for Research in Child Development, 38(4, Serial No. 151).
Friedrich, L.K., & Stein, A.H. (1975). Prosocial television and young children: The effects of verbal labeling and role playing on learning and behavior. Child Development, 46, 27–28.
Friedrich, W.N., Fisher, J., Broughton, D., Houston, M., & Shafran, C. (1998). Normative sexual behavior in children: A contemporary sample [On-line]. Pediatrics, 101(4). Available: http://www.pediatrics.org
Gil, E. (1991). The healing power of play: Working with abused children. New York: Guilford Press.
Gould, R. (1972). Child studies through fantasy. New York: Quadrangle Books.
Haworth, M.R. (1964). Child psychotherapy: Practice and theory. Northvale, NJ: Aronson.
Howe, P., & Silvern, L. (1981). Behavioral observation during play therapy: Preliminary development of a research instrument. Journal of Personality Assessment, 45, 168–182.
James, B. (1989). Treating traumatized children: New insights and creative interventions. Lexington, MA: Lexington Books.
Jernberg, A.M. (1983). Therapeutic use of sensory-motor play. In C.E. Schaefer & K.J. O'Connor (Eds.), Handbook of play therapy (pp. 128–147). New York: Wiley.
Landreth, G.L. (1991). Play therapy: The art of the relationship. Muncie, IN: Accelerated Development.
Lieberman, J.N. (1965). Playfulness and divergent thinking: An investigation of their relationship at the kindergarten level. Journal of Genetic Psychology, 107(2), 219–224.
Lowenfeld, M. (1979). The world technique. London: Allen & Unwin.
Maccoby, E., & Jacklin, C. (1974). The psychology of sex differences. Stanford, CA: Stanford University Press.
Mordock, J.B. (1993). Evaluating treatment effectiveness. In C.E. Schaefer & A.J. Swanson (Eds.), Children in residential care: Critical issues in treatment (pp. 219–250). Northvale, NJ: Aronson.
Morse, C.W., Sahler, O., & Friedman, S. (1970). A three-year follow-up study of abused and neglected children. American Journal of Diseases of Children, 120, 439–446.
Moustakos, C. (1959). Psychotherapy with children: The living relationship. New York: Ballantine Books.
Nickerson, E.T., & O'Laughlin, K.S. (1983). The therapeutic use of games. In C.E. Schaefer & K.J. O'Connor (Eds.), Handbook of play therapy (pp. 174–187). New York: Wiley.
Nicolich, L.M. (1977). Beyond sensorimotor intelligence: Assessment of symbolic maturity through analysis of pretend play. Merrill-Palmer Quarterly, 23(2), 89–99.
Phillips, J.L. (1969). The origins of intellect: Piaget's theory. San Francisco: Freeman.

Piaget, J. (1962). *Play, dreams and imitation in childhood.* New York: Norton.
Pulaski, M. (1970). Play as a function of toy structure and fantasy disposition. *Child Development, 41,* 531–537.
Radke-Yarrow, M.R., & Zahn-Waxler, C. (1976). Dimensions and correlates of prosocial behaviors in young children. *Child Development, 47,* 118–125.
Rubin, K.N., Fein, G.G., & Vandenberg, B. (1983). Play. In P.H. Mussen (Series Ed.) & E.M. Hetherington (Vol. Ed.), *Handbook of child psychology: Socialization, personality, and social development* (Vol. 4, pp. 698–774). New York: Wiley.
Sandgrund, A., Gaines, R., & Green, A. (1974). Child abuse and mental retardation: A problem of cause and effect. *American Journal of Mental Deficiency, 79,* 327–330.
Saracho, O.N. (1985). Young children's play behaviors and cognitive styles. *Early Child Development and Care, 22*(1), 1–18.
Schaefer, C.E., & O'Connor, K.J. (Eds.). (1983). *Handbook of play therapy.* New York: Wiley.
Sgroi, S.M., Bunk, B.S., & Wabrek, C.J. (1988). A clinical approach to adult survivors of child sexual abuse. In S.M. Sgroi (Ed.), *Vulnerable population* (pp. 137–186). Lexington, MA: Lexington Books.
Singer, J.L. (1973). *The child's world of make-believe: Experimental studies of imaginative play.* New York: Academic Press.
Van der Kolk, B.A. (1987). *Psychological trauma.* Washington, DC: American Psychiatric Press.

第17章

Axline, V. (1969). *Play therapy* (Rev. ed.). New York: Ballantine Books.
Baker, S. (2000). *School counseling for the twenty-first century* (3rd ed.). Upper Saddle River, NJ: Merrill.
Borders, D., & Drury, S. (1992). Comprehensive school counseling programs: A review for policymakers and practitioners. *Journal of Counseling and Development, 70,* 487–498.
Campbell, C., & Dahir, C. (1997). *The national standards for school counseling programs.* Alexandria, VA: American School Counselor Association.
Dreikurs, R., & Soltz, V. (1964). *Children: The challenge.* New York: Hawthorn/Dutton.
Fall, M., Balvanz, J., Johnson, L., & Nelson, L. (1999). The relationship of a play therapy intervention to self-efficacy and classroom learning. *Professional School Counseling, 2,* 194–204.
Henniger, M. (1995). Play: Antidote for childhood stress. *Early Child Development and Care, 105,* 7–12.
Hughes, F. (1999). *Children, play, and development* (3rd ed.). Boston: Allyn & Bacon.
Knell, S. (1995). *Cognitive-behavioral play therapy.* Northvale, NJ: Aronson.
Kottman, T. (1995). *Partners in play: An Adlerian approach to play therapy.* Alexan-

dria, VA: American Counseling Association.
Landreth, G.L. (1987). Play therapy: Facilitative use of child's play in elementary school counseling. *Elementary School Guidance and Counseling, 21*, 253–261.
Landreth, G.L. (1991). *Play therapy: The art of the relationship.* Muncie, IN: Accelerated Development.
Landreth, G., Homeyer, L., Glover, G., & Sweeney, D. (1996). *Play therapy interventions with children's problems.* Northvale, NJ: Aronson.
Osterweil, Z. (1986). Time-limited play therapy. *School Psychology International, 7*, 224–230.

第18章

Cowen, E.L., Hightower, A.D., Pedro-Carroll, J.L., Work, W.C., Wyman, P.A., & Haffey, W.G. (1996). *School-based prevention for children at risk: The Primary Mental Health Project.* Washington, DC: American Psychological Association.
De Domenico, G. (1999). Group sandtray-worldplay: New dimensions in sandplay therapy. In D. Sweeney & L. Homeyer (Eds.), *The handbook of group play therapy: How to do it, how it works, whom it's best for* (pp. 215–233). San Francisco: Jossey-Bass.
Erikson, E. (1963). *Childhood and society.* New York: Norton.
Erikson, E. (1968). *Identity, youth and crisis.* New York: Norton.
Ginott, H. (1961). *Group psychotherapy with children.* Northvale, NJ: Aronson.
Kalff, D. (1980). *Sandplay: A psychotherapeutic approach to the psyche.* Boston: Sigo Press.
Lowenfeld, M. (1993). *Understanding children's sandplay.* London: Margaret Lowenfeld Trust. (Original work published 1979)
Mitchell, R.R., & Friedman, H.S. (1994). *Sandplay: Past, present, and future.* New York: Routledge.
Reynolds, C., & Kamphaus, R. (1998). *Behavior assessment system for children: Manual.* Circle Pines, MN: American Guidance Service.

第19章

American School Counselor Association. (1992). Ethical standards for school counselors. Alexandria, VA: Author.
Association for Play Therapy. (2000). *Newsletter, 19*(2).
Axline, V. (1947). *Play therapy.* Boston: Houghton Mifflin.
Barnes, M.A. (1996). *The healing path with children: An exploration for parents and professionals.* Clayton, NY: Victoria, Fermoyle and Berrigan.
Benzwie, T. (1987). *A moving experience: Dance for lovers of children and the child within.* Tucson, AZ: Zephyr Press.
Carey, L. (1999). *Sandplay with children and families.* Northvale, NJ: Aronson.
Dahir, C.A., Sheldon, C.B., & Valiga, M.J. (1997). *Sharing the vision: The national*

standards for school counseling programs. Alexandria, VA: American Counseling Association.

De Domenico, G. (1988). *Sandtray worldplay: A comprehensive guide to the use of the sandtray in psychotherapeutic and transformational settings.* Oakland, CA: Author.

Ginott, H.G. (1961). *Group psychotherapy with children.* New York: McGraw-Hill.

Guerney, L. (1983). Client-centered (nondirective) play therapy. In C.E. Schaefer & K.J. O'Connor (Eds.), *Handbook of play therapy.* New York: Wiley.

Kaduson, H., & Schaefer, C. (Eds.). (1997). *101 favorite play therapy techniques.* Northvale, NJ: Aronson.

Kalff, D. (1971). *Sandplay: Mirror of the child's psyche.* San Francisco: Browser.

Kalff, D. (1980). *Sandplay* (2nd ed.). Santa Monica, CA: Sigo Press.

Kottman, T. (1995). *Partners in play: An Adlerian approach to play therapy.* Alexandria, VA: American Counseling Association.

Kottman, T., & Schaefer, C. (Eds.). (1993). *Play therapy in action: A casebook for practitioners.* Northvale, NJ: Aronson.

Landreth, G.L. (1983). Play therapy in elementary school settings. In C.E. Schaefer & K.J. O'Connor (Eds.), *Handbook of play therapy* (pp. 200–212). New York: Wiley.

Landreth, G.L. (1991). Play therapy: The art of the relationship. Muncie, IN: Accelerated Development.

Landreth, G.L., Homeyer, L.E., Glover, G., & Sweeney, D.S. (1996). *Play therapy interventions with children's problems.* Northvale, NJ: Aronson.

Lowenfeld, M. (1979). *The world technique.* London: Allen & Unwin.

Mitchell, R., & Friedman, H. (1994). *Sandplay: Past, present, and future.* New York: Routledge.

Oaklander, V. (1978). *Windows to our children.* Moab, UT: Real People Press.

O'Connor, K.J. (1991). *The play therapy primer: An integration of theories and techniques.* New York: Wiley.

Schaefer, C. (1993). *The therapeutic powers of play.* Northvale, NJ: Aronson.

Schaefer, C., & Cangelosi, D. (Eds.). (1997). *Play therapy techniques.* Northvale, NJ: Aronson.

Schaefer, C., & O'Connor, K. (Eds.). (1983). *Handbook of play therapy.* New York: Wiley.

Sheeley, V.L., & Herlihy, B. (1988). Privileged communication in schools and counseling: Status update. In W.C. Huey & T.P. Remley, Jr. (Eds.), *Ethical and legal issues in school counseling* (pp. 85–92). Alexandria, VA: American Association for Counseling and Development.

Sweeney, D. (1999). Foreword. In L. Carey (Ed.), *Sandplay therapy with children and families.* Northvale, NJ: Aronson.

Weinrib, E. (1983). *Images of the self.* Boston: Sigo Press.

第20章

Barton, H.A., Hopkins, K.N., McElhaney, S.J., Heigel, J., & Salassi, A. (1995). *Getting started: The NMHA directory of model programs to prevent mental disorders and promote mental health*. Alexandria, VA: National Mental Health Association.

Beland, K. (1997). *Second step: A violence prevention curriculum teacher's guide-grades 1-3* (2nd ed., p. 1). Seattle, WA: Committee for Children

Bredekamp, S. (Ed.). (1993). *Developmentally appropriate practice in early childhood programs serving children from birth through age eight*. Washington, DC: National Association for the Education of Young Children.

Carlsson-Paige, N., & Levin, D.E. (1992, November). Making peace in violent times: A constructivist approach to conflict resolution. *Young Children*, 4-13.

Chaloner, W.B. (1996). *The language of challenging children: A guide to changing problem behavior in Pre-K-2 classrooms*. Durango, CO: BCA Publishing.

Chaloner, W.B. (1998, July 9). *Building teacher-child attachments as the central early intervention strategy with behaviorally at-risk Pre K-2 children*. Unpublished research paper presented at Head Start's fourth annual research conference, Washington, DC.

Children's Defense Fund. (2000). *Yearbook 2000: The state of America's children*. Washington, DC: Author.

Cohen, N.J., Muir, E., Lojkasek, M., Muir, R., Parker, C., Barwick, M., & Brown, M. (1999). Watch, wait, and wonder: Testing the effectiveness of a new approach to mother-infant psychotherapy. *Infant Mental Health Journal*, 20(4), 429-451.

Conners, C.K. (1989). *Manual for Conners' Rating Scales*. New York: Multi-Health Systems.

Coufal, J.D., & Brock, G.W. (1979). Parent-child relationship enhancement: A skills training approach. In N. Stinnett, B. Chesser, & J. DeFrain (Eds.), *Building family strengths: Blueprints for action* (Vol. 1, pp. 196-221). Lincoln: University of Nebraska Press.

Cowen, E.L., Hightower, A.D., Pedro-Carroll, J.L., Work, W.C., Wyman, P.A., & Haffey, W.G. (1996). *School-based prevention for children at risk: The Primary Mental Health Project*. Washington, DC: American Psychological Association.

Dwyer, K., & Osher, D. (2000). *Safeguarding our children: An action guide*. Washington, DC: U.S. Departments of Education and Justice, American Institutes for Research.

Egeland, B. (1996). Mediators of the effects of child maltreatment on developmental adaptation in adolescence. In D. Cicchetti & S.L. Toth (Eds.), *Rochester Symposium on Developmental Psychopathology: The effects of trauma on the developmental process* (Vol. 8). Rochester, NY: University of Rochester Press.

Egeland, B., Carlson, B.E., & Sroufe, L.A. (1993). Resilience as process. In *Development and psychopathology* (p. 520). New York: Cambridge University Press.

Elicker, J., & Fortner-Wood, C. (1995, November). Adult-child relationships in early childhood programs. *Young Children, 51*(1), 69–78.

Elkind, D. (1986, May). Formal education and early childhood education: An essential difference. *Phi Delta Kappan,* 631–636.

Elkind, D. (1988). The resistance to developmentally appropriate educational practice with young children: The real issue. In C. Warger (Ed.), *Public school early child programs.* Alexandria, VA: Association for Supervision and Curriculum Development.

Fein, G., & Rivkin, M. (1986). *The young child at play: Reviews of research* (Vol. 4). Washington, DC: National Association for the Education of Young Children.

Forman, G., & Kuschner, D. (1983). *The child's construction of knowledge: Piaget for teaching children.* Washington, DC: National Association for the Education of Young Children.

Goleman, D. (1995). *Emotional intelligence: Why it can matter more than IQ.* New York: Bantam Books.

Greenberg, S.H. (1997, Spring/Summer). The loving ties that bond. *Newsweek: Your child from birth to three* [Special issue]. 68–72.

Guerney, B. (1964). Filial Therapy: Description and rationale. *Journal of Consulting Psychology, 28,* 304–310.

Guerney, B., & Flumen, A.B. (1970). Teachers as psychotherapeutic agents for withdrawn children. *Journal of School Psychology, 8,* 107–113.

Guerney, L.F. (1992). *Parenting: A skills training manual.* State College, PA: Institute for the Development of Emotional and Life Skills.

Guerney, L.F., & Wolfgang, G. (1981, Spring). Long-range evaluation of effects on foster parents of a foster parent skills training program. *Journal of Clinical Child Psychology,* 33–37.

Hawkins, J.D., Catalano, R.F., & Miller, J.Y. (1992). Risk and protective factors for alcohol and other drug problems. *Psychological Bulletin, 112*(1), 64–105.

James, B. (1994). Human attachments and trauma. In B. James (Ed.), *Handbook for treatment of attachment-trauma problems in children* (p. 2). New York: Free Press.

Landreth, G.L. (1991). *Play therapy: The art of the relationship.* Muncie, IN: Accelerated Development.

National Association for the Education of Young Children. (1996). *National Association for the Education of Young Children's position statement on violence in the lives of children.* Washington, DC: Author.

Oppenheim, D., Sagi, A., & Lamb, M.E. (1988). Infant-attachments on the kibbutz and their relation to socioemotional development four years later. *Developmental Psychology 24,* 427–433.

Oxman, L. (1971). *The effectiveness of Filial Therapy: A controlled study.* Unpublished doctoral dissertation, Rutgers University, New Brunswick, NJ.

Perry, B.D. (1996). Incubated in terror: Neurodevelopmental factors in the cycle of violence. In J.D. Osofsky (Ed.), *Children, youth and violence: Searching for solutions.* New York: Guilford Press.

引用文献

Piaget, J. (1950). *The psychology of intelligence*. London: Routledge & Kegan Paul.
Ramey, C.T., & Ramey, S.L. (1998). Early intervention and early experience. *American Psychologist, 53*(2), 109–120.
Ray, D. (1998, October). *What the research shows about play therapy*. Paper presented at the International Play Therapy conference, Phoenix, AZ.
Renken, B., Egeland, B., Marvinney, D., Mangelsdorf, S., & Sroufe, L.A. (1989). Early childhood antecedents of aggression and passive-withdrawal in early elementary school. *Journal of Personality, 57*(2), 257–281.
Rogers, C.S., & Sawyers, J.K. (1988). *Play in the lives of children*. Washington, DC: National Association for the Education of Young Children.
Schaps, E., & Battistich, V. (1991). Promoting health development through school-based prevention: New approaches. In E.N. Goplerud (Ed.), *Office for Substance Abuse Prevention Monograph 8*, 127–181.
Scherer, M. (1996). On our changing family values: A conversation with David Elkind. In M. Scherer (Ed.), *The best of educational leadership* (pp. 13–17). Alexandria, VA: Association for Supervision and Curriculum Development.
Shore, R. (1997). *Rethinking the brain: New insights into early development*. New York: Families and Work Institute.
Sprague, J., & Walker, H. (2000). Early identification and intervention for youth with antisocial and violent behavior. *Exceptional Children, 66*(3), 367–379.
Stover, L., & Guerney, B.G. (1967). The efficacy of training procedures from others in Filial Therapy. *Psychotherapy: Theory, Research and Practice, 4*, 110–115.
Vernon, A. (1998). Promoting prevention: Applications of rational emotive behavior therapy. *Beyond Behavior, Council for Children with Behavioral Disorders, 9*(2), 14.
Walker, H.M., Severson, H.H., & Feil, E.G. (1995). *Early screening project: A proven child-find process*. Longmont, CO: Sopris West.
Werner, E.E. (1987). Vulnerability and resilience in children at risk for delinquency: A longitudinal study from birth to young adulthood. In J. Bouchard & S.N. Bouchard (Eds.), *Prevention of delinquent behavior*. Beverly Hills, CA: Sage.
Werner, E.E., & Smith, R.S. (1982). *Vulnerable but invincible: A longitudinal study of resilient children and youth*. New York: McGraw-Hill.
Werner, E.E., & Smith, R.S. (1992). *Overcoming the odds: High risk children from birth to adulthood*. Ithaca, NY: Cornell University Press.
Yale Child Study Center. (1996). *Collaborative for the advancement of social and emotional learning* (Casel directory). New Haven, CT: Author.

索引

■あ
アーキタイプ（原型）　33, 116, 121
アタッチメント　43, 338, 336, 337
アドラープレイセラピー　289
アドラー理論　289
アルコール中毒の子どもたち（COAs）
　　179, 180, 182
安定性　102

■い
怒りマネジメント　221
怒りマネジメントスキル　49, 228
一貫性　102
遺糞症　64
イメージ　116

■う
ウォームアップ・テクニック　199

■え
ADHD（注意欠陥多動性障害）　14, 45,
　　49, 235, 237
エディプス期　23, 24
エディプス的欲求　30
LADS（レヴィ・ウィーディス動物描画物語
　　テスト）　18, 22, 23

■お
お金　106
おもちゃ　131
親機能　181
親子関係セラピー　111

■か
外在化された症状　183
解放プレイセラピー　221, 223
解離（dissociation）　134
隔壁化　134, 145
過剰なおもちゃ　107
学校恐怖症　53
学校ベースのアセスメント　2
学校臨床家　41, 59
過渡対象　83
感覚運動プレイ　273
関係性の危機　129
感情表現　209, 214
完全主義　182

■き
危機介入　162, 165
絆づくり　340
虐待　43, 134
虐待反応症候群　128
逆転移　136, 137
CAST　191
境界　145, 340, 341
教室でのプレイセラピー　93
教室のコーチング　344
去勢　26, 28, 30

■く
グループカウンセリング　226
グループサンドプレイ　299
グループダイナミックス　167
グループの凝集性　112
グループプレイセラピー　187, 188

383

索引

■け
CAGE　190
形式的なアセスメント　3
系統的脱感作　224
言語スキル　5
言語的コミュニケーション　330

■こ
行為障害（CD）　45, 220
攻撃　278
攻撃者への同一視　137
攻撃性　23, 105
攻撃性の解放　64
攻撃的なプレイ　107
口唇の欲求　64
構造化　112, 150, 155
行動療法　224
コーピング　143, 164
コーピングスキル　133
個人プレイセラピー　103
固着した観念　116
言葉　340
子ども中心プレイセラピー　101, 104, 109, 221, 222, 229
子ども中心理論　285
コミュニケーション　49
コルチゾル（cortisol）　43
コンサルテーション　111, 113

■さ
作業段階　175
酸（acid）　43
サンドトレイ　116, 144, 316
サンドプレイ　17, 21, 25, 36, 116, 117, 332
サンドプレイセラピー　20, 126

■し
CSEによる評価　3
シェイピング　224
自己概念と情動　8
自己強化法（self-reinforcement）　237
自己教示（self-instruction）　237

自己心理学　20, 36
自己陳述修正法（self-statement modification）　237
指示的アプローチ　64
指示的プレイセラピー　64
自傷行為　120
失感情言語症（alexiathgmia）　140
死のコンセプト　208
死別プログラム　198, 199
終結　92, 157, 177
修正的な情緒的経験　14
集団プレイセラピー　109
集中的なデイタイプの治療プログラム（IDT）　115
受容性　101
照会　257
象徴的な模倣プレイ　273
象徴プレイ　138, 144, 342, 348
情動知能（EQ）　336
触覚経験　144
心的外傷後ストレス障害（PTSD）　146
侵入　150, 156
信頼関係　210, 211

■す
随伴性マネジメント　236
スーパービジョン　263, 325
スクールカウンセラー　105, 110, 113, 191, 220, 269, 284, 320
スクールバイオレンス　44
スクリーニング　202, 257
スクリーニングテスト　191
ストレス　164
ストレスホルモン　43
ストレスマネジメントのテクニック　247

■せ
制限　71, 108
精神性的発達　29, 270
性的行動　139, 281
性的同一性　117
性的欲求　64
性同一性　22, 28

正の強化　224
青斑核　43
セラプレイ　148, 272
セルフエスティーム　42
セルフコントロール　6, 49, 102
セルフコントロールのテクニック　246
セルフモニタリング　224, 236

■そ
早期介入　336
早期メンタルヘルスプロジェクト（PMHP）　255
掃除　72
創造的運動　331
ソーシャルサポート　187
ソーシャルスキルのテクニック　244
ソーシャルプレイ　231

■た
退行　330
代償不全（decompensation）　88
大母　33
他者に積極的にかかわる行動　149
男根期　24
男根期攻撃性　24
弾力性　336

■ち
父親像　26
チャイルド・アソシエイト　41, 259
調節（accommodation）　271
挑戦　150, 156
散らかし　70
治療環境　130
治療同盟　130

■て
抵抗　212
転移　136

■と
同一視　138
同一性　32

投影　330
投影的描画法　145
同化（assimilation）　271
統合的アプローチ　294
トラウマ　43, 129, 133-135, 140, 271
ドラマのプレイ　143
トリアージ（triage）　344

■な
内在化された症状　184

■に
入院型治療　128, 140
人間関係　7
認知行動グループプレイセラピー　227
認知行動治療　236
認知行動プレイセラピー　221, 224, 292
認知スキル　5
認知スタイル　42, 277
認知発達　276
認知療法　224

■ね
粘土　332
年齢以上の性的行動の知識　107

■は
バークスの行動評価尺度　19
発達　276
発達的に適切なゲーム（DAGs）　237, 238
パフォーマンスフィードバック　242
パペット　143, 329
PALS　339
PALSパートナー（コーチ）　344, 345
反抗挑戦性障害（ODD）　45, 220
反復的なプレイ　108

■ひ
非言語的テスト　18
火で遊ぶ子ども（たち）　64
秘密情報（privileged communication）　322
秘密性　132, 322

385

■ふ

物理的な構造　73
プレイセラピー　2, 49, 99, 129, 132, 321, 329
プレイセラピーの効果　107
プレイによるアセスメント　2
プレイの空間　73
プレイルーム　73
プレイを嫌うこと　108
プレスクール　37
分化強化　224
分離不安　21, 29

■ほ

防衛　143, 145
暴力　129
ポストトラウマティックプレイ（posttraumatic play）　135
ホスピタリズム　53
没個性的な状態　121

■ま

マネジメント　49
曼荼羅　312

■む

無力感　185

■め

メンタルヘルスプロジェクト（PMHP）　338

■も

目撃したことの再演　106
モザイクテスト　35
モデリング　112, 133, 224, 242, 330
物語と隠喩　146
模倣プレイ　47

■や

夜尿症　64

■よ

養育　150, 155
予定　130

■ら

ラベリング　191

■り

リスクをもつ子ども　98, 99
リーダーの役割　169
リハーサル　133

■ろ

ローウェンフェルトカレイドブロックテスト（LKT）　19
ローウェンフェルトモザイクテスト（LMT）　19
ロールプレイング　242

★ 監訳者紹介 ★

安東末廣（あんどう・すえひろ）
大分県に生まれる
1976年　駒澤大学大学院人文科学研究科博士課程単位取得満了
現　在　宮崎大学教育文化学部教授（文学博士）　臨床心理学
　　　　臨床心理士
主著・論文　心理学――人間理解と援助的接近――（共著）　北大路書房　1984
　　　　　臨床援助の心理学（共著）　北大路書房　1989
　　　　　行動療法ケース研究9・登校拒否II（共著）　岩崎学術出版社　1993
　　　　　人間関係を学ぶ――本質・トレーニング・援助――（編著）　ナカニシヤ出版　1995
　　　　　自分理解の心理学（共著）　北大路書房　2000
　　　　　シェイピングによる登校拒否の治療――レディネスの形成から登校行動の形成への段階的治療――　行動療法研究，第17巻，第1号，33-42．1991

★ 訳者一覧（執筆者順）★

安東　末廣　監訳者
　　第1章，第2章，第3章，第4章，第5章，第6章，第10章，第11章，第13章，第14章，第19章，第20章
高野美智子　医療法人隆徳会鶴田病院心理士／
　　宮崎公立大学非常勤講師　臨床心理学
　　臨床心理士
　　第7章，第18章
田中　陽子　九州保健福祉大学専任講師　臨床心理学
　　臨床心理士
　　第8章，第9章
笠井　千勢　岐阜大学助教授　言語学
　　第12章，第15章，第16章，第17章

学校ベースのプレイセラピー
現代を生きる子どもの理解と支援

2004年7月20日　初版第1刷発行	定価はカバーに表示
2005年7月20日　初版第2刷発行	してあります。

編　者　　A. A. ドゥルーズ
　　　　　L. J. キャリィ
　　　　　C. E. シェイファー
監訳者　　安　東　末　廣
発行者　　小　森　公　明
発行所　　㈱北大路書房
〒603-8303　京都市北区紫野十二坊町12-8
　　　　　電話　(075) 431-0361㈹
　　　　　FAX　(075) 431-9393
　　　　　振替　01050-4-2083

ⓒ 2004　　　　　　　印刷・製本／亜細亜印刷㈱
　　　検印省略　落丁・乱丁本はお取り替えいたします。
ISBN4-7628-2385-6　Printed in Japan